# 汽车机械识图
## （第2版）

主　编　吕虹霖
副主编　陈晓云　王玉凤　宋　燕
　　　　施爱娟　何凤麟　姜振华
　　　　牟春华　钟少菡

"互联网+"教材

全书配套资源

北京理工大学出版社
BEIJING INSTITUTE OF TECHNOLOGY PRESS

版权专有　侵权必究

### 图书在版编目(ＣＩＰ)数据

汽车机械识图 / 吕虹霖主编. -- 2 版. -- 北京：北京理工大学出版社, 2019.11 (2024.6 重印)
　ISBN 978-7-5682-7956-7

Ⅰ.①汽… Ⅱ.①吕… Ⅲ.①汽车-机械图-识图
Ⅳ.①U462.1

中国版本图书馆 CIP 数据核字(2019)第 251213 号

---

**责任编辑**：封　雪　　　　**文案编辑**：封　雪
**责任校对**：周瑞红　　　　**责任印制**：李志强

**出版发行** / 北京理工大学出版社有限责任公司
**社　　址** / 北京市丰台区四合庄路 6 号
**邮　　编** / 100070
**电　　话** / (010)68914026(教材售后服务热线)
　　　　　　　(010)68944437(课件资源服务热线)
**网　　址** / http://www.bitpress.com.cn

**版 印 次** / 2024 年 6 月第 2 版第 3 次印刷
**印　　刷** / 廊坊市印艺阁数字科技有限公司
**开　　本** / 787 mm × 1092 mm　1/16
**印　　张** / 28.25
**字　　数** / 635 千字
**定　　价** / 59.00 元（全 2 册）

图书出现印装质量问题，请拨打售后服务热线，负责调换

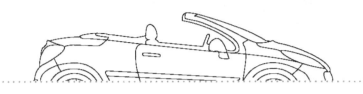

# 前言

为了适应社会的发展和职业教育改革步伐的加快，职业教育各专业的教学要求、教学内容和教学模式、教学方法都需要进一步的改革创新，对此，我们在全国机械行业和职业教育发展较好的地区进行了广泛的调研，以培养技能型人才为出发点，依据高职高专"机械制图教学基本要求""高职高专专业人才培养目标"，以读图能力的培养为宗旨，突出职业技术教育的特点，经过充分的研讨与论证，精心规划了这套教材。

针对高等职业教育培养应用型人才，重在实践能力和职业技能训练的特点，本教材力求体现国家倡导的"以就业为导向，以能力为本位"的精神，精简整合理论课程，注重实训教学，强化岗前培训，教材内容统筹规划，合理安排知识点、技能点，用任务承载知识点，使知识的掌握更具体明确。教材知识体系完整，以必需、够用为原则，适当降低了复杂组合体、零件图、装配图的难度要求，加强了识图能力训练等实践性教学内容，以满足企业对技能型人才的需求。

本教材建议108个学时，分两个学期完成学习。

根据学习需要，本教材创设了八个项目，主要包括制图基本知识与基本技能、绘制基本体的三视图、绘制组合体轴测图、绘制识读组合体的三视图、用不同方法表达机件的结构、绘制识读标准件与常用件、识读零件图、识读装配图，每一项目根据具体的知识又设置了不同的课题，一个课题下又包含了具体的任务，"解决任务"就是每一堂课的目标，将理论知识融入一个个具体的任务中，激发了学习兴趣，明确了学习目标，提高了学习效率。

本教材注重理论知识与实践知识的融合，职业技能与职业态度的综合。加强空间思维能力的培养，强化二维平面和三维空间的相互转换的训练，在习题中增加了选择、填空、改错等题型，使学生在接受知识的同时，也培养了严谨的工作态度。

本教材可以作为高等职业院校和技术类院校的工程类专业或近似专业的教材，也可作为职业技能和技术人员的培训教材。与本教材配套的《汽车机械识图（第2版）习题集》将同时出版，习题集的编排顺序与本教材体系保持一致。

本教材由烟台汽车工程职业学院吕虹霖任主编，其中项目一由陈晓云编写；项目二由钟少菡编写；项目三、四由宋燕编写；项目五由姜振华（烟台工贸学校）编写；项目六由施爱娟编写；项目七、八由王玉凤编写。动画素材由何凤麟、牟春华（门楼镇政府）制作。

本教材在编写过程中，曾得到企业专家和同行的支持，并参阅了相关的文献，这些企业专家和文献对本书的编写起到了重要的作用。在此,编者向这些参考文献的编著者和企业专家致以衷心的感谢。

由于编者的水平有限,书中如有失误或不当之处,恳请广大读者批评指正。

编　者

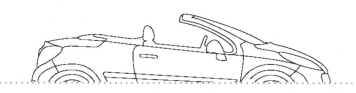

# 目 录
## CONTENTS

**项目一　制图基本知识与基本技能** ·················································· 001
　**课题一　机械制图标准** ·································································· 001
　　任务1　抄画泵盖的平面图形 ························································ 001
　　任务2　标注端盖平面图形的尺寸 ·················································· 007
　**课题二　绘制复杂的平面图形** ························································ 015
　　任务1　绘制六角开槽螺母的平面图形 ············································ 015
　　任务2　绘制手柄的平面图形 ························································ 018
　**课题三　徒手绘制草图** ································································· 028
　　任务　徒手绘制垫片的草图 ························································· 028

**项目二　绘制基本体的三视图** ···························································· 032
　**课题一　绘制简单形体的三视图** ····················································· 032
　　任务1　绘制锉配件的正投影图 ····················································· 032
　　任务2　绘制锉配件的三视图 ························································ 037
　**课题二　绘制点、线、面的投影** ····················································· 041
　　任务1　绘制点的投影 ································································· 041
　　任务2　绘制直线的投影 ······························································ 045
　　任务3　绘制平面的投影 ······························································ 050
　**课题三　绘制基本体的三视图** ························································ 055
　　任务1　绘制正六棱柱的三视图 ····················································· 056
　　任务2　绘制正三棱锥的三视图 ····················································· 061
　　任务3　绘制圆柱的三视图 ··························································· 067
　　任务4　绘制圆锥的三视图 ··························································· 071
　　任务5　绘制圆球的三视图 ··························································· 075
　**课题四　绘制截交线的投影** ··························································· 080
　　任务1　绘制斜割正六棱柱的截交线 ··············································· 080
　　任务2　绘制圆柱的截交线 ··························································· 085

　　　　任务3　绘制斜割圆锥的截交线 ……………………………………… 089
　　　　任务4　绘制圆球的截交线 …………………………………………… 094
　　课题五　绘制相贯线的投影 ………………………………………………… 097
　　　　任务　绘制正交两圆柱的相贯线 …………………………………… 097

## 项目三　绘制组合体轴测图 …………………………………………………… 102

　　课题一　绘制正等轴测图 …………………………………………………… 102
　　　　任务1　绘制楔形块的正等轴测图 …………………………………… 102
　　　　任务2　绘制圆柱的正等轴测图 ……………………………………… 107
　　课题二　绘制斜二等轴测图 ………………………………………………… 112
　　　　任务　绘制连接盘的斜二等轴测图 ………………………………… 112

## 项目四　绘制识读组合体的三视图 …………………………………………… 115

　　　　任务1　分析轴承座组合体的形体 …………………………………… 115
　　　　任务2　绘制轴承座组合体的三视图 ………………………………… 120
　　　　任务3　识读轴承座组合体的三视图 ………………………………… 122
　　　　任务4　标注组合体的尺寸 …………………………………………… 126

## 项目五　用不同方法表达机件的结构 ………………………………………… 133

　　课题一　用视图表达机件的结构 …………………………………………… 133
　　　　任务1　绘制切割体的基本视图 ……………………………………… 133
　　　　任务2　绘制压块的向视图 …………………………………………… 137
　　　　任务3　绘制支座的局部视图 ………………………………………… 138
　　　　任务4　绘制压紧杆的斜视图 ………………………………………… 140
　　课题二　用剖视图表达机件结构 …………………………………………… 143
　　　　任务1　绘制机件全剖视图 …………………………………………… 143
　　　　任务2　绘制半剖视图 ………………………………………………… 149
　　　　任务3　绘制支架的局部剖视图 ……………………………………… 152
　　　　任务4　绘制弯管的斜剖视图 ………………………………………… 155
　　　　任务5　绘制几个平行剖切面的剖视图 ……………………………… 158
　　　　任务6　绘制几个相交剖切面的剖视图 ……………………………… 161
　　课题三　用断面图表达机件结构 …………………………………………… 164
　　　　任务1　绘制轴的移出断面图 ………………………………………… 164
　　　　任务2　绘制吊钩的重合断面图 ……………………………………… 169
　　课题四　其他表达方法 ……………………………………………………… 171
　　　　任务1　识读局部放大图 ……………………………………………… 171
　　　　任务2　识读对称肋板、轮辐和孔结构 ……………………………… 172

## 项目六　绘制识读标准件与常用件 ······ 182

### 课题一　绘制螺纹紧固件连接的视图 ······ 182
- 任务1　绘制六角头螺栓、螺母的视图 ······ 182
- 任务2　绘制螺栓连接图 ······ 193
- 任务3　绘制双头螺柱连接图 ······ 196
- 任务4　绘制螺钉连接图 ······ 199

### 课题二　绘制齿轮的视图 ······ 203
- 任务　绘制圆柱齿轮的视图 ······ 203

### 课题三　识绘键、销零件图 ······ 214
- 任务1　绘制普通平键的连接图 ······ 214
- 任务2　识读销连接装配画法 ······ 218

### 课题四　识读滚动轴承连接图 ······ 220
- 任务　认识常用滚动轴承及其画法 ······ 220

### 课题五　绘制弹簧的视图 ······ 226
- 任务　绘制弹簧的视图 ······ 226

## 项目七　识读零件图 ······ 230

### 课题一　认识零件图 ······ 230

### 课题二　识读机械图样中的技术要求 ······ 236
- 任务1　识读零件图的尺寸与常见工艺结构 ······ 236
- 任务2　识读阀盖零件图中的表面结构要求 ······ 245
- 任务3　识读零件图的尺寸公差 ······ 249
- 任务4　识读零件图的形状和位置公差 ······ 261

### 课题三　识读零件图 ······ 265
- 任务1　识读泵轴零件图 ······ 265
- 任务2　识读端盖零件图 ······ 268
- 任务3　识读拨叉零件图 ······ 270
- 任务4　识读固定钳身零件图 ······ 271

## 项目八　识读装配图 ······ 275

### 课题　识读装配图 ······ 275
- 任务1　识读活塞连杆组装配图 ······ 275
- 任务2　根据尾架装配图拆画端盖零件图 ······ 284

## 附录 ······ 291

## 参考文献 ······ 311

# 项目一
## 制图基本知识与基本技能

机械图样是设计和制造机械的重要技术文件,是交流技术思想的一种工程语言。因此,绘制任何零件图,都必须严格遵守机械制图国家标准中的有关规定,正确使用绘图工具和仪器。本模块主要介绍国家标准《技术制图》和《机械制图》中的基本规定与绘制图样的方法步骤。

### 课题一  机械制图标准

国家标准《技术制图》和《机械制图》是工程界重要的技术基础标准,是绘制和阅读机械图样的准则与依据。为了正确绘制和阅读机械图样,必须熟悉有关标准的规定。

我国国家标准(简称国标)的代号是"GB"。例如 GB/T 17453—2005《技术制图 图样画法 剖面区域表示法》即表示制图标准中图样画法的剖面区域表示法部分。其中 GB/T 为推荐性国标,17453 为发布顺序号,2005 是年号。需要注意的是《机械制图》标准适用于机械图样,《技术制图》标准则普遍适用于工程界各种专业技术图样。

**任务1  抄画泵盖的平面图形**

图 1-1 所示为泵盖的立体图和平面图,试抄画这一平面图形,采用 1:1 的比例。要求符合制图国家标准中比例、图线及应用的有关规定和要求。

图 1-1 所示平面图形是由几种图线组合而成的。绘制平面图形时,应了解制图国家标准中对比例以及各种图线的规定和要求,熟练掌握各种绘图工具的使用方法,掌握科学的绘图方法及步骤。

**一、比例**

比例是指图样中图形与其实物相应要素的线性尺寸之比。

比例分原值比例、放大比例和缩小比例。

绘制图样时要尽可能按照机件的实际大小采用 1:1 的比例画出,以方便绘图和看图。但

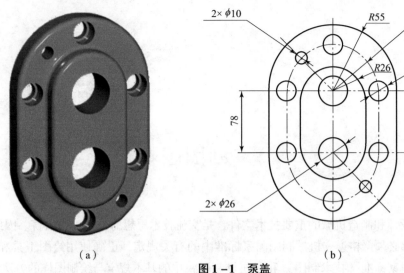

(a)　　　　　　　　　　　(b)

图 1-1　泵盖

(a) 立体图；(b) 平面图

由于机件的大小和复杂程度不同，有时需要放大或缩小，比例应优先选用表 1-1 中所规定的优先选择系列，必要时也可选取表 1-1 中所规定的允许选择系列中的比例。

不论采用何种比例，尺寸标注时，应标注机件的真实尺寸。

表 1-1　绘制图样比例（GB/T 14690—1993）

| 种类 | 定义 | 优先选择系列 | 允许选择系列 |
|---|---|---|---|
| 原值比例 | 比值为 1 | 1:1 | |
| 放大比例 | 比值大于 1 | 5:1　2:1　$5\times10^n:1$<br>$2\times10^n:1$　$1\times10^n:1$ | 4:1　2.5:1<br>$4\times10^n:1$　$2.5\times10^n:1$ |
| 缩小比例 | 比值小于 1 | 1:2　1:5　1:10　$1:2\times10^n$<br>$1:5\times10^n$　$1:1\times10^n$ | 1:1.5　1:2.5　1:3　1:4　1:6　$1:1.5\times10^n$<br>$1:2.5\times10^n$　$1:4\times10^n$　$1:6\times10^n$ |

比例的应用效果如图 1-2 所示。

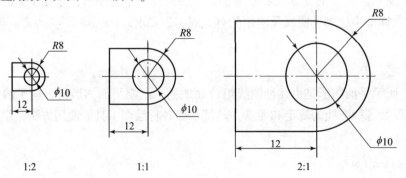

　1:2　　　　　　　　1:1　　　　　　　　　2:1

图 1-2　比例的应用效果

## 二、常用图线的种类及用途

常用图线的代码、线型、名称、线宽及主要用途见表 1-2，图线应用示例如图 1-3 所示。

表 1-2 常用图线的代码、线型、名称、线宽及主要用途（摘自 GB/T 4457.4—2002）

| 代码 | 线型 | 名称 | 线宽 | 主要用途 |
|---|---|---|---|---|
| 01.1 | ——————— | 细实线 | $d/2$ | 尺寸线、尺寸界线、指引线、剖面线、重合断面的轮廓线、螺纹牙底线、齿轮的齿根圆（线） |
| 01.2 | ——————— | 粗实线 | 国标中粗实线的线宽 $d$ 为 0.5~2 mm，优先采用 0.5 mm 或 0.7 mm | 可见轮廓线<br>可见棱边线 |
| 02.1 | 3d  12d | 细虚线 | $d/2$ | 不可见棱边<br>不可见轮廓线 |
| 04.1 | 8d  24d | 细点画线 | $d/2$ | 轴线、对称中心线、分度圆（线）、孔系分布的中心线、剖切线 |
| 01.1 | 波形线<br>双折线型 | 波浪线<br>双折线 | $d/2$<br>$d/2$ | 断裂处边界线、视图与剖视图的分界线 |
| 02.2 | - - - - - - | 粗虚线 | $d$ | 允许表面处理的表示线 |
| 04.2 | —·—·—·— | 粗点画线 | $d$ | 限定范围表示线 |
| 05.1 | 9d  24d | 细双点画线 | $d/2$ | 相邻辅助零件的轮廓线<br>可动零件的极限位置的轮廓线、假想投影的轮廓线 |

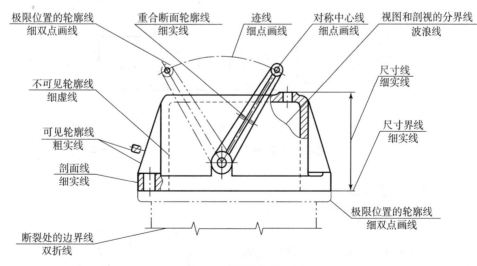

图 1-3 图线应用示例

图线应用

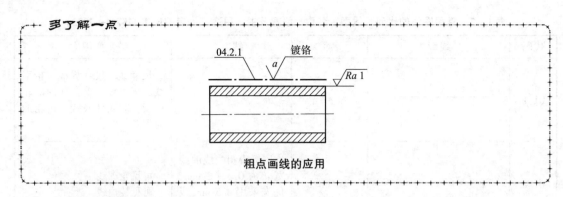

粗点画线的应用

### 三、图线的画法规定

（1）同一图样中同类图线的宽度应保持一致。细虚线、细点画线、细双点画线、双折线等的线段长度和间隔应各自大致相等。

（2）在线型不同的图线相互重叠时，一般按照粗实线、细虚线、细点画线的顺序，只画出排序在前的图线。

（3）细（粗）点画线和细双点画线的起止两端一般为线段而不是点。细点画线超出轮廓线 2~5 mm。当图形较小时，可用细实线代替细点画线。

（4）细虚线在粗实线的延长线的方向上画出时，两图线的分界处留有间隙。

（5）细点画线、细虚线和其他图线相交或自身相交时，应是线段相交。

图线在相切、相交处容易出现的错误如图 1-4 所示。

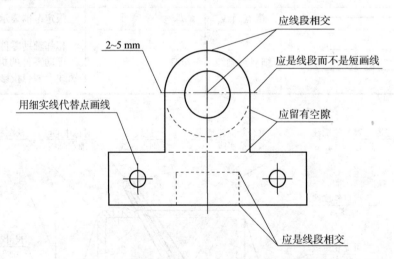

图 1-4 图线在相切、相交处容易出现的错误

 **任务实施**

### 一、准备绘图工具

铅笔三支（H、HB、B）、橡皮一块、三角板一副、图板一块、丁字尺一个、圆规一副。使用方法见表 1-3。

表1-3 铅笔、三角板、丁字尺和圆规的使用方法

| 名称 | 图例 | 说明 |
|---|---|---|
| 铅笔 | 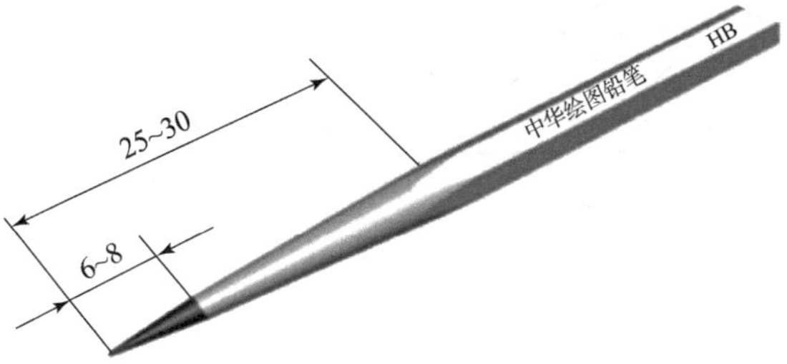 (a) H和HB铅笔的削法 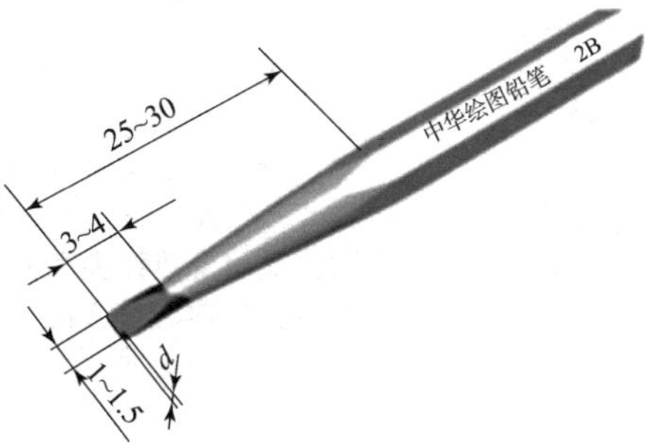<br>(b) B和2B铅笔的削法<br>d为粗实线宽度 | 代号H、B、HB表示铅芯的软硬程度。B前的数字越大,表示铅芯越软,绘出的图线颜色越深;H前的数字越大,表示铅芯越硬,绘出的图线颜色越浅;HB表示铅芯中等软硬程度。<br>画粗实线常用B或2B铅笔;画细实线、细虚线、细点画线和写字时,常用H或HB铅笔;画底稿时常用H或2H铅笔。铅笔的削法如左图所示 |
| 图板及丁字尺 | 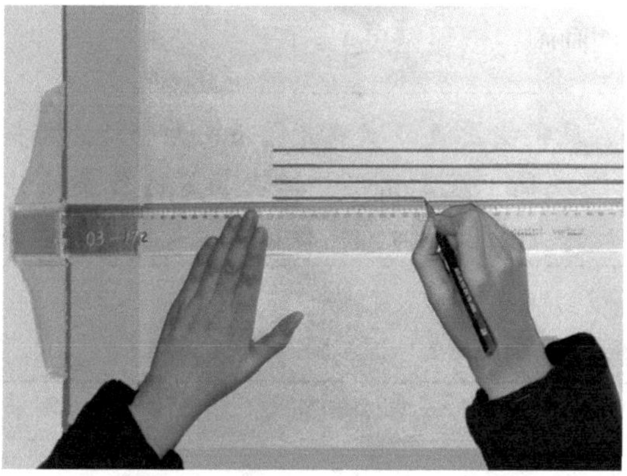 | 图板用于铺放图纸,表面平整光洁,左侧工作边应平直。丁字尺由尺头和尺身组成,尺身的工作边一侧有刻度,便于画线时度量。<br>使用时,将尺头内侧贴紧图板的左侧工作边上下移动,沿尺身上边可画出一系列水平线,如左图所示 |
| 三角板 | 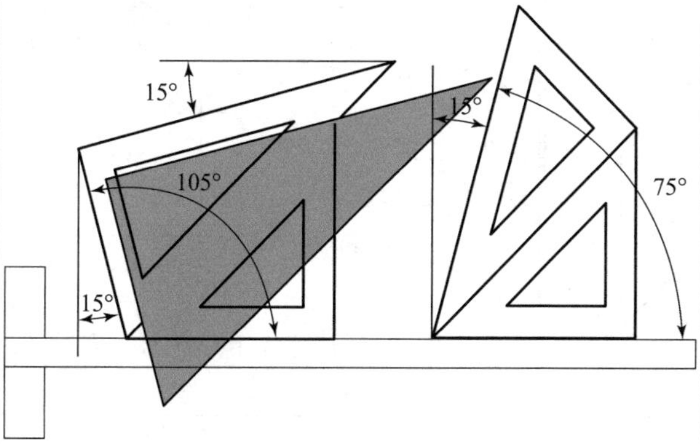 | 三角板有45°和30°(60°)各一块组成一副。三角板和丁字尺配合使用,可画出垂直线(自下而上画出)和与水平方向成15°整倍数的斜线 |

| 名称 | 图例 | 说明 |
|---|---|---|
| 三角板 |  | 两块三角板配合使用，可画出一直线的平行线或垂直线 |
| 圆规 | 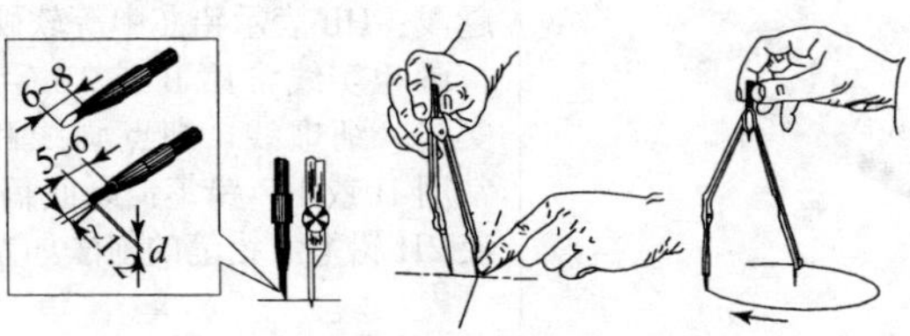 (a) d为粗实线宽度　(b)　(c) | 圆规是画圆及画弧的工具。使用前应先调整好针脚，使针尖（带台阶端）稍长于铅芯，如左图（a）所示。画图时，先将两腿分开至所需的半径尺寸，借左手食指把针尖放在圆心位置，应尽量使针尖和铅芯同时与图面垂直，按顺时针方向一次画成，如左图（b）、（c）所示，要注意用力均匀 |

## 二、抄画图形

抄画泵盖平面图形，采用1∶1的比例画图，步骤见表1-4。

> **小提示**
> 绘制平面图形时，要先绘制底稿，底稿要清淡、准确并保持图面整洁。底稿要先画作图基准线。底稿完成后，要全面检查底稿，修正错误，擦去画错的线条及作图辅助线。然后进行加深描粗，加深描粗的顺序是先粗后细，先曲后直，先水平后垂斜。

表1-4　泵盖平面图形的作图步骤

| 具体步骤 | 图示 | 具体步骤 | 图示 |
|---|---|---|---|
| 1. 按照尺寸78、和R40，在图纸上确定作图的位置（即绘制作图基准线） | 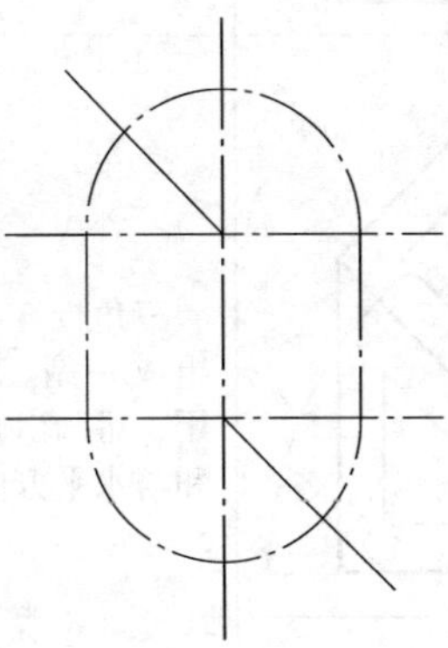 | 2. 根据尺寸R55，绘制外轮廓线 | 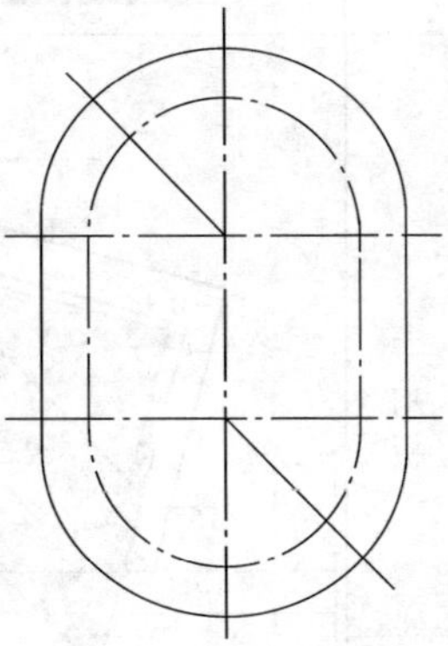 |

续表

| 具体步骤 | 图示 | 具体步骤 | 图示 |
|---|---|---|---|
| 3. 根据尺寸 *R*26 绘制内轮廓线，并绘制中间两个 φ26 的圆 | | 5. 按夹角45°绘制两个 φ10 小孔，注意应先画小孔的中心线 | |
| 4. 绘制 6 个 φ17 圆 | | 6. 检查、擦除作图线，加深图线 | |

若采用1:2或2:1的比例绘制泵盖的平面图形，该如何绘制？

### 任务2　标注端盖平面图形的尺寸

标注图1–5所示端盖平面图形的尺寸，要求符合制图国家标准中尺寸标注的有关规定。

图形只能表达物体的形状，而尺寸才能表达物体的大小。国家标准对图样中的字体、尺寸标注都做了统一的规定。尺寸标注的一般要求是清晰、完整、正确、字迹工整，尺寸数字书写正确。

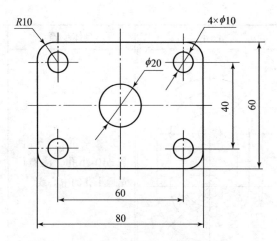

图 1-5　端盖的平面图形

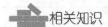 相关知识

**一、标注尺寸的基本规则**

（1）图样上所注尺寸数值以零件的真实大小为依据，与图形的比例、绘图的准确性无关。

（2）图样中的尺寸以毫米为单位时，不需标注计量单位的代号或名称，若采用其他单位，则需注明。

（3）图样上所标注的尺寸是机件的最后完工尺寸，否则应另加说明。

（4）机件的每一尺寸，一般只在反映该结构最清晰的图形上标注一次。

**二、尺寸的组成及画法（GB/T 4458.4—2003　GB/T 16675.2—1996）**

如图 1-6 所示，尺寸是由尺寸界线、尺寸线、尺寸数字和尺寸线终端组成。

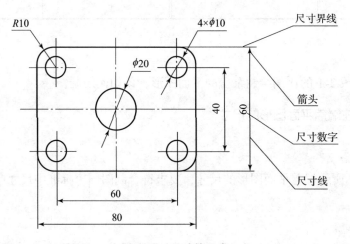

图 1-6　尺寸的组成

**1. 尺寸界线的画法**

（1）尺寸界线用细实线绘制，它是由图形的轮廓线、对称中心线、轴线等处引出，如图 1-6 所示。也可利用轮廓线、轴线或对称中心线作为尺寸界线。

（2）尺寸界线与尺寸线相互垂直（一般情况），外端应超出尺寸线 2~5 mm。

2. 尺寸线的画法

（1）尺寸线用细实线绘制，不能用其他图线代替，也不得与其他图线重合。

（2）绘制尺寸线时，尺寸线必须与所注的线段平行，并与轮廓线间隔 10 mm，互相平行的两尺寸线间距均为 7~8 mm。

（3）尺寸线与尺寸界线之间应尽量避免相交，即小尺寸在里面，大尺寸在外面。

3. 尺寸线终端符号的画法（图 1-7）

（1）图 1-7（a）所示为尺寸线终端箭头的形式，图中的 $d$ 为粗实线的宽度。

（2）图 1-7（b）所示为尺寸线终端斜线的形式，其倾斜的方向应与尺寸界线成顺时针 45°，并过尺寸线与尺寸界线的交点。图中 $h$ 为尺寸数字的高度。

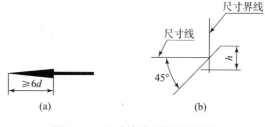

图 1-7 尺寸线终端符号的画法

(a) 尺寸线终端箭头；(b) 尺寸线终端斜线

（3）在采用斜线尺寸线终端形式的图样上，半径、直径、角度与弧长的尺寸起止符号必须用箭头表示。

（4）同一张图样上的直线尺寸应统一采用一种终端符号。

4. 尺寸数字的注写

尺寸数字有线性尺寸数字和角度尺寸数字两种。水平方向的线性尺寸，数字字头朝上书写在尺寸线的上方；竖直方向的线性尺寸，数字字头朝左书写在尺寸线的左侧，如图 1-6 所示，尺寸数字也可水平书写在尺寸线的中断处。角度数字一般都按照字头朝上水平书写。尺寸标注的形式详见知识拓展。

### 三、字体

1. 汉字

汉字应写成长仿宋体。国家标准规定，图样中的汉字应采用国家正式公布的简化字，字高、字宽及基本笔画都做了统一的规定，如图 1-7 所示。汉字的高度 $h$ 不应小于 3.5 mm，其字宽一般为 $h/\sqrt{2}$。

字体高度的公称尺寸系列为 1.8 mm、2.5 mm、3.5 mm、5 mm、7 mm、10 mm、14 mm、20 mm，如需要书写更大的字，其字体高度按 $\sqrt{2}$ 比率递增。长仿宋体字的书写示例如图 1-8 所示。

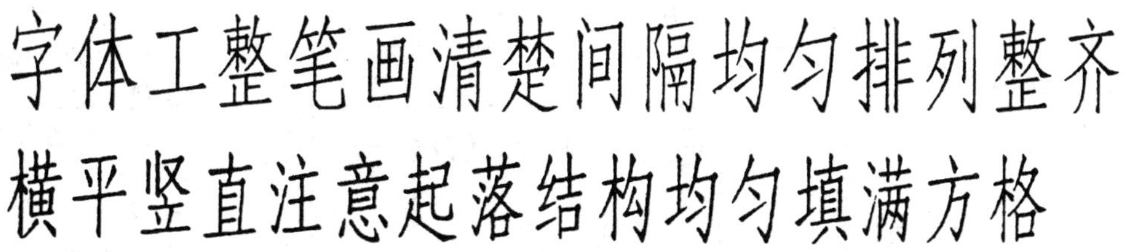

字体工整笔画清楚间隔均匀排列整齐
横平竖直注意起落结构均匀填满方格

图 1-8 长仿宋体字的书写示例

2. 字母和数字

字母和数字可写成斜体或直体。斜体字字头向右倾斜，与水平线成 75°。当与汉字混写时一般用直体。各种字母、数字示例如图 1-9 所示。

ABCDEFGHIJKLMNOPQRSTUVWXYZ

abcdefghijklmnopqrstuvwxyz

I II III IV V VI VII VIII IX X

R3　　　　M24-6H　　Φ60H7　　Φ30g6

$\Phi 20^{+0.021}_{0}$　　$\Phi 25^{-0.007}_{-0.020}$　　Q235　　HT200

1234567890

图1-9　各种字母、数字示例

### 任务实施

**小提示**

在标注平面图形尺寸时，要先画出尺寸线和尺寸界线，对于并列尺寸线，小尺寸在里，大尺寸在外。标注过程中，难免要不断修正，要在检查无误后，再描深、标注尺寸数字。

标注图1-5所示端盖平面图形尺寸的步骤见表1-5。

表1-5　标注图1-5所示端盖平面图形尺寸的步骤

| 内容 | 方法与步骤 | 图例 | 要求 |
|---|---|---|---|
| 画尺寸界线、尺寸线 | 1. 画出中间孔及四小孔的相关尺寸的尺寸界线、尺寸线 | 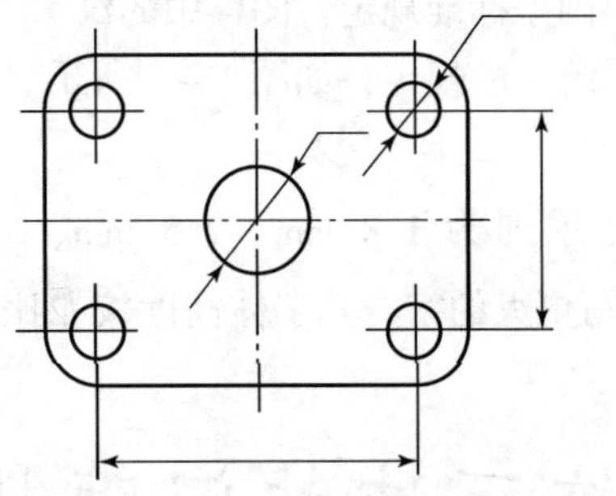 | 1. 尺寸界线、尺寸线用细实线绘制 |
| | 2. 画出长方形外形的尺寸界线、尺寸线 | 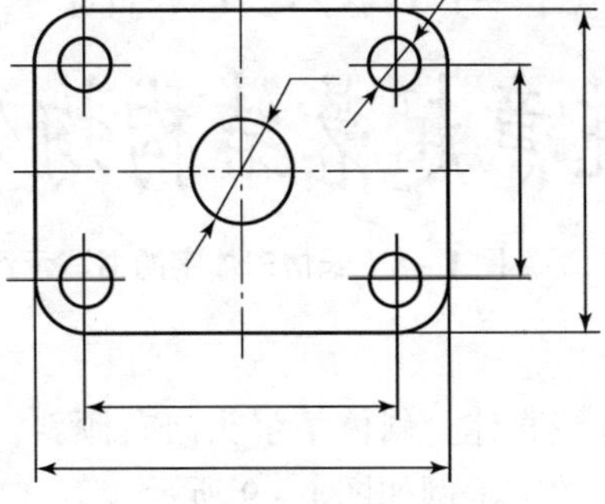 | 2. 尺寸界线由轮廓线、对称中心线引出，线性尺寸的尺寸线要与标注的线段平行，尺寸界线必须超过尺寸线2~5 mm，两平行尺寸线的间隔为7~8 mm |

续表

| 内容 | 方法与步骤 | 图 例 | 要求 |
|---|---|---|---|
| 画尺寸界线、尺寸线 | 3. 画出圆角的尺寸界线、尺寸线 | | 3. 圆及圆弧的尺寸线要通过圆心 |
| 标注尺寸数字 | 4. 检查、标注尺寸数字 | | 4. 数字采用3.5号正体，水平尺寸数字注写在尺寸线的上方，垂直尺寸数字注写在尺寸线的左侧 |

**知识拓展**

**常见尺寸注法**

国家标准详细规定了尺寸标注的形式，见表1-6。

表1-6 尺寸标注的形式

| 项目 | 说明 | 图 例 |
|---|---|---|
| 尺寸数字 | 线性尺寸的数字一般应按右图（a）中的方向填写，并尽量避免在图示30°范围内标注尺寸。当无法避免时，可按右图（b）的形式，引出标注 | （a）　　（b） |

项目一　制图基本知识与基本技能

续表

| 项目 | 说明 | 图例 |
|---|---|---|
| 尺寸数字 | 在不致引起误解时，对非水平方向的尺寸，其数字也允许水平地注写在尺寸的中断处。但在同一图样中应采用同一种注法 | |
| | 尺寸数字不可被任何图线通过，当无法避免时，应将图线断开 | |
| 尺寸线 | 尺寸线不能用其他图线代替，也不得与其他图线重合或画在延长线上 | 正确　　　　错误 |
| 尺寸线终端 | 尺寸线终端一般采用箭头。在尺寸线与尺寸界线互相垂直时，也允许采用斜线。但同一图样只能采用一种尺寸线终端形式（小尺寸标注除外） | |
| 尺寸界线 | 尺寸界线一般应与尺寸线垂直，必要时允许倾斜。在光滑过渡处标注尺寸时，必须用细实线将轮廓线延长，从它们的交点处引出尺寸界线 | 从交点处引出尺寸界线 |
| 弦长和弧长 | 弦长和弧长的尺寸界线应平行于该弦的垂直平分线。当弧度较大时，可沿径向引出。弦长的尺寸线应与该弦平行。弧长的尺寸线用圆弧，尺寸数字左方应加注符号"⌒" | |

续表

| 项目 | 说明 | 图例 |
|---|---|---|
| 直径与半径 | 直径和半径的尺寸线终端应采用箭头。标注直径时，尺寸数字前应加注"$\phi$"；标注半径时，尺寸数字前应加注"$R$" | 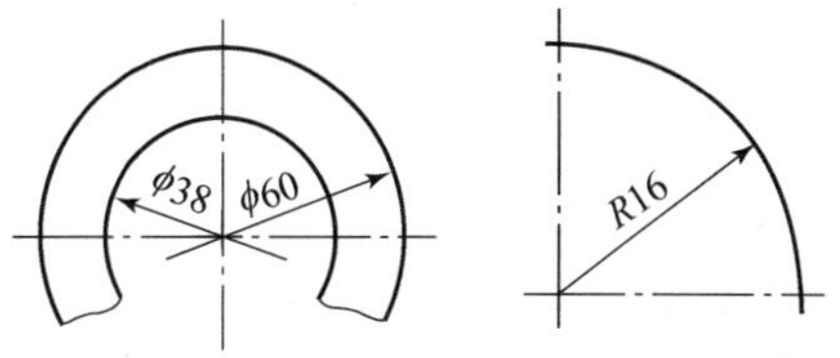 |
| | 标注球直径或球半径尺寸时，应在前面加注符号"$S\phi$""$SR$"，如右图（a）所示，在不致引起误解时，也允许省略符号"$S$"，如右图（b）所示 | 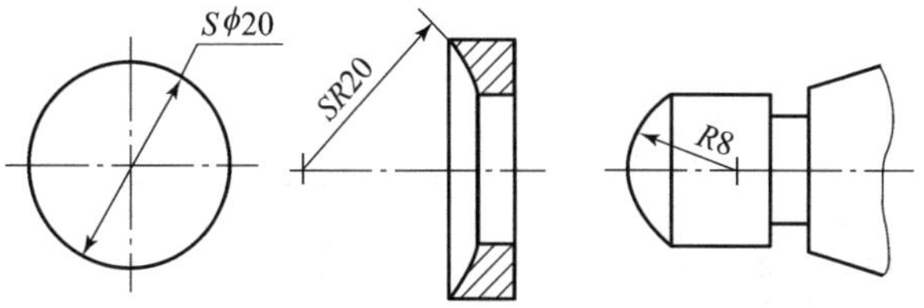 （a）　　　　　　　（b） |
| 过大半径 | 当圆弧半径过大或无法标注出其圆心位置时，可按右图（a）标注。若不需要标出其圆心位置时，可按右图（b）标注 | 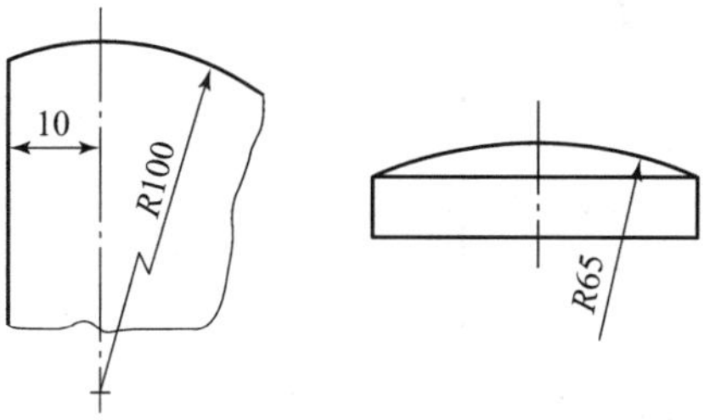 （a）　　　　　　　（b） |
| 小尺寸 | 没有足够的位置画箭头或写数字时，可按右图形式标注 | 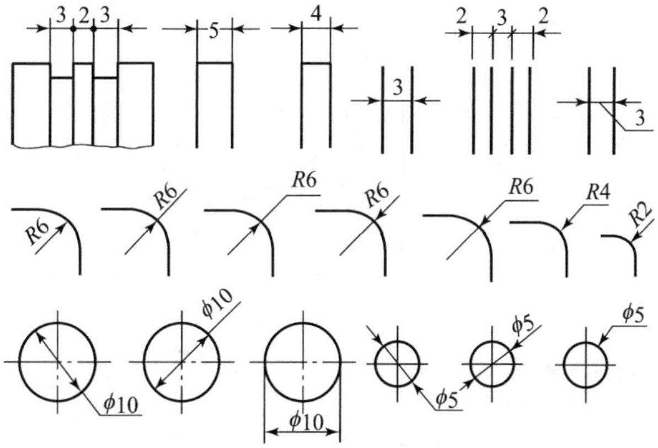 |
| 薄板厚度 | 标注板状零件的厚度尺寸时，可在尺寸数字前加注符号"$t$" | 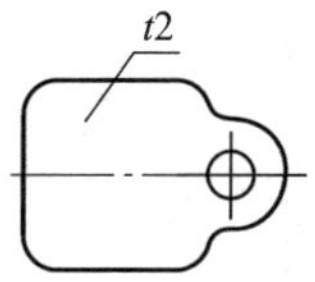 |

| 项目 | 说明 | 图 例 |
|---|---|---|
| 方形结构 | 标注剖面为正方形结构的尺寸时，可在正方形边长尺寸数字前加注符号"□"，或用"B×B"代替（B为正方形的边长） | 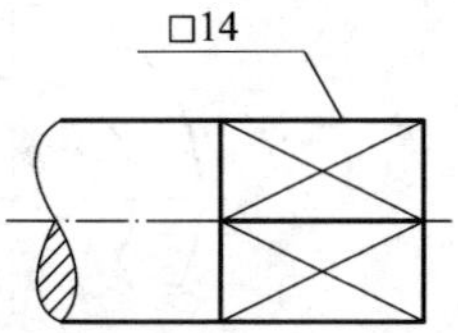 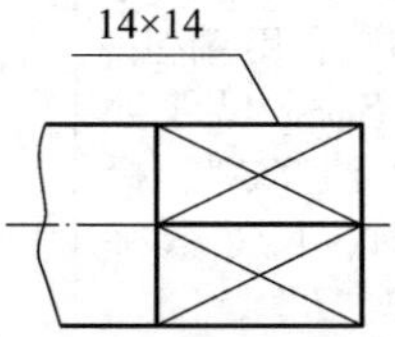 □14　　14×14 |
| 对称图形 | 对称图形只画出一半或略大于一半时，尺寸线应略超过对称中心线或断裂处的边界线，并且只在有尺寸界线的一端画出箭头，如右图所示 | 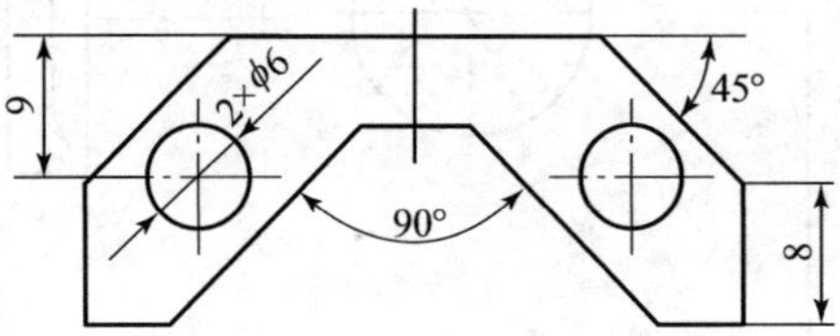 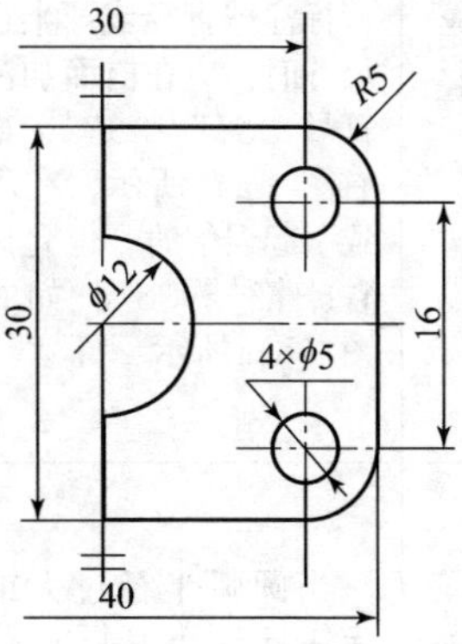 |
| 均布孔的尺寸 | 均匀分布的相同要素（如孔）的尺寸可按右图标注。当孔的定位和分布情况在图形中已明确时，可省略其定位尺寸和"均布"两字，均布用符号"EQS"表示 | 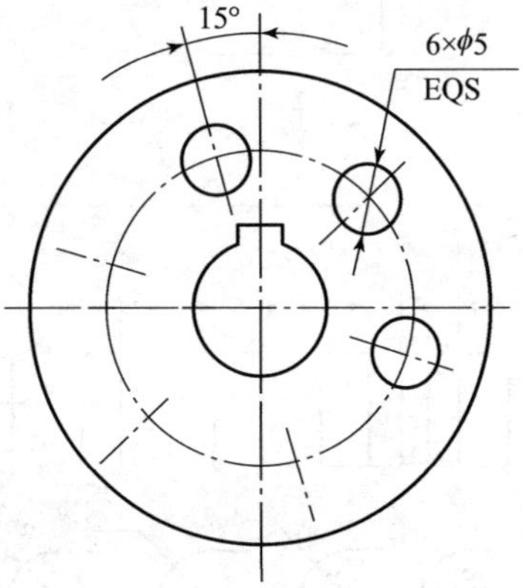 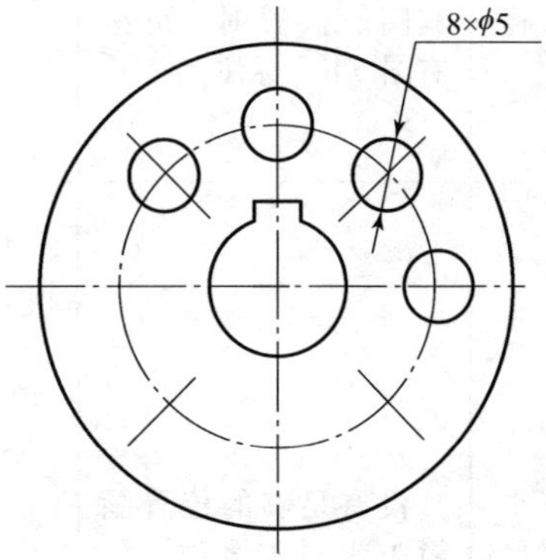 |
| 角度尺寸 | 尺寸界线应沿径向引出。尺寸线应画成圆弧，圆心是该角的圆心的顶点。尺寸数字一律水平书写，一般注写在尺寸线的中断处。必要时可引出标注 | 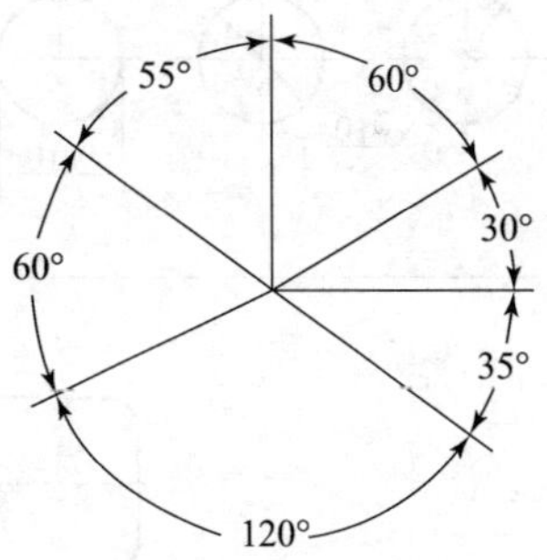 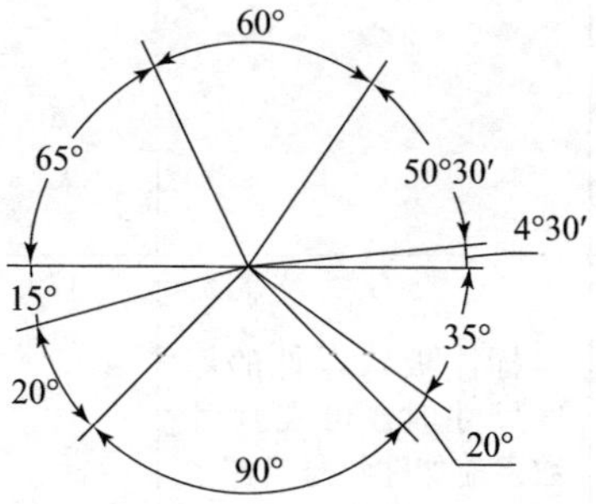 |

请你先仔细观察图 1-10 中的尺寸标注有何错误，然后把错误的尺寸改正过来。

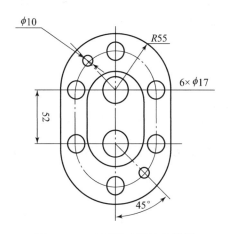

图 1-10　改正尺寸标注的错误

## 课题二　绘制复杂的平面图形

### 任务 1　绘制六角开槽螺母的平面图形

**任务导入**

绘制图 1-11 所示的六角开槽螺母俯视方向的平面图形，要求符合制图有关国家标准的规定。

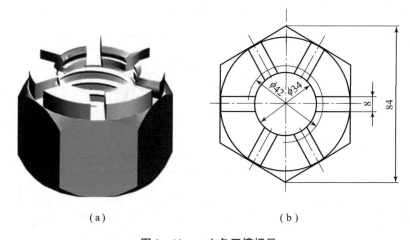

图 1-11　六角开槽螺母
(a) 立体图；(b) 平面图

图1-11（b）所示为六角开槽螺母[图1-11（a）]俯视方向的投影图，它由外轮廓正六边形和其他几何图形组成，那么如何绘制正六边形呢？

**绘制正六边形**

1. 使用圆规、三角板作图

已知正六边形的外接圆直径为 $D$，作图步骤见表1-7。

表1-7 使用圆规、三角板绘制正六边形作图步骤

| 方法与步骤 | 1. 绘制直径为 $D$ 的辅助圆 | 2. 分别以1、4点为圆心，$D/2$ 为半径作圆弧交圆周于2、6、3、5点 | 3. 顺次连接圆周各点成正六边形 |
|---|---|---|---|
| 图例 | | | |

2. 使用丁字尺和三角板作图

作图步骤见表1-8。

表1-8 使用丁字尺和三角板绘制正六边形作图步骤

| 作图要求 | 步 骤 | | |
|---|---|---|---|
| 内接正六边形（已知对角线长度） | 1. 绘制直径为 $D$ 的辅助圆 | 2. 将30°（60°）三角板和丁字尺放于合适位置，过1、4两点，用三角板作60°线，交圆周于2、5点，翻转三角板过1、4两点作60°线，交圆周于3、6点 | 3. 用丁字尺水平依次连接各相邻两点，得圆的内接正六边形 |

续表

| 作图要求 | 步 骤 | | |
|---|---|---|---|
| 外切正六边形（已知对边距离 $S$） | 1. 绘制直径为 $S$ 的辅助圆 | 2. 将 30°（60°）三角板和丁字尺放于合适位置，使三角的斜边过圆心并与对边距线相交于 1、4 和 3、6 点，用三角板作 60°线与圆相切并与中心线相交于 5、2 点 | 3. 连接 1、2、3、4、5、6 点，描粗，完成圆的外切正六边形 |

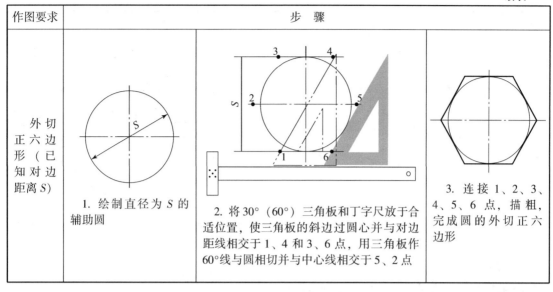

 **任务实施**

图 1-11 所示六角开槽螺母平面图的绘图步骤见表 1-9。

绘制六角开槽螺母

表 1-9　六角开槽螺母平面图的绘图步骤

| 步骤与方法 | 图例 | 方法与步骤 | 图例 |
|---|---|---|---|
| 1. 绘制 $\phi84$ 的辅助圆 | | 3. 作正六边形的内切圆并作螺纹孔的小径 $\phi34$ 圆和大径 $\phi42$ 圆弧 | |
| 2. 绘制圆的内接正六边形 | | 4. 按夹角 60°绘制槽的中心线 | |

续表

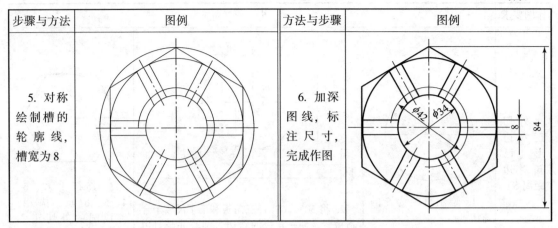

你能作出圆的内接正三角形、正五边形吗?

**任务2　绘制手柄的平面图形**

任务导入

在 A4 图纸上绘制图 1-12 所示的手柄的平面图形,要求符合制图国家标准的有关规定。

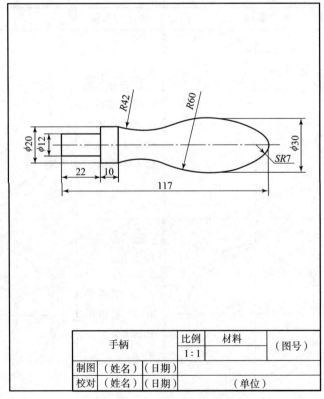

图 1-12　手柄的平面图形

如图 1-12 所示手柄的平面图形是在 A4 图纸上绘制的，主要包括图形、尺寸、标题栏。

图形：是由直线、圆弧连接组成的，观察分析可知，图形中有的直线和圆弧可以直接绘制，如尺寸 22、10、$\phi$20、$\phi$12、SR7 所对应的线段，而有的却需要借助于其他的线段才可以绘制出来，如 R60、R42 的圆弧，由此可知，线段的绘制有先后顺序之分，因此要对平面图形的尺寸、线段进行定性分析，以确定画图顺序和正确标注尺寸。

图纸：图纸有不同的图幅及图框绘制格式。

标题栏：标题栏有不同的绘制要求。

## 一、圆弧连接

用一段圆弧光滑地连接相邻两已知线段（直线或圆弧）的作图方法称为圆弧连接。圆弧连接分为三种情况：

（1）两直线间的圆弧连接。

（2）两圆弧间的圆弧连接，包括圆弧与圆弧外切连接和圆弧与圆弧内切连接两种。

（3）直线圆弧间的圆弧连接。

不论哪种圆弧连接方式，作图的关键是：第一定圆心，第二找切点，方法如表 1-10 所示。

表 1-10 圆弧连接的作图方法

| | 两直线的圆弧连接 | 圆弧与圆弧外切连接 | 圆弧与圆弧内切连接 |
|---|---|---|---|
| 圆弧连接的类型 | | | |
| 作图步骤 | 1. 作与两边相距为 R 的平行线，交点 O 即连接弧的圆心<br>2. 自 O 向两边作垂线，垂足 M、N 即切点<br>3. 以 O 为圆心，R 为半径在 M、N 间画圆弧 | 1. 分别以 ($R+R_1$) 及 ($R+R_2$) 为半径，$O_1$、$O_2$ 为圆心，画弧交于 O | 1. 分别以 ($R-R_1$) 及 ($R-R_2$) 为半径，$O_1$、$O_2$ 为圆心，画弧交于 O |

续表

| 作图步骤 | 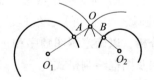<br>1. 以角顶为圆心，$R$ 为半径画弧，交直角边于 $M$、$N$<br>2. 以 $M$、$N$ 为圆心，$R$ 为半径画弧，交点 $O$ 即连接弧圆心<br>3. 以 $O$ 为圆心，$R$ 为半径在 $M$、$N$ 间画连接弧 | 2. 连接 $OO_1$、$OO_2$，分别交圆 $O_1$、圆 $O_2$ 于 $A$、$B$ 两点，$A$、$B$ 即为切点<br>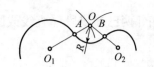<br>3. 以 $O$ 为圆心，$R$ 为半径画弧，连接圆 $O_1$、圆 $O_2$ 于 $A$、$B$，即完成作图 | 2. 连接 $OO_1$、$OO_2$ 并延长，分别交圆 $O_1$、圆 $O_2$ 于 $A$、$B$ 两点，$A$、$B$ 即为切点<br>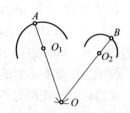<br>3. 以 $O$ 为圆心，$R$ 为半径画弧，连接圆 $O_1$、圆 $O_2$ 于 $A$、$B$ 两点，即完成作图<br>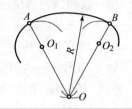 |

## 二、平面图形分析

### （一）尺寸分析

平面图形中所注尺寸按其作用可分为定形尺寸和定位尺寸两类：

**1. 定形尺寸**

确定图形中各几何元素形状大小的尺寸，比如长、宽、高、直径、半径、角度等。如图 1-12 所示，$\phi 20$、$\phi 12$、$R42$、$SR7$、$R60$ 以及 22、10 等都是定形尺寸。

**2. 定位尺寸**

确定图形中各几何元素相对位置的尺寸，在平面图形中，有横向和纵向两个方向的定位尺寸。如图 1-12 所示，尺寸 117、$\phi 30$ 分别可确定 $SR7$ 圆弧和 $R60$ 圆弧的圆心位置，属于定位尺寸。

> **小提示**
> 平面图形中，必须注意，有时一个尺寸既是定形尺寸，也是定位尺寸，如图 1-12 所示，尺寸 117 既是定形尺寸，即手柄的长，也是定位尺寸，定位 $SR7$ 圆弧的圆心。

### （二）线段分析

根据平面图形的线段和已知的尺寸，可将平面图形中的线段分为三类。

**1. 已知线段**

已知定形尺寸和两个定位尺寸，可以直接画出的线段，如图 1-12 所示 $\phi 12$、$\phi 20$ 圆柱和 $SR7$ 圆弧均属已知线段。

**2. 中间线段**

已知定形尺寸和一个定位尺寸，缺少另一个定位尺寸，故需要借助某个已知线段的位置和尺寸才能画出的线段，如图 1-12 所示 $R60$ 圆弧，缺少圆心的横向定位尺寸，绘制时需要借助于与 $SR7$ 的相切关系，就是中间线段。

3. 连接线段

仅知道定形尺寸，两个定位尺寸都未知，需要借助两个已知线段的位置，才能画出的线段，如图 1-12 所示的 $R42$ 圆弧就是连接线段。

绘图顺序一般是首先画已知线段，再画中间线段，最后画连接线段。

### 三、图幅

根据图形的大小选择适当的图纸幅面，国家标准 GB/T 14689—1993 对图纸幅面作了相应规定，基本幅面尺寸见表 1-11，各种幅面的关系见图 1-13。

表 1-11 基本幅面尺寸

| 幅面代号 | A0 | A1 | A2 | A3 | A4 |
|---|---|---|---|---|---|
| 尺寸 $B \times L$ | $841 \times 1189$ | $594 \times 841$ | $420 \times 594$ | $297 \times 420$ | $210 \times 297$ |
| $c$ | 10 | 10 | 10 | 5 | 5 |
| $a$ | 25 | | | | |
| $e$ | 20 | 20 | 10 | 10 | 10 |

### 四、图框

根据国家标准规定，在图纸上必须用粗实线画出图框，其格式分为留装订边和不留装订边两种，分别如图 1-14 和图 1-15 所示。图中的周边尺寸 $a$、$c$、$e$ 从表 1-11 中查取。

### 五、标题栏

每张图纸必须画出标题栏，用来填写零件的名称、材料、代号、绘图比例、数量、设计者的姓名、日期等内容，标题栏的位置一般画在图框右下角，外框采用粗实线，框内格线采用细实线绘制。标题栏中的文字方向为看图方向。标题栏的格式和尺寸在 GB/T 10609.1—1989 中作了规定，制图作业中的标题栏采用图 1-16 和图 1-17 所示形式。

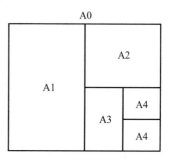

图 1-13 基本幅面的尺寸关系

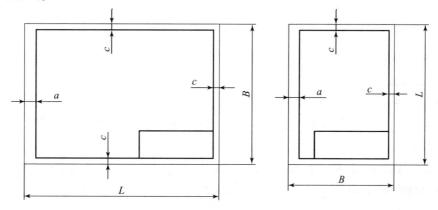

图 1-14 留装订边图框格式

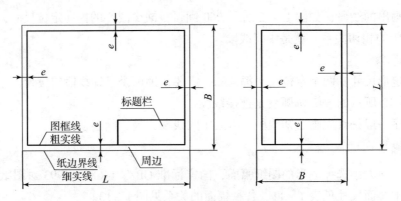

图 1-15  不留装订边图框格式

图 1-16  装配图用标题栏

图 1-17  零件图用标题栏

 任务实施

## 一、分析手柄平面图形

### (一) 分析手柄的尺寸

1. 定形尺寸

尺寸 $\phi20$、$\phi12$、$R42$、$SR7$、$R60$ 以及 22、10 等都是定形尺寸。

2. 定位尺寸

尺寸 117 是确定 $SR7$ 圆弧的圆心的尺寸,$\phi30$ 是确定 $R60$ 圆弧的圆心位置的尺寸。

### (二) 分析手柄的线段

1. 已知线段

$\phi12$、$\phi20$、$SR7$、22、10 所对应的线段,都是可以直接绘制的线段,属于已知线段。

2. 中间线段

R60 圆弧只知道半径，和圆心的一个定位尺寸 φ30，不知道圆心的另一个定位尺寸，但是由于 R60 与 SR70 的圆弧外切，故其圆心可通过作图确定下来。R60 即为中间线段。

3. 连接线段

R42 圆弧只知道半径，不知道圆心的位置，但是 R42 经过 φ20 的一点，且与 R60 相外切，故其圆心也可通过作图确定。R42 即为连接线段。

## 二、尺规绘图的步骤

1. 画图前的准备工作

准备好必需的绘图工具和仪器，将图纸固定在图板的适当位置，使绘图时丁字尺、三角板移动自如。

2. 布置图形

根据所画图形的大小选择适当的图纸幅面和比例，手柄选 A4 图纸，确定采用 1∶1 的绘图比例。在图纸上合理布图，图形尽量均匀、居中，并要考虑标注尺寸的位置，确定图形的基准线的位置。

3. 画底稿

绘制顺序是：先按布图画轴线或对称中心线，再画主要轮廓线，然后画细节，最后画剖面符号。

4. 描深

描深图线前，要仔细检查底稿，纠正错误，擦去多余的作图线，按标准线型描深图线。

5. 标注尺寸和填写标题栏

按国家标准有关规定在图样中标注尺寸和填写标题栏。

手柄作图步骤见表 1-12。

绘制手柄

表 1-12 手柄的作图步骤

| 绘图步骤 | 图例 |
|---|---|
| 1. 绘制图框、标题栏 | （图框内含标题栏：手柄　比例 1∶1　材料　（图号）／制图（姓名）（日期）／校对（姓名）（日期）　（单位）） |

续表

| 绘图步骤 | 图例 |
|---|---|
| 2. 画基准线<br>作出径向基准线即轴线，和轴向基准线 | |
| 3. 画已知线段<br>根据已知尺寸绘制手柄左端，并根据尺寸117确定 $M$ 点，自 $M$ 点向左在轴线上截取 $SR7$，得圆心 $O$ 点并画圆弧 | |
| 4. 画中间线段<br>做轴线的平行线，间距为 $(60-15)$，再以 $SR7$ 的圆心为圆心，以 $(60-7)$ 为半径，画 $R60$ 的圆弧，即完成直线（$\phi30$ 所确定的两直线）与圆弧（$SR7$）的圆弧连接 | |
| 5. 画连接线段<br>以 $O_1$ 为圆心，以 $(60+42)$ 为半径做圆弧，再以 $O_2$ 为圆心，以 42 为半径做圆弧，两圆弧相交于 $O_3$ 点，以 $O_3$ 为圆心，以 42 为半径做圆弧，则 $R42$ 圆弧与 $R60$ 圆弧相切，将 $R60$ 和点 $O_2$ 连接起来 | |
| 6. 描深 | |

| 绘图步骤 | 图例 |
|---|---|
| 7. 标注尺寸、填写标题栏 | 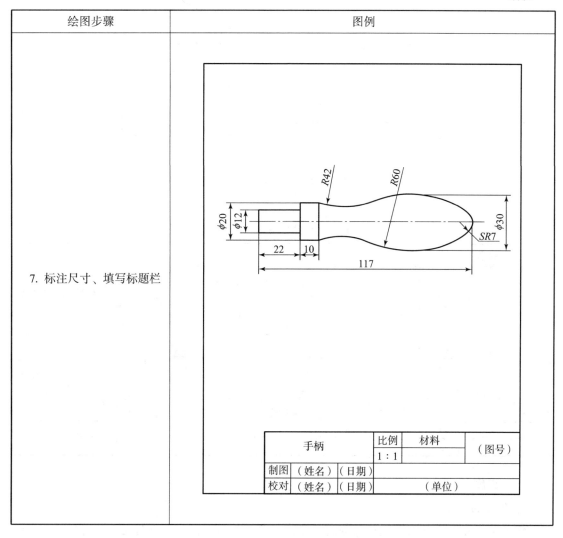 |

知识拓展

### 一、斜度

1. 斜度的概念

斜度是指一直线对另一直线或一平面对另一平面的倾斜程度,其大小用该两直线(或平面)夹角的正切来表示,并简化为1:n的形式,如图1-18(a)所示。

$$S = \tan\alpha = BC:AB = 1:n$$

2. 斜度符号的画法及标注方法

斜度符号的画法如图1-19(b)所示。其斜度符号的斜边应与图中斜线的倾斜方向一致,如图1-19(c)所示。

3. 斜度的作图方法

斜度的作图方法及尺寸标注见表1-13。

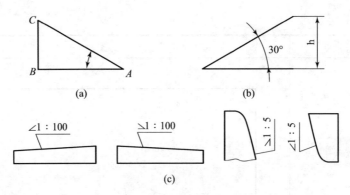

图 1-18 斜度及其符号

$h$ 为字体的高度

表 1-13 斜度的作图方法及尺寸标注

| 要求 | 画 法 |||
|---|---|---|---|
| 按照下图的尺寸绘图 | 1. 由已知尺寸作出横、竖轮廓线 | 2. 将 AB 线段分为五等份,作 BC⊥AB,取 BC 为一等份 | 3. 连接 AC 即为1:5的斜度线 |
| | | | |

## 二、锥度

1. 锥度的概念

锥度是指正圆锥的底圆直径与其高度之比。若是锥台,则为上下两底面圆直径差与锥台高度之比。并以 1:$n$ 的形式表示,如图 1-19(a)所示。

$$锥度 = D/L = (D-d)/l = 2\tan(\alpha/2)$$

2. 符号的画法及标注方法

锥度符号的画法如图 1-19(b)所示。其符号的方向应与图中锥度的倾斜方向一致,如图 1-20(c)所示。

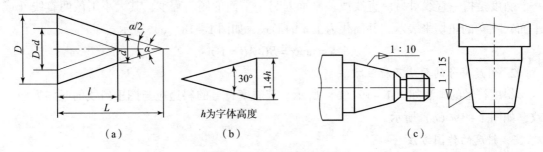

图 1-19 锥度及其符号

## 3. 锥度的作图方法

锥度的作图方法及尺寸标注见表 1-14。

表 1-14 锥度的作图方法及尺寸标注

| 要求 | 画 法 | | |
|---|---|---|---|
| 按照下图的尺寸绘制图锥台 | 1. 作基准线，作已知线段 $EF = 20$，截取长度 60 | 2. 从点 $A$ 向右以任意长度截取二等份，得点 $B$，过点 $B$ 作 $CD \perp AB$，取 $CD$ 为一等份 | 3. 连接 $AC$、$AD$，即为 1:2 的锥度线。过点 $E$、$F$ 分别作 $AC$、$AD$ 的平行线 |

在 A3 图纸上绘制图 1-20 所示挂轮架的平面图形，要求符合制图国家标准的有关规定。

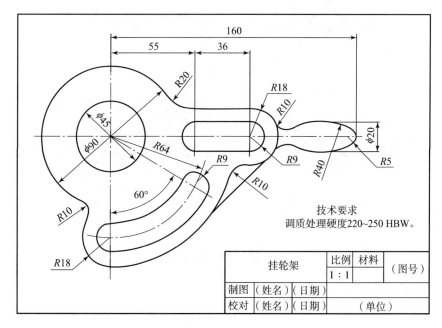

图 1-20 挂轮架的平面图形

## 课题三 徒手绘制草图

**任务 徒手绘制垫片的草图**

徒手绘制图 1-21 所示垫片的草图。

该垫片的平面图形由水平和垂直方向的直线、倾斜直线和圆弧组成，徒手绘制该图形时，必须掌握绘制各种线条的基本方法。

**相关知识**

草图图形的大小是根据目测估计画出的，目测要尽量准确。

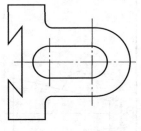

图 1-21 垫片的平面图

### 一、直线的画法

徒手画图时，手腕和手指微触纸面。画短线以手腕运笔；画长线时，移动手臂运笔，要目视笔尖运行的方向和终点，手指压住纸面，匀速运笔。

画水平线时，应自左向右画成；画垂直线时，用手指与手腕配合自上而下运笔；画倾斜线时，通常旋转图纸或侧转身体成顺手方向画线。具体技巧如图 1-22 所示。

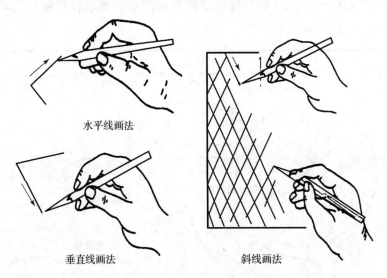

图 1-22 徒手画直线技巧

### 二、常用角度的画法

画 30°、45°、60°、90°、120°的特殊角时，用等边三角形斜边的比例关系，在斜线上定点，然后连线而成，如图 1-23 所示。

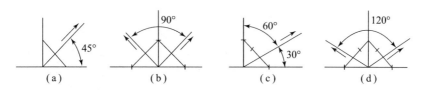

图 1-23 特殊角度的画法

(a) 45°角;(b) 90°角;(c) 30°角、60°角;(d) 120°角

### 三、圆和圆弧的画法

画较小圆时,先在中心线上按目测定出四点,然后徒手将各点连成圆;也可以先画辅助正方形,再画四段圆弧与其相切成圆,如图 1-24(a)所示。画较大圆时,通过圆心加画四条辅助线,按圆的半径大小目测出八点,分段画圆弧,最后连成整圆,如图 1-25(b)所示。

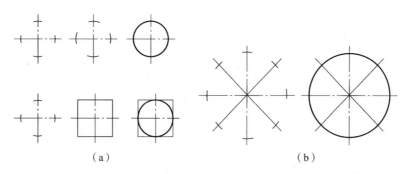

图 1-24 圆的画法

(a) 小圆;(b) 大圆

画圆弧时,先画角等分线,在该线上目测圆心位置,然后向角两边引垂线,确定圆弧两个连接点,在分角线上定出圆弧上的点,然后过三个点画成圆弧,如图 1-25(a)所示。对于 1/4 圆弧,先画辅助正方形,再画圆弧与其相切,如图 1-26(b)、(c)所示。

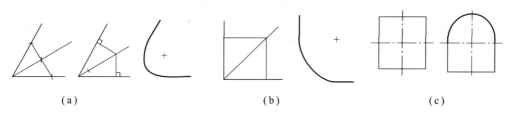

图 1-25 圆弧的画法

### 四、椭圆的画法

画椭圆的一般方法如图 1-26 所示。根据已知的长短轴定出 4 个端点,画椭圆的外切矩形,将矩形的对角线六等分,过长短轴端点及对角线靠外等分点(共 8 个点)徒手画出椭圆。

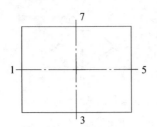 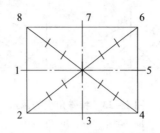 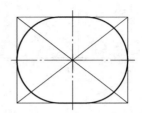

**图 1-26 画椭圆的一般方法**

 任务实施

> **小提示**
> 画草图铅笔一般用 HB 或 B。为了便于转动图纸顺手画成,提高徒手画图的速度,草图的图纸一般不固定。初学者可在方格纸上进行练习。

徒手绘制垫片草图的步骤见表 1-15。

**表 1-15 徒手绘制垫片草图的步骤**

| 序号内容 | 方法与步骤 | 图 例 |
| --- | --- | --- |
| 1. 通过目测,绘制基准线<br>2. 绘制外形轮廓线 | 根据右端圆弧半径绘制其外切矩形 | |
| 3. 绘制左端燕尾槽 | 根据燕尾槽的深度,在槽的两端画正方形,以正方形的对角线确定槽的斜度 | |
| 4. 确定各圆弧的连接点 | 根据各圆弧的半径,画出其外切正方形,在正方形对角线上截取半径长度,确定圆弧通过点 | |

续表

| 序号内容 | 方法与步骤 | 图 例 |
|---|---|---|
| 5. 绘制连接弧 | 通过连接各矩形角点和对角线上的点，即得各弧 | |
| 6. 检查、校核、描粗 | 擦去作图辅助线，完成徒手绘图 | |

若采用 1∶2 或 2∶1 的比例绘制泵盖的平面图形，该如何绘制？

# 项目二

## 绘制基本体的三视图

### 🎯 课题一 绘制简单形体的三视图

**任务1　绘制锉配件的正投影图**

观察图2-1所示锉配件,并绘制锉配件的正投影图。

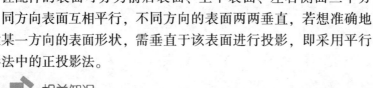

图2-1为锉配件的立体图,虽然可以直观地表达它的形状特点,但是由于投影时有角度,某些结构的形状发生了变形(矩形被表达为平行四边形),所以该立体图并不能准确地表达锉配件的形状和大小,那如何才能完整、清晰、准确地表达出物体的形状和大小呢?

锉配件的表面可分为前后表面、上下表面、左右侧面三个方向,同方向表面互相平行,不同方向的表面两两垂直,若想准确地表达某一方向的表面形状,需垂直于该表面进行投影,即采用平行投影法中的正投影法。

图2-1　锉配件立体图

**一、投影法及分类应用**

大家都知道,物体在光线的照射下会在地面或墙壁上产生影子,这就是投影现象。人们通过长期的观察、实践和研究,找出了光线、形体及其影子之间的关系和规律,投影法就是人们根据这一自然现象总结出来的。在投影时,太阳(光源)称为投影中心,光线称为投影线,地面称为投影面,影子称为投影,如图2-2所示。

因此投影法可定义为:一组射线通过物体,向预设的投影面投射,并在投影面上得到图形的方法。投影法分为中心投影法和平行投影法。

1. 中心投影法

投影线交于一点的投影法称为中心投影法,如图2-3所示。

优点:具有立体感,工程中常用来绘制建筑物的透视图。

缺点:中心投影不能真实地反映物体的形状和大小,不适用于绘制机械图样。

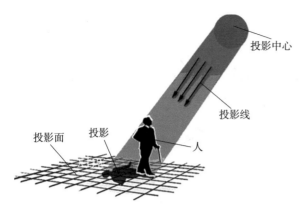

图 2-2 人在地面上的影子

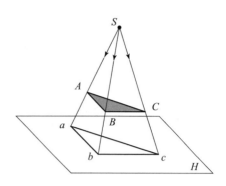

图 2-3 中心投影法

2. 平行投影法

若投影中心距投影面无限遥远，则投影时投影线互相平行的投影法称为平行投影法，如图 2-4 所示。

根据投影面和投影线是否垂直，平行投影法又可分为：

（1）正投影法：投影线与投影面垂直的平行投影法，如图 2-4（a）所示。

（2）斜投影法：投影线与投影面倾斜的平行投影法，如图 2-4（b）所示。

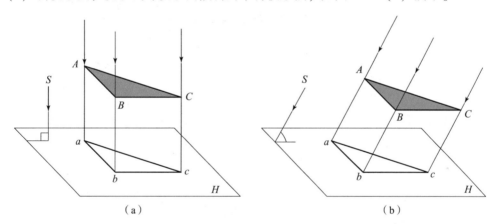

图 2-4 平行投影法
(a) 正投影法；(b) 斜投影法

## 二、正投影的基本性质

正投影图度量性好，能够表达物体的真实形状和大小，且作图方法简单，所以广泛用于绘制机械图样。正投影具有如下三个基本性质：

（1）真实性：当直线或平面平行于投影面时，则直线的投影反映实长，平面的投影反映实形，如图 2-5 所示。

（2）积聚性：当直线或平面垂直于投影面时，则直线的投影积聚为点，平面的投影积聚为线，如图 2-6 所示。

（3）类似性：当直线或平面倾斜于投影面时，则直线的投影长度变短，平面的投影面变小，但投影的形状仍与原来的形状相似，如图 2-7 所示。

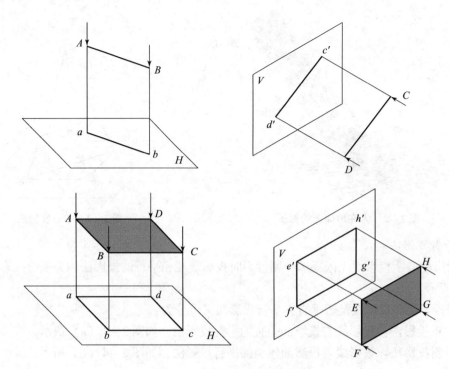

图 2-5 正投影的基本性质（一）

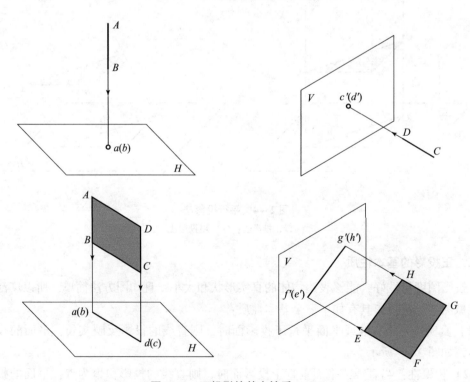

图 2-6 正投影的基本性质（二）

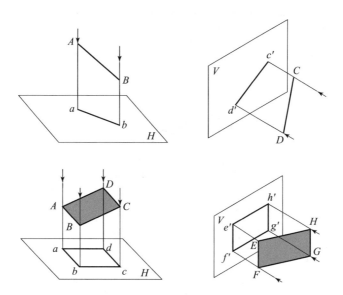

图 2-7 正投影的基本性质（三）

## 任务实施

### 一、锉配件正投影图的形成

如果将图 2-5 中的平面换成锉配件，如图 2-8 所示。把投影面放在正前方，物体放在人与投影面之间，让互相平行且与投影面垂直的投影线投射物体，就会在投影面上得到正投影图。很显然，该正投影图能准确地表达物体前面的形状和大小。

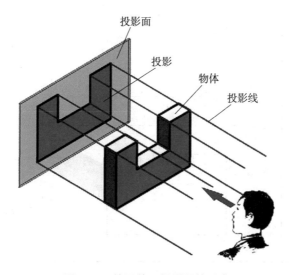

图 2-8 锉配件正投影图的形成

锉配件正投影图的绘图步骤见表 2-1。

绘制锉配件正投影

表2-1 锉配件正投影图的绘制方法与步骤

| 步骤 | 图例 | 说明 |
|---|---|---|
| 1. 形体分析 | 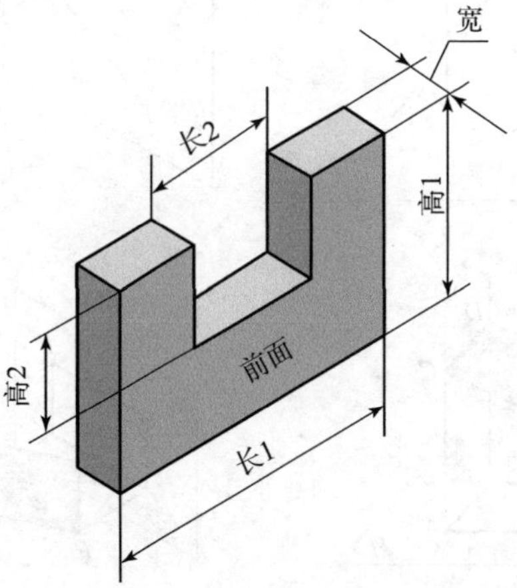 | 锉配件由长方形割矩形槽而成 |
| 2. 绘制对称中心线 | 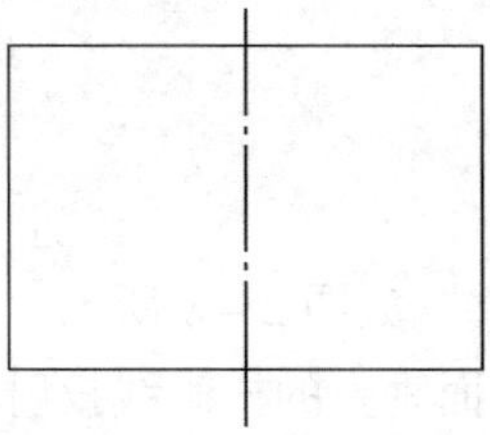 | 对称中心线用细点画线绘制 |
| 3. 绘制长方形外形的投影 | | 测量长方体的尺寸"长1"和"高1",按1:1作图 |
| 4. 以中心线为对称线,绘制槽口的投影 | 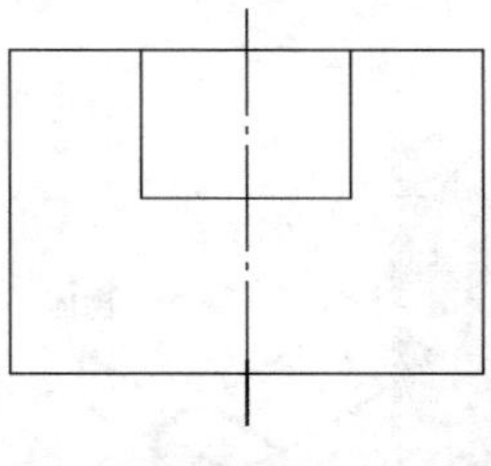 | 测量槽口的尺寸"长2"和"高2",按1:1作图 |
| 5. 完成正投影图 | 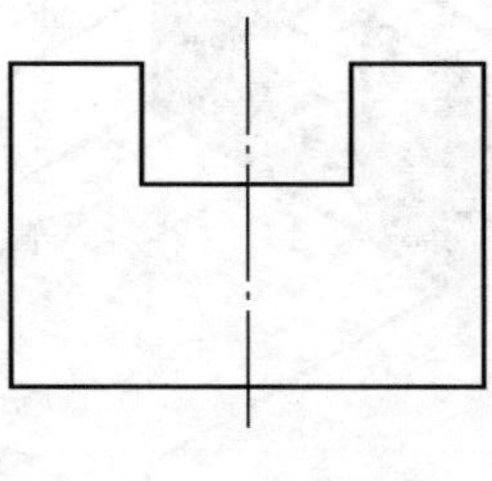 | 擦去多余图线,按标准描深图线<br>**注意**:轮廓线用粗实线绘制 |

勤思考

1. 一个视图能完整地表达物体吗?
2. 如何表达锉配件各个表面的形状?
3. 如图2-9所示,将立体图与对应的三视图连线。

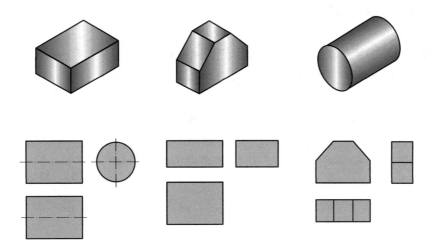

图 2-9 立体图与三视图对应

**任务 2　绘制锉配件的三视图**

如图 2-10 所示，绘制锉配件的三视图，并分析其投影规律。

**任务分析**

如图 2-10 所示，空间三个投影面两两垂直，将锉配件向三个投影面投射，分别得到三个方向的投影。想一想，三个投影有什么内在联系？如何将空间的三个投影表达在一个平面上？

**相关知识**

在机械制图中，通常假设人的视线为一组平行的且垂直于投影面的投影线，这样在投影面上得到的正投影图，称为视图。

一个视图只能表达物体一个方向的形状，但不能表达物体的全部形状，要想表达物体的完整形状，就必须从物体的几个方向进行投射，绘制出几个视图，互相补充，才能将物体表达清楚。

通常我们在物体的后面、下面和右面放置三个投影面，从物体的前面、上面和左面进行投射，分别绘出三个视图，如图 2-10 所示。

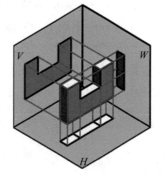

制作三面投影体系

图 2-10 锉配件的三视图

**一、三投影面体系的建立**

三投影面体系由三个互相垂直的投影面所组成，如图 2-11 所示。三个投影面分别为：

正立投影面，正对着我们的投影面，简称为正面，用 $V$ 表示；

水平投影面，水平放置的投影面，简称为水平面，用 $H$ 表示；

侧立投影面，右边侧立的投影面，简称为侧面，用 $W$ 表示。

三个投影面的相互交线，称为投影轴。它们分别是：

$OX$ 轴：是 $V$ 面和 $H$ 面的交线，它代表长度方向，是 $X$ 坐标；

$OY$ 轴：是 $H$ 面和 $W$ 面的交线，它代表宽度方向，是 $Y$ 坐标；

$OZ$ 轴：是 $V$ 面和 $W$ 面的交线，它代表高度方向，是 $Z$ 坐标；

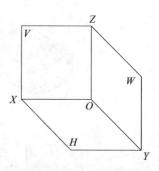

图 2-11 三投影面体系

三个投影轴垂直相交的交点 $O$，称为原点，且沿坐标轴方向，离原点越远，坐标值越大。

## 二、三视图的形成

### 1. 三视图的形成过程

将物体放在三投影面体系中，物体的位置处在人与投影面之间，用正投影法分别向三个投影面投射，得到三个视图，如图 2-10 所示。三个视图分别为：

（1）主视图：从前向后进行投影，在正立投影面（$V$ 面）上所得到的视图。

（2）俯视图：从上向下进行投影，在水平投影面（$H$ 面）上所得到的视图。

（3）左视图：从左向右进行投影，在侧立投影面（$W$ 面）上所得到的视图。

### 2. 三投影面体系的展开

在实际作图中，为了画图方便，需要将三个投影面在一个平面（纸面）上表示出来。规定：使 $V$ 面不动，$H$ 面绕 $OX$ 轴向下旋转 90°与 $V$ 面重合，$W$ 面绕 $OZ$ 轴向右旋转 90°与 $V$ 面重合，这样就得到了在同一平面上的三视图，如图 2-12 所示。在这里应特别注意的是：同一条 $OY$ 轴旋转后出现了两个位置，因为 $OY$ 是 $H$ 面和 $W$ 面的交线，也就是两投影面的共有线，所以 $OY$ 轴随着 $H$ 面旋转到 $OY_H$ 的位置，同时又随着 $W$ 面旋转到 $OY_W$ 的位置。为了作图简便，投影图中不必画出投影面的边框，必要时投影轴也可以进一步省略。

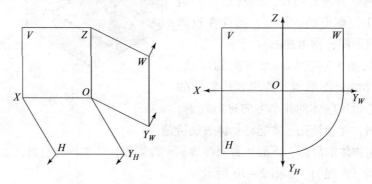

图 2-12 三投影面体系的展开

## 三、三视图的对应关系

### 1. 投影对应关系

从三视图的形成过程可以看出，三视图的位置关系是俯视图在主视图的正下方，左视图在主视图的正右方，按此位置配置的三视图，不需要注写其名称。

一个视图只能反映两个方向的尺寸，主视图反映了物体的长度和高度；俯视图反映了物体的长度和宽度；左视图反映了物体的高度和宽度，如图 2-13（a）所示。

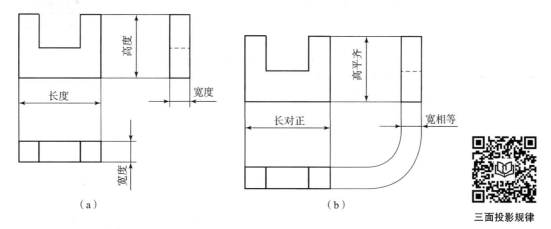

图 2-13 视图间的"三等"关系

由于物体在三投影面体系中投影时，相对三个投影面的空间位置是固定不动的，所以其三视图的长、宽、高有相互的对应关系，由此可以归纳出三视图的投影规律，如图 2-13（b）所示，即：

主、俯视图"长对正"；

主、左视图"高平齐"；

俯、左视图"宽相等"。

三视图的投影规律反映了三视图的重要特性，也是画图和读图的重要依据。无论是整个物体还是物体的局部，其三面投影都必须符合这一规律。

2. 方位对应关系

空间物体有前、后、左、右、上、下六个方位，根据三视图的展开过程，可以看出，物体六个方位在三视图中的对应位置，如图 2-14 所示。

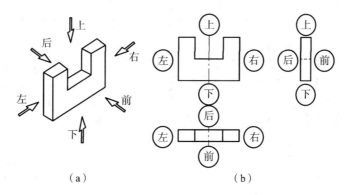

图 2-14 立体图与三视图的方位对照

（a）立体图；（b）三视图

主视图反映了物体的上、下和左、右的相对位置关系；

俯视图反映了物体的前、后和左、右的相对位置关系；
左视图反映了物体的前、后和上、下的相对位置关系。

## 任务实施

下面绘制图 2-10 所示锉配件的三视图。其绘图方法和步骤见表 2-2。

绘制锉配件三视图

表 2-2 锉配件三视图的绘图方法和步骤

| 步骤 | 图例 | 步骤 | 图例 |
| --- | --- | --- | --- |
| 1. 将三投影面体系展开 | | 4. 绘制 45°射线，按照"高平齐"和"宽相等"原理，在侧投影面上绘制锉配件的左视图 | |
| 2. 在正投影面上绘制锉配件的主视图 | | 5. 去除辅助线 | |
| 3. 按照"长对正"原理，在水平投影面上绘制锉配件的俯视图 | | 6. 去除投影面和坐标轴，完成绘图 | |

根据图2-15所示补画左视图,并在三视图上标注物体的六个方位。

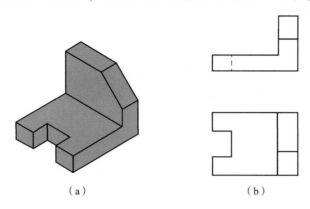

图2-15 压块
(a) 立体图;(b) 主、俯视图

## 课题二 绘制点、线、面的投影

任何物体都是由点、线、面组成。如图2-16所示的梯形块由6个四边形平面围成,每个四边形平面由4条线围成,每条线由两个端点连接而成。因此,要想看懂物体的三视图,必须掌握点、线、面等物体基本几何元素的投影特点。

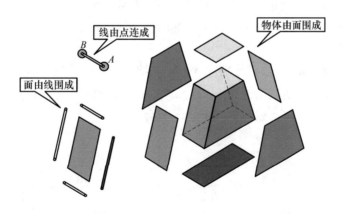

图2-16 物体与点、线、面的关系

**任务1 绘制点的投影**

如图2-17所示为长方体,将长方体放入三投影面体系中,试绘制长方体顶点A的三面投影。

任务分析

若求 A 点的投影，需将顶点 A 向三投影面作垂线，垂足即是点 A 的投影，想一想：点 A 的三面投影与长方体的其余顶点有什么关系？点 A 的三个投影之间又有什么位置关系呢？

将 A 点向正投影面（V）投影，得到点的正面投影 $a'$；将 A 点向水平投影面（H）投影，得到点的水平投影 $a$；将 A 点向侧投影面（W）投影，得到点的侧面投影 $a''$。将图 2-12 (a) 所示的三投影面体系展开，即可得点的三面投影图 2-17。那么，$a$，$a'$，$a''$ 分别与长方体的什么尺寸有关？

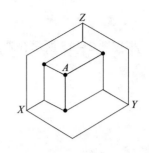

图 2-17 长方体顶点的投影

相关知识

### 一、点的投影及其投影规律

**1. 点的投影**

由空间点 A 分别作垂直于 H 面、V 面和 W 面的垂线，其垂足 $a$、$a'$、$a''$ 即为点 A 在 H 面、V 面和 W 面上的投影，如图 2-18 (a) 所示。

**2. 点的标记**

三投影体系中点的标记，遵循下列规定，如图 2-18 (a) 所示。

(1) 空间点　用大写字母表示，如 A、B、M、N 等；
(2) 点的水平投影　用相应的小写字母表示，如 $a$、$b$、$m$、$n$ 等；
(3) 点的正面投影　用相应的小写字母加一撇表示，如 $a'$、$b'$、$m'$、$n'$ 等；
(4) 点的侧面投影　用相应的小写字母加两撇表示，如 $a''$、$b''$、$m''$、$n''$ 等。

**3. 点的投影规律**

将点 A 的三个投影 $a$、$a'$、$a''$ 分别向 X 轴、Y 轴、Z 轴作垂线，垂足 $a_x$、$a_y$、$a_z$ 必会重合。由此可知，点 A 和它的三面投影 $a$、$a'$、$a''$，加上三个垂足 $a_x$、$a_y$、$a_z$，再加上原点 O，八个点正好组成一个长方体，如图 2-18 (b) 所示。

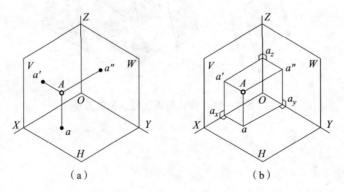

图 2-18 长方体顶点的投影

此时，将三个投影面展开，可得点 A 的三视图，如图 2-19 所示，很显然，点的投影符合三视图的投影规律，由此可得到点的投影规律：

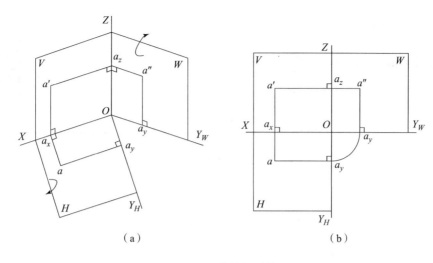

（a） （b）

图 2-19 点的投影的展开

（1）点的正面投影和水平投影的连线垂直于 $OX$ 轴，即 $a'a \perp OX$，即"长对正"；
（2）点的正面投影和侧面投影的连线垂直于 $OZ$ 轴，即 $a'a'' \perp OZ$，即"高平齐"；
（3）点的水平投影到 $OX$ 轴的距离等于其侧面投影到 $OZ$ 轴的距离，即 $aa_X = a''a_Z$，即"宽相等"。

作图时，为了表示 $aa_X = a''a_Z$ 的关系，常用过原点 $O$，以 $Oa_y$ 为半径画弧，把点的 $H$ 面与 $W$ 面投影联系起来。

根据点的投影规律，可由点的坐标画出三面投影，也可根据点的两个投影作出第三投影。

## 二、点的投影与直角坐标的关系

三投影面体系可以看成是一个空间直角坐标系，因此可用直角坐标确定点的空间位置，投影面 $H$、$V$、$W$ 作为坐标面，三条投影轴 $OX$、$OY$、$OZ$ 作为坐标轴，三轴的交点 $O$ 作为坐标原点。

由图 2-18（b）可以看出，$A$ 点的三个投影与其直角坐标的关系：

（1）点 $A$ 到 $W$ 面的距离 $Aa'' = Oa_X = a'a_Z = aa_y = x$ 坐标；
（2）点 $A$ 到 $V$ 面的距离 $Aa' = Oa_y = aa_X = a''a_Z = y$ 坐标；
（3）点 $A$ 到 $H$ 面的距离 $Aa = Oa_Z = a'a_X = a''a_y = z$ 坐标。

所以点 $A$ 的空间位置，可以用三个坐标来表示，写成 $A(x, y, z)$ 的形式。点 $A$ 每一个投影面的投影，可以用两个坐标来决定位置，如图 2-20 所示。

（1）正面投影 $a'$，由坐标 $x$ 和 $z$ 决定；
（2）水平投影 $a$，由坐标 $x$ 和 $y$ 决定；
（3）侧面投影 $a''$，由坐标 $y$ 和 $z$ 决定。

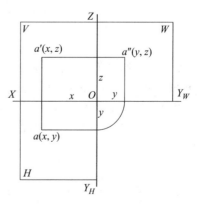

图 2-20 点的投影与坐标的关系

## 任务实施

### 一、作长方体顶点的三面投影图

长方体顶点投影的作图步骤见表2-3。

点的投影

表2-3 长方体顶点投影的作图步骤

| 步骤 | 图例 |
| --- | --- |
| 1. 根据长方体的长度和高度，作出点的正面投影 $a'$ | |
| 2. 经 $a'$ 向 $OX$ 轴作垂线，结合长方体的宽度，做出点的水平投影 $a$ | |
| 3. 经 $a'$ 作 $OZ$ 轴的垂线，经 $a$ 作 $OY$ 轴的垂线，以 $O$ 为圆心，将 $Y$ 坐标旋转至 $Y_W$ 轴，作 $OY_W$ 垂线，根据点的投影规律，作出点的侧面投影 $a''$ | |

### 多了解一点

**重影点的概念**

在图2-21中，点 $A$ 和点 $C$ 的水平投影重合，该两点称为 $H$ 面的重影点。点 $A$ 和点 $C$ 向水平投影面投射时，$C$ 点在上，先投射 $C$ 点，$A$ 点在下，后投射 $A$ 点，则认为 $C$ 点是可见的，$A$ 点不可见，不可见点的投影，标记需加括号，如 (a)。

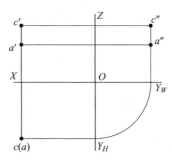

**图 2-21　重影点**

如图 2-22 所示，已知 $E$ 点的两面投影，求作第三面投影。

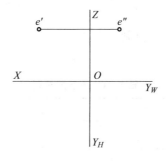

**图 2-22　已知点的两面投影求第三面投影**

#### 任务 2　绘制直线的投影

直线 $AB$ 的立体图如图 2-23 所示，根据立体图绘制直线 $AB$ 的三面投影图，并分析其投影特性。

分析直线 $AB$ 可以发现，它不平行于任何一个投影面，也不垂直于任何一个投影面，属于一般位置的直线，所以，它的投影不具有任何的特殊性，但是，由于两点确定一条直线，所以若求直线 $AB$ 的投影，只要分别作出两个端点 $A$ 和 $B$ 的投影，然后连接端点的同面投影即可。

## 相关知识

### 一、直线的类别及特点

空间直线根据相对于三投影面体系位置的不同,可分为三类:投影面的平行线、投影面的垂直线和一般位置直线。下面依次介绍它们的定义和特点。

**1. 投影面的平行线**

平行于一个投影面,同时倾斜于另外两投影面的直线,称为投影面的平行线。分为:

(1)正平线:平行于正投影面,同时倾斜于另外两投影面的直线;

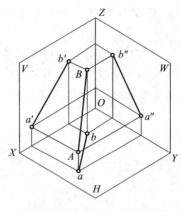

图 2-23 直线的立体图

(2)水平线:平行于水平投影面,同时倾斜于另外两投影面的直线;

(3)侧平线:平行于侧投影面,同时倾斜于另外两投影面的直线。

**2. 投影面的垂直线**

垂直于一个投影面,同时平行于另外两投影面的直线,称为投影面的垂直线。分为:

(1)正垂线:垂直于正投影面的直线;

(2)铅垂线:垂直于水平投影面的直线;

(3)侧垂线:垂直于侧投影面的直线。

**3. 一般位置直线**

与 $V$、$W$、$H$ 三个基本投影面都倾斜的直线。

直线分类如表 2-4 所示。

表 2-4 直线的类别

| 类别 | 概念 | 名称及性质 |
|---|---|---|
| 投影面平行线 | 平行于某投影面,倾斜于另外两投影面的直线 | (1)正平线 $/\!/V$,$\angle H$,$\angle W$<br>(2)水平线 $/\!/H$,$\angle V$,$\angle W$<br>(3)侧平线 $/\!/W$,$\angle V$,$\angle H$ |
| 投影面垂直线 | 垂直于某投影面的直线,平行于另外两投影面 | (1)正平线 $\perp V$,$/\!/H$,$/\!/W$<br>(2)水平线 $\perp H$,$/\!/V$,$/\!/W$<br>(3)侧平线 $\perp W$,$/\!/V$,$/\!/H$ |
| 一般位置直线 | 与三个投影面都倾斜的直线 | 一般位置直线 $\angle V$,$\angle H$,$\angle W$ |

### 二、直线的投影特性

直线由无数的点组成,所以直线的投影也符合点的投影规律,而且同一类型的直线具有相同的投影规律,我们根据直线的不同类型,总结出如下投影特点:

**(一)投影面的平行线**

**1. 正平线**

①正平线的正面投影体现了正投影的"真实性"特点,反映了直线的实际长度;

②水平面投影体现了正投影的"类似性"特点,平行于 $X$ 轴,投影变短;

③侧面投影也体现了正投影的"类似性"特点，平行于 $Z$ 轴，投影变短。

同时正面投影也反映了正平线与水平投影面的倾斜角度 $\alpha$ 和与侧投影面的倾斜角度 $\gamma$，如表 2-5 所示。

表 2-5 投影面平行线的投影特性

| 名称 | 投影图 | 投影特性 |
| --- | --- | --- |
| 正平线 | | (1) 正面投影为斜线，且 $a'b' = AB$，与 $H$ 面的倾角为 $\alpha$，与 $W$ 面的倾角为 $\gamma$；<br>(2) 水平投影为横线，$/\!/OX$ 轴，且 $ab < AB$；<br>(3) 侧面投影为竖线，$/\!/OZ$ 轴，且 $a''b'' < AB$ |
| 水平线 | | (1) 水平投影为斜线，且 $ab = AB$，与 $V$ 面的倾角为 $\beta$，与 $W$ 面的倾角为 $\gamma$；<br>(2) 正面投影为横线，$/\!/OX$ 轴，且 $a'b' < AB$；<br>(3) 侧面投影为横线，$/\!/OY_W$ 轴，且 $a''b'' < AB$ |
| 侧平线 | | (1) 侧面投影为斜线，且 $a''b'' = AB$，与 $H$ 面的倾角为 $\alpha$，与 $V$ 面的倾角为 $\beta$；<br>(2) 正面投影为竖线，$/\!/OZ$ 轴，且 $a'b' < AB$；<br>(3) 水平投影为竖线，$/\!/OY_H$ 轴，且 $ab < AB$ |

2. 水平线

①水平线的水平面投影体现了正投影的"真实性"的特点，反映了直线的实际长度；
②正面投影体现了正投影的"类似性"的特点，平行于 $X$ 轴，投影变短；
③侧面投影也体现了正投影的"类似性"的特点，平行于 $Y$ 轴，投影变短。

同时水平面投影也反映了水平线与正投影面的倾斜角度 $\beta$，和与侧投影面的倾斜角度 $\gamma$。如表 2-5 所示。

3. 侧平线

①侧平线的侧面投影体现了正投影的"真实性"特点，反映了直线的实际长度；

②正面投影体现了正投影的"类似性"特点,平行于 $Z$ 轴,投影变短;

③水平面投影也体现了正投影的"类似性"特点,平行于 $Y$ 轴,投影变短。

同时正面投影也反映了侧平线与水平投影面的倾斜角度 $\alpha$ 和与正投影面的倾斜角度 $\beta$,如表 2-5 所示。

### (二) 投影面的垂直线

1. 正垂线

①正垂线的正面投影体现了正投影的"积聚性"特点,投影积聚为一点;

②水平面投影体现了正投影的"真实性"特点,投影垂直于 $X$ 轴,反映了直线的实际长度;

③侧面投影也体现了正投影的"真实性"特点,投影垂直于 $Z$ 轴,反映了直线的实际长度,如表 2-6 所示。

表 2-6 投影面垂直线的投影特性

| 名称 | 投影图 | 投影特性 |
|---|---|---|
| 正垂线 | | (1) 正面投影 $a'b'$ 积聚为一点;<br>(2) 水平投影为竖线,$ab = AB$ 且 $ab \perp OX$;<br>(3) 侧面投影为横线,$a''b'' = AB$ 且 $a''b'' \perp OZ$ |
| 铅垂线 | | (1) 水平投影 $ab$ 积聚为一点;<br>(2) 正面投影为竖线,$a'b' = AB$ 且 $a'b' \perp OX$;<br>(3) 侧面投影为竖线,$a''b'' = AB$ 且 $a''b'' \perp OY_W$ |
| 侧垂线 | | (1) 侧面投影 $a''b''$ 积聚为一点;<br>(2) 正面投影为横线,$a'b' = AB$ 且 $a'b' \perp OZ$;<br>(3) 水平投影为横线,$ab = AB$ 且 $ab \perp OY_H$ |

2. 铅垂线

①铅垂线的水平面投影体现了正投影的"积聚性"特点,投影积聚为一点;

②铅垂线的正面投影体现了正投影的"真实性"特点，投影垂直于 $X$ 轴，反映了直线的实际长度；

③铅垂线的侧面投影也体现了正投影的"真实性"特点，投影垂直于 $Y_W$ 轴，反映了直线的实际长度，如表 2-6 所示。

3. 侧垂线

①侧垂线的侧面投影体现了正投影的"积聚性"特点，投影积聚为一点；

②侧垂线的正面投影体现了正投影的"真实性"特点，投影垂直于 $Z$ 轴，反映了直线的实际长度；

③侧垂线的水平面投影也体现了正投影的"真实性"特点，投影垂直于 $Y_H$ 轴，反映了直线的实际长度，如表 2-6 所示。

（三）一般位置直线

一般位置直线倾斜于三个投影面，在三个投影面的投影均体现了"类似性"，不反映直线的实长，所以其投影是比原直线短的直线，且不平行于任何坐标轴。

 任务实施

### 一、绘制直线的三面投影

如图 2-23 中直线 $AB$ 三面投影的作图步骤见表 2-7。

线的投影

表 2-7　求作直线投影的作图步骤

| 作图步骤 | 图例 |
|---|---|
| 1. 测量图 2-23 中 $A$ 点到三个投影面的距离，即 $A$ 点的 $(x, y, z)$ 三个坐标，作 $A$ 点的三面投影 | |
| 2. 测量图 2-23 中 $B$ 点到三个投影面的距离，即 $B$ 点的 $(x, y, z)$ 三个坐标，作 $B$ 点的三面投影 | |

续表

| 作图步骤 | 图例 |
|---|---|
| 3. 用粗实线连接 $A$、$B$ 两点的同面投影，完成 $AB$ 直线的三面投影 |  |

**勤思考**

图2-24所示为一个长方体被一个倾斜的平面切割后的立体图和三视图，试分析该形体上棱线 $AB$、$BC$、$CA$、$AD$、$BE$、$AE$ 的名称及投影特性。

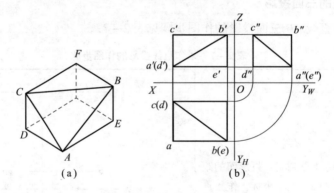

**图2-24 切割长方体上的棱线**
(a) 立体图；(b) 三视图

### 任务3　绘制平面的投影

将平面 $ABC$ 放入三投影面体系中，如图2-25所示，求作平面 $ABC$ 的三面投影，并分析其投影特性。

分析平面 $ABC$ 可以发现，它不平行于任何一个投影面，也不垂直于任何一个投影面，属于一般位置的平面，所以，它的投影不具有任何的特殊性，但是，由于三点确定一个平面，所以若求平面 $ABC$ 的投影，只要分别作出三个顶点 $A$、$B$、$C$ 的投影，然后连接顶点的同面投影即可。

## 相关知识

### 一、平面的类别及投影特性

根据空间平面相对于三投影面体系位置的不同,可分为三类:投影面的平行面、投影面的垂直面和一般位置平面。下面依次介绍它们的定义和特点。

1. 投影面的平行面

平行于一个投影面,同时垂直于另外两投影面的平面,称为投影面的平行面。分为:

（1）正平面:平行于正投影面的平面;
（2）水平面:平行于水平投影面的平面;
（3）侧平面:平行于侧投影面的平面。

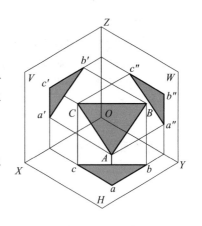

**图 2 – 25　平面的三面投影**

2. 投影面的垂直面

垂直于一个投影面,同时倾斜于另外两投影面的平面,称为投影面的垂直面。分为:

（1）正垂面:垂直于正投影面,同时倾斜于另外两投影面的平面;
（2）铅垂面:垂直于水平投影面,同时倾斜于另外两投影面的平面;
（3）侧垂面:垂直于侧投影面,同时倾斜于另外两投影面的平面。

3. 一般位置平面

与 V、W、H 三个投影面都倾斜的平面。

平面类别如表 2 – 8 所示。

**表 2 – 8　平面类别**

| 类别 | 概念 | 种类及性质 |
| --- | --- | --- |
| 投影面平行面 | 平行于某投影面,垂直于另外两投影面 | (1) 正平面 $//V$, $\perp H$, $\perp W$<br>(2) 水平面 $//H$, $\perp V$, $\perp W$<br>(3) 侧平面 $//W$, $\perp V$, $\perp H$ |
| 投影面垂直面 | 垂直于某投影面,倾斜于另外两投影面 | (1) 正垂面 $\perp V$, $\angle H$, $\angle W$<br>(2) 铅垂面 $\perp H$, $\angle V$, $\angle W$<br>(3) 侧垂面 $\perp W$, $\angle H$, $\angle V$ |
| 一般位置平面 | 与三个投影面都倾斜 | 一般位置平面 $\angle V$, $\angle H$, $\angle W$ |

### 二、平面的投影特性

平面由无数的直线组成,所以平面的投影也符合直线的投影规律,而且同一类型的平面具有相同的投影规律,我们根据平面的不同类型,总结出如下的投影特点:

#### （一）投影面的平行面

1. 正平面

①正平面的正面投影体现了正投影的"真实性"特点,反映了平面的真实形状;
②正平面的水平面投影体现了正投影的"积聚性"特点,投影为直线,平行于 $X$ 轴;
③正平面的侧面投影也体现了正投影的"积聚性"特点,投影为直线,平行于 $Z$ 轴。

## 2. 水平面

①水平面的水平面投影体现了正投影的"真实性"特点,反映了平面的真实形状;
②水平面的正面投影体现了正投影的"积聚性"特点,投影为直线,平行于 $X$ 轴;
③水平面的侧面投影也体现了正投影的"积聚性"特点,投影为直线,平行于 $Y_W$ 轴。

## 3. 侧平面

①侧平面的侧面投影体现了正投影的"真实性"特点,反映了平面的真实形状;
②侧平面的正面投影体现了正投影的"积聚性"特点,投影为直线,平行于 $Z$ 轴;
③侧平面的水平面投影也体现了正投影的"积聚性"特点,投影为直线,平行于 $Y_H$ 轴,如表 2-9 所示。

表 2-9 投影面平行面的投影特性

| 名称 | 投影图 | 投影特性 |
| --- | --- | --- |
| 正平面 |  | (1) 正面投影反映实形;<br>(2) 水平投影为横线,//$OX$ 轴;<br>(3) 侧面投影为竖线,//$OZ$ 轴 |
| 水平面 |  | (1) 水平投影反映实形;<br>(2) 正面投影为横线,//$OX$ 轴;<br>(3) 侧面投影为横线,//$OY_W$ 轴 |
| 侧平面 |  | (1) 侧面投影反映实形;<br>(2) 正面投影为竖线,//$OZ$ 轴;<br>(3) 水平投影为横线,//$OY_H$ 轴 |

## （二）投影面的垂直面

1. 正垂面

①正垂面的正面投影体现了正投影的"积聚性"特点，投影积聚为一条直线；

②正垂面的水平面投影体现了正投影的"类似性"特点，投影为与原平面形状相似的平面；

③正垂面的侧面投影也体现了正投影的"类似性"特点，投影为与原平面形状相似的平面。

④正垂面的正面投影反映了正垂面与水平投影面的倾斜角度 $\alpha$ 和与侧投影面的倾斜角度 $\gamma$。

2. 铅垂面

①铅垂面的水平面投影体现了正投影的"积聚性"特点，投影积聚为一条直线；

②铅垂面的正面投影体现了正投影的"类似性"特点，投影为与原平面形状相似的平面；

③铅垂面侧面投影也体现了正投影的"类似性"特点，投影为与原平面形状相似的平面；

④铅垂面的水平面投影反映了铅垂面与正投影面的倾斜角度 $\beta$ 和与侧投影面的倾斜角度 $\gamma$。

3. 侧垂面

①侧垂面的侧面投影体现了正投影的"积聚性"特点，投影积聚为一点；

②侧垂面的正面投影体现了正投影的"类似性"特点，投影为与原平面形状相似的平面；

③侧垂面的水平面投影也体现了正投影的"类似性"特点，投影为与原平面形状相似的平面；

④侧垂面的正面投影反映了侧平线与水平投影面的倾斜角度 $\alpha$ 和与正投影面的倾斜角度 $\beta$，如表 2-10 所示。

### （三）一般位置平面

一般位置平面倾斜于三个投影面，所以在三个投影面的投影均体现了"类似性"，投影为原平面的类似形状，不反映原平面的实际形状。

表 2-10 投影面垂直面的投影特性

| 名称 | 投影图 | 投影特性 |
|---|---|---|
| 正垂面 | | （1）正面投影积聚为斜线，与 $H$ 面夹角 $\alpha$，与 $W$ 面夹角 $\gamma$；<br>（2）水平投影和侧面投影为原形的类似形 |

续表

| 名称 | 投影图 | 投影特性 |
|---|---|---|
| 铅垂面 | (图：Z轴，b'、b″矩形投影，夹角β、γ) | （1）水平面投影积聚为斜线，与V面夹角β，与W面夹角γ；<br>（2）正面投影和侧面投影为原形的类似形 |
| 侧垂面 | (图：Z轴，c'、c″矩形投影，夹角β、α) | （1）侧面投影积聚为斜线，与V面夹角β，与H面夹角α；<br>（2）正面投影和水平投影为原形的类似形 |

 **任务实施**

**一、分析平面的类型**

平面 ABC 与三个投影面都倾斜，所以属于一般位置平面。但是该平面是由长方体切割得到的，所以组成该平面的三条直线 AB、BC、AC，分别是正平线、水平线、侧平线，它们的投影应符合平行线的投影特性。

**二、绘制平面的三面投影**

绘制平面 ABC 的三面投影时，只需要将该平面的三个点 A、B、C 的三面投影作出，同面投影连线即可。平面 ABC 三面投影的作图步骤见表 2-11。

面的投影

表 2-11　平面 ABC 三面投影的作图步骤

| 作图步骤 | 图例 |
|---|---|
| 1. 分别测量 A、B、C 三点到三个投影面的距离，作 A、B、C 三点的三面投影 | (图：Z轴，c'、b'、c″、b″、a'、a″、c、a、b 三面投影图) |

| 作图步骤 | 图例 |
|---|---|
| 2. 依次连接 A、B、C 三点的同面投影，即得平面 ABC 的三面投影，检验直线 AB、BC、AC 是否符合平行线的投影特性 | 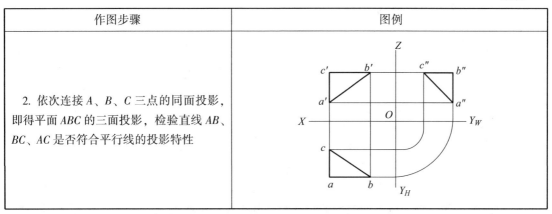 |

如图 2-26 所示，在物体上有 I、J、K、Q、R、S 六个表面，在三视图上找出各平面的投影，判断其名称，分析其投影特性。

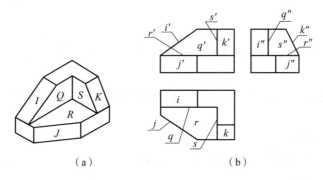

**图 2-26　立体上的平面分析**
(a) 立体图；(b) 三视图

## 课题三　绘制基本体的三视图

任何复杂的物体都可以认为是由一些最基本、最简单的形体所组成，如图 2-27 所示为几种常见的基本形体，一般称其为基本几何体，简称基本体。基本体有平面基本体和曲面基本体两种。平面基本体的每个表面都是平面，如棱柱、棱锥；曲面基本体至少有一个表面是曲面，如圆柱、圆锥、圆球、圆环等。

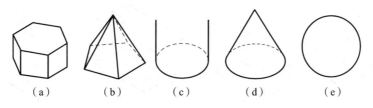

**图 2-27　基本几何体**

## 任务1　绘制正六棱柱的三视图

如图 2-28 所示正六棱柱，合理摆放其位置，并绘制三视图。

图 2-28
正六棱柱

如图 2-28 所示，正六棱柱的形状特点非常典型：上、下底面为正六边形且互相平行；侧面全部为全等的矩形，且与底面垂直；侧棱互相平行，也与底面垂直。这些特征基本上也是正棱柱的结构特征，试判断正六棱柱的底面和各侧面的平面类型，按平面投影的特性绘制其投影，进而完成六棱柱的三视图。同时思考，绘制该正六棱柱的三视图时，应该先绘制哪个视图？

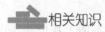

### 一、棱柱的概念及结构特点

1. 棱柱概念

有两个面互相平行，其余各面都是平行四边形，并且每相邻两个四边形的公共边都互相平行，由这些面所围成的平面体叫作棱柱。棱柱分为斜棱柱和直棱柱。

（1）斜棱柱：侧棱不垂直于底面的棱柱叫作斜棱柱；

（2）直棱柱：侧棱垂直于底面的棱柱叫作直棱柱；底面是正多边形的直棱柱叫作正棱柱。

2. 直棱柱的结构特点

上、下底面全等且互相平行；侧面为全等的矩形，且与上、下底面垂直；侧棱互相平行，也与上、下底面垂直。

注意棱柱的底面可以是任意的多边形，比如：三角形、凸字形、凹字形、H 形、M 形、L 形、Z 形等，如图 2-29 所示。

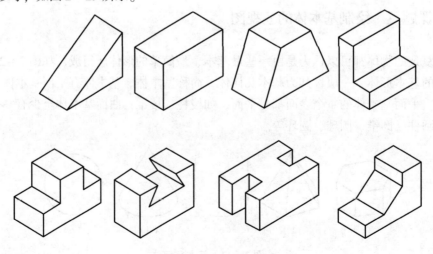

图 2-29　几种棱柱类型

## 二、直棱柱的投影分析

以图 2-28 为例，将直棱柱（以下简称棱柱）垂直放置，则：

（1）棱柱上、下底面属于水平面，所以在 $H$ 面的投影反映实形，$V$ 面和 $W$ 面投影均积聚为直线；

（2）棱柱侧面可能是铅垂面，也可能是正平面或侧平面，但是不管是属于哪种平面，它们共同的特点是在 $H$ 面的投影必积聚为直线；

（3）侧棱都是铅垂线，在 $H$ 面投影，积聚为一点。

综上分析可知：垂直放置的棱柱的水平面投影为底面真实形状，正面投影和侧面投影都是由一个或多个矩形组成的矩形线框。

## 三、棱柱的尺寸标注

确定棱柱的大小需要底面尺寸和棱长，底面尺寸由底面形状决定，如图 2-30 所示几种常见的棱柱尺寸标注。

正六棱柱的尺寸标注如图 2-30（a）所示，从理论上讲，底面的尺寸可以标正六边形外接圆的直径，也可以标对边距。在实际标注尺寸时，一般两个尺寸都标注，并且将外接圆的直径尺寸数字加括号，机械图样中的这种尺寸称为参考尺寸。其他棱柱的尺寸标注，应根据底面的形状而定，如图 2-30（b）所示。

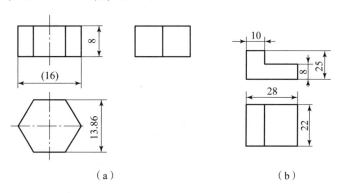

图 2-30 棱柱的尺寸标注

 任务实施

### 一、正六棱柱的投影分析

将正六棱柱的正前方侧面平行于 $V$ 面放置。那么正六棱柱的投影如图 2-31 所示。

（1）正六棱柱的水平投影为正六边形，是正六棱柱顶面和底面的投影。正六棱柱的六个侧面垂直于水平投影面，分别积聚成正六边形的六条边。

（2）正六棱柱的正面投影由三个矩形组成，它们分别为前面三个侧面的投影。中间的大矩形为正前方侧面的投影，因其为正平面，故正面投影反映实形。主视图上两边的矩形为前方左、右两侧面的投影，因为它们都是铅垂面，

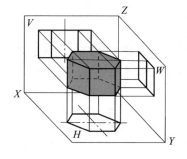

图 2-31 正六棱柱的三视图

故正面投影为原实形的类似形。主视图上的上、下两条横线是上、下底面的投影。六棱柱后半部分侧面的投影与前半部分重合。

（3）正六棱柱的侧面投影由两个矩形组合而成，它们分别为左侧两个侧面的投影，它们皆为原形的类似形。前后两个侧面在左视图上分别积聚为前、后两条竖线，顶面和底面分别积聚为上、下两条横线。六棱柱右半部分侧面的投影与左半部分重合。

### 二、绘制正六棱柱的三视图

正六棱柱三视图的作图步骤见表2–12。

表2–12 正六棱柱的三视图的作图步骤

| 作图步骤 | 图例 |
|---|---|
| 1. 绘制投影轴，在水平投影面上绘制圆的对称中心线，并按照长对正原则，绘制主视图对称中心线 | |
| 2. 并绘制直径为 $\phi16$ 的圆 | |
| 3. 绘制圆的内接正六边形，该六边形即六棱柱的俯视图 | |

续表

| 作图步骤 | 图例 |
|---|---|
| 4. 按照"长对正"的投影规律绘制主视图,作图时取高为8 | |
| 5. 按照"高平齐,宽相等"的投影规律绘制左视图 | |
| 6. 擦去多余图线,按线型描深图线 | |

**知识拓展**

**求作正六棱柱表面上点的投影**

如图 2-32 所示,已知正六棱柱表面上 $M$ 点的水平投影 $m$ 和 $N$ 点的正面投影 $n'$,下面求作 $M$ 点和 $N$ 点的其他两面投影。

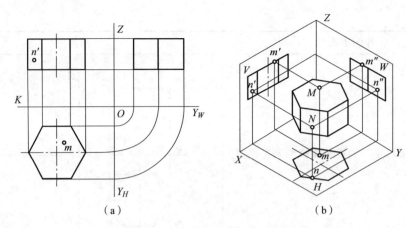

图 2-32 求正六棱柱表面点的投影
(a) 三视图；(b) 立体图

> **小提示**
> 求立体表面点的投影，要先判断点所在的面，然后找到点所在的面的三面投影，最后在面的投影上求点的投影。
> 正棱柱的表面都是特殊位置表面。在特殊位置表面上求点的投影，要先在有积聚性的面的投影上求点的投影，该投影按可见来记。然后再求出另一面投影。

首先分析 M 点的投影，由于 M 点在六棱柱的顶面上，顶面的正面投影和侧面投影皆为横线，所以过 m 向上引竖线与顶面的投影相交即得 m'，过 m 按"宽相等"的投影规律向左视图引投影线，即得 m″，如图 2-33（a）所示。

其次分析 N 点的投影，由于 N 点在一个铅垂面上，该铅垂面的水平投影积聚成一条斜线，所以过 n' 向俯视图引竖线，与该铅垂面水平投影的交点即为 N 点的水平投影 n，然后根据点的投影规律求得 n″，如图 2-33（b）所示。

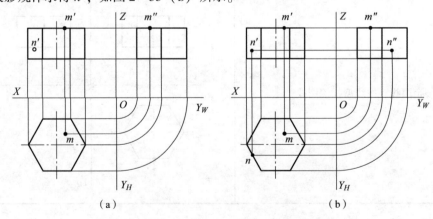

图 2-33 六棱柱表面上点的三面投影
(a) 求 m 点的投影；(b) 求 n 点的投影

如图 2-34 所示，若已知点的投影均为不可见，求六棱柱表面上点 M 和 N 的另两面投影。

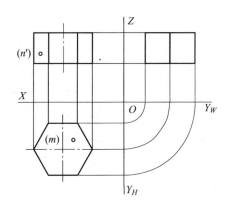

图 2-34  求六棱柱表面上点的另两面投影

### 任务 2  绘制正三棱锥的三视图

正三棱锥如图 2-35 所示，选择合适位置投影，并绘制其三视图。

图 2-35  三棱锥

如图 2-35 所示正三棱锥，有什么结构特点？由几个平面组成？分别属于什么平面？左视图为何只有一个三角形？俯视图为何有 3 个三角形？绘制该正三棱锥的三视图时，应该先绘制哪个视图？

#### 一、棱锥的概念

底面是多边形，各侧棱相交于同一点，这种多面体叫作棱锥。常见的棱锥有三棱锥、四棱锥、五棱锥等。

正棱锥：如果棱锥的底面是正多边形，且顶点在底面的投影是底面的中心，这样的棱锥叫作正棱锥。正棱锥的各侧棱都相等，各侧面都是全等的等腰三角形，如图 2-36 所示。

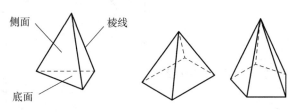

图 2-36  正棱锥

#### 二、正棱锥的投影分析

如图 2-35 所示，将正棱锥底面平行于 $H$ 面放置。正棱锥的底面为水平面，其水平投影为正多边形，顶点在底面的投影是正多边形的中心，正面投影和侧面投影为横线。侧面三面投影皆为三角形（原形的类似形）。可以归纳为以下一句话："两个视图外轮廓是三角形，一个视图是多边形。"

## 三、标注尺寸

确定正棱锥的大小需要底面尺寸和高,底面尺寸因正棱锥的不同而有不同,尺寸标注如图 2-37(a)和(b)所示。标注棱台的尺寸,则上下底面都要标注。

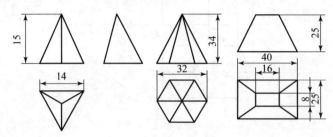

图 2-37　正棱锥的尺寸标注

### 任务实施

#### 一、正三棱锥的投影分析

将正三棱锥底面平行于 $H$ 面放置。那么正三棱锥的投影如图 2-38 所示。

(1) 正三棱锥的水平投影为正三角形,顶点在底面的投影是正三角形的中心;

(2) 正面投影和侧面投影都是三角形,若摆放时令后面的侧面为侧垂面,则三棱锥的侧面投影只有一个三角形(原形的类似形)。

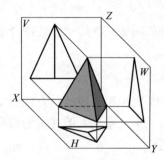

图 2-38　正三棱锥的三视图

绘制正三棱锥

#### 二、绘制正三棱锥的三视图

正三棱锥三视图的作图步骤见表 2-13。

表 2-13　正三棱锥三视图的作图步骤

| 作图步骤 | 图例 |
|---|---|
| 1. 绘制投影轴<br>2. 在水平投影面上的适当位置绘制直径为 $\phi16$ mm 的圆<br>3. 绘制圆的内接正三角形 | |

| 作图步骤 | 图例 |
|---|---|
| 4. 分别连接三角形的中心与三角形的三个角,完成俯视图 | |
| 5. 按照"长对正"的投影规律绘制主视图<br>**注意**:作图时取高为 15 mm | |
| 6. 按照"高平齐,宽相等"的投影规律绘制左视图<br>7. 擦去多余图线,描深粗实线 | |

**求作正三棱锥表面上点的投影**

如图 2-39 所示,已知正三棱锥表面上点 $A$ 的正面投影 $a'$ 和点 $B$ 的水平投影 $b$,下面求作点 $A$ 和点 $B$ 的其他两面投影。

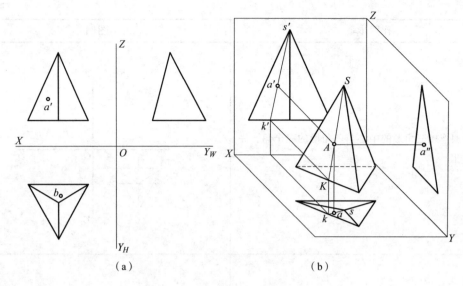

**图 2-39 求正三棱锥表面点的投影**

(a) 三视图；(b) 立体图

棱锥上求点的投影，可采用辅助线法，辅助线法有两种：

(1) 过顶点：过正棱锥顶点和表面点连一条线，交底边于一点，只要作出辅助线的三面投影，表面点的投影就可求了，如表 2-14 所示。

(2) 平行线法：过点的已知投影作底边的平行线，再作平行线的三面投影，则点的三面投影必在该平行线上。

棱锥表面取点

**表 2-14 求正三棱锥表面上点 A、B 的未知投影的作图步骤**

| 作图步骤 | 图例 |
| --- | --- |
| 1. 过 A 点作一条辅助直线 SK，作出 SK 的正面投影 s'k' | |

续表

| 作图步骤 | 图例 |
|---|---|
| 2. 求作辅助直线 SK 的水平投影 sk | |
| 3. 过 a′ 向水平投影面引竖线，与 sk 的交点即 a | |
| 4. 利用点的投影规律求作 a″ | |

续表

| 作图步骤 | 图例 |
|---|---|
| 5. 按照"宽相等"的投影规律及侧垂面的积聚性求点 $B$ 的侧面投影 $b''$ | |
| 6. 按照"长对正,高平齐"的投影规律,求点 $B$ 的正面投影 $b'$。由于点 $B$ 的正面投影不可见,所以在图中标为" $(b')$ " | |

正五棱锥如图 2-40 所示,按照底面平行于 $H$ 面,后侧面为侧垂面放置。绘制出正五棱锥的三视图。

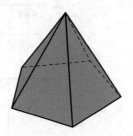

图 2-40 正五棱锥

## 任务3　绘制圆柱的三视图

已知圆柱体的底面直径为14，圆柱高为26，请绘制其三视图。

观察圆柱，想一想，圆柱由几个面组成？各个面有什么投影特点？圆柱的前、后、左、右区，如何划分？绘制该圆柱的三视图时，应该先绘制哪个视图？

### 相关知识

#### 一、圆柱的形成

如图 2-41 所示，圆柱体由圆柱的上、下底面和一个侧面组成。

圆柱侧面可看作是一条直线（母线），绕着与它平行的另一条直线（轴线），旋转一周形成的运动轨迹。

母线在任意位置时称为素线。该圆柱面上有四条特殊位置的素线，分别称为最前素线、最后素线、最左素线、最右素线。

最前素线和最后素线连接，可将圆柱分为左右两部分；最左素线和最右素线连接，可将圆柱分为前后两部分，这四条特殊素线将圆柱划为左前区、右前区、左后区、右后区四个象限区域，如图 2-42 所示。

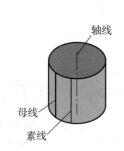

图 2-41　圆柱的形成

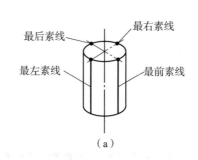

图 2-42　圆柱的分区

圆柱的上、下底面呈圆形，为水平面，与圆柱轴线垂直。

#### 二、圆柱投影特性

因为圆柱是回转体，所以绘图时必须首先绘制出圆柱的回转中心线，且水平投影呈前后对称和左右对称，所以水平投影应画两条中心线，并以此来确定圆心位置。

当圆柱的回转中心线垂直于水平投影面时，如图 2-43 所示。

（1）圆柱的水平投影为圆，圆围成的内部区域为上、下底面的投影，圆周线为圆柱侧面的积聚投影，四条特殊素线的水平投影分别积聚在四个象限点上；

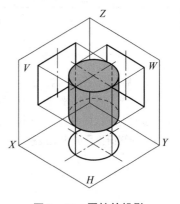

图 2-43　圆柱的投影

(2) 圆柱的正面投影为矩形线框,其中两条竖线为圆柱面最左素线和最右素线的投影,两横线分别为上、下底面的投影,侧面投影中,最左素线和最右素线的投影重合在中心线位置上,如图 2 - 44 (a) 所示;

(3) 圆柱的侧面投影为与正面投影相同的矩形线框,但是两条竖线的含义不同于正面投影,是圆柱面最前素线和最后素线的投影,正面投影中,最前素线和最后素线的投影重合在中心线位置上,如图 2 - 44 (b) 所示。

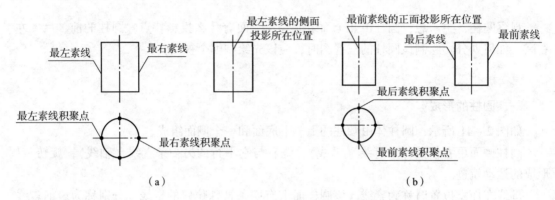

图 2 - 44　圆柱的投影

### 三、标注尺寸

确定圆柱体的大小需要两个尺寸,一个是圆柱体的高,另一个是圆柱体的底圆直径,尺寸标注如图 2 - 45 所示。

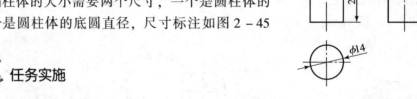

图 2 - 45　圆柱的尺寸标注

### 任务实施

**一、绘制圆柱的三视图**

圆柱三视图的具体作图步骤见表 2 - 15。

绘制圆柱

表 2 - 15　圆柱三视图的作图步骤

| 作图步骤 | 图例 |
| --- | --- |
| 1. 绘制圆柱三视图的轴线<br>按照"长对正,高平齐"投影规律,将三个投影的中心线同时绘出,同时将下底圆正面投影和侧面投影的积聚线绘出 | |

续表

| 作图步骤 | 图例 |
| --- | --- |
| 2. 绘制圆柱的俯视图<br>因为水平投影为特征视图，所以应首先绘制，同时，以圆的半径为尺寸，截取主视图和左视图底圆的直径，得到点 1′、2′、3″、4″ | |
| 3. 绘制圆柱的主视图<br>在中心线上截取圆柱高度，并按"高平齐"原则，在左视图中心线上截取圆柱的高。<br>过点 1′、2′，做最左素线和最右素线，得矩形线框，即成主视图 | |
| 4. 绘制圆柱的左视图<br>过点 3″、4″，做最后素线和最前素线，得矩形线框，即成左视图 | |

**知识拓展**

**求圆柱表面上点的投影**

如图 2-46 所示，已知圆柱表面上点 $A$ 的正面投影 $a'$ 和点 $B$ 的侧面投影 $b''$，下面求作其另外两面投影。

由于该圆柱表面的水平投影具有积聚性，所以在求作点 $A$ 和点 $B$ 的未知投影时，先根据点的可见性判断其所在区域，然后利用圆柱面在水平投影面上有积聚性的特点，以及点的投影规律两个条件，先求出点的水平投影，然后再求作其他投影。具体作图步骤见表 2-16。

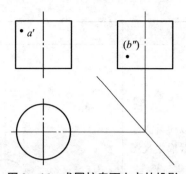

**图 2-46 求圆柱表面上点的投影**

**表 2-16 求圆柱表面上点的投影的作图步骤**

圆柱表面取点

| 作图步骤 | 图例 |
|---|---|
| 1. 求作 a。由于 a′可见,所以点 A 在圆柱的左前半部分上 | |
| 2. 利用点的投影规律求作 a″。利用 45°斜线保证宽相等 | |
| 3. 按照"宽相等"的投影规律求作 b。由于 b″不可见,所以点 B 在圆柱的右后部 | |

| 作图步骤 | 图例 |
|---|---|
| 4. 按照"长对正，高平齐"的投影规律求作 $b'$。很显然 $b'$ 不可见，用 $(b')$ 表示 | 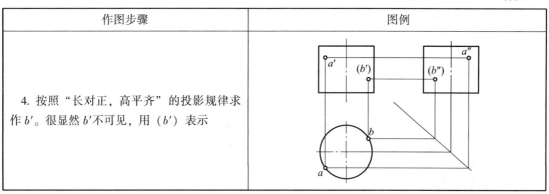 |

> **小提示**
> （1）绘制圆柱的三视图时，轴线和中心线不要漏画。
> （2）圆柱表面有底面和圆柱面，它们都是特殊位置表面，都具有积聚性，因此求其表面点的另两面投影时，可以先在有积聚性的面的投影上求，而另一面投影要注意判断它的可见性。

如图 2-47 所示，已知圆柱表面上点 $D$ 的水平投影 $(d)$ 和点 $E$ 的侧面投影 $(e'')$，下面求作其另外两面投影。

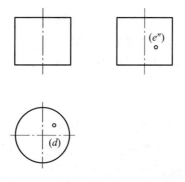

**图 2-47　求圆柱表面上点的投影**

### 任务 4　绘制圆锥的三视图

如图 2-48 所示圆锥体，已知圆锥体的底圆直径为 16，圆锥体的高为 18，试绘制其三视图。

观察图 2-48 圆锥，想一想，圆锥由几个面组成？各个面有什么投

**图 2-48　圆锥**

影特点？有积聚性投影吗？圆锥的前、后、左、右区，如何划分？绘制该圆锥的三视图时，应该先绘制哪个视图？

### 相关知识

#### 一、圆锥的形成

如图 2-49 所示，圆锥体由圆锥形侧面和一个圆形底面组成。

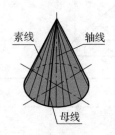

图 2-49 圆锥的形成

圆锥侧面可看作是一条直线（母线），绕着与它相交的另一条直线（轴线），旋转一周形成的运动轨迹。

圆锥面上有四条特殊位置的素线，分别称为最前素线、最后素线、最左素线、最右素线。

和圆柱分区一样，最前素线和最后素线连接，可将圆锥分为左右两部分；最左素线和最右素线连接，可将圆锥分为前后两部分，这四条特殊素线将圆锥划为左前区、右前区、左后区、右后区四个象限区域。

圆锥的底面呈圆形，为水平面，与圆锥轴线垂直。

#### 二、圆锥投影特性

圆锥也是回转体，所以绘图时也须首先绘制出圆锥的回转中心线，水平投影画两条中心线，并以此来确定圆心位置。

当圆锥的回转中心线垂直于水平投影面时，如图 2-50 所示。

（1）圆锥的水平投影为圆，其中圆围成的内部区域既是圆锥形侧面的投影，也是底面的投影，是圆锥侧面和底圆的共同投影（侧面的点全部可见，底圆的点被侧面遮住，全部不可见），圆周线是圆锥底面边界圆的投影，四条特殊素线的水平投影分别与两条中心线重合；

（2）圆锥的正面投影为等腰三角形线框，其中两腰为圆锥面最左素线和最右素线的投影，底边为圆锥底面的投影，积聚为一条线，侧面投影中，最左素线和最右素线的投影重合在中心线位置上，如图 2-51（a）所示；

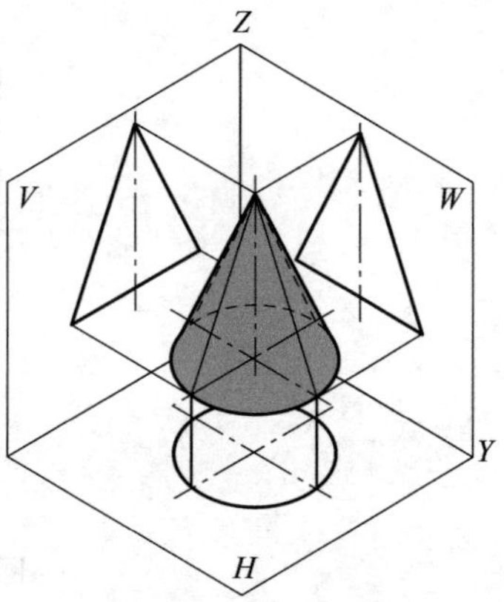

图 2-50 圆锥的投影

（3）圆锥的侧面投影也是等腰三角形线框，其中两条侧边为圆锥面最前素线和最后素线的投影，下面横线为底面的投影，积聚为一条线。正面投影中，最前素线和最后素线的投影重合在中心线位置上，如图 2-51（b）所示。

#### 三、标注尺寸

确定圆锥体的大小需要两个尺寸，一个是圆锥体的高，另一个是圆锥体的底圆直径，尺寸标注如图 2-52 所示。

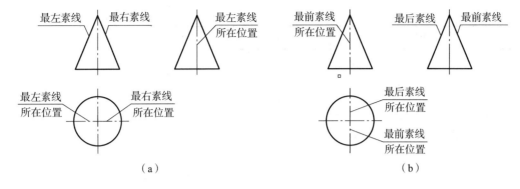

图 2-51 圆锥的投影分析

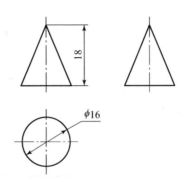

图 2-52 圆锥体的尺寸

 任务实施

**一、绘制圆锥的三视图**

圆锥三视图的作图步骤见表 2-17。

绘制圆锥

表 2-17 圆锥三视图的作图步骤

| 作图步骤 | 图例 |
|---|---|
| 1. 绘制三个视图的对称中心线，并绘制主视图和左视图的底边 | |

续表

| 作图步骤 | 图例 |
|---|---|
| 2. 绘制圆锥的俯视图（直径 φ16 mm），并以此半径在主视图和左视图的底边截取，得 1、2、3、4 点 | |
| 3. 截取高度 18 得顶点，连接顶点与底边 1′、2′点，得圆锥主视图；连接顶点与底边 3″、4″点，得圆锥左视图（形状与主视图相同） | |

 知识拓展

**求圆锥表面上点的投影**

如图 2-53（a）所示，已知圆锥表面上点 A 的正面投影 a′，下面求作其另外两个投影。

圆锥侧面的点的任何投影都没有积聚性，所以不能用求圆柱表面上点的投影的方法求圆锥表面上点的投影。因此，应考虑借鉴求一般位置平面上点的投影的方法，在圆锥面上作过点 A 的辅助素线 SK，见图 2-53（b），则点 A 的三面投影在辅助素线 SK 的三面投影上。具体作图步骤见表 2-18。

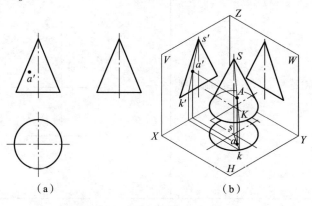

图 2-53 求圆锥表面上点的投影
（a）三视图；（b）立体图

圆锥表面取点

表 2-18 求圆锥表面上点的投影的作图步骤

| 作图步骤 | 图例 | 作图步骤 | 图例 |
|---|---|---|---|
| 1. 过 a' 作 s'k' | | 3. 求作 a | |
| 2. 求作 sk | | 4. 求作 a″ | |

**小提示**

求圆锥表面上点的未知投影有两种方法：

（1）辅助素线法：如表 2-18 中的方法。

（2）辅助圆法：在圆锥表面上过点作一辅助纬圆（垂直于圆锥轴线的圆），则点的三面投影必在该圆的同面投影上。辅助纬圆法也可称为辅助平面法。

请用辅助圆法，求出图 2-53 所示点 A 的另外两面投影。

### 任务5 绘制圆球的三视图

如图 2-54 所示球体的直径为 15，请绘制其三视图。

根据图 2-55 可知，球的任何投影都是圆。想一想，V 面、H 面、W 面三个面投影的圆含义一样吗？为什么？

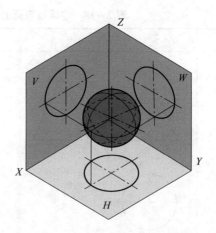

图 2-54 球的立体图　　　　　图 2-55 球的三面投影图

### 相关知识

#### 一、圆球的形成

如图 2-56 所示，球面可看成是一个圆（母线）绕通过圆心的轴线旋转一周形成的。

圆球面上有三个特殊位置的素线圆，分别是前、后半球分界圆，左、右半球分界圆，上、下半球分界圆。

前、后半球分界圆，可将圆球分为前后两部分；左、右半球分界圆，可将圆球分为左右两部分；上、下半球分界圆，可将圆球分为上下两部分。这三个特殊素线圆将圆球划为左前上区、右前上区、左前下区、右前下区、左后上区、右后上区、左后下区、右后下区八个象限区域。

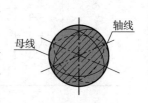

图 2-56 球的形成

将球分区，可以厘清球的空间形态，快捷便利地判断球表面的点或线的可见性，或者根据其投影的可见性判断其空间所在位置，有利于后期学习球的切割体。

#### 二、分析球的投影特性

球的三面投影均为圆，但三个圆的含义却各不相同，如图 2-57 和图 2-58 所示。

（1）正面投影为圆，是前半球的投影，前半球的表面点的投影全部落在圆的内部，而所绘制的圆是前、后半球分界圆，对称中心线将球分为左前上区、右前上区、左前下区、右前下区；

（2）水平面投影为圆，是上半球的投影，上半球的表面点的投影全部落在圆的内部，而所绘制的圆是上、下半球分界圆，对称中心线将球分为左前上区、右前上区、左后上区、右后上区；

（3）侧面投影为圆，是左半球的投影，左半球的表面点的投影全部落在圆的内部，而所绘制的圆是左、右半球分界圆，对称中心线将球分为左前上区、左后上区、左前下区、左后下区。

半球的分界圆，在另外两个视图的投影，均积聚为一条线，且处于中心线位置。

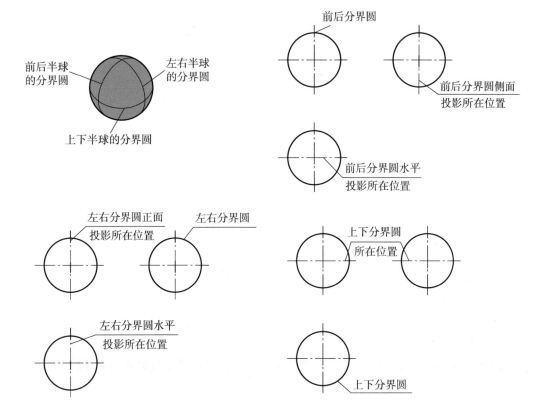

图 2-57 球的投影分析

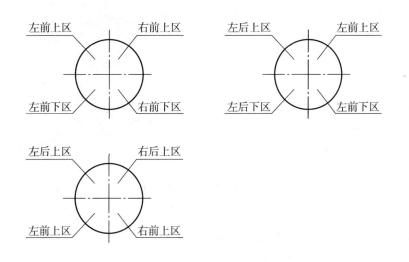

图 2-58 球的分区

## 三、标注尺寸

确定球的大小只需要球的直径（小于半球的球体标注半径）。国家标准规定，在尺寸数字面前加注"$S\phi$"或"$SR$"表示球的直径或半径，尺寸标注如图 2-59 所示。

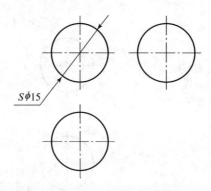

图 2-59 球的尺寸标注

 **任务实施**

该图绘制较简单,球的三面投影皆为直径为 15 的圆。

 **知识拓展**

**求球表面上点的投影**

如图 2-60 所示,已知球面上点 $A$ 的正面投影 $a'$,下面求作其另外两面投影。

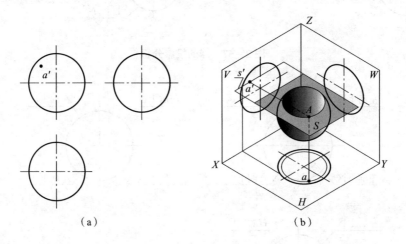

(a)　　　　　　　　　　(b)

图 2-60 求球面上点的投影
(a) 三视图;(b) 立体图

由于球面的任何投影都没有积聚性,球面的素线也不是直线,所以不能用前面求圆柱表面上点的投影的方法求球面上点的投影。

如果用平面切割球,得到的交线必定是圆,因此,可以用作辅助平面的方法,求球面上点的投影。如图 2-60(b) 所示,在求作点 $A$ 的未知投影时,可过点 $A$ 作水平辅助平面,具体作图步骤见表 2-19。

这种利用辅助平面求点的投影的方法称为辅助平面法。

表 2-19 求球面上点的投影的作图步骤

| 作图步骤 | 图例 |
|---|---|
| 1. 正面投影<br>过 a'点作平行于 OX 轴的一条辅助直线，此直线即是过空间点 A 所作的水平辅助面的正面投影，也是辅助平面的水平投影的直径 | |
| 2. 辅助平面<br>辅助平面与球的交线为一个水平圆，以交线正面投影为直径，作交线圆的水平投影，则点 A 的水平投影必在此圆周上（根据判断，点 A 在球的左前上区） | |
| 3. 水平投影<br>按照点的投影规律，过 a'作 OX 轴的垂线，与辅助圆相交于前后两个点，点 A 是可见点，所以前面点即为点 A 的水平投影 a | |
| 4. 侧面投影<br>根据"高平齐、宽相等"规律，求作 a" | |

如图 2-61 所示，请思考一下，求出 A、B 两点的另外两面投影。

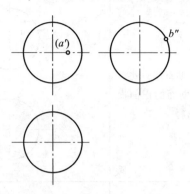

图 2-61　求球面上点的投影

## 课题四　绘制截交线的投影

**任务 1　绘制斜割正六棱柱的截交线**

正六棱柱被正垂面 P 切割，如图 2-62 所示，绘制其左视图。

如图 2-62 所示，截平面 P 将六棱柱的六个侧面和六条侧棱都截断了，截平面与每一条侧棱都有一个交点，因此截平面截得的截交线也必是六边形。请思考求作此截交线的关键是什么？截交线的正面投影和水平投影分别是什么形状？

**相关知识**

在许多机件的表面上，常常遇到平面与立体相交的情况，如图 2-63 所示的压板和顶尖，它们的表面都有被平面切割而形成的交线，这种平面截割立体而产生的交线称为截交线，截割立体的平面称为截平面。根据切割体的不同，可以分为平面立体的截交线和曲面立体的截交线，如图 2-64 所示。

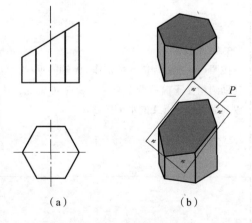

图 2-62　正六棱柱的截交线

(a) 两视图；(b) 立体图

### 一、截交线的基本特性

截交线有各种形状，但不论怎么切割，截交线均具有以下两个基本特性：

(1) 封闭性——单一平面截得的截交线必定为封闭的平面图形；

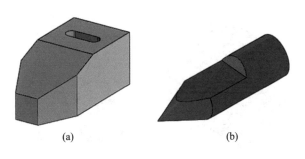

**图 2-63 平面截割立体形成截交线**
(a) 压板；(b) 顶尖

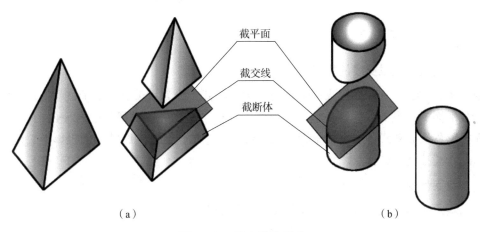

**图 2-64 截交线的形成**
(a) 平面立体截交线；(b) 曲面立体截交线

（2）共有性——因为截交线是截平面切割立体产生的，所以截交线既在截平面上，又在立体表面上，是截平面与立体表面的共有线，截交线上的点均为截平面与立体表面的共有点。

二、截交线的形状分类

平面立体截交线：截平面与平面立体相交，其截交线为平面多边形，如图 2-65 所示。

曲面立体截交线：截平面与曲面立体相交，其截交线有时是平面多边形，有时是封闭的平面曲线，这取决于曲面体表面的形状及截平面与曲面体的相对位置，后面会陆续学习。

三、绘制截交线的方法

因为截交线就是截平面与立体表面的共有线，所以其投影既满足截平面的投影特性，比如真实性、积聚性和类似性，又满足原立体的投影特性，所以绘制时，可双向求证。

绘制截交线时，可先求点，再连点成线。

对于平面立体的截交线，可先求截平面与侧棱的交点，再依次连接交点可得截交线。

对于曲面立体截交线，可根据截交线的特点，先求截交线的特殊点（比如最高点、最低点、最前点、最后点、最左点、最右点等）的三面投影，再依次连接各点的同面投影，即可得截交线的投影。

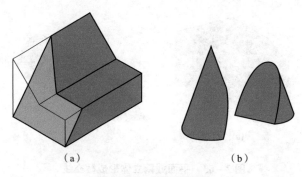

**图 2-65 截交线分类**
(a) 平面体截交线；(b) 曲面体截交线

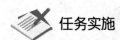 **任务实施**

**一、斜割六棱柱截交线的投影特性及画法**

观察图 2-62 可以看出，截平面 $P$ 与六棱柱的截交线为六边形，由于该六边形是六棱柱侧面和截平面 $P$ 的共有线，因此该六边形的正面投影和水平投影都是原六棱柱上已知的线，即正面投影积聚成斜线，水平投影为正六边形。要想求作此截交线的侧面投影，关键是找出截平面与六棱柱侧棱的交点。

**二、绘制步骤**

绘制斜割正六棱柱左视图的具体作图步骤见表 2-20。

**表 2-20 绘制斜割正六棱柱的左视图的具体作图步骤**

| 作图步骤 | 图例 |
| --- | --- |
| 1. 找交点<br>绘制截割前正六棱柱的左视图，并将截平面与六棱柱侧棱的交点标记为 1、2、3、4、5、6 和 1′、2′、3′、4′、5′、6′，且注意前后点的可见性 | |
| 2. 找交点投影<br>根据点的投影规律，在相应侧棱上，求出各交点的侧面投影 1″、2″、3″、4″、5″、6″ | |

续表

| 作图步骤 | 图例 |
|---|---|
| 3. 连接交点的同面投影<br>顺次连接 1″、2″、3″、4″、5″、6″、1″，即得截交线的侧面投影，需要注意的是，该截交线的侧面投影与水平投影一样，都是原截交线的类似形 | |
| 4. 擦去被切割部分的轮廓线，补画虚线，描深轮廓线 | |

## 知识拓展

1. 正四棱锥的截交线

如图 2-66 所示，四棱锥被正垂面切割，截交线是一个四边形，四边形的顶点是四条棱线与截平面的交点，截交线的正面投影分别为 1′，2′，3′，4′。

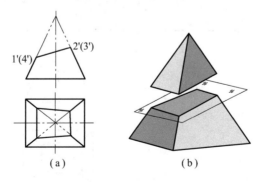

图 2-66 四棱锥的截交线

绘制斜割四棱锥俯视图和左视图的具体作图步骤见表 2-21。

表 2-21　绘制斜割四棱锥的左视图的具体作图步骤

| 作图步骤 | 图例 |
|---|---|
| 1. 判断四棱锥各侧面的类型，并绘制截割前四棱锥的左视图 | |
| 2. 根据四边形截交线各顶点的正面投影，求出其水平投影 1、2、3、4 和侧面投影 1″、2″、3″、4″ | |
| 3. 顺次连接 1、2、3、4 和 1″、2″、3″、4″，补画俯视图棱线 | |
| 4. 擦去被切割部分的轮廓线，按线型描深图线 | |

2. 四棱柱的截交线

如图 2-67 所示，在四棱柱上切割一个矩形通槽，已知其正面投影，试完成矩形通槽的水平投影和侧面投影。

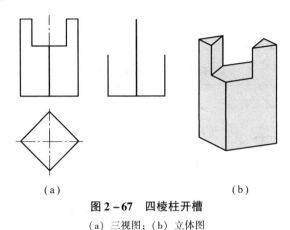

**图 2-67　四棱柱开槽**

(a) 三视图；(b) 立体图

**任务 2　绘制圆柱的截交线**

如图 2-68（a）所示，一圆柱体被正垂面切割，该切割圆柱体的主、俯视图如图 2-68（b）所示，试绘制其左视图。

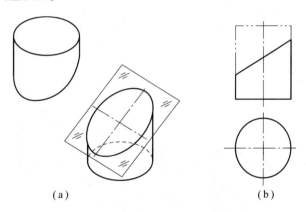

**图 2-68　正垂面切割圆柱的截交线**

(a) 立体图；(b) 两视图

如图 2-68 所示，该圆柱被一个正垂面切割，所以其截交线的正面投影积聚为直线，又因为截交线上所有的点都是属于圆柱的侧面，所以它的水平投影积聚为圆形，试判断截交线侧面投影是什么形状？并思考该如何绘制。

相关知识

截平面与曲面立体相交，其截交线种类比较多，有时是平面多边形，有时是封闭的平面曲线，其形状不仅和曲面立体的形状有关系，同时和截平面的位置也有关系。

曲面立体的形状主要有圆柱、圆锥、圆球、圆环之分，截平面位置又有垂直于轴线、平行于轴线、倾斜于轴线等几种不同情况，下面一一进行分析。

### 一、圆柱截交线

根据截平面与圆柱轴线的相对位置不同，圆柱截交线有三种情况，见表2-22。

表2-22 平面截割圆柱

| 截平面位置 | 立体图 | 投影图 | 截交线形状 |
| --- | --- | --- | --- |
| 平行于轴线 | | | 矩形 |
| 垂直于轴线 | | | 圆 |
| 倾斜于轴线 | | | 椭圆 |

### 二、斜割圆柱截交线的投影特性及画法

观察图2-68不难看出，平面斜割圆柱体时，平面与圆柱体的截交线为椭圆，由于该椭圆截交线是圆柱面和截割平面的共有线，因此它具有两个性质：

一是该椭圆所有的点都在圆柱侧面上，具有圆柱侧面的投影特性——水平投影积聚为圆；

二是该椭圆所有的点都在正垂截割平面上，具有正垂面的投影特性——正面投影积聚成直线。

因此该椭圆形截交线的正面投影和水平投影都是已知的。已知截交线的两面投影求第三面投影，可用求点的第三面投影的方法。

求截交线的第三面投影时，应先寻找特殊位置点，在该椭圆上有四个特殊位置点（又称为极限点），即最低点 $A$、最高点 $B$、最前点 $C$、最后点 $D$；其次再确定几个一般位置点，并求出一般位置点的第三面投影，依次连接各个点的第三面投影，即可得椭圆形截交线。

 任务实施

绘制斜割圆柱左视图的具体作图步骤见表 2-23。

斜切圆柱

表 2-23 绘制斜割圆柱的左视图具体作图步骤

| 作图步骤 | 图例 |
| --- | --- |
| 1. 找特殊点<br>绘制截割前圆柱的左视图，找出椭圆的四个特殊位置点（极限点）的水平投影 $a$、$b$、$c$、$d$，和正面投影 $a'$、$b'$、$c'$、$d'$，求出其侧面投影 $a''$、$b''$、$c''$、$d''$ | |
| 2. 找一般位置点<br>在俯视图适当位置找四个一般点的水平投影 $e$、$f$、$g$、$h$，按投影规律找出其正面投影 $e'$、$f'$、$g'$、$h'$，并求出其侧面投影 $e''$、$f''$、$g''$、$h''$ | |
| 3. 绘制截交线<br>光滑连接各点的侧面投影，即得椭圆形截交线 | |

续表

| 作图步骤 | 图例 |
|---|---|
| 4. 擦去被切割部分的轮廓线，按线型描深图线 | |

---

**多了解一点**

**圆柱的截交线**

如表2-23所示，截平面倾斜于圆柱轴线时，截交线是椭圆，侧面投影也是椭圆。倾斜的角度不同，椭圆的大小不同，但当倾斜角度为45°时，截交线的侧面投影不是椭圆而是圆。

**圆柱开槽的三视图**

如图2-69所示圆柱的开槽，是由三个截平面共同切割形成的，所以绘制时，可分别分析三个截平面的投影特点，最后相交汇总成最终形状。

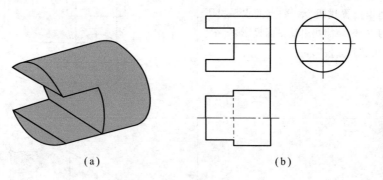

图 2-69　圆柱开槽
(a) 立体图；(b) 三视图

如图2-70所示，求作切肩圆筒的俯视图。

切割空心圆柱和切割实体圆柱在原理上是一样的，切割空心圆柱可以看作是一个截平面同时切割了两个圆柱，同时要考虑圆柱空心的特点。

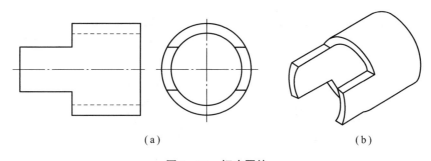

图 2-70 切肩圆筒

(a) 主视图及左视图；(b) 立体图

## 任务 3　绘制斜割圆锥的截交线

**任务导入**

如图 2-71 所示，一圆锥被正垂面切割，试完成切割体的俯视图和左视图。

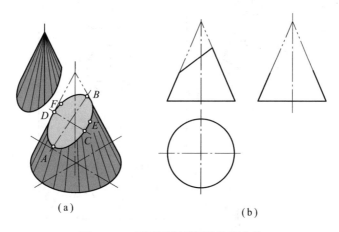

图 2-71　正垂面切割圆锥的截交线

(a) 立体图；(b) 三视图

如图 2-71 所示的圆锥被一个正垂面切割，所以其截交线的投影具有圆锥和正垂线的共同特性，因此其正面投影积聚为直线，而且截交线上所有的点都是属于圆锥的侧面，而圆锥不具有积聚性，试判断截交线水平投影和侧面投影是什么形状，并思考该如何绘制。

### 一、平面截割圆锥的截交线

平面截割圆锥时，根据截平面与圆锥轴线位置的不同，其截交线有 5 种情况，见表 2-24。

表 2-24 平面截割圆锥

| 截平面位置 | 立体图 | 投影图 | 截交线形状 |
|---|---|---|---|
| 垂直于轴线 | | | 圆 |
| 平行于轴线 | | | 双曲线与直线 |
| 倾斜于轴线，且倾角小于锥倾角 | | | 椭圆 |
| 平行于素线 | | | 抛物线与直线 |

续表

| 截平面位置 | 立体图 | 投影图 | 截交线形状 |
|---|---|---|---|
| 过锥顶 | | | 三角形 |

## 二、圆锥截交线的投影特性及画法

1. 截平面垂直于轴线

截交线是圆，水平投影为圆，正面投影和侧面投影都积聚为直线，此时圆锥被截为圆台。

2. 截平面过锥顶

截交线是三角形，如果截平面属于正垂面或侧垂面，则正面投影或侧面投影会积聚为一条线。

3. 截平面平行于轴线

截交线是直线和双曲线组成的封闭线框，水平投影积聚为直线，如果截平面属于正平面或侧平面，则对应的侧面投影或正面投影也会积聚为一条线。

4. 倾斜于轴线，且倾角小于锥倾角

此时，截交线是椭圆，若截平面属于正垂面，则正面投影积聚为直线。

5. 平行于素线

截交线是抛物线和直线组成的封闭线框，若截平面属于正垂面，则正面投影积聚为直线。

以上五种截交线，第一种和第二种，可以用直尺和圆规直接绘制；第三、四、五种截交线，做法基本一致，即通过求点方法获得，求点时一般先找特殊点，即最高点、最低点、最前点、最后点、最左点、最右点。为增加作图精确性，必要时可以增加一般位置点，按照点的投影规律求出其三面投影，再依次手动连接各点，即可得到曲线的截交线，需要注意的是，此时的曲线截交线不能用圆规绘制。

由图2-71（a）可以看出，在该圆锥上的截交线为一封闭曲线（椭圆）。该截交线是截平面与圆锥面的共有线，因此其正面投影与正垂面的正面投影重合，同时由于截交线是圆锥面上的线，所以具备圆锥表面上线的特性。该截交线的正面投影是已知的，水平投影和侧面投影是椭圆，需要绘制。椭圆上的 $A$、$B$、$C$、$D$ 为长、短轴的端点，$E$、$F$ 是圆锥面最前素线和最后素线上的点，上述各点的水平投影和侧面投影可用求圆锥表面上点的方法——辅助素线或辅助纬圆法求出。

## 任务实施

绘制该圆锥截交线的具体作图步骤见表2-25。

**斜切圆锥**

表2-25 绘制斜割圆锥的截交线的具体作图步骤

| 步骤 | 图例 | 说明 |
|---|---|---|
| 1. 因为 $a'b'$ 是椭圆的长轴，所以求作椭圆最高点 $B$、最低点 $A$ 的水平投影和侧面投影 | | 点 $A$、$B$ 分别在最左素线和最右素线上，所以其水平投影和侧面投影都在中心线上，根据投影规律可直接求出 $a$、$b$ 和 $a''$、$b''$ |
| 2. 找出线段 $a'b'$ 的中点，即椭圆最前点 $C$、最后点 $D$，并用辅助圆法求点 $C$、$D$ 的水平投影从 $c$、$d$ 和侧面投影 $c''$、$d''$ | | 注意：点 $C$ 和点 $D$ 不在圆锥最前素线和最后素线上，因此其正面投影不在中心线上，点 $c'$、$d'$ 在线段 $a'b'$ 中间。<br>过 $c'$（$d'$）作水平辅助纬圆的正面投影，求出该辅助纬圆的水平投影，然后求出 $c$、$d$，最后求出 $c''$、$d''$ |
| 3. 求椭圆与最前素线的交点 $E$、与最后素线的交点 $F$ 的水平投影和侧面投影 | | 先找出 $E$、$F$ 的正面投影 $e'$（$f'$），然后利用辅助平面法求出水平投影 $e$、$f$，再根据投影规律求出侧面投影 $e''$、$f''$ |

续表

| 步骤 | 图例 | 说明 |
|---|---|---|
| 4. 作一般点的投影 | | 在主视图上找适当的一般点的正面投影 $I'$（$j'$），利用辅助平面法求作其水平投影和侧面投影 |
| 5. 连接各点的同面投影，完成截交线的投影<br>6. 擦去多余的图线，完成俯、左视图 | | 补全左视图上的轮廓线，绘制轴线、中心线。擦去多余图线，按线型描深图形 |

如图 2-72 所示，请完成侧平面截割圆锥后切割体的三视图。

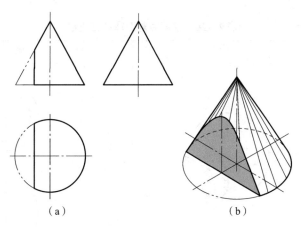

图 2-72 侧平面截割圆锥的截交线
（a）三视图；（b）立体图

### 任务4 绘制圆球的截交线

如图2-73所示,球体被正垂面切割,试完成切割体的俯视图和左视图。

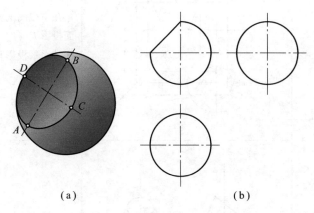

(a)　　　　　　　　(b)

图2-73　球体被正垂面切割

(a)立体图;(b)三视图

如图2-73所示,球面有积聚投影吗?球面上有几条特殊位置素线?

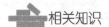

#### 一、平面截割圆球的截交线

平面截割球体时,截交线为圆。根据截平面与投影面的位置不同,其截交线的投影也不同,具体见表2-26。

表2-26　平面截割圆球的截交线

| 截平面位置 | 立体图 | 投影图 |
| --- | --- | --- |
| 截平面为正平面 |  |  |

续表

| 截平面位置 | 立体图 | 投影图 |
|---|---|---|
| 截平面为水平面 | | |
| 截平面为正垂面 | | |

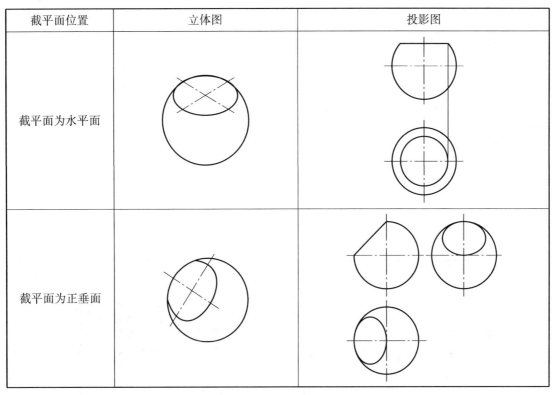

## 二、斜割圆球截交线的投影特性

平面切割球体产生的截交线为圆。由图 2 – 73 可以看出，正垂截切面切割球体，在球体上产生一个截交圆，该圆是截切平面与球面的共有线。其正面投影为直线，与截平面的投影重合；水平投影和侧面投影为椭圆，需要绘制。空间截交圆上的 A、B、C、D 点为俯、左视图上椭圆的长、短轴的端点。

 任务实施

绘制球体截交线水平投影和侧面投影的作图步骤见表 2 – 27。

斜切球

表 2 – 27　绘制球体截交线水平投影和侧面投影的作图步骤

| 步骤 | 图例 |
|---|---|
| 1. 求作截交圆的最左点（最低点）A 和最右点（最高点）B 的水平投影和侧面投影 | |

续表

| 步骤 | 图例 |
|---|---|
| 2. 求作截交圆的最前点 $C$、最后点 $D$ 的水平投影和侧面投影<br>过 $C$、$D$ 作水平辅助纬圆，求出 $C$、$D$ 的水平投影 $c$、$d$，然后利用投影规律求出侧面投影 $c''$、$d''$ | |
| 3. 求一般点的投影<br>过 Ⅰ、Ⅱ 点作侧平辅助纬圆，求一般点 Ⅰ、Ⅱ 的侧面投影 $1''$、$2''$，然后根据投影规律求水平投影 $1$、$2$。用同样的方法求出一般点 Ⅲ、Ⅳ 的侧面投影和水平投影 | |
| 4. 连接各点的同面投影，完成作图 | |

 勤思考

如图 2-74 所示，请根据立体图，补画半球开槽后的俯视图和左视图上的截交线。

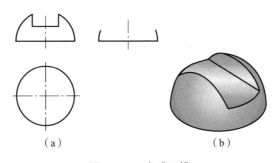

**图 2-74 半球开槽**

(a) 三视图；(b) 立体图

## 课题五　绘制相贯线的投影

**任务　绘制正交两圆柱的相贯线**

**任务导入**

两圆柱正交相贯，其三视图如图 2-75 所示，试补画主视图上相贯线的投影。

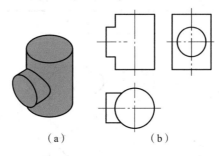

**图 2-75　两圆柱正交相贯线**

(a) 立体图；(b) 三视图

如图 2-75 所示，两圆柱的交线是什么形状？交线的已知投影在哪个视图上？是什么形状？想象一下交线在主视图上的形状。

**相关知识**

**一、相贯线的概念基本特性**

如图 2-75 所示为两圆柱正交相贯，两圆柱面相交产生了一条封闭的空间曲线，这种曲面体和曲面体因贯穿而产生的交线称为相贯线。

相贯线的形状多种多样，比较复杂，比如曲面体有圆柱、圆锥、圆球等不同形状，所以其相贯线形状各不相同。两个相贯的曲面体的直径有所变化时，也会影响相贯线的形状。两个相贯曲面体的轴线的相对位置及相对夹角发生变化时,同样会造成相贯线的形状发生变化,但不论形状怎么变化,相贯线均具有以下两个基本特性:

(1) 封闭的空间曲线。不论是何种情况的相贯线,形状都是封闭的空间曲线。

(2) 共有性。因为相贯线是两个曲面立体相交产生的,所以相贯线是两个曲面立体表面的共有线,相贯线上的点均为两立体表面的共有点,具备立体的所有投影特性。

### 二、两圆柱正交相贯的投影分析

#### (一) 两实体圆柱相贯

相贯线的形状复杂多样,不便一一介绍,这里只介绍两圆柱正交产生的相贯线。

由图2-75(a)可知,因为两圆柱的轴线垂直相交(正交),所以在与圆柱轴线相垂直的投影面上,圆柱面的投影会积聚为圆,另两个投影面上,圆柱的投影为矩形。

相贯线(空间封闭曲线)是两圆柱面的交线,也是两圆柱面的共有线,因此同时具有两圆柱面的投影特性,即:相贯线的水平投影与大圆柱面的投影重合(为圆的一部分圆弧),相贯线的侧面投影与小圆柱的侧面投影重合(为整圆)。因此,该相贯线的水平投影和侧面投影是已知的,而其正面投影则在两矩形框交汇处,需要根据求点的方法来一步步求得。

两圆柱直径不同,其正交产生的相贯线的形状也不相同。其变化规律如表2-28所示。特别注意的是:当两圆柱的直径相等时,其相贯线是两个平面椭圆且垂直相交。

**表2-28 两圆柱正交相贯的相贯线**

| 尺寸变化 | $D_1 > D_2$ | $D_1 = D_2$ | $D_1 < D_2$ |
|---|---|---|---|
| 立体图 | | | |
| 三视图 | | | |

## （二）两空心圆柱相贯

对于圆柱穿孔后的相贯线，和实体圆柱的相贯线是一样的，只是要画成虚线，如表 2-29 所示。

表 2-29 圆柱穿孔的相贯线

| 形式 | 单一圆孔与圆柱正交 | 两不等径圆柱孔正交 | 两等径圆柱孔正交 |
|------|------|------|------|
| 三视图 | | | |

## （三）相贯线的特殊情况

### 1. 相贯线为平面曲线

两个同轴回转体相交时，具有公共轴线，它们的相贯线一定是垂直于轴线的圆，当回转体轴线平行于某投影面时，这个圆在该投影面的投影为垂直于轴线的直线。见表 2-30。

表 2-30 同轴回转体的相贯线——圆

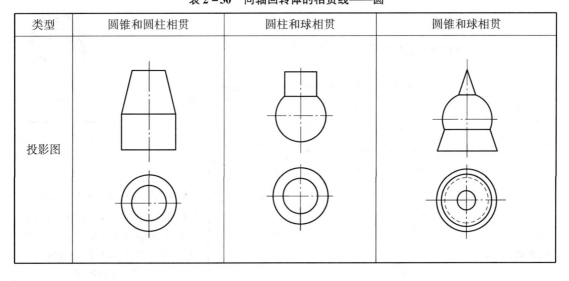

| 类型 | 圆锥和圆柱相贯 | 圆柱和球相贯 | 圆锥和球相贯 |
|------|------|------|------|
| 投影图 | | | |

### 2. 相贯线为直线

当两圆柱面的轴线平行时，相贯线为直线。当两圆锥面共顶时，相贯线为直线，如图 2-76 和图 2-77 所示。

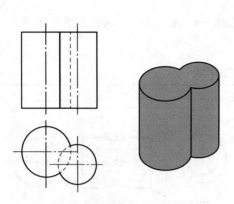

图 2-76 相交两圆柱轴线平行的相贯线

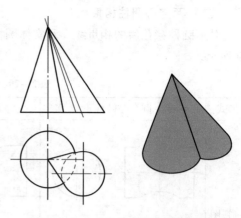

图 2-77 相交两圆锥共顶的相贯线

### 三、两圆柱正交相贯线的投影作法

在绘制两圆柱正交相贯线时，可以依据下面方法求得。

（1）因为相贯线是两立体表面的共有线，所以其投影同时满足两个立体的投影特性，比如真实性、积聚性和类似性，所以绘制时，应根据两个立体的投影双向求证；

（2）绘制相贯线时，可先求点，再连点成线即可。对于两圆柱正交相贯，可以找出相贯线上的特殊位置点（即最高点、最低点、最前点、最后点、最左点、最右点），再在适当位置选取一般点，并根据点的投影规律求作未知投影，光滑连接各点即得相贯线的未知投影。

 任务实施

两圆柱正交相贯线具体作图步骤见表 2-31。

圆柱相贯

表 2-31 绘制两圆柱正交相贯线的具体作图步骤

| 步骤 | 图例 | 说明 |
| --- | --- | --- |
| 1. 作特殊点的正面投影 |  | 在左视图上找出相贯线上的最高点Ⅰ和最低点Ⅲ（该两点同时是最左点）、最前点Ⅱ和最后点Ⅳ（该两点同时是最右点）的侧面投影和水平投影，求出正面投影 |

续表

| 步骤 | 图例 | 说明 |
|---|---|---|
| 2. 作一般点的正面投影 | | 在适当位置选取一般点Ⅴ、Ⅵ、Ⅶ、Ⅷ，找出其侧面投影，根据点的投影规律和相贯线上点的水平投影在大圆周上的两个条件，求出其水平投影，然后根据点的两面投影求作其正面投影 |
| 3. 光滑连接各点 | | 擦去多余的图线，描深可见轮廓线 |

---

**多了解一点**

**相贯线的投影作图**

两回转体的相贯线，实际上是两回转体表面上一系列共有点的连线，求作共有点的方法通常采用表面取点法和辅助平面法。表面取点法就是取特殊点和一般点；辅助平面法就是在适当位置过两立体作一辅助平面。

 勤思考

请认真思考后补画出图2-78俯、左视图上的相贯线的正投影。

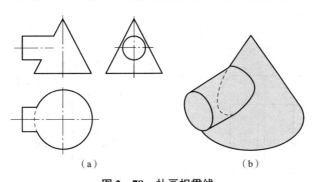

图2-78 补画相贯线

(a) 三视图；(b) 立体图

# 项目三
## 绘制组合体轴测图

### 课题一 绘制正等轴测图

**任务 1 绘制楔形块的正等轴测图**

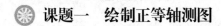

根据 3-1 所示楔形块三视图,绘制其正等轴测图。

图 3-1 所示三视图是用正投影法从三个不同方向,对楔形块进行投射得到的图形,虽可反映楔形块的真实形状和大小,但每个视图只有二维坐标,立体感不强,不利于想象物体形状。若能将楔形块的长、宽、高三个方向的尺寸在同一图形中表达出来,则可将楔形块的空间形状形象地表达出来,而轴测图即可同时表达长、宽、高三个方向的尺寸。

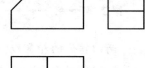

图 3-1 楔形块三视图

相关知识

轴测图是用轴测投影的方法画出来的富有立体感的图形,其直观性强,工程上常用来说明机器及零部件的外观、内部结构和工作原理,如图 3-2(b)所示。

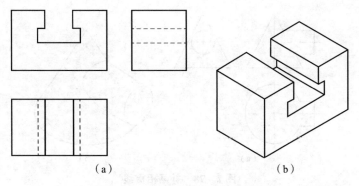

(a)　　　　　　　　　(b)

图 3-2 正投影图与轴测图的比较

(a)三视图;(b)轴测图

一、轴测图的形成

将物体连同确定物体位置的直角坐标系，沿不平行于任一坐标轴的方向，用平行投影法将其投射在单一投影面上所得的具有立体感的图形称为轴测投影图，简称轴测图，如图3-3所示。

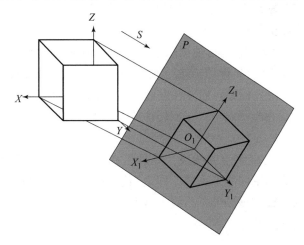

图 3-3 轴测投影的过程

**（一）概念**

（1）轴测投影面：在轴测投影中，投影面 $P$ 称为轴测投影面。

（2）轴测轴：直角坐标轴 $OX$、$OY$、$OZ$ 在轴测投影面上的投影 $O_1X_1$、$O_1Y_1$、$O_1Z_1$，称为轴测轴。

（3）轴间角：两轴测轴的夹角 $\angle X_1O_1Y_1$、$\angle X_1O_1Z_1$、$\angle Z_1O_1Y_1$，叫作轴间角。

（4）轴向变形系数：轴测轴上的单位长度与空间直角坐标轴上对应单位长度的比值，称为轴向变形系数。$O_1X_1$、$O_1Y_1$、$O_1Z_1$ 轴上的轴向变形系数分别用 $p_1$、$q_1$、$r_1$ 表示。为了便于画图，常将轴向变形系数简化，分别用 $p$、$q$、$r$ 表示。

**（二）轴测图的投影特性**

由于轴测图是用平行投影法绘制的，所以具有平行投影特性。

1. 平行性

物体上互相平行的线段，在轴测图上仍互相平行；平行于坐标轴的线段，在轴测图上仍平行于相应的轴测轴。

2. 等比性

物体上平行于坐标轴的线段，在作图时可以根据轴向变形系数，计算长度后沿轴线方向测量截取。

不平行于坐标轴的线段，不能运用等比性直接量取长度，而应采用坐标定位的方法，求出线段两端点，然后连接两点成直线。

不平行于轴测投影面的平面图形，在轴测图上变成原形的类似形。如正方形的轴测投影可能是平行四边形，圆的轴测投影可能是椭圆等。

**（三）轴测图的分类**

（1）根据投射方向 $S$ 与轴测投影面的相对位置，轴测图可分为正轴测图和斜轴测图。正轴测图是投射方向与轴测投影面垂直所画出的轴测图。斜轴测图是投射方向与轴测投影面倾斜所画出的轴测图，为作图方便，通常将轴测投影面平行于 XOZ 坐标面。

（2）根据轴向变形系数是否相等又分为正（或斜）等测、正（或斜）二等测、正（或斜）三等测三种。

目前，较常采用正等轴测图和斜二等轴测图两种。

**（四）绘制轴测图的步骤**

（1）确定起画点。起画点即是与轴测图中坐标原点 O 重合的点，确定起画点，即是确定将组合体中哪一个点放置于坐标原点上。很多情况下，绘制轴测图时，是沿着 X 轴、Y 轴、Z 轴正方向绘制，即由坐标原点向左、向前、向上截取尺寸进行绘制，所以可以选择组合体的右、后、下方的点为起画点；对于回转体或对称件，也可选取回转中心线或对称线上的某一点为起画点。

（2）截取线段。分析三视图中的线段，凡是三视图中平行于某坐标轴的线段，在三视图中量取以后，乘以对应的轴向变形系数，即是画轴测图时需要截取的尺寸，截取时，也应在相对应坐标轴上截取，或在该轴的平行线上截取。

（3）连点成线，完成绘图。

**二、正等轴测图**

1. 形成过程

使直角坐标系的 X、Y、Z 三个坐标轴对轴测投影面 P 的倾角相等，并用正投影法将物体向轴测投影面投射所得的图形称为正等轴测图。

2. 轴间角

正等测中的轴间角 $\angle XOY = \angle YOZ = \angle XOZ = 120°$。作图时，通常将 OZ 轴画成铅垂位置，然后画出 OX、OY 轴，如图 3-4 所示。

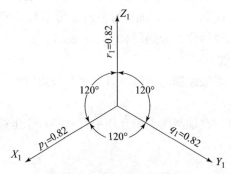

图 3-4 正等轴测图的参数

3. 轴向伸缩系数

在正等轴测图中，由于直角坐标系的三个坐标轴对轴测投影面的倾角相等，因此，轴间角都是 120°，各轴向的伸缩系数相等，都是 0.82，在画轴测图时，物体上长、宽、高方向的尺寸均要缩小，约为原长的 82%。为了作图方便，通常采用简化的轴向伸缩系数，即 $p = q = r \approx 1$。

 **任务实施**

楔形块的正等轴测图的绘图方法与步骤见表 3-1。

楔块正等轴测图

表 3–1 楔形块的正等轴测图的绘图方法与步骤

| 方法与步骤 | 图例 | 方法与步骤 | 图例 |
|---|---|---|---|
| 1. 在楔形块三视图中标记 $a'$、$b'$、$c'$、$d'$、$e'$、$f$ 等点，并绘制 $OX$、$OY$、$OZ$ 轴，则 $a'b'//c'd'//X$ 轴，$a'e'//b'c'//Z$ 轴，$cf//Y$ 轴 | 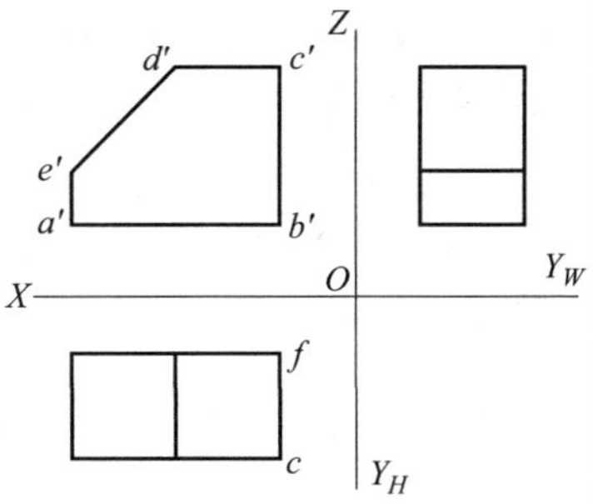 | 5. 按 1:1 的比例，在轴测轴 $O_1Z_1$ 上截取楔形块的高度尺寸 $h$，从底面其余三个顶点作平行于 $O_1Z_1$ 轴的三条平行线，并取其高度 $h$ | 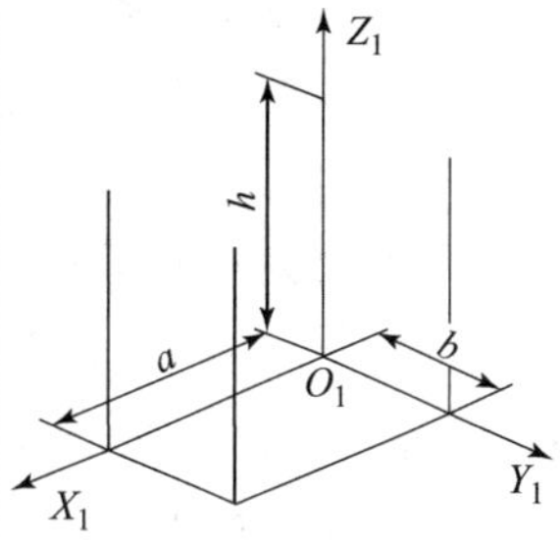 |
| 2. 建正等轴测图坐标系 $O_1-X_1Y_1Z_1$，并确定楔形块轴测图的起画点，因楔形块是非对称的棱柱体，故选取楔形块的右、后、下角顶点为起画点 | 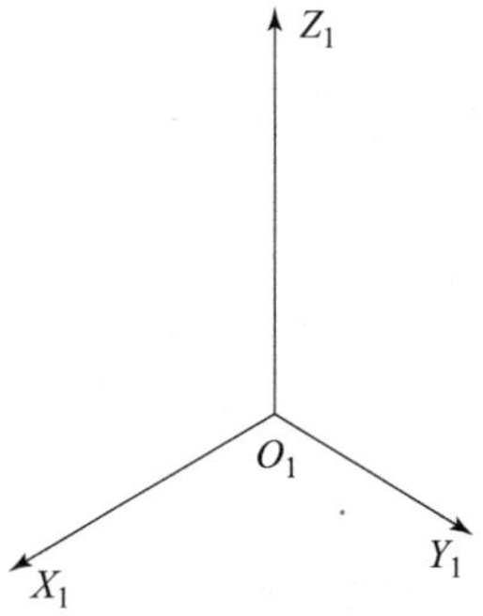 | 6. 连同坐标原点 $O_1$，即得长方体的 8 个顶点，连接 8 个顶点 | 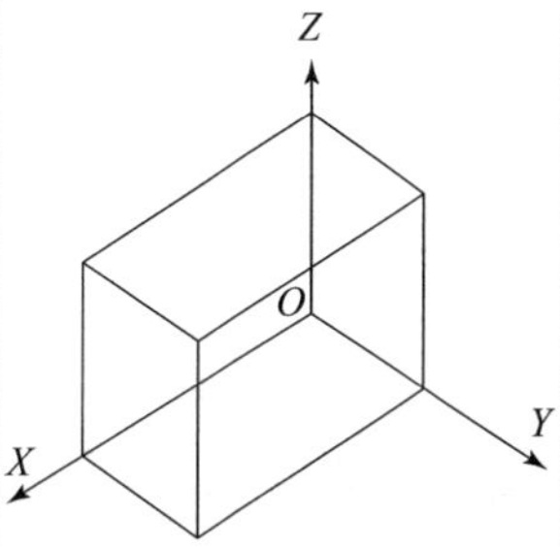 |
| 3. 量取楔形块底面的长度尺寸 $a$，和宽度尺寸 $b$，并乘以 $X$、$Y$ 轴的轴向变形系数 $p$、$q$，此处取 $p = q = 1$，则得轴测图中的长度和宽度 | 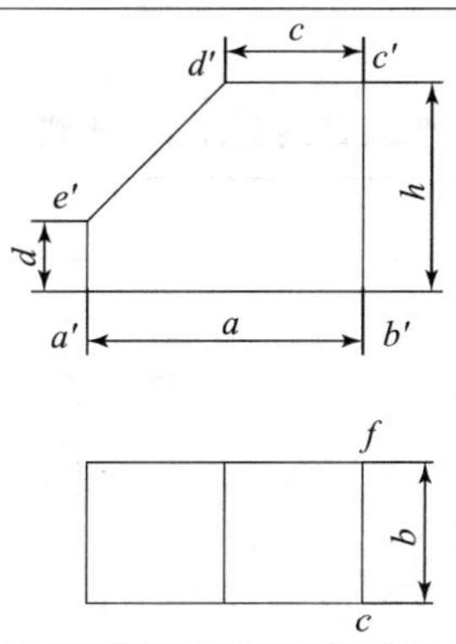 | 7. 截取三视图中线段 $cd$ 和 $ae$ 的尺寸，在轴测图相应的平行线上按 1:1 截取 | 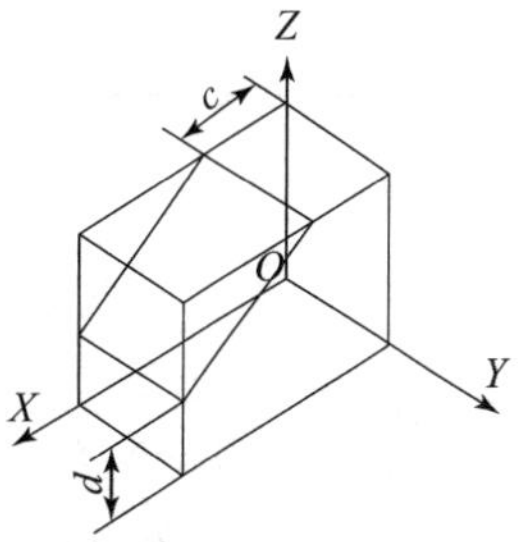 |
| 4. 在轴测轴 $O_1X_1$、$O_1Y_1$ 上截取楔形块的长度尺寸 $a$ 和宽度尺寸 $b$，画出楔形块的底面 | 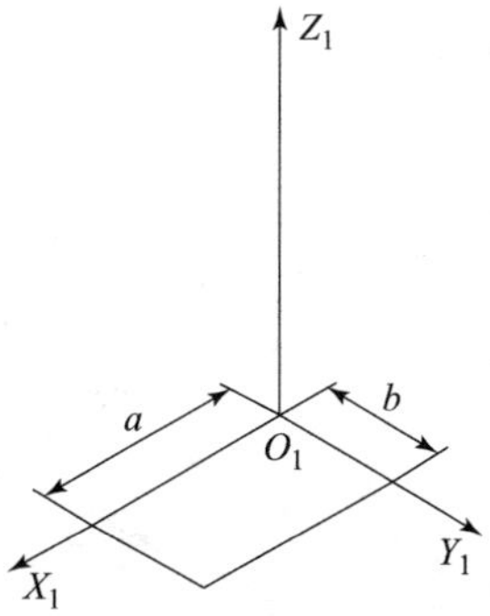 | 8. 擦去不必要的图线，加深可见轮廓线（一般只画可见部分），即得楔形块的正等轴测图 | 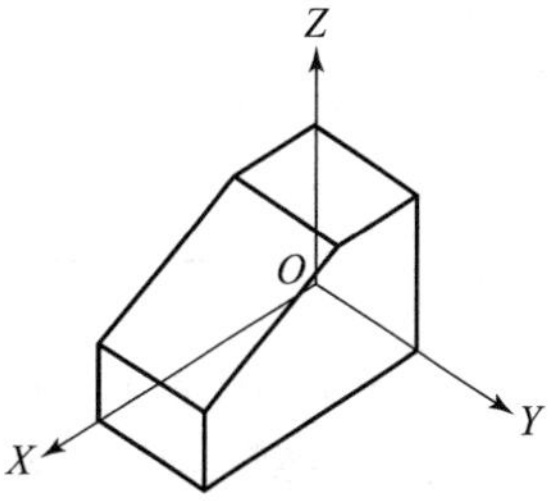 |

## 知识拓展

根据如图 3-5 所示正六棱柱的三视图，绘制其正等轴测图。

画正六棱柱的轴测图时，只要画出其一顶面（或底面）的轴测投影，再过顶面（或底面）上各顶点，沿其高度方向作平行线，按高度截取，得各点后顺序连线（细虚线不画），即得六棱柱的轴测图，画图的关键是如何准确地绘制顶面的轴测投影。

画正六棱柱顶面的轴测图时，由于其六边形顶面上的 $ab$、$cd$、$de$ 和 $fa$ 四条边与轴测轴不平行（图 3-5），因此，这些边不能直接测量画出。如果我们能通过坐标定位，求出 $a$、$b$、$c$、$d$、$e$、$f$ 各点在轴测图中的位置，并连线各点，即可画出六棱柱端面的轴测投影，进而完成六棱柱轴测图。

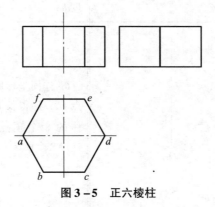

图 3-5　正六棱柱

正六棱柱正等轴测图的绘图方法与步骤见表 3-2。

正六棱柱轴测图

表 3-2　正六棱柱正等轴测图的绘图方法与步骤

| 方法与步骤 | 图　例 |
| --- | --- |
| 1. 在主、俯视图中确定空间坐标轴（$OX$、$OY$、$OZ$）的投影，六棱柱前后、左右对称，选顶面中心为坐标原点 $O_1$ | |
| 2. 画出轴测轴 $O_1X_1$、$O_1Y_1$、$O_1Z_1$，沿 $X_1$ 轴在原点 $O_1$ 两侧分别量取长度的一半得到 $a$、$d$ 两点，沿 $Y_1$ 轴在 $O_1$ 点两侧分别量取宽度的一半，得到 1、2 两点 | |

续表

| 方法与步骤 | 图 例 |
|---|---|
| 3. 过 1、2 两点作 $X_1$ 轴平行线,并在两侧量取边长的 1/2 得点 $b$、$c$ 和 $e$、$f$,依次连接各点完成六棱柱顶面的轴测图 | |
| 4. 过点 $a$、$b$、$c$、$d$、$e$、$f$ 分别向下作 $Z_1$ 轴的平行线,并量取 $h$,得到六棱柱底面可见的各端点(轴测图上细虚线一般省略不画)。用直线连接各点并加深轮廓线,即得到六棱柱的正等轴测图 | |

根据楔形块视图,如图 3-6 所示,绘制其正等轴测图。

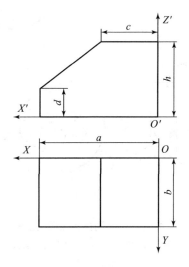

图 3-6 楔形块视图

### 任务 2 绘制圆柱的正等轴测图

根据如图 3-7 所示圆柱的三视图,绘制其正等轴测图。

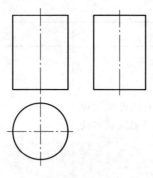

**图 3-7 圆柱**

 任务分析

圆柱是组成机件的常见形体，掌握圆柱正等轴测图的画法，是绘制回转体轴测图的基础。

由图 3-8（a）可知，圆柱的轴线垂直于 $XOY$ 坐标面，即圆柱的上下底面圆平行于坐标面 $XOY$。而在正等轴测图中，由于三个坐标面都倾斜于轴测投影面，因此其上下端面圆的轴测投影为椭圆，如图 3-8（b）所示。故绘制圆柱正等轴测图的关键是如何绘制圆柱端面圆的正等轴测图（椭圆），只要将顶面和底面的椭圆画好，然后作两椭圆的公切线，即得圆柱的正等轴测图。

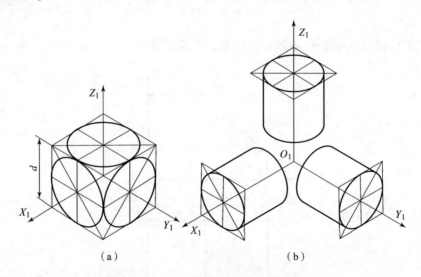

**图 3-8 平行三个不同坐标面圆的正等轴测图**
（a）不同方向的正等轴测图；（b）不同方向圆柱的正等轴测图

 相关知识

### 一、圆的正等测投影

在平面立体的正等轴测图中，平行于坐标面的正方形变成了菱形，如果在正方形内有一个圆与其相切，显然圆随正方形四条边的变化而变成了内切于菱形的椭圆，如图 3-8（a）所示。轴线垂直于三个坐标面的圆柱的正等轴测图如图 3-8（b）所示。

## 二、圆的正等轴测图的画法

由上面分析可知,平行于坐标面的圆的正等轴测图都是椭圆,虽然椭圆的方向不同,但画法相同。各椭圆的长轴都在外切棱形的长对角线上,短轴在短对角线上。

## 三、平行于水平面的圆的正等轴测图的画法

在正等轴测图中,椭圆一般用四段圆弧代替,平行于水平投影面的圆的正等轴测画法见表 3-3。

表 3-3 平行于水平投影面的圆的正等轴测画法

| 方法与步骤 | 图 例 |
|---|---|
| 1. 选取圆心为坐标原点作坐标轴,在俯视图中作圆的外切正方形,切点 1、2、3、4 | |
| 2. 作轴测轴和点 $1_1$、$2_1$、$3_1$、$4_1$,过此四点作平行于轴测轴的直线,得到菱形,并作长对角线 | |
| 3. 连接 $4_1A_1$、$3_1A_1$、$1_1B_1$、$2_1B_1$,交菱形长对角线于 $C_1$、$D_1$,则 $A_1$、$B_1$、$C_1$、$D_1$ 即为四段圆弧的圆心 | |
| 4. 分别以 $A_1$、$B_1$ 为圆心,以 $A_1 4_1$ 为半径作圆弧;再以 $C_1$、$D_1$ 为圆心,以 $C_1 4_1$ 为半径作圆弧,4 个圆弧连成近似椭圆,即为所求 | |

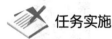 **任务实施**

圆柱正等轴测图的作图方法与步骤见表 3-4。

圆柱轴测图

表 3-4　圆柱正等轴测图的作图方法与步骤

| 方法与步骤 | 图例 | 方法与步骤 | 图例 |
| --- | --- | --- | --- |
| 1. 确定空间坐标轴（$OX$、$OY$、$OZ$）的投影，在投影为圆的视图上作圆的外切正方形 | | 3. 作圆柱的顶面和底面圆的轴测投影椭圆 | |
| 2. 画出轴测轴 $O_1X_1$、$O_1Y_1$、$O_1Z_1$，在 $O_1Z_1$ 轴上向下截取圆柱高度 $h$，并作出菱形 | | 4. 作两椭圆的公切线，加深可见轮廓线（细虚线省略不画） | |

**小提示**

在绘制圆柱的正等轴测图时，由于上下底面的椭圆相同，为简化作图，可在完成顶面椭圆后，将该椭圆的四段圆弧平移，即把 4 个圆心和切点往下移动圆柱高度 $h$，并分别作出 4 个相应圆弧，可得底面的椭圆。

知识拓展

平板上圆角的正等轴测图的绘图方法与步骤见表 3-5。

视频圆角
正等测画法

表 3-5　平板上圆角的正等轴测图的绘图方法与步骤

| 方法与步骤 | 图　例 |
| --- | --- |
| 1. 平板的两视图 | |
| 2. 根据长、宽、高画出长方体的正等轴测图。从正投影图中量得圆角的半径 $R$，并以 $R$ 为半径，以 $1_1$ 及 $2_1$ 为圆心，在矩形板顶面取出 $A_1$、$B_1$、$B_2$、$C_1$ 四点。过 $A_1$、$B_1$、$B_2$、$C_1$ 作相应棱线的垂线，垂线交于点 $O_1$、$O_2$ 两点 | |
| 3. 画圆角。以 $O_1$、$O_2$ 为圆心，分别以 $O_1A_1$、$O_2B_2$ 为半径画圆弧，这样就画出了矩形板顶面圆角的轴测投影。分别过 $O_1$、$O_2$ 点向下作 $Z$ 轴平行线，并量取平板高度，得点 $O_{11}$、$O_{22}$，以 $O_{11}$、$O_{22}$ 为圆心，分别以 $O_1A$、$O_2B$ 为半径画圆弧 | |
| 4. 作右端两段圆弧的公切线，擦去不必要的图线，加深轮廓线，完成图形 | |

根据圆锥台的视图，如图 3-9 所示，绘制其正等轴测图。

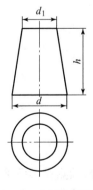

图 3-9　圆锥台视图

## 课题二 绘制斜二等轴测图

**任务 绘制连接盘的斜二等轴测图**

根据如图3-10所示连接盘的视图,绘制其斜二等轴测图。

根据视图可以看出,连接盘在平行于正面($XOZ$面)的方向上具有较多的圆或圆弧。如果画正等轴测图,就要画很多椭圆,作图过程烦琐。如果用斜二等轴测图来表达,就会大大简化作图。

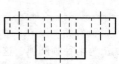

### 一、斜二等轴测图的形成过程

按如图3-11所示,将长方体置于一空间坐标中,将长方体的某一坐标面(如$XOZ$坐标面)与轴测投影面平行,用斜投影法在轴测投影面上所得的轴测投影,就是长方体的斜二等轴测图,简称斜二测。

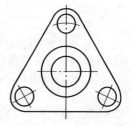

图3-10 连接盘

由以上可知,斜二等轴测图是物体在斜投影下形成的一种单面投影,它具有平行投影的特性。因此,绘图方法与绘制正等轴测图的方法基本相同,其区别在于它们各自的轴间角和轴向变形系数不同。

### 二、斜二等轴测图的参数

**1. 轴间角**

斜二等轴测图的轴间角分别是$\angle X_1O_1Y_1 = \angle Y_1O_1Z_1 = 135°$(即$O_1Y_1$轴与水平方向成45°),$\angle X_1O_1Z_1 = 90°$,如图3-12所示。

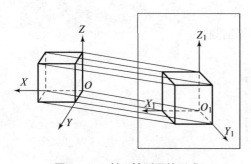

图3-11 斜二轴测图的形成

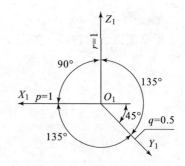

图3-12 斜二轴测图的参数

**2. 轴向变形系数**

在斜二等轴测图中,空间$XOZ$面与轴测投影面平行。因此,物体上凡是平行于$XOZ$坐标面(即正投影面)的表面,其轴测投影反映实形。由此得出,斜二轴测图在$O_1X_1$和$O_1Z_1$

轴上的轴向变形系数为 1。在 $O_1Y_1$ 轴上的轴向变形系数 $q$ 取 0.5，如图 3-12 所示。

 **任务实施**

绘制连接盘斜二轴测图的绘图方法与步骤见表 3-6。

连接盘斜
二轴测图

表 3-6　绘制连接盘斜二轴测图的绘图方法与步骤

| 方法与步骤 | 图　例 |
|---|---|
| 1. 确定坐标轴 | |
| 2. 作轴测轴，将形体上各平面分层定位并画出各平面的对称轴、中心线，再画主要平面的形状 | |
| 3. 画各层主要部分形状和各细节及孔洞后的可见部分形状 | |

续表

| 方法与步骤 | 图 例 |
|---|---|
| 4. 擦去多余图线，加深轮廓线 | |

根据空心六棱柱视图，如图 3-13 所示，绘制其斜二等轴测图。

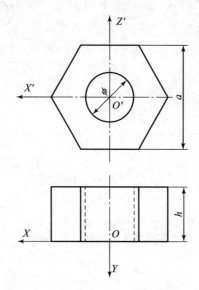

图 3-13 空心六棱柱视图

# 项目四
## 绘制识读组合体的三视图

任何一个机器零件,从形体的角度来分析,都可以看作是由一些形状简单、规则的基本形体,按叠加、切割或穿孔等方式组合而成的组合体。组合体是最常见也是最基础的一种模型构成方式。在学习投影原理及点、线、面和基本几何体的基本投影知识后,本项目进一步学习组合体的绘图和识图方法。

本项目将内容分为 4 个任务进行研究,分别介绍了组合体的形体分析、组合体三视图的画法、复杂组合体的识图与绘制及组合体的尺寸标注四方面内容。

### 任务 1　分析轴承座组合体的形体

根据图 4-1 所示轴承座的三视图,想象它的立体形状。

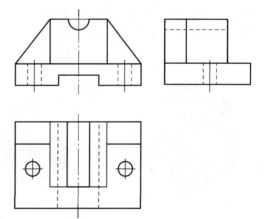

图 4-1　轴承座的三视图

根据三视图,想象立体形状的过程,就是一个读图的过程。读图是画图的逆过程,画三视图是运用正投影法把三维的空间物体表达在二维的平面上,而读图是对二维平面上的三视图的线、面、形体加以分析,想象出基本体的形状,再将各个基本体或叠加或切割,最后综合想象组合体的空间形状。

根据三视图的投影规律分析本轴承座的三视图,思考该轴承座由哪几部分结构组成,各部分之间的连接关系是什么。

#### 一、读图的基本知识

组合体的称呼是与基本体相对应的,组合体也是由基本体组合变化而来的,组合体的组合形式可分为叠加型、切割型和综合型三类。

1. 叠加型

叠加型是指不同基本体间的面贴合在一个平面上而形成组合体,它是构成组合体的基本形式,如图4-2所示,组合体可以看成由棱台、长方体、四棱柱四部分叠加而成的。

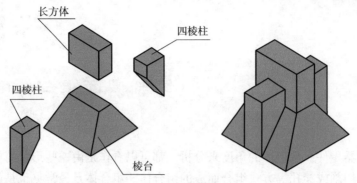

图4-2 叠加型组合体

2. 切割型

由一个或多个截平面,从较大的基本形体中切割出较小的基本形体,使之变为较复杂的形体,是组合体的另一种组合形式,如图4-3所示,组合体可以看成由简单的几何体切去1、2而成。

3. 综合型

叠加和切割是形成组合体的两种基本形式。在许多情况下,叠加与切割并无严格的界限,往往是同一物体既有叠加又有切割,如图4-4所示,该组合体可以看成是由Ⅰ、Ⅱ、Ⅲ三部分叠加而成之后,又被切去Ⅳ、Ⅴ、Ⅵ块而成的,这种类型的组合体,称为综合型。

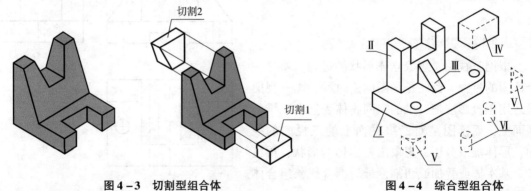

图4-3 切割型组合体　　　　图4-4 综合型组合体

## 二、组合体各形体间的表面连接关系

组合体中的基本体经过叠加、切割或穿孔后,其基本形体的相邻表面都存在一定的连接关系。一般可分为平行、相交和相切等情况。

1. 平行

两基本形体的相邻表面或前后平行,或左右平行,或上下平行,这种相邻表面的平行关系又分为平齐和不平齐。

(1) 不平齐。如图4-5所示,形体Ⅰ和形体Ⅱ的前表面前后错开不平齐。此时必须画出它们的分界线,两表面间不平齐的连接处应有线隔开。

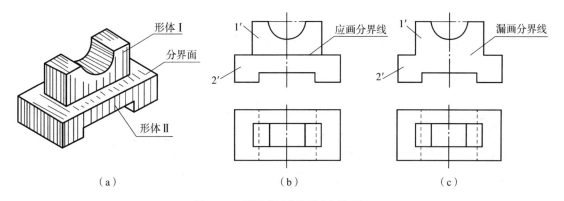

**图 4-5　形体间表面不平齐的画法**
(a) 直观图；(b) 正确；(c) 错误

(2) 平齐。如图 4-6 所示，形体 I 和形体 II 的前表面平齐。此时两表面为共面，因而视图上两形体之间无分界线，两表面间平齐的连接处不应有线隔开。

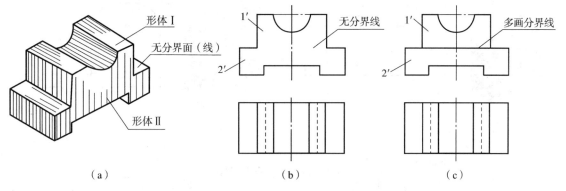

**图 4-6　形体间表面平齐的画法**
(a) 直观图；(b) 正确；(c) 错误

2. 相交

如果两形体的表面彼此相交，则称其为相交关系。相交处有交线，表面交线是它们的表面分界线，图上必须画出它们交线的投影，如图 4-7 所示。

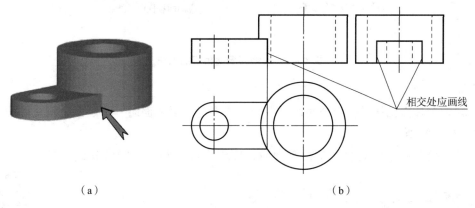

**图 4-7　形体间表面相交的画法**
(a) 直观图；(b) 三视图

3. 相切

当两基本形体表面相切时,其相切处过渡自然平滑,无分界线,故不应画线,如图4-8所示。

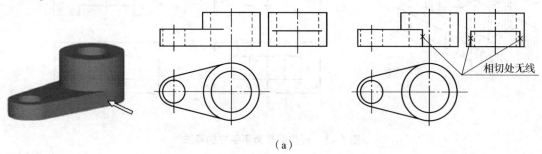

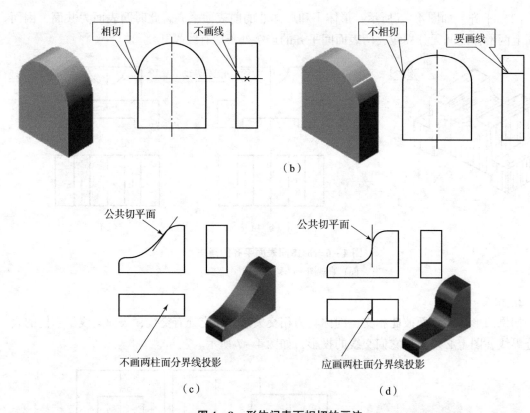

图4-8 形体间表面相切的画法

特例:

(1) 两个柱面相切时,当公共切平面倾斜或平行于投影面时,不画两个圆柱的分界线,如图4-8(c)所示。

(2) 当公共切平面垂直于某投影面时,应画出两个圆柱面的分界线,如图4-8(d)所示。

**任务实施**

读轴承座三视图的步骤与方法见表4-1。

表4–1 读轴承座三视图的步骤与方法

| 步骤 | 方 法 | 图 例 |
|---|---|---|
| 1. 分部分 | 从主视图看起,联系其他视图,可将主视图分成4个封闭的线框 | |
| 2. 看线框Ⅰ | 特征视图是主视图,结合俯视图可以看出,该部分形状为下部带槽的平板,并在水平板上挖了两个圆孔 | |
| 3. 看线框Ⅱ | 特征视图是主视图,结合俯、左视图可看出,基本形体为长方形,在此基础上顶面挖了一个半圆槽 | |
| 4. 看线框Ⅲ、Ⅳ | 特征视图为主视图,结合俯、左视图可知,形体均为三棱柱 | |
| 5. 综合想象 | 根据各形体的相对位置排列,得出立体形状,形体Ⅰ在下,形体Ⅱ在上,并与形体Ⅲ、Ⅳ分别在形体Ⅱ两侧,并与后表面平齐 | |

### 任务 2　绘制轴承座组合体的三视图

绘制组合体的三视图时，应采用形体分析法把组合体分解为几个基本几何体，然后按它们的组合关系和相对位置逐步画出三视图。

下面以图 4-9 所示轴承座为例，说明绘制叠加式组合体三视图的方法和步骤。

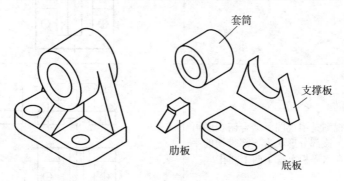

图 4-9　轴承座的形体分析

轴承座是用来支撑轴承的，是由不同基本体叠加和切割而成的。

绘图时应把轴承座分解成若干个基本几何体（这些基本几何体可以是完整的，也可以是不完整的），分别分析各基本几何体的形状、相对位置、组合形式及表面连接关系，再按照各基本体的相对位置，依次逐个画出它们的投影。

绘制时应注意各基本体之间的表面连接关系，综合起来得到整个轴承座的三视图。

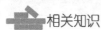

#### 一、进行形体分析

轴承座可看作由 4 个基本形体组成：底板、支撑板、肋板和套筒，支撑板叠放在底板上，它们的后表面平齐；支撑板的上部支在套筒下侧，其两侧面与圆柱面相切，它们的后表面不平齐；肋板居中叠放在底板上，后面与支撑板相交，而肋板的上部支撑在套筒下侧，两侧面与圆柱面相交；套筒底板上有两个圆柱形通孔，其底板前面加工成两个圆角，将底板的侧面和前面光滑地连接到一起。

#### 二、选择主视图

主视图是表达组合体的一组视图中最主要的视图，合理选择主视图是准确表达组合体的关键。

选择主视图一般遵循以下原则。

（1）主视图应较多地反映出组合体的结构形状特征及各部分间的相对位置关系，即把反映组合体的各基本几何体和它们之间相对位置关系最多的方向作为主视图的投影方向。

（2）在主视图中尽量较少产生虚线，即在选择组合体的安放位置和投影方向时，要同时考虑其他各视图中，不可见的部分较少，以尽量减少各视图中的虚线。

经比较分析，图 4-10 所示支座选 A 向作为主视图的投影方向能满足上述要求。

### 三、组合体的类型

绘制组合体的三视图时，分析组合体的类型很重要。例如叠加式和切割式这两类不同组合方式的组合体，在视图分析和画图步骤上是截然不同的。叠加式组合体按先画主要部分、后画次要部分的顺序，依次画出组合体的各个组成部分，而切割式组合体应在画出组合体原形的基础上，按切去部分的位置和形状依次画出切割后的视图。

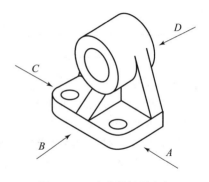

图 4-10　支座的投影方向

> **小提示**
> （1）逐个绘制各基本形体时，应先画特征视图，再画另外两个一般视图，三个视图应按投影关系同时画出。
> （2）完成各基本形体的三视图后，应检查形体间表面连接处的投影是否正确。

 **任务实施**

绘制轴承座的三视图的步骤见表 4-2。

表 4-2　绘制轴承座三视图的步骤

绘制轴承座 A

| 步骤 | 图例 |
|---|---|
| 1. 绘制基准线，画底板<br>（1）合理布局，绘制各视图的基准线：主视图底板下表面及圆柱的中心线、俯视图的前后对称线，左视图底板下表面及圆孔中心线。<br>（2）依照基准线，绘制底板的三视图 |  |
| 2. 画出圆柱部分<br>先绘制圆柱实体，后穿孔，绘制时，要先画反映该圆柱形体特征的视图，即左视图，并按照投影规律三个视图联系起来画，依次完成主视图和俯视图 |  |
| 3. 画支撑板<br>先画反映该支撑板形体特征的视图，即左视图，再按照投影规律，完成主视图和俯视图。注意支承板左右面的下端和底板相交于边缘处。上端与圆柱表面相切时，相切处是光滑过渡，没有交线，投影中不应画线 |  |

续表

| 步骤 | 图例 |
|---|---|
| 4. 画肋板<br>主视图反映了肋板的形状特征，但高度取决于左视图肋板与圆柱的交点，所以应先画左视图，再画主视图和俯视图。肋板与套筒的连接方式是相交，交线为直线，应比套筒的最低素线稍微高一点儿 | |
| 5. 描深完成全图底稿<br>画完后，经检查，纠正错误，再按标准线型描深，注意线型正确。形体分析法只是假想把组合体分解为若干基本形体，以方便画图，实际上组合体是一个完整的形体。因此，检查时要特别注意各基本形体表面结合处的投影 | |

如何绘制图 4-11 所示切割型组合体的三视图？

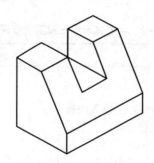

图 4-11 切割型组合体

**任务 3　识读轴承座组合体的三视图**

根据图 4-12 所示识读组合体的三视图，想象出物体的形状。

按投影规律对该轴承座的三视图进行分析，不难发现它是由若干基本体经叠加、切割综合而成，那么在识读该轴承座时，可以采用哪些方法，又应该注意哪些要领呢？

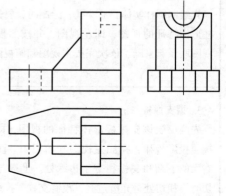

图 4-12 轴承座的视图

## 一、读图的基本要领

1. 将各个视图联系起来识读

在机械图样中，机件的形状一般要通过几个视图来表达，每个视图只能表达机件一个方向的形状。因此，仅由一个或两个视图往往不能唯一确定机件的形状。读图时必须将几个视图联系起来，互相对照分析，才能正确地想象出该物体的形状。

图 4 – 13（a）所示物体的主视图都相同，图 4 – 13（b）所示物体的俯视图都相同，但通过另一个视图可以看出，图 4 – 13 分别表示了形状各异的 6 种物体。

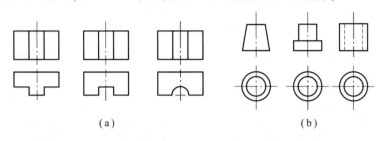

**图 4 – 13　两个视图结合起来才能确定物体形状**

如图 4 – 14 所示的三组图形，它们的主、俯视图都相同，但实际上也是三种不同形状的物体，由此可知，读图时必须将几个视图联系起来，互相对照分析，才能正确地想象出该物体的形状。

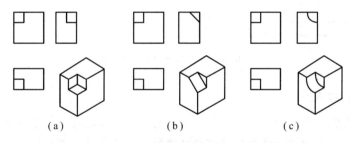

**图 4 – 14　三个视图结合起来才能确定物体形状**

2. 正确分析视图中线框和图线的含义

① 视图中的每个封闭线框，通常都是物体上的一个封闭表面（平面或曲面）的投影。
② 若两线框相邻，则表示两表面或者相交，或者在前后、上下、左右方向上平行。
③ 若大线框中套有小线框，则表示小线框所代表的表面或者凸出，或者凹下。

3. 抓特征视图，想象物体的形状

抓特征视图，就是抓物体的形状特征视图和位置特征视图。

（1）形状特征视图。所谓形状特征视图就是最能表达物体形状的那个视图。如图 4 – 15 所示，只有主视图和左视图可以想象成多种物体形状，只有配合俯视图，才能唯一确定物体的形状，所以俯视图是特征视图。

（2）位置特征视图。反映组合体的各组成部分相对位置关系最明显的视图，即是位置特征视图。读图时，应以位置特征视图为基础，想象各组成部分的相对位置。

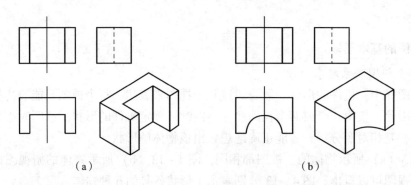

图 4-15 形状特征视图

如图 4-16 所示,观察主、俯视图物体上的 Ⅰ 与 Ⅱ 两部分,哪个凸起,哪个凹进无法确定。而左视图明显反映了 Ⅰ 与 Ⅱ 两部分的位置特征,只要把主、左两个视图联系起来看,就很容易判断出是哪一个物体。

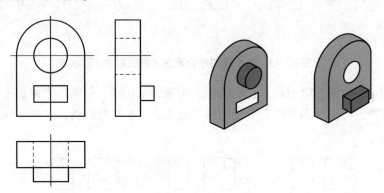

图 4-16 位置特征视图

### 二、读图的基本方法

常用的读图方法,主要是运用形体分析法,对于形状比较复杂的组合体,在运用形体分析法的同时,还常用线面分析法来帮助想象和读懂不易明白的局部结构。

1. 形体分析法

根据组合体的视图,假想把它分成若干个基本形体的视图,然后按照各视图的投影关系,想象出这些基本形体的几何形状和相对位置,最后确定该组合体的完整形状,简单地说,就是一部分一部分地看。具体读图步骤如下。

(1) 看大致,分形体。

先大致看一下各个视图,在反映形体特征较多的视图上,将组合体分为分成若干个简单的线框。一般情况下,总是从主视图入手,从较大的线框开始。

(2) 对投影,想形状。

根据投影关系(借助三角板、分规等制图工具),逐个找到与各基本形体主视图相对应的俯视图和左视图,根据各基本形体的三视图想象出其形状。

(3) 合起来,想整体。

在看清每个视图的基础之上,再根据整体的三视图,找出它们之间相对应的位置关系,逐渐想象出整体的形状。

2. 线面分析法

所谓线面分析法,就是将物体看作是有若干条线及一些面组成的,通过分析线或面的形状与位置来想象立体形状的分析方法。面形分析法的着力点是体上的面,它是根据视图中线框与线框、线框与线对应关系想象物体上的面。通过想象物体上各个平面的形状和相对位置,综合立体形状,简单地说就是一个面一个面地看。通常适用于切割体及复杂综合体中的切割体部分。

**任务实施**

读组合体三视图的步骤与方法见表4-3。

绘制轴承座 B

表4-3 读组合体三视图的步骤与方法

| 步骤 | 方法 | 图例 |
|---|---|---|
| 1. 识视图,分部分 | 将组合体分为3部分 | 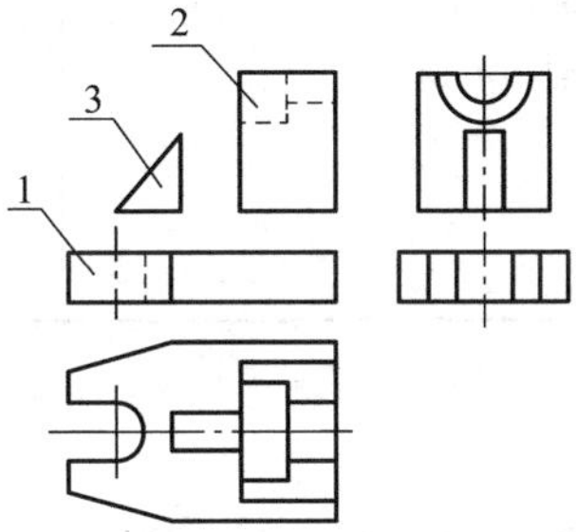 |
| 2. 逐部分对投影、想形状 | 第一部分是底板,根据主、俯、左三个视图,想象底板的形状,如右图所示 | 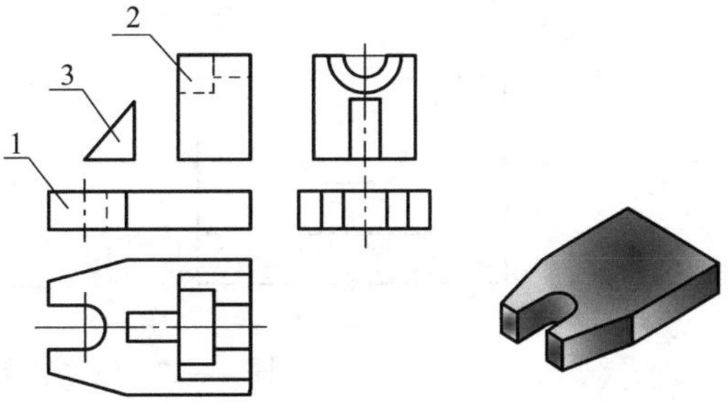 |
| | 第二部分是竖板,根据主、俯、左三个视图,想象竖板的形状,如右图所示 | 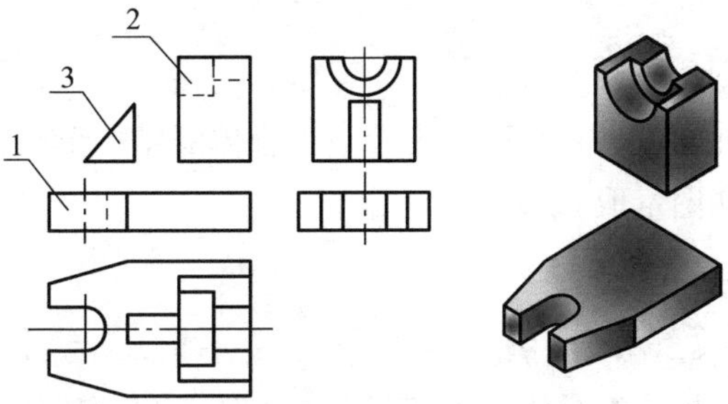 |

续表

| 步骤 | 方法 | 图例 |
|---|---|---|
| | 第三部分是肋板,根据主、俯、左三个视图,想象肋板的形状,如右图所示 | |
| 3. 综合起来想整体 | 将三部分综合起来,想象组合体的整体形状,如右图所示 | |

如何补画图 4-17 所示组合体的三视图?

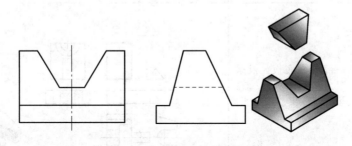

图 4-17　补画组合体的三视图

**任务 4　标注组合体的尺寸**

如图 4-18 所示,读懂该组合体的结构形状,并标注其三视图的尺寸(所需尺寸由组合体轴测图量取)。

分析该组合体,由四部分基本体叠加而成,并有切割和几次穿孔,标注尺寸时应考虑到便于加工、装夹和测量的需要。

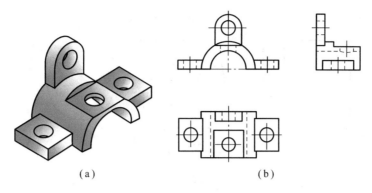

图 4-18 组合体的视图

(a) 组合体轴测图；(b) 组合体三视图

基本体有表示其形状大小的尺寸，同时也有表示各结构之间相对位置关系的尺寸，另外还有组合体的总体尺寸，这些尺寸均需标注。

标注尺寸应充分了解尺寸的种类，以及各结构尺寸的标注方法、标注规则以及标注步骤。

### 相关知识

**一、基本体和常见结构的尺寸标注**

要掌握组合体的尺寸标注，必须了解和熟悉基本体的尺寸标注。基本体的大小通常由长、宽、高三个方向的尺寸来确定。

1. 平面立体的尺寸标注

平面立体的尺寸应根据其具体形状进行标注，一般要求标注长、宽、高三个方向的尺寸，如图 4-19 所示。

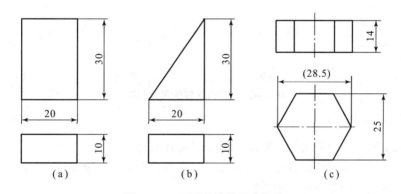

图 4-19 平面立体的尺寸标注

2. 回转体的尺寸标注

回转体一般只要标注径向和轴向两个方向的尺寸，有时加上尺寸符号（直径符号"$\phi$"半径符号"$R$"或球径符号"$S\phi$""SR"），如图 4-20 所示。

3. 切口形体的尺寸标注

切割体的尺寸标注，除应标注出基本体的定形尺寸外，还需标注出确定截平面位置的定位尺寸。切口的定形尺寸不能直接标注，如图 4-21 所示。

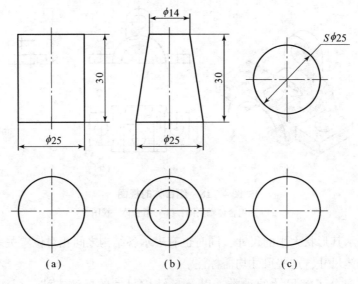

图 4-20 回转体的尺寸标注

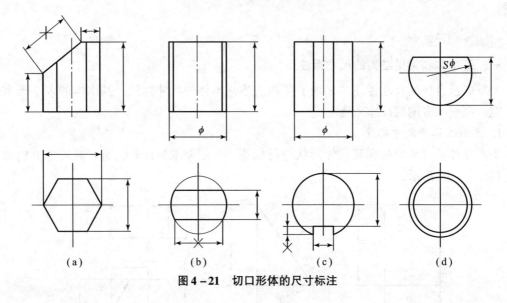

图 4-21 切口形体的尺寸标注

### 4. 常见几种平板的尺寸标注

如图 4-22 所示，板类物体，除厚度尺寸需在其他视图上标注以外，其余尺寸全部标注在反映实形和相互位置关系的视图上。如果板上有若干个孔，一般需注出孔的中心距；如果孔是沿圆周分布的，则需要标注定位圆直径。

### 二、组合体的尺寸标注

组合体尺寸标注的基本要求是：正确、齐全和清晰。

（1）正确：是指符合国家标准的规定。

（2）齐全：是指将确定组合体各部分形状大小及相对位置的尺寸标注完全，不遗漏，不重复。

（3）清晰：是指尺寸布局要整齐、清晰，便于阅读。

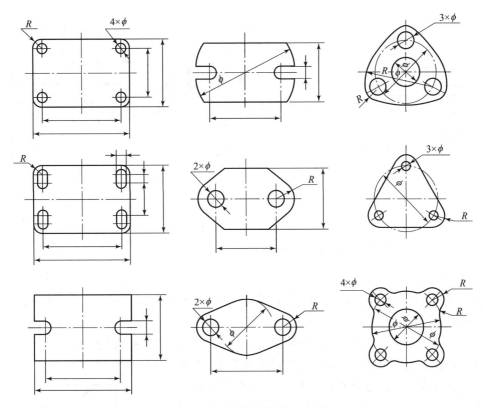

图 4-22 常见几种平板的尺寸标注

1. 尺寸的种类

(1) 定形尺寸：表示各基本几何体形状大小的尺寸。如图 4-23（a）所示：尺寸 70、40、10 分别表示了底板的长、宽、高；尺寸 8、27 则表示了竖板的宽和高；$\phi 10$、$R10$ 分别表示圆的直径和圆角的半径。

(2) 定位尺寸：表示各基本几何体的相对位置的尺寸。如图 4-23（b）所示：尺寸 50、30 表示底板上圆孔的长度方向和宽度方向的位置；25 表示竖板上圆孔高度方向的位置。

(3) 总体尺寸：表示组合体总长、总宽、总高的尺寸。如图 4-18（c）所示。

2. 尺寸基准

所谓尺寸基准，就是标注尺寸的起点。

组合体有长、宽、高 3 个方向的基准。每个方向至少应该有 1 个基准，用来确定该方向上各基本形体之间的相对位置。同方向的尺寸基准中，有 1 个主要基准，通常由它标注出的尺寸较多。除此之外，还可能有若干个辅助基准。对回转体则只有径向、轴向两个方向的基准。

标注尺寸时，一般选取组合体的底面、大端面、对称面、结合面、重要的加工面及回转体轴线等作为尺寸基准，如图 4-24 所示。

3. 基本方法

标注尺寸的基本方法是形体分析法。首先将组合体分解为若干基本体和简单体，然后在形体分析的基础上标注三类尺寸。标注时，先依次标注组合体各基本形体的定形尺寸和定位尺寸，然后标注总体尺寸。注意同一结构，尺寸只能标注一次。

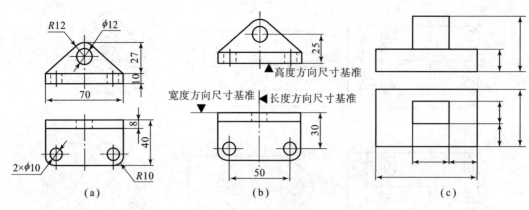

图 4-23 尺寸的种类

(a) 定形尺寸；(b) 定位尺寸；(c) 总体尺寸

**4. 尺寸布置**

（1）各基本形体的定形尺寸和有关的定位尺寸，要尽量标注在一个或两个视图上，以便于集中标注、看图。

（2）尺寸应注在表达形体特征最明显的视图上并尽量避免标注在虚线上。

（3）对称结构的尺寸，一般应按照对称要求进行标注。

（4）尺寸应尽量标注在视图的外边，布置在两个视图之间。

（5）圆的直径一般注在投影为非圆的视图上，圆弧的半径应注在投影为圆弧的视图上。

（6）平行并列的尺寸，应使较小的尺寸靠近视图，较大的尺寸依次向外分布，以免尺寸线与尺寸界线交错。

**5. 标注步骤**

（1）分析组合体是由哪些基本形体组成的。

（2）选择组合体长、宽、高三个方向的基准。

（3）标注各基本形体的定形尺寸。

（4）标注各基本形体相对于组合体基准的定位尺寸。

（5）标注组合体的总体尺寸。

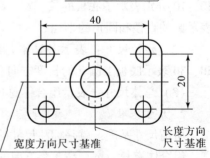

图 4-24 尺寸基准

**6. 检查、调整尺寸**

对上述标注的尺寸进行检查、整理，以免尺寸出现重复标注或遗漏标注。

---

**小提示**

（1）尺寸应尽量标注在最能反映形体特征的视图上。

（2）为便于想象形体，同一基本体的相关联尺寸应尽量集中标注。

（3）同轴回转体的直径，应尽量标注在非圆视图上。

（4）标注尺寸要排列整齐。

**任务实施**

标注组合体三视图的步骤与方法见表 4-4。

标注组合体尺寸

表 4-4 标注组合体三视图的步骤与方法

| 步骤 | 方 法 | 图 例 |
|---|---|---|
| 1. 选定尺寸基准 | 标注定位尺寸，先选定尺寸基准。该零件长度方向主要尺寸基准为左右对称线；高度方向主要基准为组合体的底面；宽度方向主要尺寸基准为组合体的后表面。 | |
| 2. 标注定形尺寸 | 确定各基本形体形状大小的尺寸，要标注完整，又不重复 | |
| 3. 标注定位尺寸 | 标注各基本形体相对于组合体基准的定位尺寸<br>**注意**：同一视图中平行排列的尺寸；较小的应靠近图形，较大的依次向外排列，以免交叉（内小外大） | |

续表

| 步骤 | 方法 | 图例 |
|---|---|---|
| 4. 标注（协调）总体尺寸 | 标注或协调组合体的总体尺寸，确定组合体的外形总长、总宽、总高的尺寸。对于圆弧面的结构只注中心线位置，总高由154和R52确定。 | |

完成图 4-25 所示切割型组合体的尺寸标注。

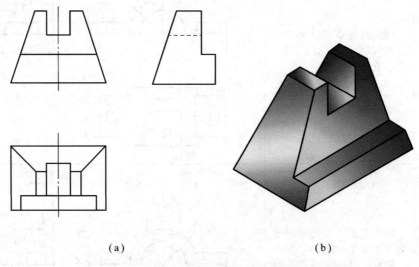

(a)            (b)

图 4-25　切割型组合体的尺寸标注

(a) 三视图；(b) 立体图

# 项目五
## 用不同方法表达机件的结构

在实际工程中,机件的结构形状是多种多样的,仅采用三视图往往不能做到完整、清楚地表达它们的内外形状。为此,国家标准中规定了表达机械图样的各种画法。本模块将介绍视图、剖视图、断面图等图样画法、特点,以便恰当地选择各种表达方法。

### ❋ 课题一 用视图表达机件的结构

根据国家有关标准规定,用正投影法所绘制的物体的图形,称为视图。视图主要用于表达机件的外部结构形状,对机件中不可见的结构形状,可用细虚线绘制。

视图分为基本视图、向视图、局部视图和斜视图四种。

**任务1 绘制切割体的基本视图**

如图5-1所示,是一个切割体的轴测图,试从前方、后方、左方、右方、上方、下方6个方向分别投影,并绘制其6个方向的基本视图。

图5-1所示的切割体,如果仅用三个视图表达,有的结构看不到,就要绘制成虚线,不利于看图和标注尺寸。因此,我们采用从前、后、左、右、上、下6个方向对其进行投影。

**一、基本视图的形成**

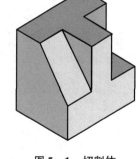

图5-1 切割体

机件向基本投影面投射得到的视图,称为基本视图。

在原来的三个投影面的基础上,再增加三个投影面,这6个面在空间构成一个正六面体,则六面体的6个面称为基本投影面,如图5-2(a)所示。将机件置于六面体之内,分别向6个基本投影面投射,可得6个基本视图,如图5-2(b)~(f)所示。为便于观察,使6个基本投影面位于同一平面内,可将6个基本投影面展开,与正投影面成一个平面,即得到按投影关系排列的6个基本视图,如图5-2(g)所示。其名称和投射方向如下:

主视图——由前向后投射所得的视图；
俯视图——由上向下投射所得的视图；
左视图——由左向右投射所得的视图；
右视图——由右向左投射所得的视图；
仰视图——由下向上投射所得的视图；
后视图——由后向前投射所得的视图。

6 个基本视图投影

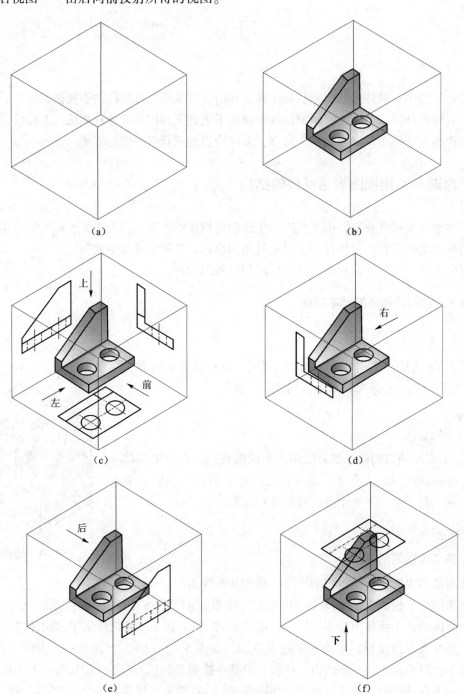

图 5-2 基本视图

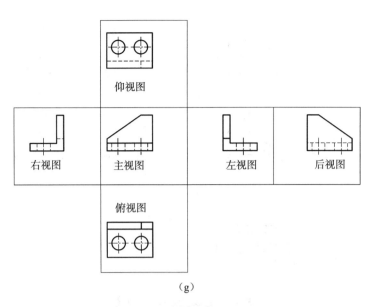

图 5-2 基本视图（续）

## 二、基本视图的配置和投影规律

6 个基本视图一般应按图 5-2（g）所示的位置关系配置，按规定位置配置的视图，一律不标注视图的名称。

6 个基本视图仍保持"长对正、高平齐、宽相等"的三等关系，即

主、俯、仰、后视图，长对正；

主、左、右、后视图，高平齐；

俯、左、仰、右视图，宽相等。

基本视图的投影关系如图 5-3 所示。

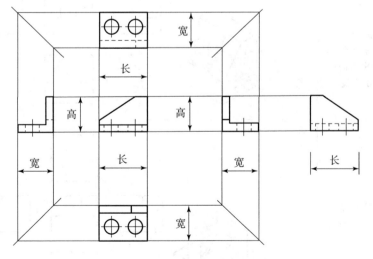

图 5-3 基本视图的投影关系

基本视图的方位关系如图 5-4 所示。

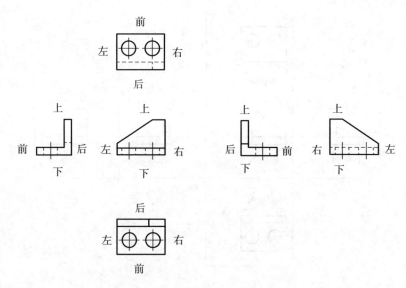

图 5-4 基本视图的方位关系

> **小提示**
> 除了后视图之外,其余视图靠近主视图的一侧为后面,远离主视图的一侧为前面。

 **任务实施**

切割体基本视图的绘制方法与步骤见表 5-1。

表 5-1 切割体基本视图的绘制方法与步骤

| 方法与步骤 | 图 例 |
|---|---|
| 1. 绘制主、俯、左三视图<br>2. 绘制右视图<br>**注意**:右视图应该与主视图和左视图"高平齐";与俯视图"宽相等" | |
| 3. 绘制仰视图<br>**注意**:仰视图与主视图"长对正",与俯视图"宽相等" | |

续表

| 方法与步骤 | 图　例 |
|---|---|
| 4. 绘制后视图<br>注意：后视图与主视图相应长度相等，高度平齐 | 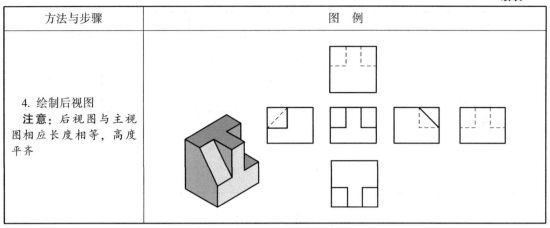 |

## 任务 2　绘制压块的向视图

根据图 5-5 所示压块的轴测图与三视图，绘制压块 D、E、F 三个方向的向视图。

在合理布置压块图幅时，有时空间不允许，各视图不能按投影关系配置，此时可以移位配置，移位配置的基本视图称为向视图，绘制时应在视图上方用大写字母标出该向视图的名称（如"A""B"等），并应在相应的视图附近用箭头指明投射方向，并注上相同的字母。可以将图 5-4 所示的基本视图按图 5-6 所示位置配置，形成 A 向视图，B 向视图。

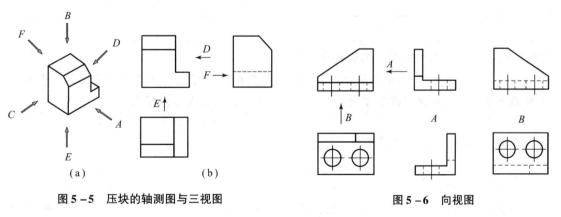

图 5-5　压块的轴测图与三视图　　　　　　图 5-6　向视图

向视图的绘制方法与步骤见表 5-2。

表 5-2　向视图的绘制方法与步骤

| 方法与步骤 | 图　例 |
|---|---|
| 1. 在三视图的基础上，绘制 D 向视图，并标注 | |
| 2. 绘制 E 向视图，并标注 | |
| 3. 绘制 F 向视图，并标注 | |

> **小提示**
> （1）向视图只能平移，不能旋转。
> （2）表示投影方向的箭头，应尽可能地配置在主视图上，以使所得的视图与基本视图一致，表示后视图投影方向的箭头，应配置在左视图或右视图上。

### 任务 3　绘制支座的局部视图

图 5-7 所示的是一幅支座视图，试分析它的表达方法是否恰当，并绘制相应的视图。

对支座进行形体分析，由 6 个部分组成：三个同轴的空心圆柱体、左凸缘、左凸缘下方的肋板、右凸缘，且左、右凸缘形状不一样。这种结构形式如果采用基本视图表达，需要 4

个基本视图,如主视图、俯视图、左视图和右视图,这样表达起来显得繁琐重复,所以可对左、右凸缘和肋板采用局部视图。

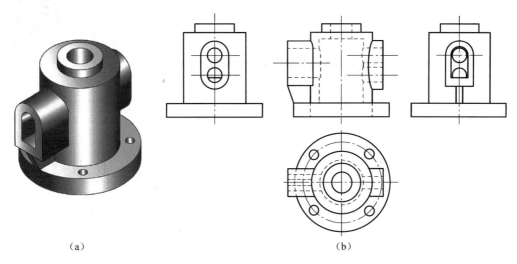

（a） （b）

图 5-7　支座视图

一、局部视图的概念

只将机件的某一部分向基本投影面投射所得的视图,称为局部视图。

二、局部视图的画法、配置及标注

（1）画局部视图时,其断裂边界用细波浪线或双折线绘制,当所绘制的局部视图的外轮廓封闭时,不需画出断裂处的边界线。

（2）局部视图可按基本视图的配置形式配置,也可按向视图的形式进行配置,但要注意标注。

局部视图通常在其上方用大写的英文字母标注出视图的名称,当局部视图按基本视图配置,中间又没有其他图形隔开时,不必标注。见表 5-3 中步骤 3。

（3）对称机件的视图可只画一半或 1/4,并在对称中心线的两端画两条与其垂直的平行细实线,这种简化画法是局部视图的一种特殊画法,如图 5-8 所示。

（4）将局部视图按第三角画法配置在视图上需要表示的局部结构附近,并用细点画线连接两图形,此时不需另行标注,如图 5-9 所示。

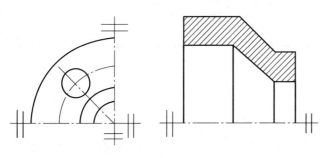

图 5-8　局部视图的对称画法

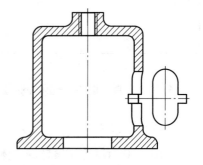

图 5-9　局部视图的第三角画法

 **任务实施**

局部视图的绘图方法与步骤见表 5-3。

绘制支座局部视图

表 5-3 局部视图的绘图方法与步骤

| 方法与步骤 | 图 例 |
| --- | --- |
| 1. 绘制主视图和 A 向局部视图 | |
| 2. 绘制 B 向局部视图 | |
| 3. 按向视图配置 B 向视图 | |

### 任务 4 绘制压紧杆的斜视图

图 5-10 所示为压紧杆的立体图,请选择合适的表达方式,画出一组视图表达该压紧杆的结构形状。

从压紧杆的立体图中可以看出，机件上倾斜结构用基本视图、向视图、局部视图都不能清晰表达其实形。倾斜结构上的圆在俯、左视图上都表现为椭圆，不但表达不够清晰而且作图烦琐，如图 5-11 所示。那么，如何将倾斜部位的真实形状表达出来呢？此处可采用斜视图表达。

图 5-10 压紧杆的立体图

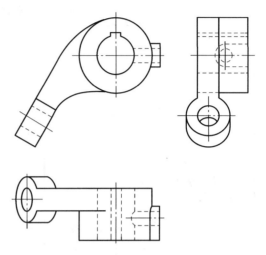

图 5-11 压紧杆三视图

### 一、斜视图的基本概念

机件向不平行于任何基本投影面的平面投射所得的视图，称为斜视图，如图 5-12（a）所示。斜视图的特点如下。

（1）增加一个与倾斜表面平行的辅助投影面。

（2）将倾斜部分向辅助投影面投射。

### 二、斜视图的画法、配置与标注

（1）斜视图通常只画表达倾斜部分的实形投影，其余部分不必全部画出，而用波浪线断开，如图 5-12（b）所示。

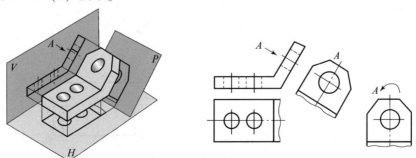

图 5-12 斜视图的画法

（2）斜视图的配置和标注一般按向视图的规定，在不至于引起误解时，允许将图形旋转，但必须加注旋转符号，如图 5-12 所示，旋转符号为半径等于字体高度的半圆弧，箭头按旋转方向标注，字母写在符号的箭头端。

 **任务实施**

斜视图的绘图方法与步骤见表 5-4。

表 5-4 斜视图的绘图方法与步骤

| 方法与步骤 | 图 例 |
| --- | --- |
| 1. 绘制主视图，并建立辅助投影面 | |
| 2. 绘制 A 向斜视图和 B 向俯视图，以及右面凸台的局部视图 | |

续表

| 方法与步骤 | 图 例 |
|---|---|
| 3. 将 A 向斜视图旋转，并将右向局部视图重新配置在合适的位置 | 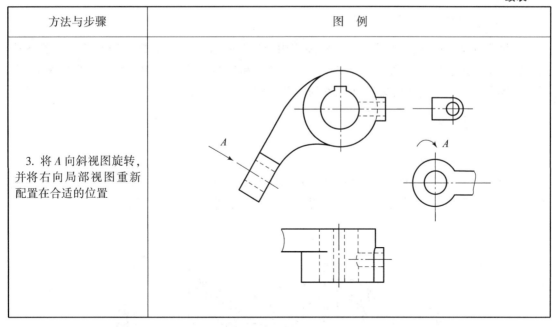 |

## 课题二 用剖视图表达机件结构

视图主要用来表达机件的外部形状，但若内部结构比较复杂，视图上会出现较多虚线，而使图形不清晰，不便于看图和标注尺寸。为了清晰表达内部结构，常采用剖视图画法。

**任务 1 绘制机件全剖视图**

任务导入

图 5-13 所示为某一机件的立体图，试分析其结构特点，并选定合理的表达方案，画出该机件的视图。

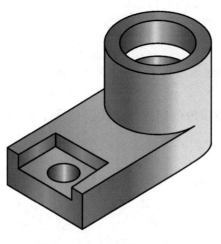

图 5-13 某一机件的立体图

从机件立体图中我们可以看出：机件的内部结构比较复杂，如果采用常规的三视图表达，视图中会出现较多的细虚线，这些细虚线会与粗实线混合在一起，影响图形的清晰度，不利于读图和绘图。为了清晰表达机件的内部结构，可采用剖视图。

## 一、剖视图的形成

假想用剖切面剖开机件，将处在观察者和剖切面之间的部分移去，将其余部分向投影面投射所得的图形，称为剖视图，简称剖视，如图 5-14 所示。

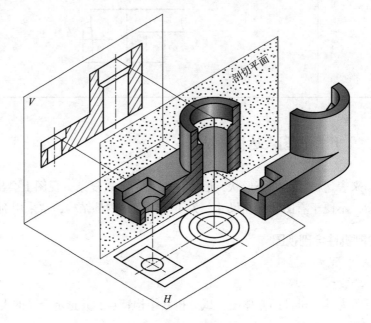

剖视图的形成

图 5-14　全剖视图

## 二、绘制剖视图

1. 确定剖切面的位置

（1）剖切机件的剖切面必须垂直于某一基本投影面，剖切面如果是平面应尽量与投影面平行。

（2）剖切平面应尽可能多地剖到内部结构，并通过所剖结构的对称面、回转面的轴线等。

2. 画剖视图

移开机件的前半部分，将机件的后半部分向正投影面投影，绘图方法与步骤见表 5-5。

表 5-5 机件全剖视图的绘图方法与步骤

| 方法与步骤 | 图 例 |
|---|---|
| 1. 绘制主视图的断面图（剖切面和机件的接触部分）和俯视图 | |
| 2. 绘制剖切面后面结构的图形（注意不要漏线和多线） | |
| 3. 将断面画上剖面线,完成全图（该剖视图不需标注） | |

 **知识拓展**

## 一、剖面符号

剖切平面与机件接触的部分称为断面。为了区分机件的实心部分与空腔部分，国家标准规定在接触部分要画上规定的剖面符号。机件的材料不同，其剖面符号也不同。常见材料的剖面符号见表 5-6。

表 5-6　常见材料的剖面符号

| 材料 | 剖面符号 | 材料 | 剖面符号 | 材料 | 剖面符号 |
|---|---|---|---|---|---|
| 金属材料（已有规定剖面符号者除外） |  | 型砂、填砂、粉末冶金、砂轮、陶瓷刀片、硬质合金刀片 |  | 木材纵断面 |  |
| 非金属材料（已有规定剖面符号者除外） |  | 钢筋混凝土 |  | 木材横断面 |  |
| 转子、电枢、变压器和电抗器等的叠加钢片 |  | 玻璃及供观察用的其他透明材料 |  | 液体 |  |

当不需要在剖面区域中表示材料的类别时，剖面符号可采用通用的剖面线表示。通用的剖面线是以适当角度（最好与主要轮廓或剖面区域的对称线成 45°），左右倾斜均可，且间距相等的平行细实线，如图 5-15（a）所示。

当图形中的主要轮廓线与水平线成 45°时，该图形的剖面线应画成与水平线成 30°或 60°的平行线，其倾斜方向应与其他图形的剖面线一致，如图 5-15（b）所示。

同一机件各剖视图中的剖面线方向和间距应完全相同，如图 5-15（c）所示。

## 二、剖视图的配置与标注

剖视图的位置配置有三种方式：

（1）按基本视图的规定位置配置；

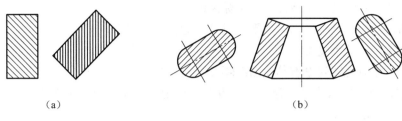

(a) (b)

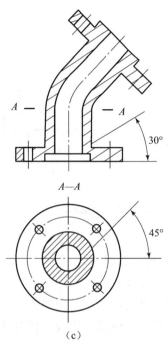

(c)

**图 5-15 剖面符号的画法**

(a) 通用剖面符号的画法；(b) 30°或60°的剖面线；(c) 剖面线应用实例

(2) 按投影关系配置在与剖切符号相应的位置上；

(3) 必要时允许配置在其他适当位置上。

根据国家标准规定，剖视图的标注包括剖切符号、剖切线及剖视图名称的标注。

1. 剖切符号

剖切符号由粗短线（线宽约 1.5$d$，长 5~10 mm）和箭头组成。其中，粗短线表示剖切面起止和转折位置，且不要与图形轮廓线相交；箭头表示投射方向，一般在粗短线的外端。

2. 剖切线

剖切线用来指示剖切面的位置，用细点画线表示。剖切线可省略不画。

3. 剖视图名称

在剖切位置线的起止及转折处写上同一字母并在所画剖视图的上方用相同的字母标注出剖视图的名称"×—×"。

4. 剖视图的标注方法

(1) 全标指上述三要素全部标出，这是基本规定。

(2) 不标是指上述三要素均不必标注。如图 5-16 (a) 所示。

但是，必须同时满足三个条件方可不标注即：

①单一剖切平面通过机件的对称平面或基本对称平面剖切。

②剖视图按投影关系配置。

③剖视图与相应视图间没有其他图形隔开。

(3) 当剖视图按投影关系配置，中间没有图形隔开，可省略表示投射方向的箭头，如图 5-16 (b) 所示。

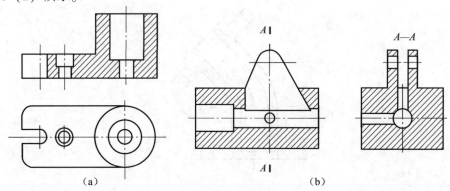

图 5-16　剖视图的标注

### 三、剖视图的种类

剖视图根据剖切范围不同，可分为全剖视图、半剖视图和局部剖视图。本任务研究全剖视图，其他两类剖视图在下面的任务中研究。

全剖视图是指用剖切面完全地剖开机件所得的剖视图。

全剖视图一般适用于外形比较简单、内部结构较为复杂且不对称的机件。

### 四、注意事项

(1) 由于剖切是假想的，所以将机件的一个视图画成剖视图后，其他视图的完整性不受剖视图的影响，仍应按完整机件画出视图。

(2) 剖开机件后，剖切平面后面的可见轮廓线一定要全部画出，如图 5-17 所示。

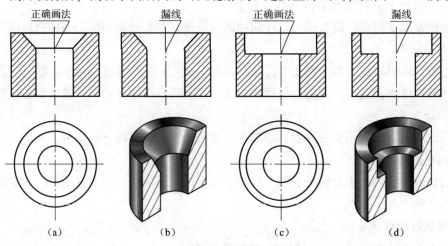

图 5-17　剖视图的画法

（3）一般情况下，剖视图中的不可见结构在其他视图中已经表达清楚时，剖视图中的细虚线省略不画。

### 任务 2　绘制半剖视图

如图 5-18（a）所示为某机件的立体图，试分析其结构特点，并选定合理的表达方案，画出该机件的视图。

从机件立体图中可以看出：采用主、俯两个视图可表达清楚该机件的结构形状。机件的内部结构比较复杂，主视图如果采用视图表达，图中会出现较多的细虚线。如果采用全剖视，前面的圆孔则无法表达。由于该机件左右对称，因此可以采用半剖视图的表达方法。如图 5-18（b）所示为机件的剖切立体图。

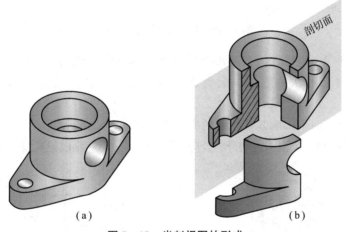

图 5-18　半剖视图的形成

#### 相关知识

**一、半剖视图的概念**

当机件具有对称平面时，向垂直于对称平面的投影面上投影所得的图形，可以以对称中心线为界，一半画成剖视图，一半画成视图，这种剖视图称为半剖视图，简称半剖视，如图 5-19 所示。

半剖视图既表达了机件的内部形状，又保留了外部形状，主要用于表达内、外形状都比较复杂的对称机件。当机件形状接近对称，且不对称部分已另有视图表达清楚时，也可画成半剖视图。

**二、半剖视图的配置与标注**

半剖视图的配置与标注方法和全剖视图相同，如图 5-19 所示，字母和箭头都可以省略。

**三、注意事项**

画半剖视图应注意的问题如下。

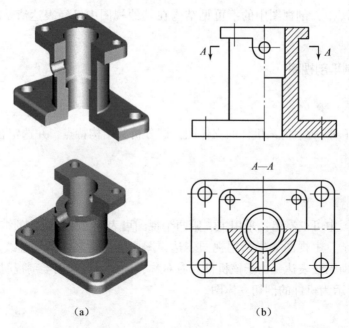

图 5-19 半剖视图画法（一）

（1）半剖视图中，因机件的内部形状已由半个剖视图表达清楚，所以在不剖的半个外形视图中，表达内部形状的虚线，应省去不画。对于圆孔，只需画出孔的中心线，如图 5-20 所示。

（2）画半剖视图，不影响其他视图的完整性，如图 5-20 所示。

（3）半个剖视图与半个视图之间分界处应画细点画线，不应画成粗实线，如图 5-20 所示。

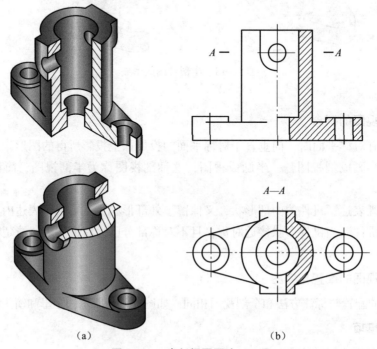

图 5-20 半剖视图画法（二）

 **任务实施**

某机件半剖视图的绘图方法与步骤见表 5–7。

表 5–7　某机件半剖视图的绘图方法与步骤

| 方法与步骤 | 图　例 |
|---|---|
| 1. 绘制俯视图和主视图的左半部分——半个视图 | |
| 2. 绘制主视图的右半部分——半个剖视图（注意分界线是点画线） | |
| 3. 画上剖面线，描深，完成全图（该剖视图不需标注） | |

**项目五　用不同方法表达机件的结构**

**任务 3　绘制支架的局部剖视图**

看懂图 5-21 所示支架的结构,用恰当的方法表达机件的内外结构。

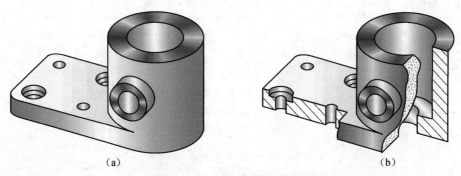

图 5-21　支架的局部剖视图

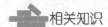

支架由三部分组成:大圆筒、底板和小圆柱凸台。主视图若采用全剖视图,虽然大孔可得到充分表达,但缺点也很明显:小凸台被剖掉,底板上的小孔没有表达。又由于结构不对称,不适合采用半剖视表达。这时可采用局部剖视图。

相关知识

**一、局部剖视图的概念**

用剖切面局部地剖开机件所得的剖视图,称为局部剖视图,如图 5-22 所示。

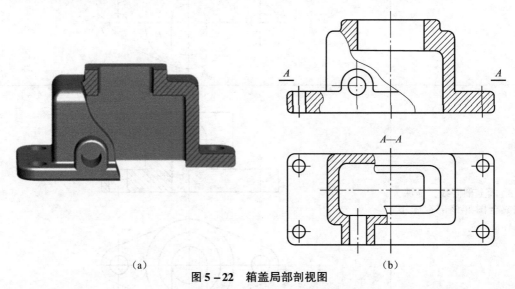

图 5-22　箱盖局部剖视图

局部剖视图一般可省略标注,但当剖切位置不明显或局部剖视图未按投影关系配置时,则必须加以标注,如图 5-22 所示。

局部剖视图的剖切范围根据需要而定，是一种比较灵活的表达方法，运用得当，可使图形表达得更简洁、更清晰。

## 二、注意问题

（1）局部剖视图中，部分剖视图与部分视图之间应以波浪线为界，波浪线也表示机件断裂处的边界线。波浪线不能与轮廓线重合，不能超出图形轮廓线，也不能画在轮廓线的延长线上，如遇到孔、槽等结构时，必须断开，如图 5-23 所示。局部剖视图也可用双折线分界，如图 5-24 所示。

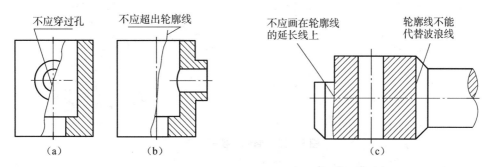

图 5-23　局部剖视图（一）

（2）局部剖视在同一个视图上不宜过多，以免影响看图。

（3）局部剖视图不受图形是否对称的限制，剖切位置和范围可根据需要决定。局部剖视图通常用于下列情况：

① 物体内、外形状都需要表达而机件不对称时，不能采用半剖视图表达，可用局部剖视图，如图 5-22 所示。

② 物体只有局部的内部结构需要表达，而不必采用全剖视图时，可用局部剖视图，如图 5-24 所示。

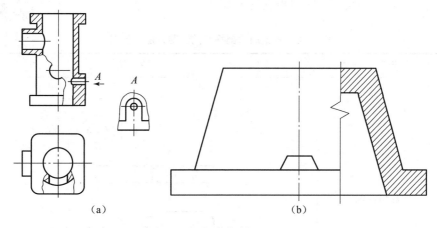

图 5-24　局部剖视图（二）

③ 当对称机件的轮廓线与中心线重合，不宜采用半剖视图时，如图 5-25 所示。

④ 当实心机件（如轴、杆等）上面的孔或槽等局部结构需要剖开表达时，如图 5-26 所示。

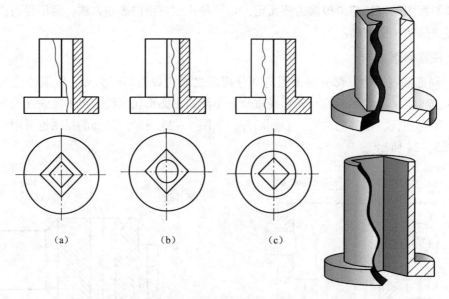

图 5-25 局部剖视图（三）

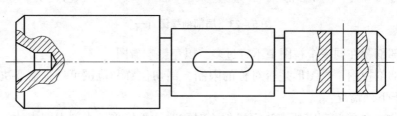

图 5-26 局部剖视图（四）

 **任务实施**

支架局部剖视图的绘图方法与步骤见表 5-8。

绘制局部剖视图

表 5-8 支架局部剖视图的绘图方法与步骤

| 方法与步骤 | 图 例 |
|---|---|
| 1. 绘制主视图和俯视图 | |

续表

| 方法与步骤 | 图 例 |
|---|---|
| 2. 用波浪线断开，将要表达局部结构的虚线变成实线 | 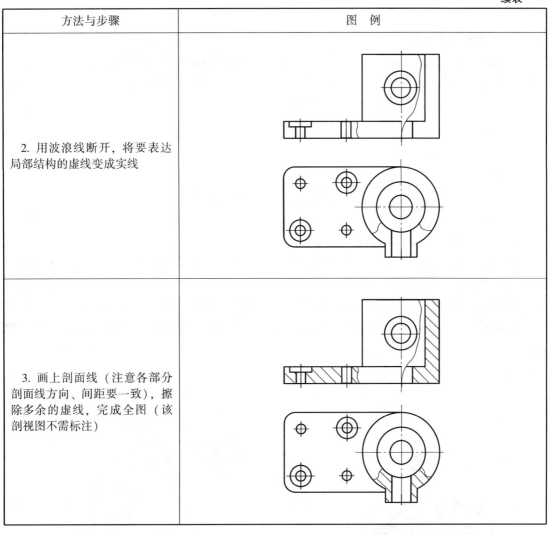 |
| 3. 画上剖面线（注意各部分剖面线方向、间距要一致），擦除多余的虚线，完成全图（该剖视图不需标注） | |

### 任务4　绘制弯管的斜剖视图

观察图 5-27 所示弯管的立体图，选择适当的表达方法绘制其结构。

由图 5-27 可知，该机件的主体是弯管，前后凸台上有小孔，该小孔不能用平行于基本投影面的剖切平面进行剖切，可采用与上端面平行的剖切平面进行剖切。

**图 5-27　弯管的立体图**

### 一、剖切面的种类

根据机件内部结构形状的不同,常需要选用不同数量和位置的剖切平面来剖开机件,才能把机件的内部形状表达清楚。国家标准规定的剖切面有单一剖切面、几个平行的剖切面、几个相交的剖切面(交线垂直于某一投影面)。

### 二、单一剖切面

单一剖切面包括以下两种。

1. 平行于基本投影面的单一剖切面

前面介绍的全剖视、半剖视和局部剖视都是用平行于基本投影面的单一剖切平面来剖切机件而得到的视图。

2. 不平行于基本投影面的单一剖切面

对于某些倾斜结构,可以采用与倾斜结构相平行的单一剖切面剖切,如图 5-28 所示。这种剖切面剖得的视图,称为斜剖视图。

采用单一斜剖切面获得的剖视图一般配置在箭头所指的前方,以保持直接的投射关系。必要时,也可配置在图幅的适当位置或旋转摆正画出,并加以标注,如图 5-28 所示。

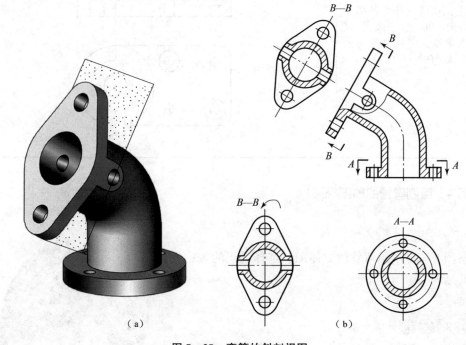

图 5-28 弯管的斜剖视图

弯管斜剖视图的绘图方法与步骤见表 5-9。

绘制弯管斜剖视图

表 5-9 弯管斜剖视图的绘图方法与步骤

| 方法与步骤 | 图 例 |
|---|---|
| 1. 采用局部剖视法绘制主视图和俯视图 | |
| 2. 确定剖切位置 B—B，绘制端面垂直线和基准线 | |
| 3. 根据斜视图画剖视图的断面形状及其他轮廓线，并加以标注 | |

续表

| 方法与步骤 | 图 例 |
|---|---|
| 4. 将图 B—B 旋转并标注（字母应标注在箭头端） | 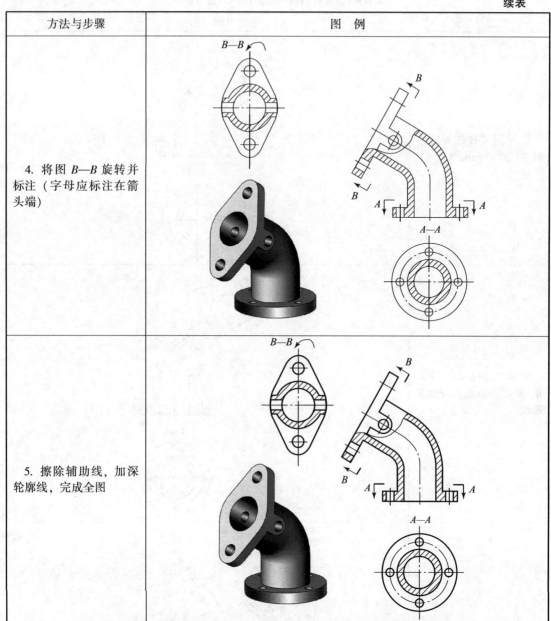 |
| 5. 擦除辅助线，加深轮廓线，完成全图 | |

### 任务5　绘制几个平行剖切面的剖视图

**任务导入**

图5-29（a）所示为端盖的立体图，试分析其结构特点，并选择合理的视图表达方案。

**任务分析**

从端盖立体图中可以看出：端盖前后对称，如果用单一剖切平面在端盖的对称平面处剖开，则前后的4个沉孔不能剖到。若采用两个互相平行的平面剖切端盖，可同时将端盖前、后两部分的内部结构表达清楚，如图 5-29（b）所示。

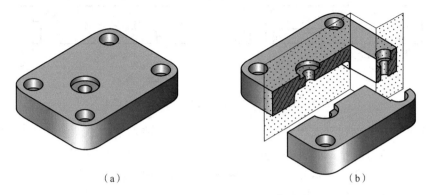

(a)             (b)

图 5-29　用几个平行的剖切平面剖切的端盖

 相关知识

### 一、几个平行的剖切平面

当机件上具有几种不同的结构要素（如孔、槽等），而且它们的中心线排列在相互平行的平面上时，宜采用几个平行的剖切平面剖切。几个平行的剖切平面剖切适用于表达外形较简单，内形较复杂且难以用单一剖切面表达的机件，如图 5-30 所示。

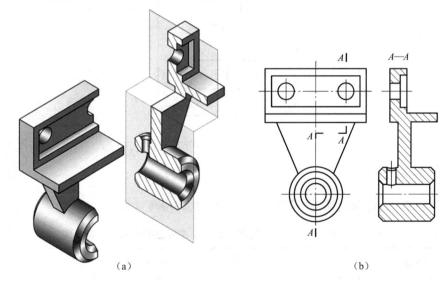

(a)             (b)

图 5-30　用几个平行的剖切平面剖切（一）

### 二、注意问题。

采用几个平行的剖切平面画剖视图时，应注意以下几个问题。

（1）两个剖切平面的转折处必须是直角，且因为剖切是假想的，所以不应画出转折处的投影，如图 5-31（a）所示。

（2）在剖视图中不应出现不完整的结构要素，如图 5-31（b）所示；只有当两个要素在图形上具有对称中心线或轴线时，方可各画一半，如图 5-32 所示。

（3）剖切平面的转折处不应与视图中的轮廓线重合。

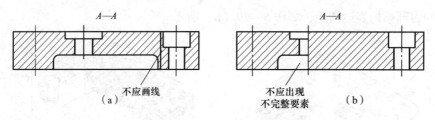

图 5-31　用几个平行的剖切平面剖切（二）

（4）几个平行的剖切平面得到的剖视图必须标注，即在剖切平面的起止和转折处，要用相同的字母及剖切符号表示剖切位置，并在起止外侧画上箭头表示投射方向。在相应的剖视图上用相应字母注出"×—×"表示视图名称。当剖视图按投影关系配置、中间又无其他视图隔开时，可省略箭头，如图 5-32 所示。

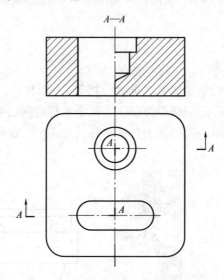

图 5-32　用几个平行的剖切平面剖切（三）

 任务实施

用几个平行剖切面剖切端盖的剖视图的绘图方法与步骤见表 5-10。

两相交剖面剖视图

表 5-10　用几个平行剖切面剖切端盖的剖视图的绘图方法与步骤

| 方法与步骤 | 图　例 |
|---|---|
| 1. 先绘制俯视图，并确定剖切位置 A—A，标注剖切符号和字母 |  |

续表

| 方法与步骤 | 图　例 |
|---|---|
| 2. 绘制主视图的全剖视图，画剖面线并标注<br>**注意：**<br>（1）转折处不要画线；<br>（2）未剖的孔，应用中心线表示其位置 | 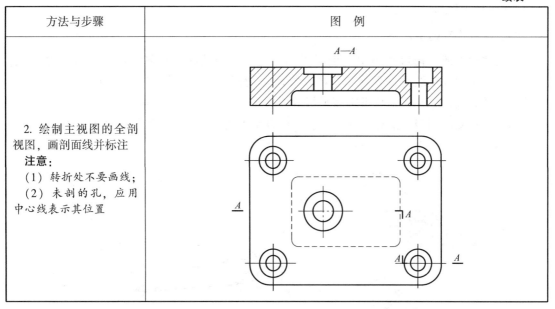 |

## 任务6　绘制几个相交剖切面的剖视图

如图 5-33（a）所示为机件的立体图，试分析其结构特点，并确定合理的表达方案，画出视图。

从机件立体图中可以看出：左、中、右三处孔的轴线不在同一平面上，此时可以考虑采用两个相交的剖切面剖切机件，这样就可以把以上几处内部结构形状都表达清楚。剖切方法如图 5-33（b）所示。

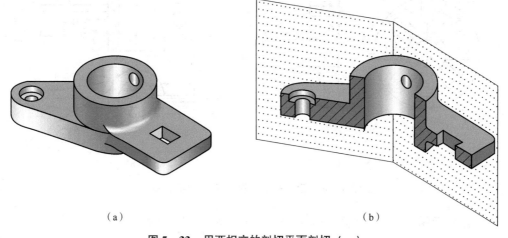

图 5-33　用两相交的剖切平面剖切（一）

### 相关知识

#### 一、几个相交的剖切平面

当机件的内部结构形状用单一剖切平面不能完整表达时,可采用两个(或两个以上)相交的剖切平面(交线垂直于某一基本投影面)剖开机件,并将与投影面倾斜的剖切面剖开的结构及有关部分旋转到与投影面平行后再进行投射,如图 5-34 所示。

用几个相交的剖切面剖开机件的方法,可以用来表达具有明显回转轴线的机件上,分布在几个相交平面上的内部结构形状。标注方法如图 5-34 所示,应标注完整。

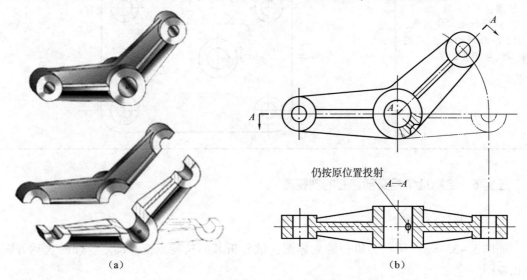

图 5-34 用两相交的剖切平面剖切(二)

采用相交的剖切面剖切主要用于表达具有公共旋转轴线的机件内形和盘、轮、盖等机件的成辐射状均匀分布的孔、槽等内部结构,如图 5-35 所示。

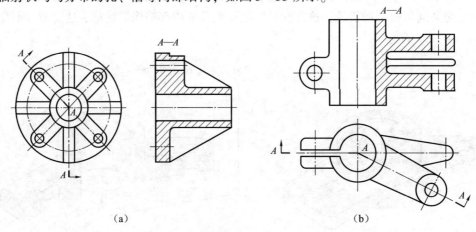

图 5-35 用两相交的剖切平面剖切(三)

#### 二、注意问题

采用几个相交的剖切平面画剖视图时,应注意以下几个问题。

(1) 相交的剖切面其交线应与机件上旋转轴线重合,并垂直于某一基本投影面,以反映被剖切结构的真实形状。

(2) 剖开的倾斜结构及其有关部分应旋转到与选定的投影面平行后再投射画出,但在剖切平面后面的结构仍按原来的位置投射画出,如图 5 – 34 中的小油孔。

(3) 当两相交剖切面剖到机件上的结构会出现不完整要素时(图 5 – 35),则这部分结构做不剖处理。

(4) 采用相交的剖切平面得到的剖视图必须标注,即在剖切平面的起止和转折处,要用相同的字母及剖切符号表示剖切位置,并在起止外侧画上与剖切符号垂直相连的箭头表示投射方向。在相应的剖视图上方正中位置用相同字母注出" ×—× "表示视图名称。当剖视图按投影关系配置、中间又无其他视图隔开时,可省略箭头,如图 5 – 35 和图 5 – 36 的箭头可省略。

图 5 – 36 所示是用三个相交的剖切面剖开机件来表达内部结构的实例。

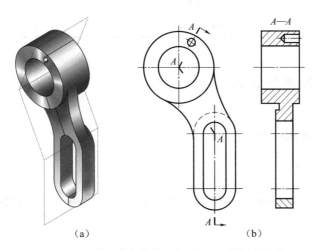

图 5 – 36  用三个相交的剖切面剖切时的剖视图

用两个相交剖切面剖切机件的剖视图的绘图方法与步骤见表 5 – 11。

表 5 – 11  用两个相交剖切面剖切机件的剖视图的绘图方法与步骤

| 方法与步骤 | 图 例 |
| --- | --- |
| 1. 先绘制俯视图,并确定剖切位置 A—A,标注剖切符号和字母 | |

| 方法与步骤 | 图　例 |
|---|---|
| 2. 绘制主视图的全剖视图，并标注，注意要将倾斜剖切面剖到的部分，旋转到与正投影面平行后，再进行投影；剖切面后面的结构（小圆孔），按原来位置投影 | 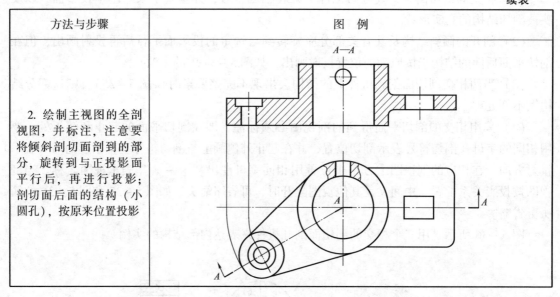 |

### 课题三　用断面图表达机件结构

**任务 1　绘制轴的移出断面图**

任务导入

图 5-37 所示为某一小轴立体图，试分析其结构特点，并选定合理的表达方案，画出该机件的视图。

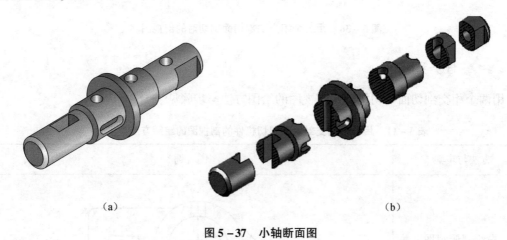

（a）　　　　　　　　　　　　　　　　　　（b）

图 5-37　小轴断面图

任务分析

如图 5-37 所示轴上的键槽和小孔，如果用左视图表达，不能清晰地表达，也不便于标注尺寸，这些结构比较适合于用断面图表达。

 相关知识

## 一、断面图的概念

假想用剖切面将机件的某处切断,仅画出剖切面与机件接触部分的图形,这种图形称为断面图,如图 5-38(a)所示。

根据断面图配置的位置,可以分为移出断面图和重合断面图。画在视图之外的断面图,称为移出断面图,如图 5-38(b)所示。

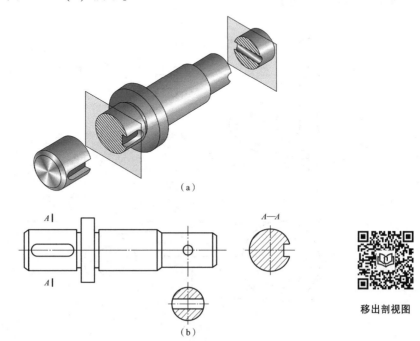

图 5-38 断面图的形成

移出剖视图

## 二、移出断面图的注意事项

(1)移出断面图的轮廓线用粗实线绘制。

(2)为了读图方便,移出断面图尽可能画在剖切线的延长线上,必要时,也可以配置在其他适当位置。如图 5-39 左侧的小键槽,在不致引起误解时,允许将图形旋转画出,如图

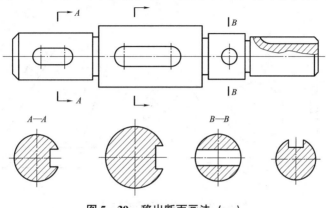

图 5-39 移出断面画法(一)

5-40（a）所示。当移出断面的图形对称时，也可画在视图的中断处，如图5-40（b）所示。

（3）当剖切平面通过由回转面形成的孔或凹坑等的轴线时，这些结构按剖视绘制，如图5-40（c）和（d）所示。当剖切平面通过非圆孔，导致出现完全分离的断面时，则这些结构应按剖视绘制，如图5-40（a）所示。

（4）剖切平面应与被剖切部分的主要轮廓线垂直，若用一个剖切面不能满足垂直时，可用相交的两个或多个剖切面分别垂直于机件轮廓线剖切，其断面图形中间应用波浪线断开，如图5-40（e）所示。

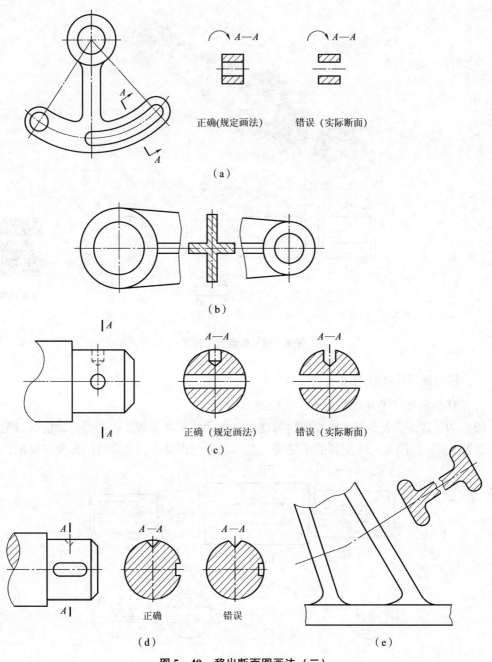

图5-40　移出断面图画法（二）

## 三、移出断面图的标注

移出断面一般应用剖切符号表示剖切位置,用箭头表示投射方向,在断面图上方用相同字母标注出相应的名称"×—×"。但有的情况下,可以省略全部或部分标注,具体标注见表 5-12。

表 5-12 移出断面图的标注

| 断面图的位置 | 对称结构断面图 | 不对称结构断面图 |
|---|---|---|
| 按投影关系配置 | 省略箭头,标注剖切符号和字母 | 省略箭头,标注剖切符号和字母 |
| 配置在剖切面延长线上 | 全部省略标注 | 省略字母,标注剖切符号和箭头 |
| 其他配置 | 省略箭头,标注剖切符号和字母 | 全部标注 |

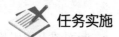 **任务实施**

小轴移出断面图的绘制方法与步骤见表 5–13。

表 5–13 小轴移出断面图的绘制方法与步骤

| 方法与步骤 | 图 例 |
|---|---|
| 1. 绘制主视图,分析要剖切的结构及剖切位置,并在必要的地方标注剖切符号和字母 | |
| 2. 绘制各个剖切结构的断面图,从左至右依次为:<br>(1) 对称方槽,配置在剖切面的延长线上,可省略全部标注<br>(2) 对称圆孔和不对称键槽,配置在剖切面的延长线上,标注时可省略字母<br>(3) 对称圆孔,配置在剖切面的延长线上,可省略全部标注<br>(4) 径向圆孔和轴向圆孔,配置在剖切面的延长线上,可省略全部标注<br>(5) 前后对称平面和轴向圆孔,配置在其他位置,应全部标注 | 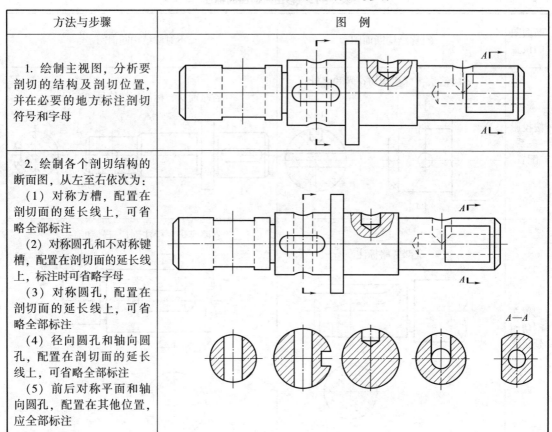 |

 **知识拓展**

**移出断面图与剖视图的区别**

画剖视图和断面图时,要特别注意断面图与剖视图的区别:断面图只画出机件被剖切后的断面形状,如图 5–41(a)所示;而剖视图除了画出断面形状外,还必须画出机件上位于剖切平面后面的可见轮廓线,如图 5–41(b)所示。

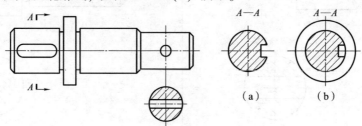

图 5–41 移出断面图与剖视图的区别

## 任务 2　绘制吊钩的重合断面图

观察图 5-42 所示吊钩，并表达其结构特征。

### 任务分析

如图 5-42 所示，吊钩下面结构的截面形状和尺寸都不同，如何正确表达？我们仍然采用断面图画法，由于其结构单一明了、线条简单，因此采用重合断面图来表达。

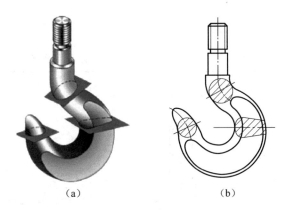

(a)　　　　　　　　　　　(b)

**图 5-42　吊钩重合断面图的绘制**

### 相关知识

#### 一、重合断面图的概念

绘制在视图轮廓线之内的断面图称为重合断面图。

#### 二、重合断面的画法与标注

（1）重合断面的轮廓线用细实线绘制。当重合断面轮廓线与视图中轮廓线重合时，视图中的轮廓线仍需完整地画出，如图 5-43 所示。

（2）重合断面对称时，可省略标注；不对称时，标注剖切符号及箭头，如图 5-43 所示。

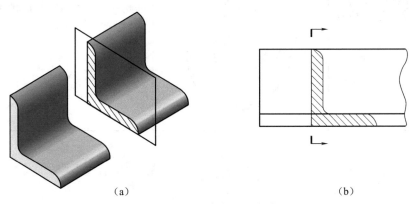

(a)　　　　　　　　　　　(b)

**图 5-43　重合断面图画法**

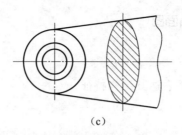

(c)

图 5-43 重合断面图画法（续）

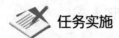 **任务实施**

吊钩重合断面图的绘制方法与步骤见表 5-14。

表 5-14 吊钩重合断面图的绘制方法与步骤

| 方法与步骤 | 图 例 | 说 明 |
|---|---|---|
| 1. 绘制主视图 | | 除切掉平面结构外，其余部位为回转体，故应绘制出回转中心线 |
| 2. 分析要剖切的结构及剖切位置，绘制剖切位置的中心线 | | 此三个位置的断面形状和尺寸不相同，故应分别剖开 |

续表

| 方法与步骤 | 图 例 | 说 明 |
|---|---|---|
| 3. 用细实线绘制各个剖切结构的断面图 | | 三个断面图的结构均对称,故省略标注 |

## 课题四 其他表达方法

### 任务1 识读局部放大图

识读图 5-44 所示轴上的细小结构的局部放大图。

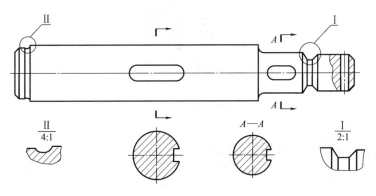

图 5-44 局部放大图(一)

图 5-44 所示的轴上有细小结构,由于用原比例画图时,很难将其表达清楚,又不便于标注尺寸,因此可将该部分结构用局部放大图表达。

**一、认识局部放大图**

当机件上某些细小结构在原图上表达不够清楚或不便于标注尺寸时,可将这些细小结构用大于原图的比例单独画出,这种用大于原图比例画出的机件上局部结构的图形,称为局部放大图。

### 二、认识局部放大图的画法

(1) 局部放大图可画成视图、剖视图或断面图，与被放大部分的表达方式无关。图5-44所示的放大图中，Ⅰ部分的放大图为视图，Ⅱ部分的放大图为断面图，但原图中，这两部分的结构均为外形视图。

(2) 绘制局部放大图时，将需要放大的部位用细实线圈出（螺纹牙型和齿轮的齿形除外），并将局部放大图配置在被放大部位的附近，如图5-44所示。

(3) 在局部放大图的上方注写绘图比例。当需要放大的部位不止一处时，应在视图中对这些部位用罗马数字编号，并在局部放大图的上方注写相应编号，如图5-44所示。

(4) 同一机件上不同部位的局部放大图，当图形相同或对称时只需画出一个，如图5-45所示。必要时可用几个图形表达同一被放大部分结构。

(5) 当机件上被放大的部位仅有一处时，在局部放大图的上方只需注明所采用的比例，如图5-45所示。

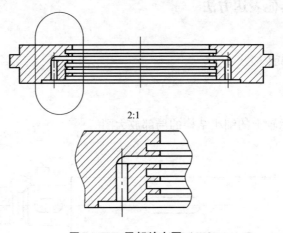

图5-45 局部放大图（二）

### 任务2 识读对称肋板、轮辐和孔结构

识读图5-46所示的机件，并分析用简化画法和规定画法绘制该机件视图的方法。

该机件中的轮辐对称结构绘制成剖视图，但和以往所介绍的剖视图画法的规定有所不同，这是由于对于一些特殊结构，国家标准中有规定画法和简化画法。

### 任务实施

#### 一、认识肋板剖切的画法

对于机件的肋板、轮辐及薄壁等，如按纵向剖切，这些结构都不画剖面符号，而用粗实线将它与邻接部分分开，如图 5 – 46 所示；剖切平面横向剖切这些结构时，则应画出剖面符号，如图 5 – 47 所示。

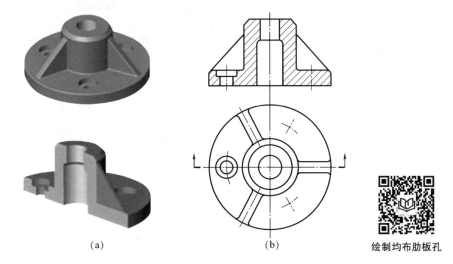

图 5 – 46 轮辐对称结构的剖视图画法

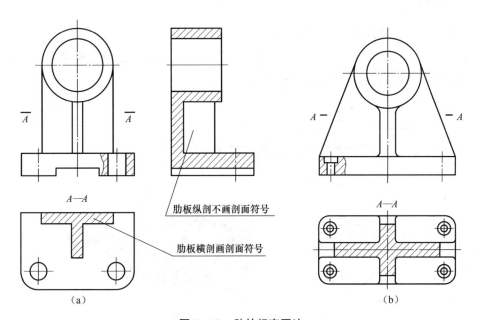

图 5 – 47 肋的规定画法

## 二、认识均布肋、孔剖切的画法

当回转面上均匀分布的肋、轮辐、孔等结构不处于剖切平面上时，可将这些结构旋转到剖切平面上画出，如图 5 – 48 所示。

## 三、认识均布孔的简化画法

如图 5 – 46 所示，底板上有三个小阶梯孔，俯视图只画了一个，主视图也只画了一个，其余只绘制出中心线或轴线。这是因为国家标准规定：按一定规律分布的相同结构，可只画一个，其余只表示出其中心位置即可。

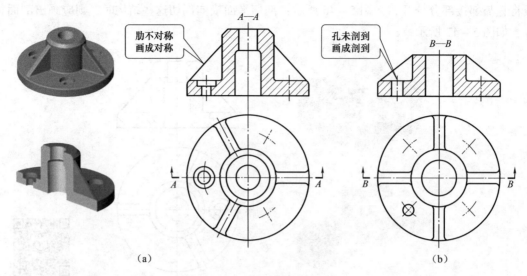

图 5–48 均布孔、肋的画法

 知识拓展

**一、机件上某些交线和投影的简化画法**

（1）在移出断面图中，一般要画出剖面符号。当不致引起误解时，允许省略剖面符号，但剖切位置和断面图的标注必须遵守规定，如图 5–49 所示。

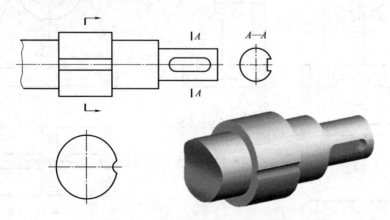

图 5–49 移出断面中省略剖面符号

（2）较长的机件（轴、杆、型材、连杆等）沿长度方向的形状一致或按一定规律变化时，可采用折断画法，如图 5–50（a）和（b）所示，但尺寸仍按实长标注，如图 5–50（c）和（d）所示。

（3）为了节省绘图时间和图幅，在不致引起误解时，对于对称机件的视图可只画一半或 1/4，并在对称中心线的两端画出两条与其垂直的平行细实线，如图 5–51 所示。有时还可用略大于一半画出。

（4）机件中与投影面倾斜角度≤30°的圆或圆弧的投影可用圆或圆弧画出，而不必绘制成椭圆，如图 5–52 所示。

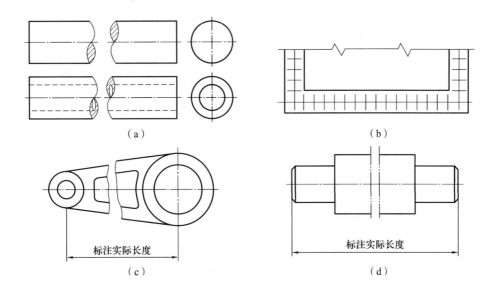

图 5-50 断开画法

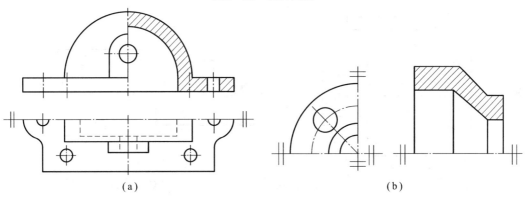

图 5-51 对称图形的画法

（5）在不致引起误解时，过渡线、相贯线允许简化，可用圆弧或直线代替非圆曲线，如图 5-53 和图 5-54 所示。

（6）当图形不能充分表达平面时，可用平面符号（相交的两细实线）表示，如图 5-55 所示。

（7）当机件上有较小结构及斜度等已在一个图形中表达清楚时，在其他图形中可简化表示或省略，如图 5-55（b）和图 5-56 所示。

二、相同结构的简化画法

（1）当机件上具有多个相同的结构要素（如槽、齿等）并且按一定规律分布时，只需画出几个完整的结构，其余用细实线连接，或画出它们的中心线，然后，在图中注明它们的总数，如图 5-57 所示。

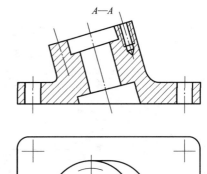

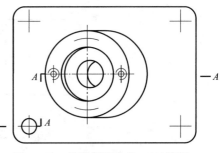

图 5-52 与投影面夹角≤30°的圆、圆弧画法

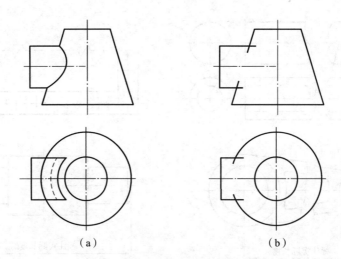

图 5-53 相贯线的简化画法（一）

(a) 简化前；(b) 简化后

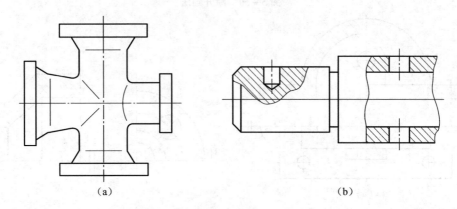

图 5-54 相贯线的简化画法（二）

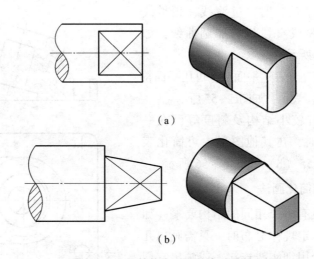

图 5-55 回转体中平面的表达方法

（2）当机件上具有多个直径相同且均匀分布的孔，只需画出一个或几个，其余只需标

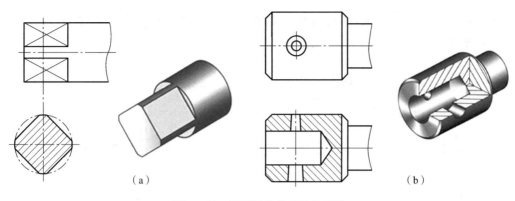

图 5–56 倾斜结构的简化表示法

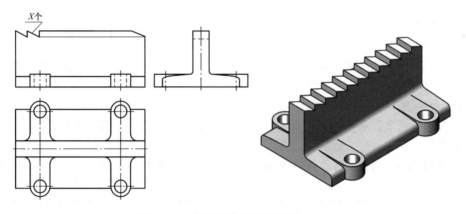

图 5–57 相同结构的简化画法（一）

出它们的中心线位置，然后，在图中注明它们的总数，如图 5–58 所示。

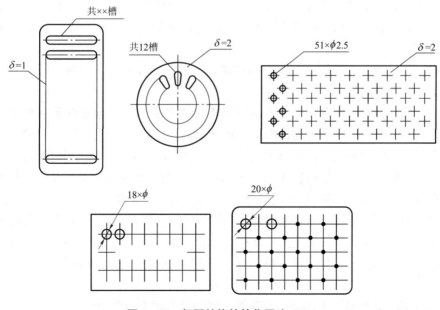

图 5–58 相同结构的简化画法（二）

（3）圆柱形法兰和类似零件上均匀分布的孔，可按图 5–59 所示方法表示。

(4) 机件上的滚花结构，一般采用在轮廓线附近用细实线局部画出的方法表达，如图 5-60 所示。

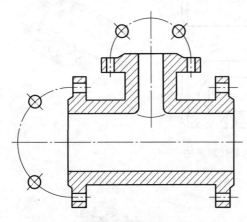

图 5-59 相同结构的简化画法（三）

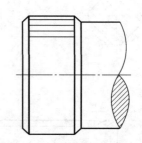

图 5-60 滚花结构的表达方法

> **多了解一点**
> 过渡线的概念：表面相交处有圆角存在，使表面的相贯线变动不太明显，这种线称为过渡线。
> 过渡线的画法：与相贯线的画法基本相同，只是两端不再与机件的轮廓线接触。

### 三、第三角画法

国家标准 GB/T 14692—1993 中规定，我国的机械图样"应按第一角画法布置六个基本视图，……必要时（如按合同规定）才允许使用第三角画法"，因此，除按合同规定外我国均采用第一角画法，但在国际技术交流中，常常会遇到第三角画法，因此，我们对第三角画法应有所了解。

图 5-61 所示为三个互相垂直相交的投影面，将空间分为 8 个部分，每部分为一个分角，依次为 Ⅰ～Ⅷ分角。

方法与步骤：俯视图画在机件上方的投影面（水平面）上，前视图是从机件的前方往后看所得的视图，画在机件前方的投影面（正平面）上，其余类推，如图 5-62 所示。

第一角画法与第三角画法的投影方式通俗一点讲，就是第一角画法是将机件画在六面体的内壁上，展开时是从前向后旋转 90°或 180°展开六面体；而第三角画法是将机件画在透明六面体的外壁上，展开时是从后向前旋转 90°或 180°展开六面体。

比较两种画法可以看出，虽然两组基本视图配置位置有所不同，但各组视图都表达了机件各个方向的结构和形状，每组视图间都存在着长、宽、高三个方向尺寸的内在联系和机件上各结构的上下、左右、前后的方位关系。这里将两种画法的投影规律总结如下，如图 5-63 所示。

(1) 两种画法都保持"长对正，高平齐，宽相等"的投影规律。

(2) 两种画法的方位关系是："上下、左右"的方位关系判断方法一样，比较简单，容

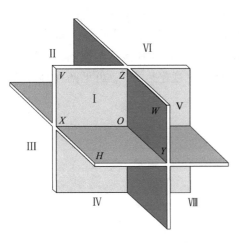

图 5–61　三个互相垂直相交的投影面

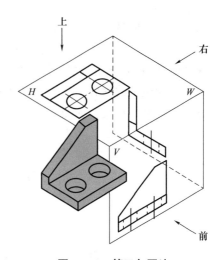

图 5–62　第三角画法

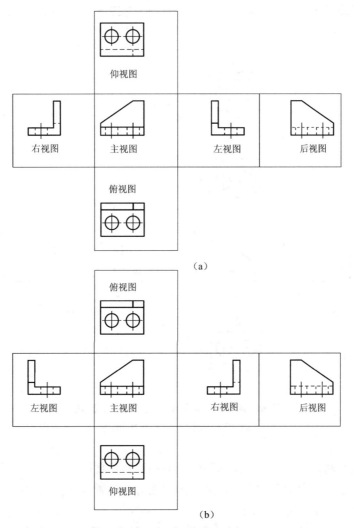

图 5–63　两种画法的配置关系对比

（a）第一角画法；（b）第三角画法

易判断。不同的是"前后"的方位关系判断,第一角画法,以"主视图"为准,除后视图以外的其他基本视图,远离主视图的一方为机件的前方,反之为机件的后方,简称"远离主视是前方";第三角画法,以"前视图"为准,除后视图以外的其他基本视图,远离前视图的一方为机件的后方,反之为机件的前方,简称"远离主视是后方"。可见两种画法的前后方位关系刚好相反,如图 5 – 64 所示。

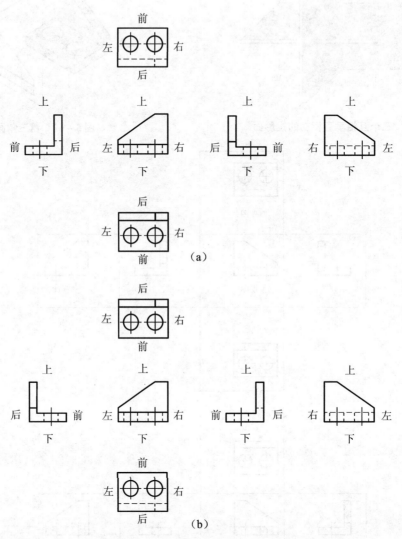

图 5 – 64　第一角与第三角位置关系对比
(a) 第一角画法;(b) 第三角画法

(3) 根据前面两条规律,可得出两种画法的相互转化规律:主视图(或前视图)不动,将主视图(或前视图)周围上和下、左和右的视图对调位置(包括后视图),即可将一种画法转化成(或称翻译成)另一种画法。

另外,国际标准中规定,应在标题栏附近画出所采用画法的识别符号。第一角画法的识别符号如图 5 – 65 (a) 所示,第三角画法的识别符号如图 5 – 65 (b) 所示。我国国家标准规定：由于我国采用第一角画法，因此，当采用第一角画法时无须标出画法的识别符号；当采用第三角画法时，必须在图样的标题栏附近画出第三角画法的识别符号[图 5-65（b）]。

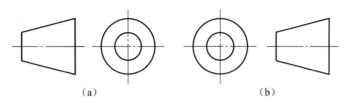

（a） （b）

图 5-65 第一角和第三角画法符号

# 项目六
## 绘制识读标准件与常用件

### 课题一 绘制螺纹紧固件连接的视图

**任务1　绘制六角头螺栓、螺母的视图**

**任务导入**

绘制如图6-1所示六角头螺栓、六角头螺母的视图。国标标记分别为"螺栓 GB/T 5782 M12×60"和螺母"GB/T 41 M12"。分别绘制该螺栓和螺母。

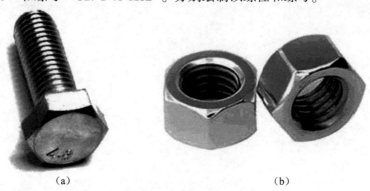

(a)　　　　　　　　　　　　(b)

图6-1　螺栓和螺母
(a) 螺栓；(b) 螺母

任务分析

如图6-1所示，六角头螺栓是由六棱柱头部和圆柱杆身组成，杆身上加工有外螺纹；六角螺母外部形状为正六边形，其中间有与螺栓外螺纹配合的螺纹孔，螺栓和螺母可以旋合到一起。

**相关知识**

螺栓：有螺纹的圆柱杆状带头的标准件，一端带有螺纹的圆柱部分称为螺柱，用于与螺母配合，另一端为头部，称为螺栓头。螺栓通常由金属制成，在电绝缘或防腐蚀等特殊场合使用的螺栓也有各种非金属材质的。

螺母：有六角螺母、方螺母和圆螺母，六角螺母应用最广，按加工质量和使用要求的不同，分为粗制和精制两种。它的规格尺寸是螺纹大径。

螺栓和螺母具有互换性和通用性，所以属于标准件，其各部分的尺寸可以根据国标代号查阅《机械设计手册》得到。

绘制螺栓、螺母视图时，应了解内、外螺纹的形成及加工方法，内外螺纹的旋合过程，内、外螺纹的标记和标注以及内、外螺纹的绘图方法，这也是本任务的学习重点。

## 一、螺纹的基本知识

### 1. 螺纹的形成

螺纹：在圆柱或圆锥表面上，经过机械加工而形成的，沿螺旋线方向的具有相同断面形状的连续凸起和沟槽，又称丝扣，凸起也称螺纹的牙。

外螺纹：在圆柱或圆锥外表面上形成的螺纹。

内螺纹：在圆柱或圆锥内表面上形成的螺纹。

螺纹可以用车床加工，或者用专用螺纹加工设备加工，直径较小的内螺纹可以先用麻花钻钻孔，再用丝锥攻丝，如图6-2所示。

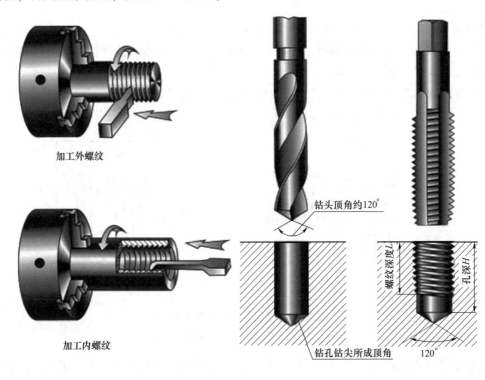

图6-2 螺纹的加工方法

螺纹的加工

### 2. 螺纹的结构要素

内、外螺纹总是成对使用的，只有当内、外螺纹的牙型、公称直径、螺距、线数和旋向五个要素完全一致时，才能正常旋合。螺纹的结构要素包括：

（1）牙型。

在通过螺纹轴线的剖面上，有形状相同的连续的凸起和沟槽，它们的轮廓形状，称为螺纹牙型，如图6-3所示。凸起的顶端称为牙顶，沟槽的底部称为牙底。常见的螺纹牙型有三角形、梯形、锯齿形和矩形。其中，矩形螺纹尚未标准化，其余牙型的螺纹均为标准螺纹。

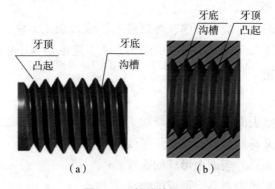

图 6-3　螺纹的牙型
(a) 外螺纹；(b) 内螺纹

(2) 直径。

螺纹的直径有大径、小径和中径（图 6-4）。螺纹的公称直径为螺纹大径。

大径是螺纹的最大直径，即通过外螺纹的牙顶（内螺纹的牙底）的假想圆柱面的直径。内、外螺纹的大径分别用 $D$、$d$ 表示。

小径是螺纹的最小直径，即通过外螺纹的牙底（内螺纹的牙顶）的假想圆柱面的直径。内、外螺纹的小径分别用 $D_1$、$d_1$ 表示。

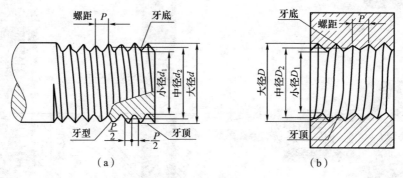

图 6-4　螺纹各部分要素名称
(a) 外螺纹；(b) 内螺纹

在牙顶圆柱和牙底圆柱之间有一假想圆柱面，此处螺纹牙的槽宽与齿厚相等，此假想圆柱面的直径称为螺纹中径。内、外螺纹的中径分别用 $D_2$、$d_2$ 表示。

顶径：牙顶圆所在位置的直径，称为顶径，指外螺纹的大径和内螺纹的小径。

底径：牙底圆所在位置的直径，称为底径，指外螺纹的小径和内螺纹的大径。

(3) 线数。

在同一圆柱（圆锥）上加工出的螺纹条数称为螺纹的线数，又称头数，用字母 $n$ 表示。

沿一条螺旋线形成的螺纹，称为单线螺纹，或单头螺纹，如图 6-5 (a) 所示；沿两条螺旋线形成的螺纹，称为双线螺纹，或双头螺纹，如图 6-5 (b)；沿三条或三条以上，且在轴向等距离分布的螺旋线所形成的螺纹，称为多线螺纹，或多头螺纹。

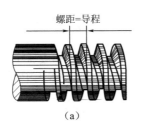 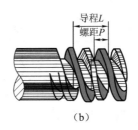

**图 6-5 螺纹的线数、导程和螺距**
(a) 单线；(b) 双线

(4) 螺距和导程。

相邻两牙在中径线上对应两点间的轴向距离，称为螺距，用"p"表示。在同一螺旋线上的相邻两牙在中径线上对应两点间的轴向距离，称为导程，用"ph"表示。如图 6-5 所示，则导程与螺距有如下关系：

$$ph = np$$

(5) 旋向。

螺纹分左旋和右旋两种，从旋入端的端面观察，顺时针旋转时呈旋入趋势的螺纹，称为右旋螺纹；逆时针旋转时呈旋入趋势的螺纹，称为左旋螺纹。工程上常用右旋螺纹，标记时，右旋螺纹可以省略，左旋螺纹标记为 LH。

另一种判断旋向的方法：将右手握住螺纹轴线，大拇指倾斜方向与螺纹上升方向一致的，为右旋，反之为左旋，如图 6-6 所示。

**3. 螺纹分类**

螺纹按用途可分为四类。

(1) 紧固螺纹：用来连接零件的螺纹，如应用最广的普通螺纹。

(2) 传动螺纹：用来传递动力和运动的螺纹，如梯形螺纹、锯齿形螺纹和矩形螺纹等。用于机床的丝杠、螺旋千斤顶等。

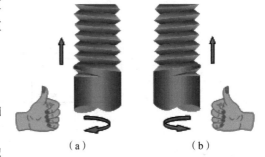

**图 6-6 螺纹的旋向**
(a) 左旋；(b) 右旋

(3) 管螺纹：管道使用的螺纹，如 55°非密封管螺纹、55°密封管螺纹、60°密封管螺纹等。用于水管、油管、气管等薄壁管子上，用于管路的连接。

(4) 专用螺纹：自攻螺钉用螺纹、木螺钉螺纹、气瓶专用螺纹等。

**二、螺纹标记和标注**

1. 螺纹的标记

螺纹按画法规定简化画出后，在图上不能反映它的牙型、螺距、线数和旋向等结构要素，因此，必须按规定的标记在图样中进行标注。常用标准螺纹的标记方法如表 6-1 所示。

普通螺纹、梯形螺纹和锯齿形螺纹，完整的标记由螺纹代号、螺纹公差带代号和螺纹旋合长度代号三部分组成，三部分之间由短线相连，其格式为：

| 特征代号 | 公称直径 | × | 导程 ph（螺距 p） | 旋向 | − | 公差带代号 | − | 旋合长度代号 |

普通螺纹标记示例：

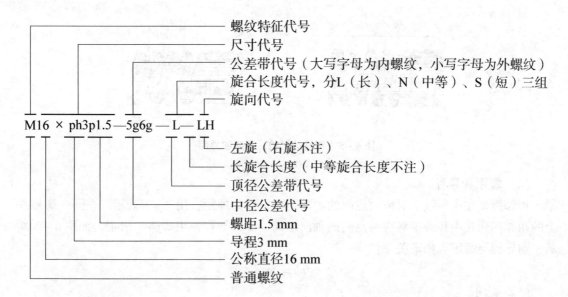

### 2. 螺纹的标注

螺纹标记直接注在大径上，也可以引出水平标注。如图 6-7 所示，管螺纹的标注由大径引出标注。

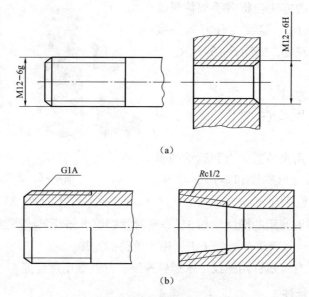

图 6-7 螺纹的标注

下面将管螺纹、梯形螺纹、锯齿形螺纹等的标记汇总在表 6-1 里。

### 三、识读六角头螺栓螺母的标记

**1. 识读六角头螺栓的标记**

螺栓由头部及杆部两部分组成，头部形状以六角形的应用最广。决定螺栓规格的尺寸为螺纹公称直径 $d$ 及螺栓长度 $L$，选定一种螺栓后，其他各部分尺寸可以根据有关标准查表获得。

螺栓的结构尺寸如图 6-8 所示。

表6-1 常用标准螺纹的标记方法

| 序号 | 螺纹类别 | | 标准编号 | 特征代号 | 标记示例 | 附注 |
|---|---|---|---|---|---|---|
| 1 | 普通螺纹 M1~M3 | | GB/T 197—2003 | M | M8×1<br>M16×ph4p2-5g6g-L-LH | 粗牙不注螺距；<br>中等公差精度（如6H、6g）不注公差带代号；<br>中等旋合长度不注N；<br>多线时注出ph（导程）、p（螺距） |
| 2 | 梯形螺纹 | | GB/T 5796.4—2005 | Tr | Tr40×7-7H<br>Tr40×14（p7）LH-7e | 14为导程，7为螺距 |
| 3 | 锯齿形螺纹 | | GB/T 13576.4—2008 | B | B40×7-7H<br>B40×14（p7）LH-7e-L | |
| 4 | 55°非密封管螺纹 | | GB/T 7307—2001 | G | G1$\frac{1}{2}$A<br>G$\frac{1}{2}$-LH | 外螺纹公差等级分A级和B级两种；<br>内螺纹公差等级只有一种 |
| 5 | 55°密封管螺纹 | 圆锥外螺纹 | GB/T 7306.1—2000 | $R_1$ | $R_1$3 | 英制螺纹，$\frac{1}{2}$、$\frac{3}{4}$为英寸；<br>内、外螺纹均只有一种公差带，故不注 |
| | | 圆柱内螺纹 | | $R_P$ | $R_P\frac{1}{2}$ | |
| | | 圆锥外螺纹 | GB/T 7306.2—2000 | $R_2$ | $R_2\frac{3}{4}$ | |
| | | 圆锥内螺纹 | | $R_C$ | $R_C 1\frac{1}{2}$-LH | |
| 6 | 60°密封管螺纹 | 圆锥管螺纹（内、外） | GB/T 12716—2002 | NPT | NPT6 | 左旋时末尾加"—LH" |
| | | 圆柱内螺纹 | | NPSC | NPSC3/4 | |

螺栓的规格尺寸是螺纹大径 $d$ 和公称长度 $l$，其规定标记为：

名称　标准代号　螺纹代号×长度

确定六角头螺栓的绘图尺寸有两种方法："查表法"和"比例法"。

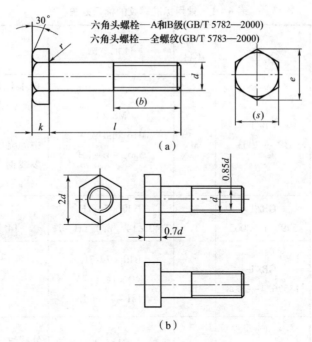

**图6-8 螺栓的尺寸**
(a) 结构尺寸；(b) 比例尺寸

查表法：是指从国家标准中查出螺栓结构尺寸的方法。

因查表法获得的螺纹各部分的尺寸数据繁杂，不易绘制，多数情况下，一般采用简单绘制法，即采用比例法绘制。

比例法：是以螺纹大径（公称直径）$d$ 为基数，螺栓的主要尺寸均与其成一定比例，从而确定其绘图尺寸，如图6-8（b）所示。

2. 识读六角螺母标记

螺母的结构尺寸如图6-9（a）所示。

螺母的规格尺寸是螺纹大径 $d$ 和公称长度 $l$，其规定标记为：

名称　标准代号　螺纹代号

确定六角螺母的绘图尺寸也有"查表法"和"比例法"两种方法。

查表法：是指从国家标准中查出螺母结构尺寸的方法。

比例法：则是以螺纹大径（公称直径）$D$ 为基数，螺母的主要尺寸均与其成一定比例，从而确定其绘图尺寸，如图6-9（b）所示，本任务就是采用比例法来绘制六角螺母。

### 四、内、外螺纹画法

1. 外螺纹的画法

（1）外螺纹大径用粗实线表示，小径用细实线表示，小径可近似地画成大径的0.85倍，螺纹终止线用粗实线表示，如图6-10（a）所示。

（2）在平行于螺纹轴线的视图中，螺杆的倒角部分也要画出，表示牙底的细实线应画入倒角或倒圆内。

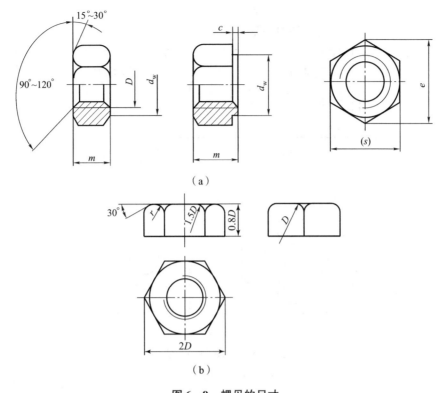

图 6-9 螺母的尺寸
(a) 结构尺寸；(b) 比例尺寸

（3）在投影为圆的视图上，表示牙底的细实线只画约 3/4 圈，螺杆端面的倒角圆省略不画。在绘制管螺纹的剖视图（或断面图）时，剖面线应画到粗实线，如图 6-10（b）所示。

2. 内螺纹的画法

（1）当内螺纹画成剖视图时，大径用细实线表示，小径和螺纹终止线用粗实线表示，剖面线画到粗实线处，如图 6-11（a）所示。

（2）在投影为圆的视图中，表示牙底的细实线圆只画约 3/4 圆，倒角圆省略不画。

（3）不剖时，螺纹不可见，所有图形都用虚线绘制。

（4）对于不穿通的螺纹盲孔，应将钻孔深度和螺孔深度分别画出，钻孔深度比螺纹深度深 $(0.3 \sim 0.5)D$（$D$ 为螺孔大径），底部的锥顶角应画成 120°，如图 6-11（b）所示。

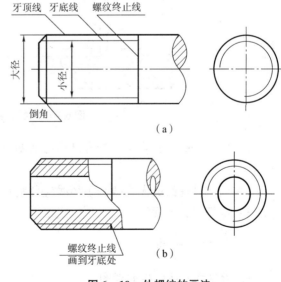

图 6-10 外螺纹的画法
(a) 外螺纹；(b) 管螺纹

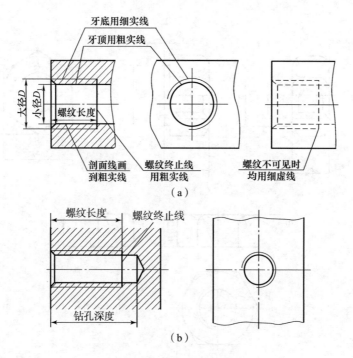

**图 6-11 内螺纹的画法**
（a）通孔；（b）不通孔

3. 内、外螺纹旋合的画法

国家标准 GB 4459.1-84 中统一规定了螺纹旋合的示意画法，如图 6-12 所示。

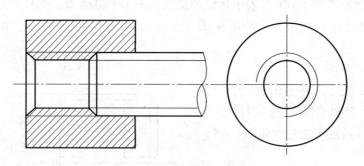

**图 6-12 螺纹旋合的画法**

（1）内、外螺纹旋合时，旋合部分按外螺纹的画法绘制，其余部分仍按各自的规定画法绘制。

（2）内、外螺纹的大径线和小径线应分别对齐，螺纹的小径与螺杆的倒角大小无关。

（3）剖切时，剖面线均应画到粗实线。

##  任务实施

### 一、绘制六角头螺栓的视图

1. 识读六角头螺栓

按图 6-8 所示识读"螺栓 GB/T 5780 M12×60"，查表可得，$k = 7.5$ mm，$e =$

19.9 mm，$l$ = 60 mm，$b$ = 30 mm。该螺纹性能等级为 4.8 级，不经表面处理，杆身半螺纹，产品等级为 C 级。

2. 绘制六角头螺栓的视图

绘制时采用比例法绘制，即各部分尺寸采用螺纹大径 $d$ 的倍数进行换算。根据比例换算所得尺寸和外螺纹的规定画法，绘制六角头螺栓的视图，如表 6-2 所示。

绘制外螺纹

表 6-2 绘制六角头螺栓视图的步骤

| 绘图步骤 | 图例 |
| --- | --- |
| 1. 画中心线、定位辅助线 | |
| 2. 按比例画六角头视图 | |
| 3. 按比例画外螺纹 | |
| 4. 整理图形，图线加粗 | |

## 二、绘制六角螺母的视图

1. 识读六角螺母

如图6-9所示,螺纹标记为"螺母 GB/T 41 M12",查表可得,螺纹规格 $D=12$ mm,性能等级为5级,不经表面处理,产品等级为C级的Ⅰ形六角螺母,$m=12.2$ mm,$e=19.85$ mm。

2. 绘制六角螺母的视图

此处螺母也是采用比例法绘制,即各部分尺寸采用螺纹大径的倍数进行换算。根据比例换算所得尺寸和内螺纹的规定画法,绘制六角螺母的视图,如表6-3所示。

绘制六角螺母

表6-3 绘制六角螺母视图的步骤

| 绘图步骤 | 图例 |
|---|---|
| 1. 画中心线、定位辅助线 | |
| 2. 按比例画六棱柱视图 | |
| 3. 画截交线的视图,$R$尺寸由作图决定 | |

续表

| 绘图步骤 | 图例 |
|---|---|
| 4. 画内螺纹，并整理图形，按线型描深图线 | 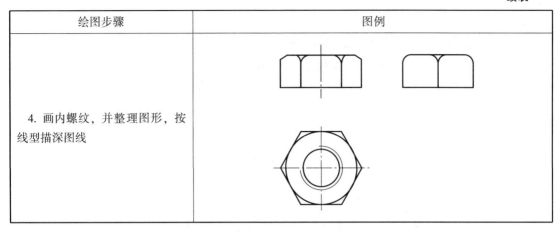 |

## 任务2 绘制螺栓连接图

**任务导入**

根据如图 6-13 所示螺栓连接的装配示意图，绘制 M20×60 的螺栓连接图。

**任务分析**

如图 6-13 所示的螺栓连接，两个较薄的被连接件，钻有光孔，将螺栓穿过光孔后，加上垫片和螺母拧紧，将两连接件固定。观察该装配图，有如下特点：

图 6-13 螺栓连接

(1) 被连接件一般为两个不太厚的零件，以便螺栓能完全穿过；
(2) 两个被连接件上加工出的通孔是光孔，不是螺纹孔；
(3) 光孔直径大于螺栓杆直径，所以绘制时它们之间应留有空隙。
(4) 靠近螺栓头部的螺栓杆不带螺纹，螺纹终止线处于两被连接件结合面与垫片之间。
(5) 所有的螺纹紧固件都未剖切，只剖切了两个被连接零件。

螺栓连接是指将两个不太厚的并允许钻通孔的零件，用螺栓、螺母、垫片紧固起来。

螺纹紧固件比如螺栓、螺母、垫圈、螺钉、螺柱等均是标准件。绘制时结构尺寸与画法均应符合国标规定，螺栓、螺母的画法前面已经做过介绍，这里介绍平垫圈的画法与标记。

### 一、平垫圈的画法与标记

1. 平垫圈的结构与画法

垫圈通常垫在螺母和被连接件之间，目的是增加螺母与被连接零件之间的接触面，保护被连接件的表面因为拧螺母而被刮伤。垫圈分为平垫圈和弹簧垫圈，弹簧垫圈还可以防止因振动而引起的螺母松动。选择垫圈的规格尺寸为螺栓直径 $d$，垫圈选定后，其各部分尺寸可根据有关标准查得。

2. 平垫圈的标记

平垫圈的公称尺寸是与其配用的螺纹公称直径 $d$，其规定标记为：

名称　标准代号　公称尺寸—性能等级

如图 6-14 所示垫圈，其标记为"垫圈　GB/T 95—2002 12"。

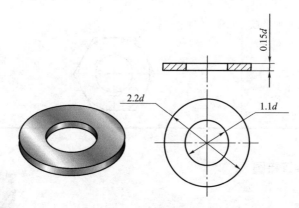

图 6-14　平垫圈的结构与画法

查表可知，公称规格 $d=12$ mm，性能等级为 100HV 级，不经表面处理。

## 二、螺栓连接图的比例画法

螺母的结构如图 6-9 所示，依据相配合的螺栓的公称直径 $d$，按比例法确定其绘图尺寸。

螺栓连接图的比例画法如图 6-15 所示。

螺纹连接的画法规定：

（1）两个被连接零件表面接触，结合面只画一条轮廓线，且不得将粗实线特意加粗。

在剖视图中，相互接触的两个零件其剖面线方向应相反，而同一零件在各个剖视图中的剖面线的倾斜方向和间隔相同。

（2）不接触的表面，不论间隔多小，在图上应画出两条轮廓线。螺杆穿过两零件的通孔，螺杆和通孔的轮廓线应分别绘制，画两条线。

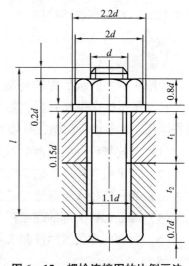

图 6-15　螺栓连接图的比例画法

（3）通孔内的螺栓杆上应画出牙底线和螺纹终止线，表示拧紧螺母时有足够的螺纹长度，且螺纹终止线处于被连接件结合面与垫片之间。

（4）当剖切平面通过螺栓、螺柱、螺钉、螺母及垫圈等紧固件的轴线时，所有螺纹紧固件应按未剖切绘制，只画外形。

 **任务实施**

### 一、确定 M20×60 螺栓尺寸

根据如图 6-15 所示的比例画法和 M20 螺栓直径 $d=20$ mm，确定螺栓各部分的尺寸。

## 二、螺栓连接图的画法

绘制螺栓连接图的步骤见表 6-4。

螺栓连接

表 6-4 绘制螺栓连接图的步骤

| 步骤 | 图例 |
|---|---|
| 1. 画被连接零件的视图 | |
| 2. 将螺栓从底部穿入，根据计算尺寸，采用简化画法画螺栓视图 | |
| 3. 将垫片套入，螺母拧上，依次绘制垫圈、螺母的视图，并绘制螺栓小径 | |

续表

| 步骤 | 图例 |
|---|---|
| 4. 整理图形，并加粗 | 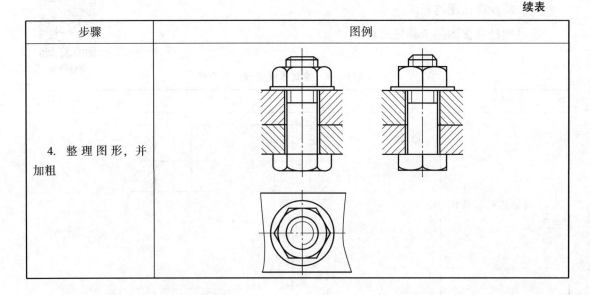 |

### 任务3　绘制双头螺柱连接图

根据如图 6-16 所示双头螺柱连接的装配示意图，绘制螺柱 M20×50 的连接图。

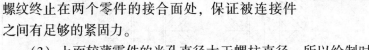

如图 6-16 所示的双头螺柱连接，上面零件较薄且钻有光孔，下面零件较厚且带螺纹孔，双头螺柱的一端拧入下面零件内，然后安装上面的零件，再加上平垫圈，拧上螺母，将两个零件紧固在一起。观察该装配图，有如下特点：

（1）两个被连接件中，上面的较薄钻光孔，以便螺柱能穿过；下面的较厚钻螺纹孔，以便螺柱拧入固定零件；

（2）双头螺柱的下面一端全部旋入螺纹孔中，螺纹终止在两个零件的接合面处，保证被连接件之间有足够的紧固力。

（3）上面较薄零件的光孔直径大于螺柱直径，所以绘制时它们之间应留有空隙。

图 6-16　双头螺柱连接

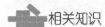

当被连接的两零件一个较薄，另一个较厚，或不允许钻成通孔而不宜采用螺栓连接，或因拆装频繁，又不宜采用螺钉连接时，可采用双头螺柱连接。

双头螺柱连接一般由双头螺柱、螺母和垫圈组成，是将双头螺柱穿过一个钻有光孔的较薄的被连接件，拧入另一个带螺纹孔的较厚的零件中，然后加上平垫圈，拧上螺母，从而实现将两个零件紧固在一起的作用。

双头螺柱没有头部，两端均加工有外螺纹，一端必须全部旋进被连接零件的螺孔内，称为旋入端；另一端与螺母旋合，紧固另一个被连接件，称为紧固端。

## 一、识读双头螺柱的标记

双头螺柱的结构尺寸如图6-17所示。标注 $b_m$ 尺寸的部分为旋入端，连接时，将其全部旋入被连接零件的螺纹孔中。

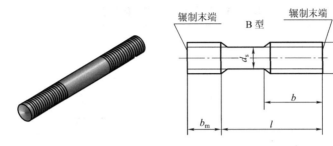

**图6-17 双头螺柱的结构尺寸**

螺柱的规格尺寸是螺纹大径 $d$ 和公称长度 $l$，其规定标记为：

名称 标准代号 类型 螺纹代号×长度

如图6-17所示螺柱，其标记为"螺柱 GB/T 899-1998 M10×40"。

查表可知，该螺柱两端均为粗牙普通螺纹，螺纹规格 $d=10$ mm，公称长度 $l=40$ mm，性能等级为4.8级，不经表面处理，B型（B省略不注），$b_m=1.5d$。

## 二、螺柱连接图的比例画法

螺柱连接图的绘图比例如图6-18所示。

双头螺柱零件的画法规定：

（1）螺柱旋入端的螺纹终止线应与零件结合面平齐，表示旋入端全部拧入，足够拧紧；

（2）螺柱和螺纹孔的大径、小径的粗实线和细实线应分别对齐。

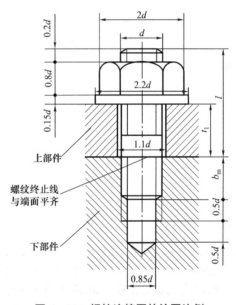

**图6-18 螺柱连接图的绘图比例**

> **多了解一点**
> 
> 螺柱的公称长度 $l$ 按下式计算后取标准长度：
> 
> $$l \geq t_1 + s + m + a$$
> 
> 式中：$s$——垫圈厚度，取 $s=0.15d$；
> 
> $m$——螺母高度，取 $m=0.8d$；
> 
> $a$——螺柱末端超出螺母的高度，取 $a=0.3d$。

 **任务实施**

**绘制螺柱连接图**

绘制螺柱连接图时,螺柱、螺母、垫圈的结构尺寸按比例法确定,已知螺纹公称直径为 $d(D)$,采用简化画法,绘图步骤见表 6-5。

双头螺柱连接

表 6-5 绘制螺柱连接图的步骤

| 绘图步骤 | 图例 |
|---|---|
| 1. 画被连接零件的通孔和螺纹盲孔 | |
| 2. 画双头螺柱<br>将螺柱的旋入端旋入螺纹孔,旋合部分应按照外螺纹绘制,旋入端的螺纹终止线应在两零件的结合面处,另一端的螺纹终止线应在孔端面之下。表示拧紧螺母有足够的余地 | |

续表

| 绘图步骤 | 图例 |
|---|---|
| 3. 画螺母、垫圈<br>垫圈和螺母都属螺纹紧固件,均按不剖绘制,会遮住部分螺纹,故表示螺纹小径的细实线此处会中断 | |
| 4. 整理图形,加粗图线 | |

> **小提示**
> 双头螺柱连接的垫圈既可以用平垫圈又可以用弹簧垫圈;
> 双头螺柱的螺纹紧固端的长度可以根据连接板的厚度进行调整。

### 任务 4　绘制螺钉连接图

根据如图 6-19 所示的螺钉连接,绘制 M10×30 螺钉连接的视图。

如图 6-19 所示的螺钉连接,上面零件较薄且钻有光孔,下面零件较厚且带螺纹孔,螺

钉的一端穿过上面零件，拧入下面零件内，将两个零件紧固在一起。观察该装配图，有如下特点：

（1）两个被连接件中，上面的较薄，钻光孔，以便螺钉能穿过；下面的较厚，钻螺纹孔，以便螺钉拧入固定零件；

（2）螺钉的螺纹大部分旋入下面的零件，螺纹终止线在两个零件的结合面上方；

（3）上面较薄零件的光孔直径大于螺柱直径，所以绘制时它们之间应留有空隙。

（4）螺钉头部开有凹槽。

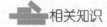相关知识

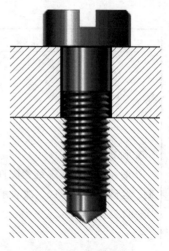

图 6-19　螺钉连接

螺钉连接一般用于受力不大又不需要经常拆装，而且被连接件之一较厚的情况下。较薄的零件加工出通孔，较厚的零件加工出不通螺纹孔。螺钉由头部和螺杆两部分构成，连接时，将螺钉直接拧入零件的螺纹孔中，依靠螺钉的头部压紧另一被连接件。

螺钉的一端有螺纹，旋入被连接零件的螺孔中，另一端按头部形状分为：内六角圆柱头、开槽圆柱头、沉头螺钉。螺钉的分类如图 6-20 所示。

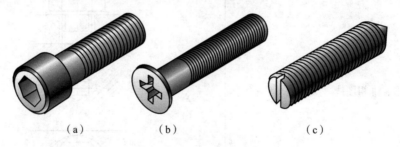

图 6-20　螺钉的分类

(a) 内六角圆柱头；(b) 开槽圆柱头；(c) 沉头螺钉

## 一、识读开槽圆柱头螺钉的标记

开槽圆柱头螺钉的结构尺寸如图 6-21 所示。有全螺纹和半螺纹两种形式。

开槽圆柱头螺钉的规格尺寸是螺纹大径 $d$ 和公称长度 $l$，其规定标记为：

　　　　　名称　标准代号　螺纹代号×长度

如图 6-21 所示螺钉，其标记为"螺钉　GB/T 65-2000　M10×30"。

查表可知，该螺钉为螺纹规格 $d=10$ mm，公称长度 $l=30$ mm，性能等级为 4.8 级，不经表面处理的 A 级开槽圆柱头螺钉。

## 二、螺钉连接图的绘图比例

螺钉连接图的绘图比例如图 6-22 所示。

螺钉连接的画法规定：

（1）螺钉的螺纹终止线在两被连接件的结合面之上，说明尚有拧紧的余地；

（2）螺钉一字槽的水平投影与水平方向成 45°倾斜，可画两条线，也可以涂黑表示。

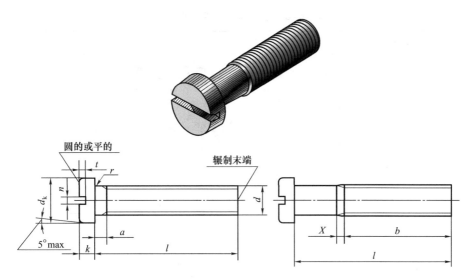

图 6-21 开槽圆柱头螺钉的结构尺寸

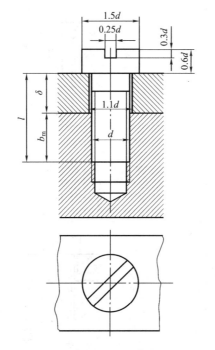

图 6-22 螺钉连接图的绘图比例

 任务实施

**绘制开槽圆柱头螺钉的视图**

绘制螺钉连接图时，螺钉的结构尺寸按比例法确定，已知螺纹公称直径为 $d(D)$，采用简化画法，绘图步骤见表 6-6。

螺钉连接

表 6-6　绘制螺钉连接图的步骤

| 绘图步骤 | 图例 |
|---|---|
| 1. 画被连接零件的通孔和螺纹盲孔 | |
| 2. 画螺钉<br>螺钉头部与零件接触，只画一条线，螺纹终止线应在接合面之上 | |
| 3. 整理图形，加粗图线 | |

完成螺钉连接图，如图 6-23 所示。

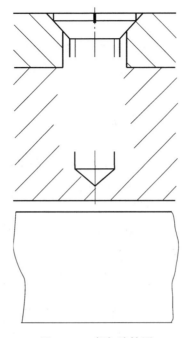

图 6-23 螺钉连接图

## 课题二 绘制齿轮的视图

**任务 绘制圆柱齿轮的视图**

任务导入

根据如图 6-24 所示的直齿圆柱齿轮和齿轮传动的示意图，绘制单个直齿圆柱齿轮及齿轮啮合的视图。

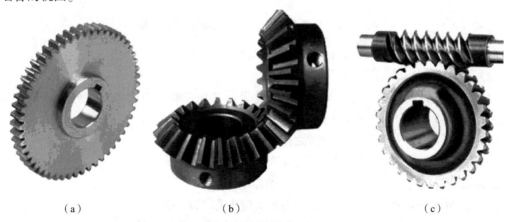

(a)                       (b)                       (c)

图 6-24 齿轮传动形式

(a) 圆柱齿轮；(b) 圆锥齿轮；(c) 蜗杆蜗轮

任务分析

观察图6-24所示齿轮的结构,主要由轴孔、键槽、轮毂、轮齿等组成,那各部分结构该如何绘制呢?有什么画法规定?齿轮啮合后又该如何绘制呢?

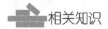相关知识

齿轮传动是机械传动中广泛应用的传动方式,是传递轴与轴之间的动力、运动,改变运动方向、速度,或改变运动方式的一种传动形式。

齿轮一般由轮体和轮齿两部分组成,齿轮的轮齿部分是在齿轮加工机床上用专用刀具加工出来的,已标准化,国家标准规定了它的画法,轮齿一般不需要画出真实投影。齿轮除轮齿部分外,其余轮体结构均应按真实投影绘制。

如图6-24是齿轮中常见的三种类型:圆柱齿轮、圆锥齿轮、蜗杆和蜗轮。

## 一、直齿圆柱齿轮各部分名称及有关参数

直齿圆柱齿轮是最常见的部件,其各部分名称及有关参数如下,如图6-25所示。

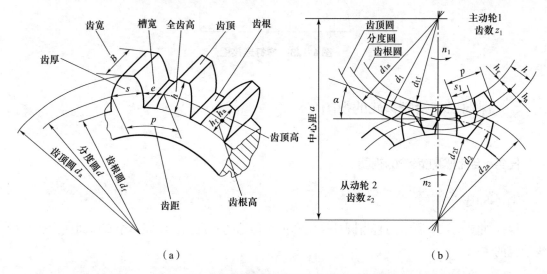

图6-25 直齿圆柱齿轮各部分名称及有关参数

(1) 齿顶圆直径($d_a$):通过齿顶的圆柱面直径。

(2) 齿根圆直径($d_f$):通过齿根的圆柱面直径。

(3) 分度圆直径($d$):分度圆直径是齿轮设计和加工时的重要参数。分度圆是一个假想的圆,在该圆上齿厚$s$与槽宽$e$相等,它的直径称为分度圆直径。

(4) 齿高($h$):齿顶圆和齿根圆之间的径向距离。

①齿顶高($h_a$):齿顶圆和分度圆之间的径向距离。

②齿根高($h_f$):分度圆与齿根圆之间的径向距离。

(5) 齿距($p$):在分度圆上,相邻两齿对应齿廓之间的弧长。

①齿厚($s$):在分度圆上,一个齿的两侧对应齿廓之间的弧长。

②槽宽($e$):在分度圆上,一个齿槽的两侧相应齿廓之间的弧长。

③齿宽（$B$）：齿轮的齿坯宽度。

(6) 齿数 $z$：齿轮上轮齿的个数。

(7) 模数 $m$：由于分度圆的周长 $\pi d = p \cdot z$，所以 $d = \dfrac{p}{\pi} \cdot z$，令 $\dfrac{p}{\pi} = m$，则 $m$ 就称为齿轮的模数。模数 $m$ 以 mm 为单位，它是齿轮设计和制造的重要参数。为便于齿轮的设计和制造，减少齿轮成形刀具的规格及数量，国家标准对模数规定了标准值，如 1、1.5、2、3、10、12、16 等。

(8) 压力角 $\alpha$：指通过齿廓曲线上与分度圆交点所作的切线与径向所夹的锐角，称为压力角，也即齿形角。根据 GB/T 1356—2001 的规定，我国采用的渐开线齿廓齿轮的标准压力角为 20°。

(9) 中心距 $a$：两啮合齿轮轴线之间的距离。

(10) 传动比 $i$：主动齿轮转速 $n_1$（r/min）与从动齿轮转速 $n_2$（r/min）之比，用 $i$ 表示。由于转速与齿数成反比，因此传动比也等于从动齿轮齿数与主动齿轮齿数之比，即

$$i = n_1/n_2 = z_2/z_1$$

两个标准直齿圆柱齿轮正确啮合传动的两个条件是：

(1) 模数 $m$ 相等，即 $m_1 = m_2$；

(2) 压力角 $\alpha$ 相等，即 $\alpha_1 = \alpha_2$。

## 二、标准直齿圆柱齿轮各基本尺寸计算公式

设计齿轮时，要先确定模数和齿数，其他各部分尺寸都可由模数和齿数计算出来。标准直齿圆柱齿轮各基本尺寸计算公式见表 6-7。

表 6-7　直齿圆柱齿轮各基本尺寸计算

| 基本参数：模数 $m$，齿数 $z$ | | | |
|---|---|---|---|
| 序号 | 名称 | 符号 | 计算公式 |
| 1 | 齿距 | $p$ | $p = \pi m$ |
| 2 | 齿顶高 | $h_a$ | $h_a = m$ |
| 3 | 齿根高 | $h_f$ | $h_f = 1.25m$ |
| 4 | 齿高 | $h$ | $h = h_a + h_f = 2.25m$ |
| 5 | 分度圆直径 | $d$ | $d = mz$ |
| 6 | 齿顶圆直径 | $d_a$ | $d_a = m(z + 2)$ |
| 7 | 齿根圆直径 | $d_f$ | $d_f = m(z - 2.5)$ |
| 8 | 中心距 | $a$ | $a = (d_1 + d_2)/2 = m(z_1 + z_2)/2$ |

## 三、标准直齿圆柱齿轮基本尺寸计算步骤

1. 计算图 6-25（b）小齿轮各部分尺寸

若齿轮为标准直齿圆柱，$m = 3$ mm，$z_1 = 30$ mm，$B = 40$ mm，则根据表 6-7 基本尺寸

计算公式,可计算出小齿轮的有关尺寸:

$$d = mz_1 = 3 \times 30 = 90(\mathrm{mm})$$
$$d_a = m(z_1 + 2) = 3 \times (30 + 2) = 96(\mathrm{mm})$$
$$d_f = m(z_1 - 2.5) = 3 \times (30 - 2.5) = 82.5(\mathrm{mm})$$

2. 计算啮合齿轮各部分尺寸

已知小齿轮的模数 $m = 3$ mm,$z_1 = 30$ mm,$z_2 = 60$ mm,$b_1 = 40$ mm,$b_2 = 38$ mm,则可根据表6-7计算公式,计算与之啮合的大齿轮的有关尺寸和中心距:

$$d_2 = mz_2 = 3 \times 60 = 180(\mathrm{mm})$$
$$d_{a2} = m(z_2 + 2) = 3 \times (60 + 2) = 186(\mathrm{mm})$$
$$d_{f2} = m(z_2 - 2.5) = 3 \times (60 - 2.5) = 172.5(\mathrm{mm})$$
$$a = m(z_1 + z_2)/2 = 3 \times (30 + 60)/2 = 135(\mathrm{mm})$$

**四、标准直齿圆柱齿轮的画法规定**

齿轮的画法,分为单一标准直齿圆柱齿轮和一对啮合标准直齿圆柱齿轮,应分别介绍,并且视图和剖视图的画法,也各有规定:

1. 单一齿轮的视图画法规定(图6-26)

(1) 齿顶圆或齿顶线用粗实线绘制;

(2) 分度圆或分度线用细点划线绘制,且侧面图上,分度线应超出轮廓线2~5 mm;

(3) 齿根圆或齿根线用细实线绘制,或者省略不画;

(4) 其他结构如轮毂、轴孔、键槽等正常绘制。

2. 单一齿轮的剖视图的画法规定

假想剖切面是从齿槽处切入,从齿槽处切出,则原来不可见的齿根圆就变为可见,则:

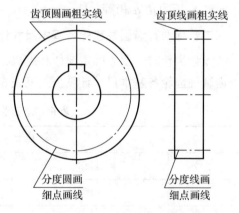

图6-26 单一齿轮的视图画法

(1) 齿根圆或齿根线均视为可见轮廓线,用粗实线绘制,且轮齿不画剖面线。

(2) 其他结构如齿顶圆(线)、分度圆(线)、轮毂、轴孔、键槽等正常绘制。

3. 一对啮合齿轮的视图的画法规定(图6-27)

(1) 侧面图中啮合处只画节线;

(2) 端面图中,啮合处的分度圆相切,齿顶圆相交,但重叠处可以省略不画。

4. 一对啮合齿轮的剖视图的画法规定

假想剖切面是从两齿轮的齿槽处切入,从齿槽处切出,啮合区两轮齿会重叠在一起,如图6-28所示,则:

(1) 前面的轮齿可见,所以齿顶线和齿根线都用粗实线绘制;

(2) 后面的轮齿齿顶线不可见,用虚线绘制,齿根线可见,用粗实线绘制。

(3) 啮合齿轮的两个分度圆相切,侧面图中,两分度线重合,只画一条线。

具体绘制过程如表6-8所示。

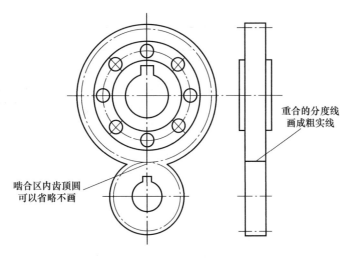

图 6 – 27　直齿圆柱齿轮啮合视图

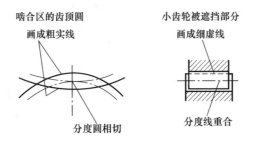

图 6 – 28　直齿圆柱齿轮啮合剖视图中轮齿的画法

## 任务实施

### 一、绘制单一直齿圆柱齿轮的视图

绘制直齿圆柱齿轮剖视图的步骤见表 6 – 8。

单个齿轮剖切画法

表 6 – 8　绘制直齿圆柱齿轮剖视图的步骤

| 绘图步骤 | 图例 |
|---|---|
| 1. 画齿轮中心线，定位辅助线<br>2. 画分度圆、分度线 | 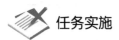 |

续表

| 绘图步骤 | 图例 |
|---|---|
| 3. 画齿顶圆、齿顶线 | |
| 4. 画齿根圆、齿根线<br>用粗实线绘制剖视图中的齿根线 | |
| 5. 画孔、键槽等<br>6. 画剖面线，齿面处不画剖面线<br>7. 检查校正 | |

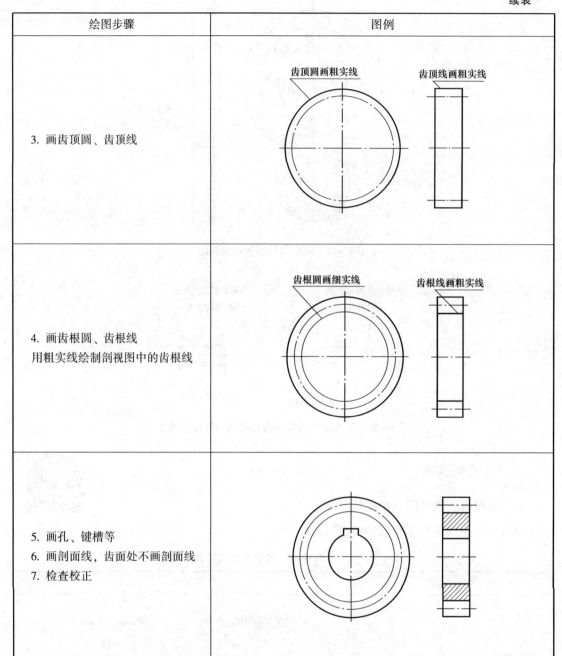

## 二、绘制直齿圆柱齿轮的啮合图

绘制一对互相啮合的直齿圆柱齿轮剖视图，其绘图步骤如表 6-9 所示。

啮合齿轮剖切画法

表 6-9 绘制互相啮合直齿圆柱齿轮剖视图的步骤

| 绘图步骤 | 图例 |
| --- | --- |
| 1. 画齿轮中心线，定位辅助线 | 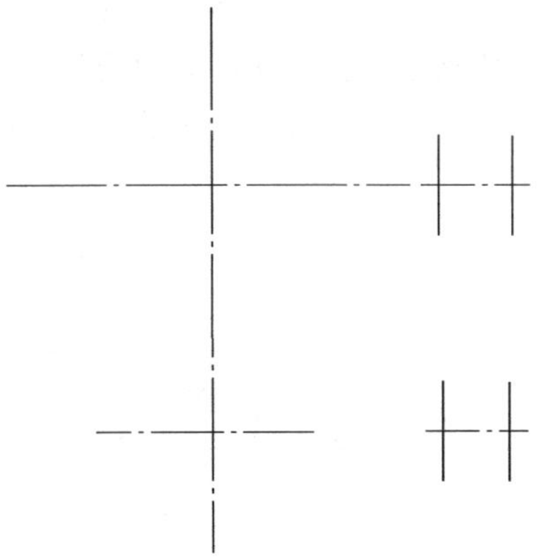 |
| 2. 画齿轮轮齿<br>端面图中齿顶圆相交，分度圆相切；侧面图中，两分度线重合 | 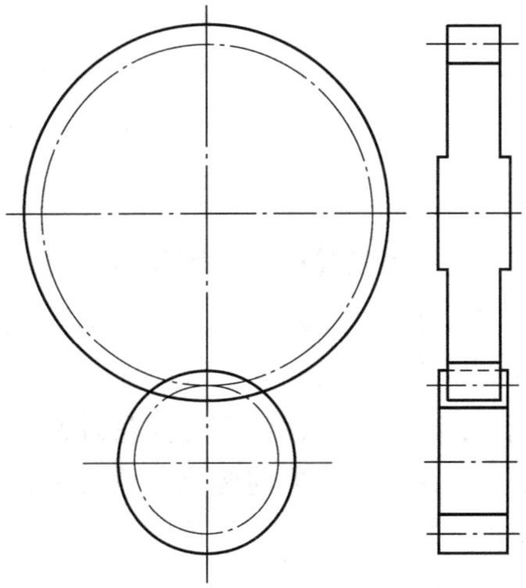 |
| 3. 画轮毂、辐板等，画剖面线<br>4. 检查校正 | 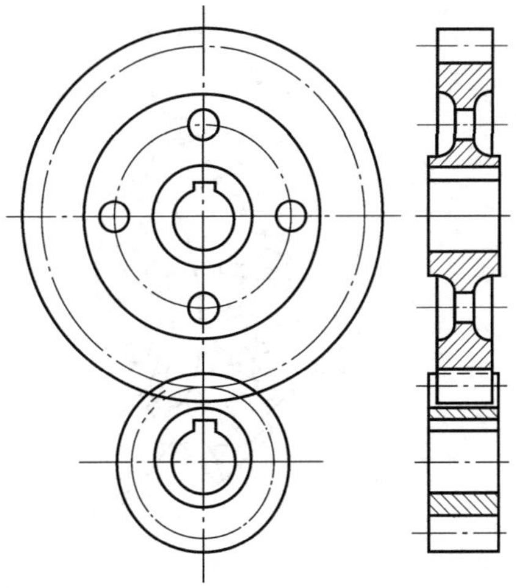 |

 知识拓展

## 一、斜齿轮和人字齿轮的画法

机械传动中,在传递轴向力的时候,可以采用斜齿轮和人字齿轮,这两种齿轮的画法与直齿轮相似,当需要表达齿轮的轮齿方向时,可在未剖处用三条平行的细实线表示轮齿的方向,如图6-29所示。

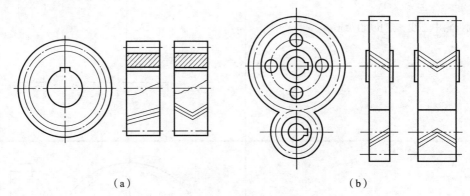

(a) (b)

**图6-29 斜齿轮和人字齿轮的画法**
(a) 单个齿轮;(b) 啮合图

## 二、读圆锥齿轮的零件图和啮合图

为了传递两相交轴(一般交角为90°)之间的回转运动,可在圆锥面上加工轮齿,这样形成的齿轮称为圆锥齿轮,如图6-30所示。由于圆锥齿轮的轮齿分布在圆锥面上,因此轮齿一端大,一端小,沿齿宽方向轮齿大小均不相同。轮齿全长上的模数、齿高等都不相同,它们的尺寸沿着齿宽方向变化,而大端的尺寸最大。大端模数为标准模数,圆锥齿轮分为直齿、斜齿、螺旋齿和人字齿等。

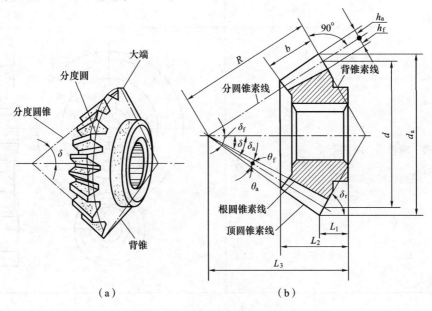

(a) (b)

**图6-30 圆锥齿轮各部分名称**

1. 直齿圆锥齿轮各部分的名称

在圆锥齿轮上，有关的名称和术语有：齿顶圆锥面（顶锥）、齿根圆锥面（根锥）、分度圆锥面（分锥）、背锥面（背锥）、前锥面（前锥）、分度圆锥角 $\delta$、齿高 $h$、齿顶高 $h_a$ 及齿根高 $h_f$ 等。

2. 直齿圆锥齿轮的画法

（1）单个直齿圆锥齿轮剖视图画法（图 6-31）。

单个直尺圆锥齿轮主视图常采用全剖视图，在投影为圆的视图中规定用粗实线画出大端和小端的齿顶圆，用细点划线画出大端分度圆。齿根及小端分度圆均不必画。

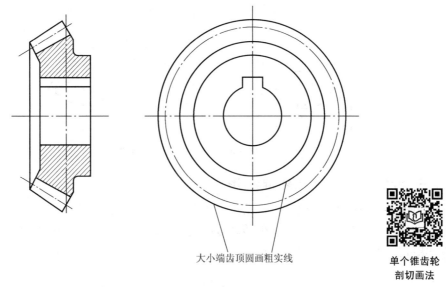

大小端齿顶圆画粗实线

单个锥齿轮
剖切画法

**图 6-31　单个圆锥齿轮画法**

（2）直齿圆锥齿轮的啮合图画法。

两圆锥齿轮啮合时，其锥顶交于一点，节圆（两分度圆锥）相切，两齿轮的节圆锥面相切处用细点划线画出。两圆锥齿轮啮合外形图如图 6-32 所示。

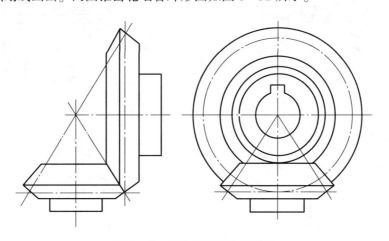

**图 6-32　圆锥齿轮啮合外形图**

（3）直齿圆锥齿轮的啮合图剖视图画法。

两圆锥齿轮啮合时，其锥顶交于一点，节圆（两分度圆锥）相切，在啮合区内将一个齿轮的齿顶线画成粗实线，而将另一个齿轮的齿顶线画成虚线或者省略不画，如图6-33所示。

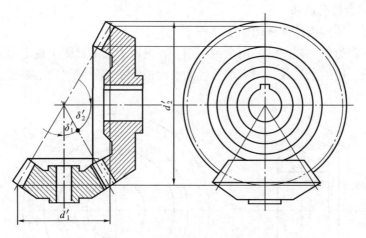

啮合锥齿轮剖切画法

图6-33 圆锥齿轮啮合剖视图

### 三、读蜗杆、蜗轮的视图和啮合图

如图6-34所示，蜗轮蜗杆传动主要用于垂直交叉两轴之间的传动，可以得到很高的传动比，且传动平稳，结构紧凑，但传动效率比齿轮低。在工作时，蜗轮、蜗杆传动常用于降速，蜗杆是主动件，蜗轮是从动件。

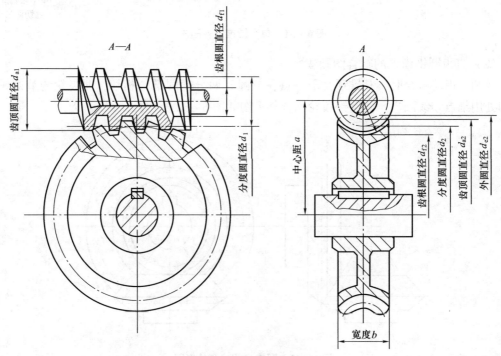

图6-34 蜗轮蜗杆传动

常见的蜗杆是圆柱形蜗杆，轮齿沿圆柱面上一条螺旋线运动即形成蜗杆。蜗轮蜗杆的齿向是螺旋形的，蜗轮（实际上是斜齿圆柱齿轮）的齿顶常制成凹环面，以增加它和蜗杆的接触面积，延长使用寿命。蜗杆是齿数较少的斜齿圆柱齿轮，其轴向剖面和梯形螺纹相似。蜗杆的齿数称为头数，相当于螺杆上螺纹的线数，有单头和多头之分。

1. 识读蜗杆的局部剖视图

蜗杆的形状类似于梯形螺杆，轴向剖面齿形为梯形，顶角为40°，在主视图上可以用局部剖视或局部放大图表示齿形，齿顶圆（齿顶线）用粗实线画出，分度圆（分度线）用细点划线画出，齿根圆（齿根线）用细实线画出或者省略不画，如图6-35所示。

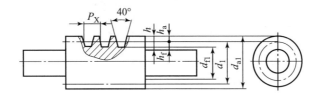

图6-35　蜗杆的局部剖视图

2. 识读蜗轮的剖视图

蜗轮的画法与圆柱齿轮基本相同，其主视图一般画成全剖视图，其齿顶圆、齿根圆和分度圆都是圆环面，如图6-36所示。在投影为圆的视图中，轮齿部分只需画出分度圆和齿顶圆，其他圆可省略不画，其他结构形状按投影绘制。

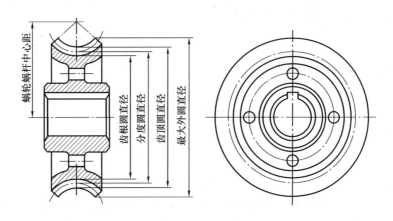

图6-36　蜗轮的剖视图

3. 识读蜗轮蜗杆啮合图

相互啮合的蜗轮蜗杆，其模数必须相同。蜗轮蜗杆啮合的外形图如图6-37（a）所示，在蜗轮投影为非圆的视图上，蜗轮与蜗杆重合的部分，只画蜗杆不画蜗轮。在蜗轮投影为圆的视图上，蜗杆的节线与蜗轮的节圆画成相切，在啮合区内的蜗轮最大外圆和蜗杆齿顶线都用粗实线绘制。如图6-37（b）所示，在剖视图中，在蜗轮投影为圆的视图上，蜗轮蜗杆在啮合区内的齿顶圆（或齿顶线）均可省略不画。

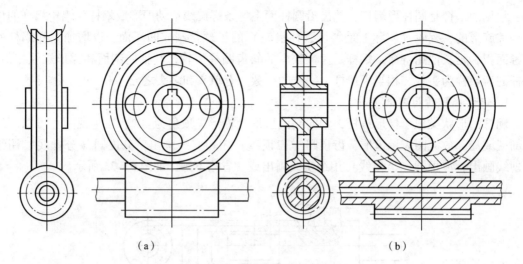

图 6-37 蜗杆蜗轮的啮合画法

(a) 外形图；(b) 剖视图

如何绘制一对标准直齿圆柱齿轮的啮合图？已知条件：$m = 4$ mm，$z_1 = 20$ mm，$z_2 = 40$ mm。

## 课题三 识绘键、销零件图

**任务 1 绘制普通平键的连接图**

观察图 6-38 所示普通平键连接，并绘制平键连接的装配画法。

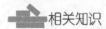

观察 6-38（e）键连接图，键将轴上零件和轴连接在一起，传递运动和动力。键是什么样的？都有哪些类别？在装配图中表达键连接时有什么特殊的规定呢？

相关知识

### 一、键的种类和形状

键连接由键、轴和轮毂组成，其作用是实现轴和轴上零件（如联轴器、带轮、齿轮等）之间的周向固定，以传递转矩和运动。有的还能实现轴上零件的轴向固定和轴向滑动。在汽车及其他机械中有广泛的应用。

键是标准件，其大小要根据轴径的大小按标准选取，轮毂上的键槽一般是用插刀在插床上加工的，轴上的键槽一般在铣床上加工。键槽的尺寸应与键的尺寸相一致，键槽的深度要按照标准查表确定。键槽的加工方法见图 6-38（b）和 6-38（c）。

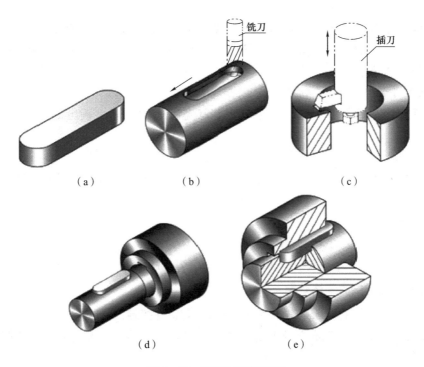

图 6-38 普通平键的连接

键的种类很多,可分为平键、半圆键、楔键、切向键、花键等几类。

平键用途最广,根据用途不同,平键可分为普通平键、导向平键和滑键三种。其中普通平键用于静连接,导向平键和滑键用于动连接。如图 6-38 所示即为普通平键。

普通平键在工作时,两个侧面和底面与其他零件接触,是依靠侧面传递扭矩,所以只能传递周向力,不能传递轴向力,因此在装配时,它的两侧必须要有一定的过盈量。为了装配顺利,平键的上表面与轮毂键槽底面之间应留有一定的间隙。

普通平键根据其头部结构的不同可以分为圆头普通平键(A 型)、平头普通平键(B 型)和单圆头普通平键(C 型)三种型式,如图 6-39 所示。

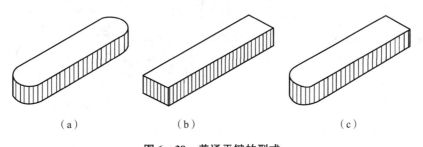

图 6-39 普通平键的型式
(a) A 型;(b) B 型;(c) C 型

## 二、普通平键的标记与尺寸

1. 普通平键的标记

普通平键的标记规定:标准编号　名称　$b \times h \times l$

标记示例:GB/T 1096　键　$16 \times 10 \times 100$

该标记表示：宽度 $b=16$ mm，高度 $h=10$ mm，长度 $l=100$ mm 的圆头普通平键。
"GB/T 1096　键 B　16×10×100"和"GB/T 1096　键 C　16×10×100"则分别表示 B 型和 C 型普通平键。

2. 其他尺寸计算

现有一键连接，轴径 $d=15$ mm，齿轮的齿坯宽度 $B=18$ mm，确定键及键槽尺寸，绘制连接图。

查附表可知：

键的尺寸：选用 A 型普通平键，宽度 $b=5$ mm、高度 $h=5$ mm，根据齿坯宽度可选用 $l=15$ mm。

轴上的键槽尺寸：$t_1=3$ mm。

齿轮上的键槽尺寸：$t_2=2.3$ mm。

计算有关尺寸：$d-t_1=15-3=12$（mm），$d+t_2=15+2.3=17.3$（mm）。

### 三、普通平键连接的画法规定

（1）由于普通平键的侧面是工作表面，连接时与键槽接触，所以绘制时侧面只画一条线；

（2）键在安装时应首先嵌在轴上的键槽中，因此键与轴上的键槽的底面之间也是接触面，应画一条轮廓线；

（3）键的上表面与轮毂上键槽的底面之间，应画两条轮廓线；

（4）纵向剖切键时，键做不剖处理，横向剖切时，键的断面上要画剖面线。

具体画法见表 6-10。

 任务实施

绘制键连接装配图的步骤见表 6-10。

键连接

表 6-10　绘制键连接装配图的步骤

| 绘图步骤 | 图例 |
| --- | --- |
| 1. 画出轴上键槽的局部视图。齿轮剖视图，轴孔的局部视图 | |
| 2. 将键装入轴上，画键和轴连接图，注意键侧面与键槽侧面接触，只画一条线。注意键的纵向和横向的两种剖法，及其剖面线的方向 | |

续表

| 绘图步骤 | 图例 |
|---|---|
| 3. 将齿轮装上，画出轴、键、齿轮连接图，注意键的上表面和齿轮键槽的底部不接触，应画两条线<br>4. 整理图形，加粗图线 | |

## 知识拓展

### 一、键的其他类型

1. 半圆键连接

半圆键连接的工作原理与平键连接相同。轴上键槽呈半圆形，用与半圆键半径相同的盘状铣刀铣出，因此半圆键在锥形轴与轮毂的连接中，可摆动以适应锥形轮毂槽底面的斜度（图6-40）。半圆键连接在工作时，和平键一样，也是依靠侧面传递扭矩的。

2. 楔键连接

楔键的上表面有1∶100的斜度，轮毂键槽底面也有1∶100的斜度。装配后，键楔紧于轴槽和毂槽之间。键的上、

图6-40 半圆键连接

下表面是工作面，绘制时上、下表面与槽底接触，画一条线，两侧面不接触画两条线，如图6-41（b）所示。

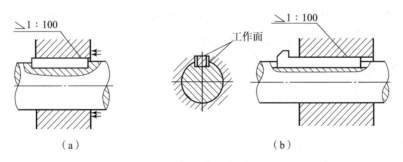

图6-41 楔键连接
(a) 普通楔键；(b) 钩头楔键

3. 切向键连接

切向键由两个斜度为1∶100的楔键组成（图6-42）。装配时两键以其两个斜面相对，

分别从轮毂两端打入，使之共同楔紧在轴与轮毂的键槽内。两键合并后，上、下两面为工作面，画法规定同楔键连接。一对切向键只能单向转动，若要双向转动，需用两个互呈120°分布的切向键。

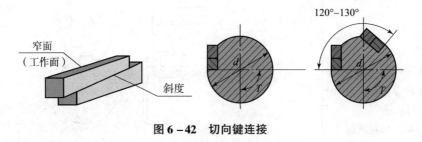

图 6-42 切向键连接

**任务2 识读销连接装配画法**

如图 6-43 所示，识读装配图样中销的标记，并识读销连接的画法。

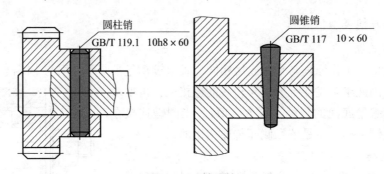

图 6-43 销连接

装配图样中经常出现销连接，什么是销连接？有什么功能？如何识读它？在常用的机械图样中销连接的视图、剖视图是如何表达的呢？

相关知识

**一、销的基础常识**

1. 销的作用

销是连接件，常用35、45钢制作，其作用主要表现在三个方面：

（1）定位：用来确定零件之间的相对位置，起定位作用；

（2）连接：可用于轴与轮毂的连接，可以传递不大的载荷；

（3）过载保护：可作为安全装置中的过载剪断元件，若过载，则销断裂，起到保护其他零部件的作用。

2. 销的分类

根据销的作用不同、销与销孔的配合精度不同及使用情况不同，可以选用各种类型的销。

常用的销有圆柱销、圆锥销和开口销等，如图6-44所示。

(a) (b) (c)

图6-44 常用销

(a) 圆柱销；(b) 圆锥销；(c) 开口销

圆柱销和圆锥销是两种基本类型，这两类销均已标准化。

圆柱销利用微量过盈固定在销孔中，经过多次装拆后，连接的紧固性及精度降低，故只宜用于不常拆卸处。

圆锥销有1∶50的锥度，装拆比圆柱销方便，多次装拆对连接的紧固性及定位精度影响较小，因此应用广泛，圆锥销的销孔分属两个零件，为保证装配精度，应配合在一起同时加工，圆锥销孔的直径是指圆锥销的小端直径，标注销孔小端尺寸。

开口销是一种防松零件，常用来防止螺母松动或固定其他零件，与六角开槽螺母（GB/T 6178—1986）配合使用，把开口销穿过螺母的凹槽和螺栓的销孔，最后将开口销的长、短两尾端扳开，从而固定螺母和螺栓的相对位置，使螺母不能转动而起到防松作用。

3. 销的标记

销是标准件，其标记方法包含名称、标准编号、形式与尺寸等，如表6-11所示。

表6-11 销的图示与标记

| 名称及标准 | 主要尺寸 | 标记 |
| --- | --- | --- |
| 圆柱销<br>GB/T 119.1—2000 | | 销 GB/T 119.1—2000 $d \times l$ |
| 圆锥销<br>GB/T 117—2000 | | 销 GB/T 117—2000 $d \times l$ |

二、销的画法规定

（1）销与销孔在侧面都是接触关系，故绘制时，只画一条轮廓线；

（2）在装配图中，当剖切平面通过销的轴线时，销按照未剖切绘制；当剖切平面垂直于销的轴线时，销要剖切绘制；

（3）销孔在零件图上的标注常采用旁标法。

（4）由于销在连接中起定位作用，因此销与上、下两零件的销孔接触是否紧密，直接影响到定位的精确性，所以上下两零件的销孔应在配合好后一起钻铰，如表6-12所示。

## 任务实施

### 一、识读销的标记

如图 6-43 中所示销的标记：

**例1**　圆柱销　GB/T 119.1 10h8×60

查标准可知，此标记表示公称直径 $d=10$ mm、公差为 h8，公称长度 $l=60$ mm，材料为钢，不淬火，不经表面处理的圆柱销。

**例2**　圆锥销　GB/T 117 10×60

查标准可知，此标记表示公称直径 $d=10$ mm，长度 $l=60$ mm，材料为35钢，热处理硬度为 HRC 28～38，表面氧化处理的 A 型圆锥销。

### 二、识读销连接的装配画法

销连接的装配画法及销孔标注如表 6-12 所示。

表 6-12　销连接的装配画法及销孔标注

| 画法及标注 | 图例 |
|---|---|
| 1. 画销和零件连接<br>（1）被连接件互相接触，只画一条线；<br>（2）销与被连接件之间紧密接触，只画一条线 | |
| 2. 销孔的标注<br>$\phi 5$ 指的是圆锥销的小端直径，上下孔配作 | |

## 课题四　识读滚动轴承连接图

### 任务　认识常用滚动轴承及其画法

轴承是承载轴及轴上零件转动的部件，不同的受力，对轴承也有不同的要求。如图 6-45 所示的几组轴承，辨别它们结构有何相似之处？又有何不同之处？分析它们的作用、受力特点以及使用场合,并识读它们的几种不同画法。

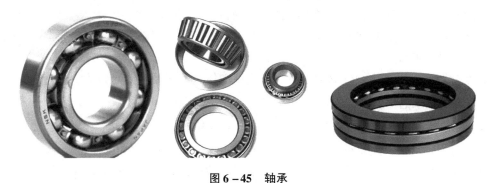

图 6-45 轴承

### 任务分析

观察如图 6-45 所示的几种轴承,可以发现它们都是由两个钢圈夹一圈滚动体组成的,钢圈和滚动体之间可以相对转动。不同之处在于它们的内外结构不一样,滚动体形状也不一样,由此可以断定,它们所能承受的载荷方向和大小都是不同的,所以其工作场合也是不同的。在常用的机械图样中不同类型的滚动轴承的视图、剖视图是如何表达的呢?

### 相关知识

滚动轴承是一种支撑转动轴的装配件。主要用于轴和壳体之间的支撑连接,由于它能大大减小轴与孔之间的摩擦力,而得到广泛应用。因为轴承属于常用件,所以国标中对它的结构和画法有统一的规定。

一、滚动轴承的结构

滚动轴承种类很多,但结构相似,一般由四部分组成,如图 6-46 所示。

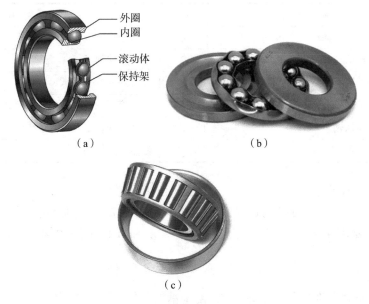

图 6-46 滚动轴承的结构

1. 外圈——装在机体或轴承座内,一般固定不动。
2. 内圈——装在轴上,与轴过盈配合且随轴转动。
3. 滚动体——装在内外圈之间的滚道中,形状有球形、圆柱形、圆锥形等,助于内、外圈之间的相对转动。
4. 保持架——用来均匀分隔滚动体,防止滚动体之间相互摩擦与碰撞、脱落。

## 二、滚动轴承的类型

滚动轴承按承受载荷的方向不同,可分为以下三种类型:

(1) 向心轴承——主要承受径向载荷,如深沟球轴承,如图6-46(a)所示。
(2) 推力轴承——只承受轴向载荷,如推力球轴承,如图6-46(b)所示。
(3) 向心推力轴承——同时承受轴向和径向载荷,如圆锥滚子轴承,如图6-46(c)所示。

## 三、滚动轴承的代号

滚动轴承的代号一般打印在轴承的端面上,由基本代号、前置代号和后置代号三部分组成,排列顺序如下:

$$\boxed{前置代号}\quad\boxed{基本代号}\quad\boxed{后置代号}$$

### (一) 基本代号

基本代号表示滚动轴承的基本类型、结构及尺寸,是滚动轴承代号的基础。基本代号由轴承类型代号、尺寸系列代号和内径代号构成(滚针轴承除外),其排列顺序如下:

$$\boxed{类型代号}\quad\boxed{尺寸系列代号}\quad\boxed{内径代号}$$

1. 类型代号

轴承类型代号用阿拉伯数字或大写拉丁字母表示。类型代号如表6-13所示。

表6-13 滚动轴承类型代号(摘自 GB/T 272—2017)

| 代号 | 轴承类型 | 代号 | 轴承类型 |
|---|---|---|---|
| 0 | 双列角接触球轴承 | 6 | 深沟球轴承 |
| 1 | 调心球轴承 | 7 | 角接触球轴承 |
| 2 | 调心滚子轴承和推力调心滚子轴承 | 8 | 推力圆柱滚子轴承 |
| 3 | 圆锥滚子轴承 | N | 圆柱滚子轴承(双列或多列用字母 NN 表示) |
| 4 | 双列深沟球轴承 | U | 外球面球轴承 |
| 5 | 推力球轴承 | QJ | 四点接触球轴承 |

2. 尺寸系列代号

尺寸系列代号由滚动轴承的宽(高)度系列代号和直径系列代号组合而成,用两位数字表示。它主要用来区别内径相同而宽(高)度和外径不同的轴承。详细情况请查表6-14。

3. 内径代号

内径代号表示滚动轴承的内圈孔径,是轴承的公称内径,用两位数表示。

当代号数字为00、01、02、03时,分别表示内径 $d = 10$、12、15、17 mm。

表 6–14 滚动轴承的主要尺寸表

| | 深沟球轴承 | | | | 圆锥滚子轴承 | | | | | | 推力球轴承 | | | |
|---|---|---|---|---|---|---|---|---|---|---|---|---|---|---|

标记示例：
滚动轴承 6308 GB/T 276　　　　滚动轴承 30209 GB/T 297　　　　滚动轴承 51205 GB/T 301

| 轴承型号 | d | D | B | 轴承型号 | d | D | B | C | T | 轴承型号 | d | D | B | $d_{1\min}$ |
|---|---|---|---|---|---|---|---|---|---|---|---|---|---|---|
| 尺寸系列 (02) | | | | 尺寸系列 (02) | | | | | | 尺寸系列 (02) | | | | |
| 6202 | 15 | 35 | 11 | 30203 | 17 | 40 | 12 | 11 | 13.25 | 51202 | 15 | 32 | 12 | 17 |
| 6203 | 17 | 40 | 12 | 30204 | 20 | 47 | 14 | 12 | 15.25 | 51203 | 17 | 35 | 12 | 19 |
| 6204 | 20 | 47 | 14 | 30205 | 25 | 52 | 15 | 13 | 16.25 | 51204 | 20 | 40 | 14 | 22 |
| 6205 | 25 | 52 | 15 | 30206 | 30 | 62 | 16 | 14 | 17.25 | 51205 | 25 | 47 | 15 | 27 |
| 6206 | 30 | 62 | 16 | 30207 | 35 | 72 | 17 | 15 | 18.25 | 51206 | 30 | 52 | 16 | 32 |
| 6207 | 35 | 72 | 17 | 30208 | 40 | 80 | 18 | 16 | 19.75 | 51207 | 35 | 62 | 18 | 37 |
| 6208 | 40 | 80 | 18 | 30209 | 45 | 85 | 19 | 16 | 20.75 | 51208 | 40 | 68 | 19 | 42 |
| 6209 | 45 | 85 | 19 | 30210 | 50 | 90 | 20 | 17 | 21.75 | 51209 | 45 | 73 | 20 | 47 |
| 6210 | 50 | 90 | 20 | 30211 | 55 | 100 | 21 | 18 | 22.75 | 51210 | 50 | 78 | 22 | 52 |
| 6211 | 55 | 100 | 21 | 30212 | 60 | 110 | 22 | 19 | 23.75 | 51211 | 55 | 90 | 25 | 57 |
| 6212 | 60 | 110 | 22 | 30213 | 65 | 120 | 23 | 20 | 24.75 | 51212 | 60 | 95 | 26 | 62 |
| 尺寸系列 (03) | | | | 尺寸系列 (03) | | | | | | 尺寸系列 (03) | | | | |
| 6302 | 15 | 42 | 13 | 30302 | 15 | 42 | 13 | 11 | 14.25 | 51304 | 20 | 47 | 18 | 22 |
| 6303 | 17 | 47 | 14 | 30303 | 17 | 47 | 14 | 12 | 15.25 | 51305 | 25 | 52 | 18 | 27 |
| 6304 | 20 | 52 | 15 | 30304 | 20 | 52 | 15 | 13 | 16.25 | 51306 | 30 | 60 | 21 | 32 |
| 6305 | 25 | 62 | 17 | 30305 | 25 | 62 | 17 | 15 | 18.25 | 51307 | 35 | 68 | 24 | 37 |
| 6306 | 30 | 72 | 19 | 30306 | 30 | 72 | 19 | 16 | 20.75 | 51308 | 40 | 78 | 26 | 42 |
| 6307 | 35 | 80 | 21 | 30307 | 35 | 80 | 21 | 18 | 22.75 | 51309 | 45 | 85 | 28 | 47 |
| 6308 | 40 | 90 | 23 | 30308 | 40 | 90 | 23 | 20 | 25.25 | 51310 | 50 | 95 | 31 | 52 |
| 6309 | 45 | 100 | 25 | 30309 | 45 | 100 | 25 | 22 | 27.25 | 51311 | 55 | 105 | 35 | 57 |
| 6310 | 50 | 110 | 27 | 30310 | 50 | 110 | 27 | 23 | 29.25 | 51312 | 60 | 110 | 35 | 62 |
| 6311 | 55 | 120 | 29 | 30311 | 55 | 120 | 29 | 25 | 31.5 | 51313 | 65 | 115 | 36 | 67 |
| 6312 | 60 | 130 | 31 | 30312 | 60 | 130 | 31 | 26 | 33.5 | 51314 | 70 | 125 | 40 | 72 |

当代号数字为 04 到 99 时，代号数字乘以"5"，即为轴承内径。

**（二）前置代号和后置代号**

前置代号和后置代号是轴承在结构形状、尺寸、公差、技术要求等有改变时，在其基本代号左、右添加的补充代号。具体情况可查阅有关国家标准。

滚动轴承的主要外形尺寸包括：外径 $D$、内径 $d$、宽度 $B$，数值可由标准中查得，见表 6-14。

**四、滚动轴承的画法**

国家标准 GB/T 4459.7—2017 对滚动轴承的画法作了统一规定，不必画出各组成部分的零件图，在装配图上，只需根据轴承的几个主要外形尺寸画出轮廓，轮廓内用规定画法或特征画法绘制。

1. 通用画法

在装配体的剖视图中，当不需要确切地表示滚动轴承的外形轮廓、载荷特性、结构特征时，轴承不必剖开，仅用矩形线框以及位于线框中央正立的十字形符号来表示，矩形线框和十字形符号均用粗实线绘制，十字形符号不应与矩形线框接触。如表 6-15 所示。

2. 特征画法

在装配体的剖视图中，如果需要比较形象地表示滚动轴承的结构特征时，可采用在矩形线框内画出其结构要素符号的方法表示。特征画法的矩形线框、结构要素符号均用粗实线绘制，注意结构要素的符号与承载力的关系，承载力大的方向，表示承载面的粗实线要画长一些。如表 6-16 所示。

3. 规定画法

滚动轴承的产品图样、产品标准和产品使用说明书中可采用规定画法绘制。采用规定画法绘制滚动轴承的剖视图时，轴承的滚动体不画剖面线，其各套圈等可画成方向和间隔相同的剖面线，滚动轴承的保持架及倒角等可省略不画。规定画法一般绘制在轴的一侧，另一侧按通用画法绘制。规定画法中各种符号、矩形线框和轮廓线均用粗实线绘制。如表 6-16 所示。

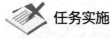 **任务实施**

**一、识读滚动轴承的标记**

滚动轴承的标记形式为：

       名称  轴承代号  标准标号

标记示例：滚动轴承 6208 GB/T 276—1994 。

"GB/T 276—1994"是滚动轴承的国家标准代号。

查表 6-13 可知：

6208 是滚动轴承的代号。

6——表示类型代号，为深沟球轴承。

2——表示尺寸系列代号，宽度系列代号 0 省略，直径系列代号为 2。

08——表示内径代号，$d = 8 \times 5 = 40$（mm）。

查表 6-14 可得该滚动轴承的其他有关尺寸，$D = 80$ mm，$B = 18$ mm。

## 二、滚动轴承的画法

滚动轴承的通用画法见表6-15。

表6-15 滚动轴承的通用画法

滚动轴承的特征画法和规定画法见表6-16。

表6-16 滚动轴承的特征画法和规定画法

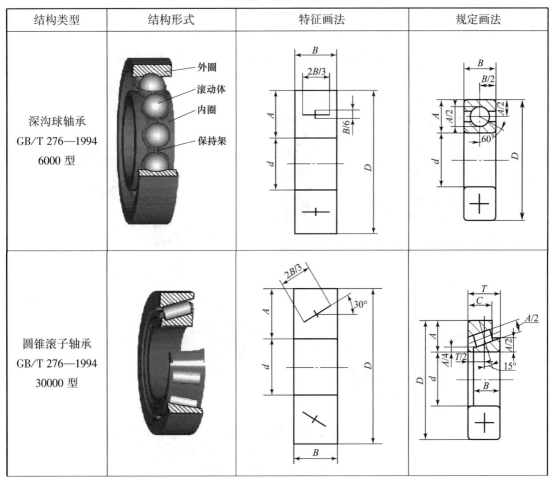

续表

| 结构类型 | 结构形式 | 特征画法 | 规定画法 |
|---|---|---|---|
| 推力球轴承<br>GB/T 301—1995<br>51000 型 | | | |

### 课题五 绘制弹簧的视图

绘制弹簧

**任务 绘制弹簧的视图**

识别如图 6-47 中所示的多种不同类型的弹簧，并绘制圆柱螺旋压缩弹簧。

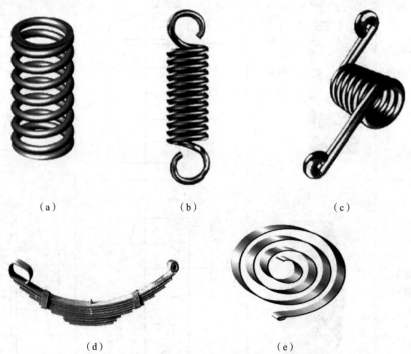

图 6-47 常用弹簧类型
(a) 压缩弹簧；(b) 拉伸弹簧；(c) 扭力弹簧；
(d) 板弹簧；(e) 平面涡卷弹簧

任务分析

如图6-47所示弹簧，因为功能不同而形态各异，种类不同，使用较多的是圆柱螺旋弹簧，由于圆柱螺旋压缩弹簧最为常用，因此已经是标准化的产品，在GB/T 2089—2009中对其标记作了规定，绘制时应按规定画出其特征。

相关知识

弹簧是机械、电器设备中一种常用的零件，主要用于减震、夹紧、储存能量和测力等，在机械设备中起到不可忽视的作用。圆柱螺旋压缩弹簧也是标准件，其各部分名称及参数如下所示。

1. 圆柱螺旋压缩弹簧各部分的名称及尺寸计算

(1) 簧丝直径 $d$——制造弹簧所用金属丝的直径。

(2) 弹簧外径 $D$——弹簧的最大直径。

(3) 弹簧内径 $D_1$——弹簧的内孔直径，即弹簧的最小直径，$D_1 = D - 2d$。

(4) 弹簧中径 $D_2$——弹簧轴剖面内簧丝中心所在柱面的直径，既弹簧的平均直径，$D_2 = (D + D_1)/2 = D_1 + d = D - d$。

(5) 有效圈数 $n$——保持相等节距且参与工作的圈数。

(6) 支承圈数 $n_2$——为了使弹簧工作平衡，端面受力均匀，制造时将弹簧两端的 $\frac{3}{4}$ 至 $1\frac{1}{4}$ 圈压紧靠实，并磨出支承平面。这些圈主要起支承作用，所以称为支承圈。支承圈数 $n_2$ 表示两端支承圈数的总和。一般有1.5、2、2.5圈三种。

(7) 总圈数 $n_1$——有效数和支承圈数的总和，即 $n_1 = n + n_2$。

(8) 节距 $t$——相邻两有效圈上对应点间的轴向距离。

(9) 自由高度 $H_0$——未受载荷作用时的弹簧高度（或长度），$H_0 = nt + (n_2 - 0.5)d$。

(10) 弹簧的展开长度 $L$——制造弹簧时所需的金属丝长度，$L \approx n_1 \sqrt{(\pi D_2)^2 + t^2}$。

(11) 旋向——与螺旋线的旋向意义相同，分为左旋和右旋两种。

2. 圆柱螺旋压缩弹簧的画法（GB/T 4459.4—2003）

(1) 弹簧在平行于轴线投影面上的视图中，各圈的轮廓不必按螺旋线真实投影画出，而是用直线来代替螺旋线的投影。

(2) 螺旋弹簧均可画成右旋，对必须保证的旋向要求应在"技术要求"中注明。

(3) 有效圈数在4圈以上的螺旋弹簧，中间各圈可以省略，只画出其两端的1~2圈（不包括支承圈），中间只需用通过弹簧钢丝断面中心的细点画线连起来。省略后，允许适当缩短图形的长度，但应注明弹簧设计要求的自由高度。

(4) 在装配图中，螺旋弹簧被剖切后，不论中间各圈是否省略，被弹簧挡住的结构一般不画，其可见部分应从弹簧的外轮廓线或弹簧钢丝剖面的中心线画起。

(5) 在装配图中，当弹簧钢丝的直径在图上小于等于2 mm时，螺旋弹簧允许用图6-48所示的示意画法表示。当弹簧被剖切时，也可用涂黑表示，如图6-48（b）所示。

## 任务实施

### 一、绘制单个圆柱螺旋压缩弹簧

单个圆柱螺旋压缩弹簧的画法如表 6-17 所示。

表 6-17 单个圆柱螺旋压缩弹簧的画法

| 绘图步骤 | 图例 | 方法说明 |
|---|---|---|
| 1. 画中心线、定位辅助线 | | 根据自由高度 $H_0$ 和弹簧的中径 $D_2$，画出长方形 |
| 2. 画支承圈部分 | | 根据材料直径 $d$ 画出支承圈部分 |
| 3. 画出断面圆 | | 根据节距 $t$ 一次画出左右各断面圆 |

续表

| 绘图步骤 | 图例 | 方法说明 |
|---|---|---|
| 4. 剖视图绘制完成 | 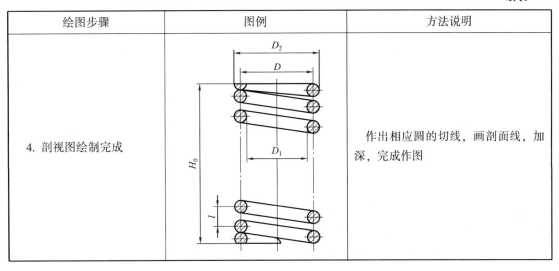 | 作出相应圆的切线，画剖面线，加深，完成作图 |

## 二、装配图中圆柱螺旋压缩弹簧的画法

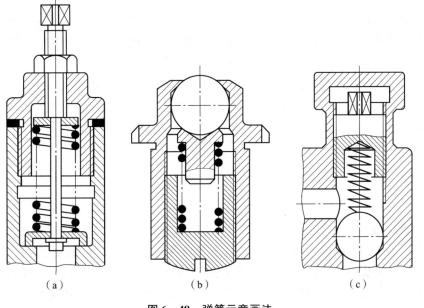

(a)　　　　　　(b)　　　　　　(c)

图 6–48　弹簧示意画法

# 项目七
## 识读零件图

任何一台机器或一个部件都是由若干零件装配而成,制造机器首先要依据零件图加工零件。零件图是制造和检验零件的主要依据。本项目主要讨论识读和绘制零件图的基本方法,并简要介绍零件图上标注尺寸的合理性、零件工艺结构以及技术要求等内容。

## 课题一 认识零件图

在设计或测绘机器时,首先要绘制装配图,再拆画零件图,零件加工完后再按装配图将零件装配成机器或部件。因此,零件与部件、零件图与装配图之间的关系十分密切。

学习本项目内容时应注意:在识读或绘制零件图时,要考虑零件在部件中的位置、作用,以及与其他零件间的装配关系,从而理解各个零件的结构形状和加工方法;在识读或绘制装配图时(项目八中讲述),也必须了解部件中主要零件的结构形状和作用,以及各零件间的装配关系。

认识图7-1所示轴承座零件图。

零件图是表达零件结构、尺寸及技术要求等内容的图样,工人会依据零件图进行分析,制定加工工艺,完成对它的加工。零件图既是零件的加工依据,也是检验零件的重要技术文件。因此零件图的信息必须正确、完整、清晰、合理,那么,为了发挥这些作用,一张完整的零件图应该包括哪些内容呢?

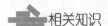

### 一、零件图的内容

零件图是生产中指导加工和检验该零件的主要图样,它不仅仅是把零件的内、外结构形状和大小表达清楚,还需要对零件的材料、加工、检验、测量提出必要的技术要求。零件图必须包含加工和检验零件的全部技术资料。因此,一张完整的零件图一般应包括以下几项内容。

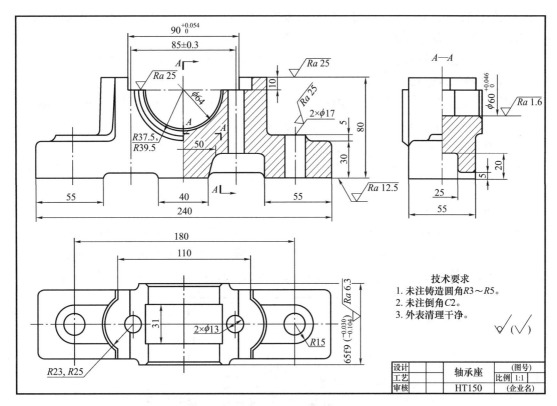

图 7-1 轴承座零件图

1. 一组图形

选用一组适当的图形（如视图、剖视图、断面图等），正确、完整、清晰地表达出零件的各部分形状和结构。

2. 完整的尺寸

正确、完整、清晰、合理地标注零件在加工和检验时所需要的全部尺寸。

3. 技术要求

机器在工作时需要零件满足什么条件，达到什么技术标准，那么零件在加工过程中就应该按照这个标准来加工，所以在绘制零件图时，需要在图纸中进行说明。这种用符号或文字来说明的零件在加工、检验等过程中应达到的技术标准，如表面粗糙度、尺寸公差、几何公差、热处理要求等，称为技术要求。技术要求的符号需要标注在图样上，如表面粗糙度、尺寸公差、几何公差等，技术要求的文字一般注写在标题栏上方图纸空白处，如热处理要求或表面处理要求等。

4. 标题栏

标题栏位于图纸的右下角，应填写零件的名称、材料、数量、绘图比例、生产厂家、图号，以及设计、描图、审核人的签字、日期等各项内容。

二、零件视图的选择

零件视图的选择，应首先考虑看图方便。根据零件的结构特点，选用适当的表达方法。由于零件的结构形状是多种多样的，所以在绘制图样时，应对零件进行结构形状分析，结合零件的工作位置和加工位置，选择最能反映零件形状特征的视图作为主视图，并选好其他视图，以确定最佳的表达方案。

选择表达方案的原则是：在完整、清晰地表达零件形状的前提下，力求制图简便。

**（一）主视图的选择**

主视图是表达零件的一组图形中的核心，在选择主视图时，一般应按以下两方面综合考虑，一是零件的摆放位置，二是零件的投射方向。

1. 零件的摆放位置

零件的摆放位置应合理，所谓"位置合理"通常是指应符合零件的加工位置原则和工作位置原则。

（1）加工位置原则。

加工位置是零件加工时在机床上的装夹位置。主视图应尽量表示零件在机床上加工时所处的位置。这样在加工时可以图物对照，既便于看图和测量尺寸，又可减少差错。回转类零件，如轴套类或盘盖类零件，不论其工作位置如何，一般都按其轴线水平放置，如图7-2所示。

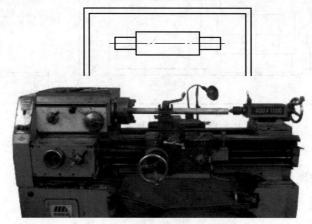

图7-2　回转类零件的加工位置

（2）工作位置原则。

工作位置是零件在机器中安装和工作时的位置。主视图的位置和工作位置一致，便于想象零件的工作状况，有利于阅读图样，如图7-3所示。

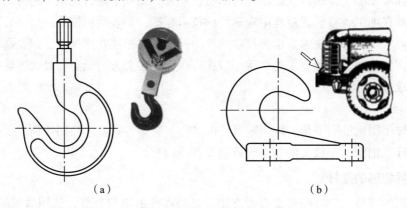

图7-3　零件的工作位置
(a) 吊钩；(b) 汽车拖钩

(3) 自然安放位置原则。

对于箱体类、座体、支座等非回转类零件，应考虑取放置平稳的自然安放位置来作图。

(4) 重要几何要素水平、垂直安放原则。

在机器中常有一些不规则零件，如叉架类零件等，其加工位置、工作位置会发生变化，有的无法自然安放，这时可将其重要的轴线、平面等几何要素水平或垂直放置。

2. 零件的投射方向

选择主视图时，零件的摆放位置确定好以后，再确定主视图的投射方向。

选择投影方向时，应遵循形状特征原则，也就是使主视图最能反映零件的形状特征，即在主视图上尽量多地反映出零件内外结构形状及它们之间的相对位置关系。形状特征原则是选择主视图投影方向的依据。如图7-4所示轴的主视图选择。

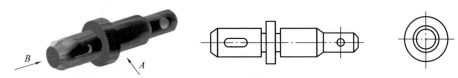

图7-4 轴的主视图选择

### (二) 其他视图的选择

主视图确定后，对其表达未尽的部分，再选择其他视图予以完善表达。其他视图是对零件主视图的补充。

(1) 根据零件的复杂程度及内、外结构形状，全面地考虑还应需要的其他视图，每个视图都要有表达重点，做到各视图互相配合、互为补充且又不重复。在充分表达清楚零件结构形状的前提下，尽量减少其他视图的数量，力求制图简便。

(2) 零件的主要结构和主要形状应优先考虑采用基本视图，当有内部结构时应尽量在基本视图上作剖视；而次要结构、细节、局部形状和倾斜部分结构可用局部视图、局部放大图、断面图等表达，且尽可能按投影关系就近配置。

(3) 视图中零件形状要按照正确、完整、清晰、简便的要求来表达，并进一步综合、比较、调整、完善，选出最佳的表达方案。

### 三、典型零件的表达方案

零件的种类繁多，在机械工程行业中常根据其几何特征及作用将零件分成四类：轴套类零件、盘盖类零件、叉架类零件和箱体类零件（图7-5）。由于同一类零件在其视图表达、尺寸注写、技术要求甚至加工工艺流程的制定上存在着许多共性，因此对零件进行归类，一方面有利于设计工程师图示设计意图，另一方面又有利于工艺设计师制定工艺文件。

1. 轴套类

结构特点：主体结构是同轴回转体，并且轴向尺寸远大于径向尺寸，在沿轴线方向通常有轴肩、倒角、螺纹、退刀槽、键槽、销孔、螺纹孔等结构要素。

功能：主要用来支承传动零件和传递动力。

加工方法：以车床加工为主，装夹时零件轴线水平放置。

表达特点：主体结构只需一个基本视图。再根据各部分结构特点，选用断面图、局部放大图等来表达一些小结构（退刀槽、键槽、越程槽、中心孔）。

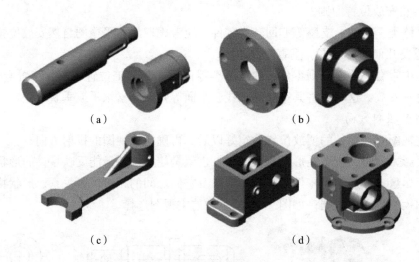

**图 7-5 常见零件的分类**
(a) 轴套类零件；(b) 盘盖类零件；(c) 叉架类零件；(d) 箱体类零件

尺寸标注分析：轴的径向尺寸基准是轴的轴线。

2. 盘盖类

结构特点：主体结构是同轴回转体，并且轴向尺寸远小于径向尺寸。

功能：（轮）与轴配合用来传递旋转运动和扭矩，盘（盖）主要起支承、轴向定位及密封作用。

加工方法：以车床加工为主，装夹时零件轴线水平放置。

表达特点：主体结构一般需要两个基本视图，主视图全剖或半剖。如果有轮辐、肋板等结构，可用移出断面或重合断面表示。

尺寸标注分析：盘盖类零件的径向方向的基准都是回转轴线，长度方向的主要基准是经过加工的较大端面。圆周上均匀分布的小孔的定位圆直径是这类零件典型定位尺寸。

3. 叉架类

结构特点：形状不规则，外形比较复杂。叉架类零件常有弯曲或倾斜结构。

功能：这类零件包括各种用途的拨叉和支架。拨叉主要用在机床、内燃机等各种机器的操纵机构上，实现一定动作，改变其他零件的位置；支架主要起支撑和连接作用。按功能可将这类零件的结构分为三部分：支撑部分、工作部分（只有拨叉有）和连接部分。

加工方法：因叉架类零件一般都是锻件或铸件，往往要在多种机床上加工。

表达特点：这类零件的结构形状较为复杂且不太规则，一般都需要两个以上基本视图。主视图的投影方向按照形状特征原则确定，主视图的零件位置按照工作位置原则或自然安放位置原则确定。基本视图上一般用局部剖视图表示内部结构。另外，往往用斜视图、斜剖表达倾斜结构，用断面图表达连接部分的肋、臂。

尺寸标注分析：叉架类零件在长、宽、高三个方向的主要基准一般为孔的中心线（或轴线）、对称平面和较大的加工面。

4. 箱体类

结构特点：主体形状为壳体，内外形状都较复杂，尤其内腔比较复杂，表面过渡线较多。此类零件箱壁上有各种位置的孔，并多有带安装孔的底板，上面带有凹坑或凸台结构；支承孔处常设有加厚凸台或加强肋。

功能：箱体类零件一般是机器或部件的主体部分，它起着支撑、包容、保护运动零件和其他零件的作用。

表达特点：一般按工作位置原则和形状特征原则选择主视图，需要三个或三个以上的基本视图，并要采用比较复杂的剖切面形成各种剖视图来表达复杂的内部结构。箱体类零件上常常会出现一些截交线和相贯线，应认真分析，在视图上应画成过渡线。

加工方法：箱体类零件的加工工序和加工位置复杂多变。

尺寸标注分析：箱体类零件的长、宽、高三个方向的主要基准采用中心线、轴线、对称平面和较大的加工平面。因结构形状复杂，定位尺寸多，各孔中心线（或轴线）间的距离一定要直接标注出来。

> **小提示**
> 零件的表达方案往往是若干种图形表示法的集合。表达一个零件的视图方案常常有多种，一般可准备几个备选方案，进行比较后确定出一个清晰、简洁的最佳方案，既便于看图，又使作图相对简便。
> 由于表达方法选择的灵活性较大，初学者应先致力于表达得正确、完整，并在看图、画图的不断实践中，逐步提高零件图的表达能力与技巧。

## 任务实施

对于图7-1这个轴承座零件图，我们可以按照零件图的四部分内容来分别识读。

识读零件图

1. 一组图形——识读轴承座的形状

轴承座属于箱体类零件，内外形状都比较复杂，零件图中的轴承座按工作位置和形状特征原则放置，选用三个视图来表达，其中主视图和左视图选用半剖视图，表达了轴承座的安装孔、螺栓孔以及轴承孔，俯视图选用基本视图，正确、完整、清晰地把零件的内外形状和结构表达出来。

2. 完整的尺寸——识读轴承座的大小

零件图中正确、完整、清晰、合理地标注了轴承座在加工时所需要的各种定形尺寸和定位尺寸等全部尺寸。如长、宽、高三个方向的总尺寸240、65f9（$^{-0.030}_{-0.104}$）、80，孔的定位尺寸180、110，定形尺寸 $\phi 64$、$R25$、$R23$ 等尺寸。

3. 技术要求——识读轴承座应达到的技术标准

识读各种符号的含义，或文字说明，这些都是轴承座在制造、检验等过程中应达到的一些技术要求，如表面粗糙度 $Ra1.6$、$Ra25$，尺寸公差 65f9（$^{-0.030}_{-0.104}$）、$90^{+0.054}_{0}$，其他技术要求包括未注铸造圆角 $R3 \sim R5$、未注倒角 $C2$、外表清理干净等。

4. 标题栏

标题栏位于图纸的右下角，从标题栏中可知零件的名称为轴承座，材料为HT150，绘图比例为1:1。

## 课题二 识读机械图样中的技术要求

零件图中除了图形和尺寸外,还有制造该零件时应满足的一些加工要求,通常称为"技术要求",如表面粗糙度、尺寸公差、几何公差及材料热处理等。技术要求一般是用符号、代号或标记标注在图形上,或者用文字注写在图样的适当位置。

**任务1　识读零件图的尺寸与常见工艺结构**

识读图7-6所示减速器输出轴的尺寸。

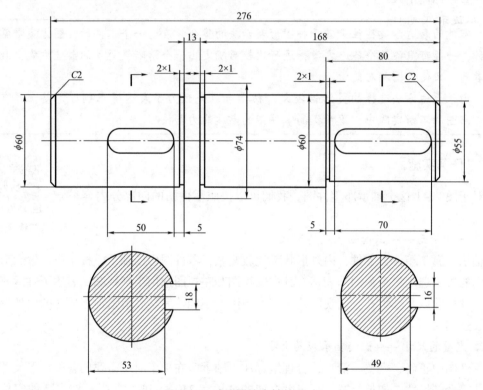

图7-6　减速器输出轴的尺寸

在前面的章节中,已介绍了尺寸标注的基本规定和尺寸标注的正确性、完整性和清晰性要求。下面着重讨论在零件图中应怎样识读尺寸,并观察这些尺寸是否切合生产实际要求,即合理性的问题。

所谓"合理"指所标注尺寸既符合设计要求,又满足工艺要求。合理标注尺寸包括如何处理设计与工艺要求的关系,怎样选择尺寸基准,以及按照什么原则和方法标注主要尺寸和非主要尺寸等。

 相关知识

## 一、零件图中尺寸的合理标注

### (一) 合理选择尺寸基准

尺寸基准一般都选择零件上的一些重要面和线。

面基准：一般选择零件的主要加工面、两零件的结合面、零件的对称中心面、端面、轴肩等。

线基准：一般选择轴、孔的轴线，零件某一方向的对称中心线等。

在确定基准时，要考虑设计要求和便于加工、测量，为此有设计基准和工艺基准之分。

1. 设计基准

设计基准是根据零件在机器中的位置和作用所选定的基准。

零件有长、宽、高三个方向，每个方向都要有一个设计基准，该基准又称为主要基准，如图 7-7 所示的座体在长度方向的主要基准是左右方向的对称线，宽度方向的主要基准是前后方向的对称线，高度方向的主要基准即为底面。

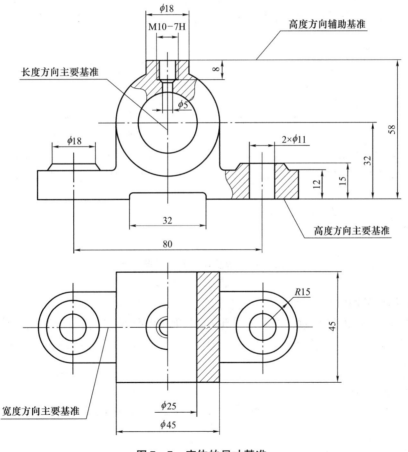

图 7-7 座体的尺寸基准

但是对于轴套类和轮盘类等回转类零件，由于只有轴向和径向之分，因此实际设计中经常采用的是轴向基准和径向基准，而不用长、宽、高基准，比如本任务中图 7-6 所示的减速器输出轴。

## 2. 工艺基准

为零件的加工和测量而选定的基准称为工艺基准。选择基准时，应尽可能使工艺基准和设计基准重合。当两者不重合时，该基准又称为辅助基准，所注尺寸应在保证设计要求的前提下满足工艺要求。零件同一方向有多个尺寸基准时，主要基准只有一个，其余均为辅助基准，辅助基准必有一个尺寸与主要基准相联系。如图7-7所示的座体，注油孔上端面为加工的工艺基准，并由此加工出油孔深度8，所以注油孔上端面为高度方向的辅助基准，它与高度方向的主要基准的关联尺寸为58。

不同类型的零件，其尺寸基准的选择也不尽相同。例如加工回转类零件（如轴、套等）的回转面时，其尺寸的测量一般是以车床主轴轴线为基准的，因此这类零件的尺寸基准一般考虑径向和轴向，径向尺寸基准选择以整体轴线为基准，而轴向尺寸基准则选择重要的加工端面作为基准。非回转类零件，需要标注长、宽、高三个方向尺寸，因此常常选择这三个方向上的重要线、面作为主要基准。

### （二）合理选择尺寸的一般原则

**1. 重要尺寸直接注出**

重要尺寸指影响产品性能、工作精度和配合的尺寸。重要尺寸应直接注出，如图7-8所示。

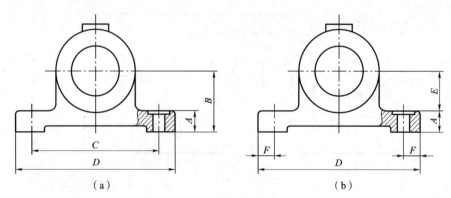

**图7-8　重要尺寸应从基准注出**
（a）合理；（b）不合理

**2. 避免注成封闭的尺寸链**

在标注一个方向的尺寸时，注意不能形成封闭的尺寸链。应使要求高的段落尺寸得到保证，使这些尺寸的误差积累起来，最后都集中反映到某个不重要的段落上，即开环处，如图7-9所示。

**3. 按加工工艺标注尺寸**

在工业生产中，为便于加工、测量零件，所注尺寸要便于使用普通量具测量，如图7-10所示。

**4. 零件上常见孔的标注**

零件上常见孔的标注见表7-1。

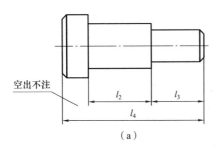 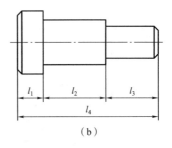

(a) （b）

**图 7-9 尺寸链不能封闭**

(a) 正确；(b) 不正确

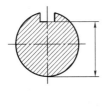 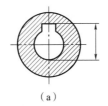 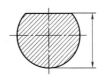

(a)

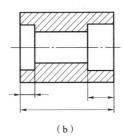

(b)

**图 7-10 按测量方便标注尺寸**

表 7-1 零件上常见孔的注法

| 结构类型 | | 普通注法 | 旁注法 | | 说明 |
|---|---|---|---|---|---|
| 光孔 | 一般孔 | 4×φ4 深10 | 4×φ4▼10 | 4×φ4▼10 | "▼"孔深符号 |
| | 精加工孔 | 4×φ4H7 深10 深12 | 4×φ4H7▼10 ▼12 | 4×φ4H7▼10 ▼12 | 钻孔深度为12 mm，精加工孔（铰孔）深度为10 mm |
| | 锥销孔 | 该孔无普通注法 | 锥销孔φ4 配作 | 锥销孔φ4 配作 | "配作"指该孔与相邻零件的同位锥销孔一起加工。φ4 是小端直径 |

续表

| 结构类型 | | 普通注法 | 旁注法 | | 说明 |
|---|---|---|---|---|---|
| 沉孔 | 锥形沉孔 | 90°，φ13，6×φ6.6 | 6×φ6.6 ⌵φ13×90° | 6×φ6.6 ⌵φ13×90° | "⌵"为埋头孔符号，该孔为安装开槽沉头螺钉所用 |
| | 柱形沉孔 | φ11，6.8，4×φ6.6 | 4×φ6.6 ⌴φ11▼6.8 | 4×φ6.6 ⌴φ11▼6.8 | 该孔为安装内六角圆柱头螺钉所用，沉孔头部的孔深应注出 |
| | 锪平面孔 | φ13，4×φ6.6 | 4×φ6.6 ⌴φ13 | 4×φ6.6 ⌴φ13 | "⌴"为锪平、沉孔符号，锪孔通常只需锪出圆平面即可，因此沉孔深度一般不注 |
| 螺孔 | 通孔 | 3×M6-6H EQS | 3×M6-6H EQS | 3×M6-6H EQS | "EQS"为均布孔的缩写词 |

## 二、零件图中常见的工艺结构

### （一）铸造工艺结构

在铸造零件时，一般先用木材或其他容易加工制作的材料制成模样，将模样放置于型砂中，当型砂压紧后，取出模样，再在型腔内浇入铁水或钢水，待冷却后取出铸件毛坯。对零件上有配合关系的接触表面，还应切削加工，才能使零件达到最后的技术要求。

1. **起模斜度**

在铸件造型时为了便于起出木模，在木模的内、外壁沿起模方向作成1:10～1:20的斜度，称为起模斜度。在画零件图时，起模斜度可不画出、不标注，必要时在技术要求中用文字加以说明，如图7-11（a）所示。

2. **铸造圆角及过渡线**

为了便于铸件造型时拔模，防止铁水冲坏转角处、冷却时产生缩孔和裂纹，将铸件的转角处制成圆角，这种圆角称为铸造圆角，如图7-11（b）所示。画图时应注意毛坯面的转角处都应有圆角；若为加工面，由于圆被加工掉了，因此要画成尖角，如图7-11（c）所示。

图7-12是由于铸造圆角设计不当造成的裂纹和缩孔情况。铸造圆角在图中一般应该画出，圆角半径一般取壁厚的0.2～0.4倍，同一铸件圆角半径大小应尽量相同或接近。铸造

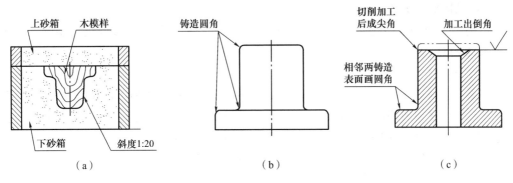

图 7-11 铸件的起模斜度和铸造圆角

图 7-12 铸造圆角

(a) 裂纹;(b) 缩孔;(c) 正常

圆角可以不标注尺寸,而在技术要求中加以说明。

由于铸件毛坯表面的转角处有圆角,其表面交线模糊不清,为了看图和区分不同的表面仍然要画出交线来,但交线两端空出不与轮廓线的圆角相交,这种交线称为过渡线。图 7-13 所示为常见过渡线的画法。

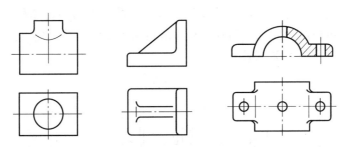

图 7-13 常见过渡线的画法

3. 铸造壁厚

铸件的壁厚要尽量做到基本均匀,如果壁厚不均匀,就会使铁水冷却速度不同,导致铸件内部产生缩孔和裂纹,在壁厚不同的地方可逐渐过渡,如图 7-14 所示。

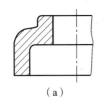 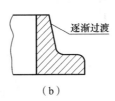 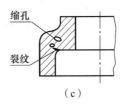

图 7-14 铸件壁厚

(a) 壁厚均匀;(b) 逐渐过渡;(c) 壁厚突变

## (二) 机械加工工艺结构

零件的加工面是指切削加工得到的表面，即通过车、钻、铣、刨或镗用去除材料的方法加工形成的表面。

### 1. 倒角和倒圆

为了便于装配及去除零件的毛刺和锐边，常在轴、孔的端部加工出倒角。常见倒角为 45°，也有 30° 或 60° 的倒角。为避免阶梯轴轴肩的根部因应力集中而容易断裂，在轴肩根部加工成圆角过渡，称为倒圆。倒角和倒圆的尺寸标注方法如图 7-15 所示，其中 $C$ 表示 45° 倒角，$n$ 表示倒角的轴向长度。其他倒角和倒圆的大小可根据轴（孔）直径查阅《机械零件设计手册》。

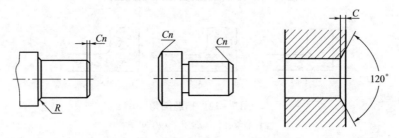

图 7-15 倒角和倒圆的尺寸标注方法

### 2. 退刀槽和砂轮越程槽

在车削螺纹时，为了便于退出刀具，常在零件的待加工表面的末端车出螺纹退刀槽，退刀槽的尺寸标注一般按"槽宽×直径"的形式标注，如图 7-16 所示。在磨削加工时，为了使砂轮能稍微超过磨削部位，常在被加工部位的终端加工出砂轮越程槽，如图 7-17 所示，其结构和尺寸可根据轴（孔）直径，查阅《机械零件设计手册》。其尺寸可按"槽宽×槽深"或"槽宽×直径"的形式注出。

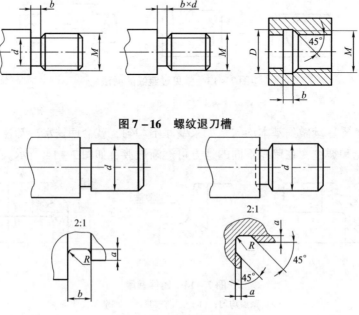

图 7-16 螺纹退刀槽

图 7-17 砂轮越程槽

## 3. 凸台与凹坑

零件上与其他零件接触的表面,一般都要经过机械加工,为保证零件表面接触良好和减少加工面积,可在接触处做出凸台或锪平成凹坑,如图7-18所示。

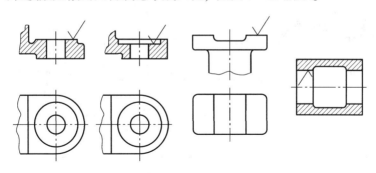

图7-18 凸台和凹坑

## 4. 钻孔结构

在钻孔时,要求钻头尽量垂直于孔的端面,以保证钻孔准确和避免钻头折断,对斜孔、曲面上的孔,应先制成与钻头垂直的凸台或凹坑,如图7-19所示。钻削加工的盲孔,在孔的底部有120°锥角,钻孔深度尺寸不包括锥角;在钻阶梯孔的过渡处也存在120°锥角的圆台,其圆台孔深也不包括锥角,如图7-20所示。

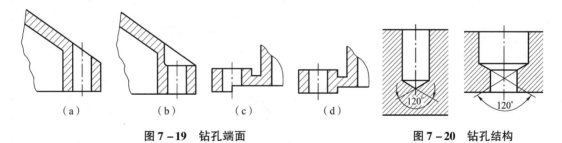

| （a） | （b） | （c） | （d） |

图7-19 钻孔端面　　　　　图7-20 钻孔结构

（a）不合理；（b）合理；（c）不合理；（d）合理

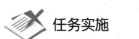 **任务实施**

识读图7-6所示减速器输出轴的尺寸。

按轴的加工特点和工作情况,选择轴线为径向主要基准,端面 A 为长度方向的主要基准。识读减速器输出轴尺寸的方法与步骤见表7-2。

识读零件图尺寸

表7-2 识读减速器输出轴尺寸的方法与步骤

| 方法与步骤 | 图　例 |
|---|---|
| 1. 轴是回转体,其径向基准为回转体的轴线,由此识读出各轴段直径尺寸:φ60、φ74、φ60、φ55 | |

续表

| 方法与步骤 | 图 例 |
|---|---|
| 2. 由轴向主要基准端面 $A$ 直接读出尺寸 168 和 13，定出轴向辅助基准 $B$ 和 $D$，由轴向辅助基准 $B$ 读出尺寸 80，再定出轴向辅助基准 $C$ | |
| 3. 由轴向辅助基准 $C$、$D$ 分别确定两个键槽的定位尺寸 5，并识读出两个键槽的长度 70、50。键槽的深度和宽度在断面图中注出。由轴向辅助基准 $B$ 识读出总尺寸 276。<br>注意断面图中，53 和 49 两个尺寸的标注方法，此尺寸为便于测量所注 | |
| 4. 轴的左右两端面有倒角，尺寸标注为 $C2$，轴肩处有越程槽，尺寸均为 $2\times1$ | |

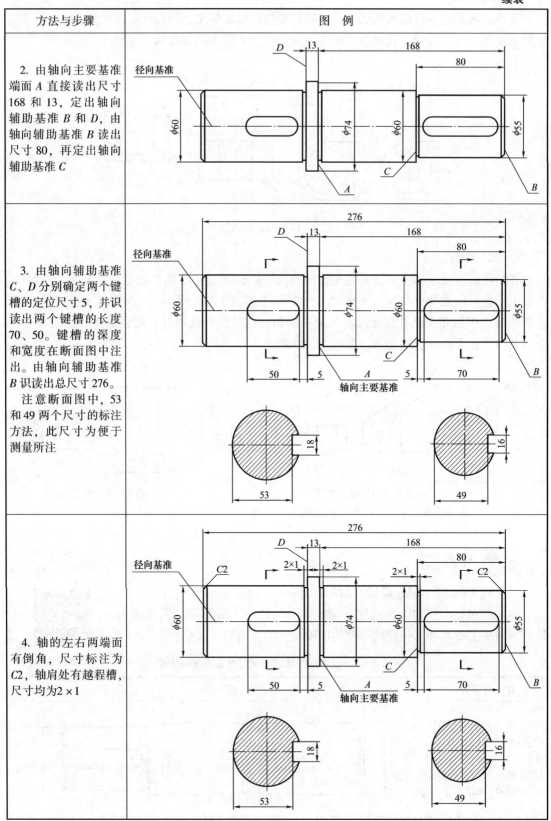

## 任务 2　识读阀盖零件图中的表面结构要求

**任务导入**

识读图 7-21 所示阀盖零件图中的表面结构要求。

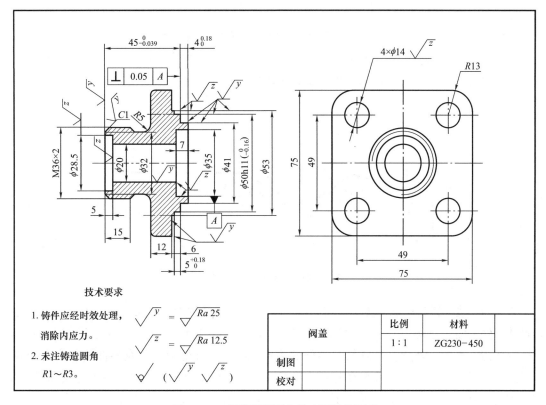

图 7-21　阀盖零件图中的表面结构要求

**任务分析**

在阀盖零件图上，有许多不同的表面结构要求，还有许多表面的表面结构要求相同，那么怎样在图上正确识读并标注这些表面结构要求呢？

**相关知识**

现代化的机械工业，要求机械零件具有互换性，这就必须合理地保证零件的表面粗糙度、尺寸精度及几何精度。我国已经制定了相应的国家标准，在生产中必须严格执行和遵守。技术要求通常用符号、代号或标记标注在图形上，或者用简明的文字注写在标题栏附近。

### 一、零件表面结构的概念

零件的表面结构是指零件表面的微观几何形貌，反映了零件的表面质量。表面结构是表面粗糙度、表面波纹度、表面缺陷和表面几何形状的总称。国家标准《产品几何技术规范（GPS）技术产品文件中表面结构的表示法》（GB/T 131—2006）对表面结构的意义、图形符号等都做出了规定。

国家标准对表面结构的各项要求都给出了相应的指标评定标准，这些轮廓都能在特定的仪器中观察到。在零件的实际加工中，一般用对照块规来比照鉴定，控制加工精度。表面结构中表面粗糙度参数的使用最为广泛。

## 二、表面粗糙度

### 1. 表面粗糙度的概念

零件表面上具有较小间距的峰谷所组成的微观几何形状特征称为表面粗糙度，如图7-22 所示。表面粗糙度参数的大小对于零件的耐磨性、抗腐蚀性及密封性等都有显著影响，因此是评定零件表面质量的一项重要技术指标。

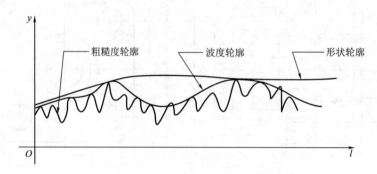

图7-22　零件的表面结构

表面粗糙度与零件的加工方法、刀刃形状及走刀量等各种因素有关。零件在加工过程中，刀具从零件表面上分离材料时的塑性变形、机械振动及刀具与被加工表面的摩擦会产生零件表面微观几何不平整。其危害是降低了零件的耐磨性、抗腐蚀能力，以及零件间的配合质量。不平整程度越大，零件的表面性能越差；反之，则表面性能越高，但加工成本也必将随之增加。因此，在满足使用要求的前提下，应尽量选择较大的表面粗糙度参数值，以降低成本。

### 2. 表面粗糙度的评定参数

评定零件表面质量的表面结构 $R$ 轮廓参数有两种：轮廓的算术平均偏差 $Ra$ 和轮廓的最大高度 $Rz$。目前在生产中主要用到的是轮廓的算术平均偏差 $Ra$。它是在取样长度 $l$ 内，按一定的滤波传输带获得的轮廓，计算轮廓偏距 $y$ 绝对值的算术平均值，用 $Ra$ 表示，如图7-23（b）所示。国家标准《产品几何技术规范（GPS）表面结构轮廓法表面粗糙度参数及其数值》（GB/T 1031—2009）对表面粗糙度的数值及评定等做出了规定。

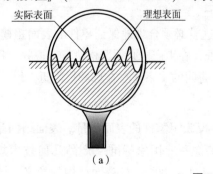

图7-23　表面粗糙度

轮廓的算术平均偏差 Ra 的数值系列见表 7-3。

表 7-3　Ra 的数值　　　　　　　　　　　　　　　μm

| 第一系列 | 0.012 | 0.025 | 0.050 | 0.100 | 0.20 | 0.40 | 0.80 |
|---|---|---|---|---|---|---|---|
|  | 1.60 | 3.2 | 6.3 | 12.5 | 25.0 | 50.0 | 100 |
| 补充系列 | 0.008 | 0.010 | 0.016 | 0.020 | 0.032 | 0.040 | 0.063 |
|  | 0.080 | 0.125 | 0.160 | 0.25 | 0.32 | 0.50 | 0.63 |
|  | 1.00 | 1.25 | 2.00 | 2.50 | 4.00 | 5.00 | 8.00 |
|  | 10.00 | 16.00 | 20.00 | 32.00 | 40.00 | 63.00 | 80.00 |

## 三、表面粗糙度的符号

表面粗糙度的符号及意义见表 7-4。

表 7-4　表面粗糙度的符号及意义

| 序号 | 符号 | 意　义 |
|---|---|---|
| 1 | √ | 基本符号，表示表面可用任何方法获得。当不加注粗糙度参数值或有关说明时，仅适用于简化代号标注 |
| 2 | ∀ | 表示表面是用去除材料的方法获得的，如车、铣、钻、磨等 |
| 3 | ∀○ | 表示表面是用不去除材料的方法获得的，如铸、锻、冲压、冷轧等 |
| 4 | √ ∀ ∀○ (加横线) | 在上述三个符号的长边上可加一横线，用于标注有关参数或说明 |
| 5 | √ ∀ ∀○ (加小圆) | 在上述三个符号的长边上可加一小圆，表示所有表面具有相同的表面粗糙度要求 |
| 6 | (3.5, 60°, 8 标注) | 当参数值的数字或大写字母的高度为 2.5 mm 时，粗糙度符号的高度取 8 mm，三角形高度取 3.5 mm，三角形是等边三角形。当参数值高度不是 2.5 时，粗糙度符号和三角形符号的高度也将发生变化 |

表面粗糙度在图形符号中的注写位置如图 7-24 所示。

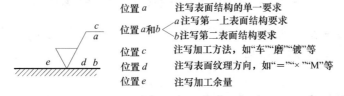

位置 a　注写表面结构的单一要求
位置 a 和 b　a 注写第一上表面结构要求
　　　　　　b 注写第二表面结构要求
位置 c　注写加工方法，如"车""磨""镀"等
位置 d　注写表面纹理方向，如"=""×""M"等
位置 e　注写加工余量

图 7-24　表面粗糙度在图形符号中的注写位置

## 四、表面粗糙度在零件图上的标注

(1) 标注总则：表面粗糙度对每一个表面一般只标注一次，并尽可能标注在相应的尺寸及其公差的同一视图上。除非另有说明，否则所标注的表面粗糙度是对完工零件表面的

要求。

（2）表面粗糙度可标注在轮廓线或轮廓线的延长线上，其符号应从材料外指向材料表面，并与材料表面接触。

表面粗糙度注写在轮廓线上方或左侧时，字头朝上或朝左；注写在轮廓线下方或右侧时，则水平标注在引出的横线上，如图 7 – 25 和 7 – 26 所示。

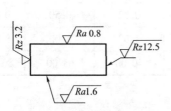
图 7 – 25　表面粗糙度注写的方向

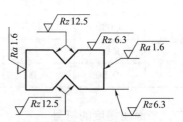
图 7 – 26　表面粗糙度标注在轮廓线、延长线上

在不便标注的表面，也可以用带箭头或黑点的指引线引出标注，或标注在指定的尺寸线上，如图 7 – 27 和 7 – 28 所示。

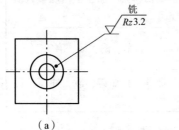
图 7 – 27　用指引线引出标注表面粗糙度

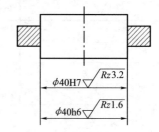
图 7 – 28　表面粗糙度在尺寸线上的标注

（3）表面粗糙度可标注在几何公差框格的上方，如图 7 – 29 所示。

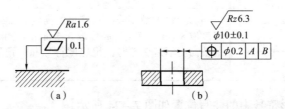
图 7 – 29　表面粗糙度在几何公差框格上方的标注

（4）圆柱和棱柱表面的表面粗糙度只标注一次。如每个棱柱表面有不同的表面粗糙度，则应分别单独标注，如图 7 – 30 所示。

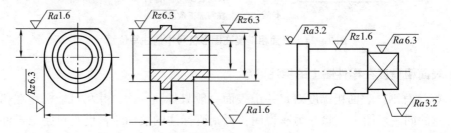
图 7 – 30　圆柱和棱柱上表面粗糙度的标注

任务实施

本任务中，识读图 7-21 所示阀盖零件图中的表面粗糙度的步骤见表 7-5。

识读阀盖零件图

表 7-5 识读阀盖零件图中的表面粗糙度步骤

| 识读步骤 | 图 例 |
|---|---|
| 1. 识读零件图中的技术要求<br>（1）铸件应经时效处理，消除内应力。<br>（2）未注铸造圆角 $R1 \sim R3$。<br>（3）表面粗糙度符号之间的对应关系 | $\sqrt{y} = \sqrt{Ra\ 25}$<br>$\sqrt{z} = \sqrt{Ra\ 12.5}$<br>$\sqrt{}\ (\sqrt{y}\ \sqrt{z})$ |
| 2. 识读零件图中的表面粗糙度符号，其中多个表面有共同要求，如主视图中尺寸为 $\phi 28.5$ 的凹坑内表面，倒角表面，$\phi 20$ 的内孔表面，阀盖凸缘右端面和阀盖的最右端面，尺寸为 $\phi 41$、$\phi 50h11$、$\phi 53$ 的表面粗糙度均为 $Ra25$，都用 $\sqrt{y}$ 来标注 | $\sqrt{y} = \sqrt{Ra\ 25}$ |
| 3. 主视图中尺寸为 $M36 \times 2$ 的螺纹表面、尺寸为 $\phi 28.5$ 的凹坑左端面和底面、$\phi 35$ 的内表面和底面、$\phi 53$ 的外表面和尺寸 $45_{-0.039}^{0}$ 的右端面、左视图中 $\phi 14$ 孔的内表面的表面粗糙度都是 $Ra12.5$，都用 $\sqrt{z}$ 来标注 | $\sqrt{z} = \sqrt{Ra\ 12.5}$ |

## 任务 3　识读零件图的尺寸公差

**任务导入**

观察图 7-31（a）中所注的尺寸，识读零件图 7-31（b）中的尺寸公差。

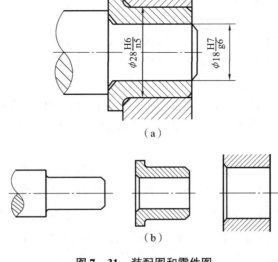

图 7-31　装配图和零件图

（a）装配图；（b）零件图

在图 7-31 所示装配图上，有不同的配合尺寸，这些尺寸代号分别表示什么意义呢？

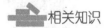

**一、零件的互换性**

按零件图要求加工出来的一批相同规格的零件，装配时不需经过任何的选择或修配，任选其中一件就能达到规定的技术要求和连接装配使用要求，这种性质称为互换性。零件具有互换性，便于装配和维修，也利于组织生产和协作，以提高生产率。建立公差与配合制度是保证零件具有互换性的必要条件。

**二、极限与配合的概念及有关术语和定义**

在生产实际中，零件尺寸不可能加工得绝对精确。为了使零件具有互换性，必须对零件尺寸的加工误差规定一个允许的变动范围，这个变动量称为尺寸公差，简称公差。

下面以轴的尺寸 $\phi 35^{+0.014}_{-0.011}$ 为例（图 7-32），将有关尺寸公差的术语和定义介绍如下。

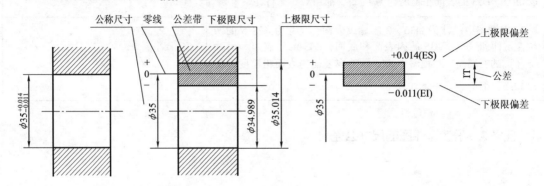

图 7-32 轴的尺寸公差

(1) 基本尺寸（$\phi 35$）：设计给定的尺寸。

(2) 实际尺寸：零件加工完后通过测量所得的尺寸。

(3) 极限尺寸：允许尺寸变化的两个极限值。它以基本尺寸为基数来确定。

最大极限值（$\phi 35.014$）：两个极限尺寸中较大的一个。

最小极限值（$\phi 34.989$）：两个极限尺寸中较小的一个。

如果实际尺寸在两个极限尺寸所决定的闭区间内，则为合格；否则为不合格。

(4) 尺寸偏差（简称偏差）：某一尺寸（实际尺寸、极限尺寸等）减其基本尺寸所得的代数差。

上偏差（+0.014）：最大极限尺寸减其基本尺寸所得的代数差。

下偏差（-0.011）：最小极限尺寸减其基本尺寸所得的代数差。

上偏差和下偏差统称为极限偏差。偏差可以为正、负或零值。孔的上、下偏差代号分别用大写字母 ES、EI 表示；轴的上、下偏差代号分别用小写字母 es、ei 表示。

(5) 尺寸公差（简称公差）（0.025）：允许的尺寸变动量。

$$公差 = 最大极限尺寸 - 最小极限尺寸 = 上偏差 - 下偏差$$

公差是没有正负号的绝对值。

（6）零线：在公差与配合图解（简称公差带图）中，表示基本尺寸的一条直线，以其为基准确定偏差和公差。零线之上的偏差为正，零线之下的偏差为负。

（7）尺寸公差带（简称公差带）：在公差带图解中，由代表上、下偏差的两条直线所限定的一个区域。

公差带与公差的区别在于公差带既表示了公差（公差带的大小），又表示了公差相对于零线的位置（公差带位置）。孔、轴公差带示意图如图 7 – 33 所示。

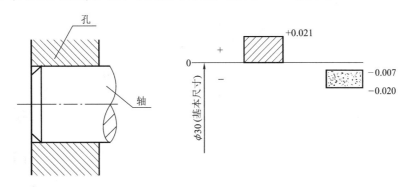

图 7 – 33　孔、轴公差带示意图

国家标准规定，孔、轴的公差带由标准公差和基本偏差确定，前者确定公差带的大小，后者确定公差带相对于零线的位置。为了满足不同的配合要求，国家标准制定了标准公差系列和基本偏差系列。

（8）标准公差：国家标准规定用来确定公差带大小的标准化数值。

标准公差的数值取决于公差等级和基本尺寸。公差等级是用来确定尺寸的精确度的。国家标准将公差等级分为 20 级，即 IT01，IT0，IT1，IT2，…，IT18。IT 表示标准公差，数字表示公差等级。IT01 级的精确度最高，以下逐级降低。在一般机器的配合尺寸中，孔用 IT6 ~ IT12 级表示，轴用 IT5 ~ IT12 级表示。在保证质量的条件下，应选用较低的公差等级。

（9）基本偏差：国家标准规定用来确定公差带相对于零线位置的那个极限偏差，它可以是上偏差或下偏差，一般靠近零线的那个偏差为基本偏差，如图 7 – 34 所示。

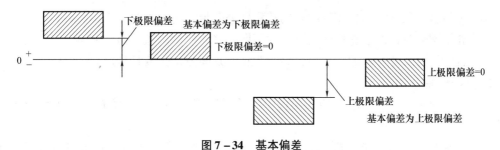

图 7 – 34　基本偏差

为了满足各种配合的需要，国家标准规定了基本偏差系列，并根据不同的基本尺寸和基本偏差代号确定了轴和孔的基本偏差数值；基本偏差代号用拉丁字母表示，大写为孔，小写为轴，各 28 个。图 7 – 35 表示基本偏差系列。此示意图只表示公差带中属于基本偏差的一端，表示极限偏差的另一端是开口的，开口的一端取决于公差带的大小，它由设计者选用的标准公差的等级来确定。

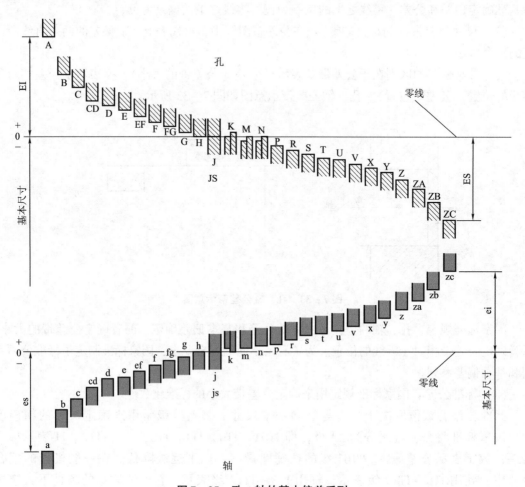

图 7-35　孔、轴的基本偏差系列

### 三、配合与配合制

**1. 配合**

配合是指基本尺寸相同，相互结合的孔和轴公差带之间的关系。

当孔和轴配合时，由于它们的实际尺寸不同，将产生"过盈"或"间隙"。孔的尺寸减去与之配合的轴的尺寸所得的代数值，结果为正时是间隙，为负时是过盈。

**2. 配合种类**

根据使用要求不同，相结合的两零件装配后松紧程度不同，国家标准将配合分为以下三类。

（1）间隙配合：孔和轴装配时具有间隙（包括最小间隙等于零）的配合。此时，孔的公差带在轴的公差带之上，如图 7-36 所示。

$$最小间隙 = 孔的最小极限尺寸 - 轴的最大极限尺寸$$

$$最大间隙 = 孔的最大极限尺寸 - 轴的最小极限尺寸$$

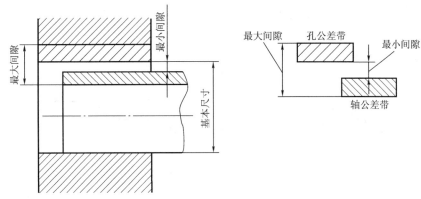

**图 7-36　间隙配合**

(2) 过盈配合：孔和轴装配时具有过盈（包括最小过盈为零）的配合。此时，孔的公差带在轴的公差带之下，如图 7-37 所示。

最小过盈 = 孔的最大极限尺寸 – 轴的最小极限尺寸

最大过盈 = 孔的最小极限尺寸 – 轴的最大极限尺寸

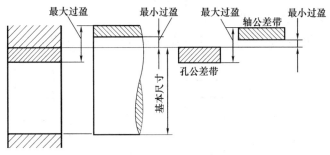

**图 7-37　过盈配合**

(3) 过渡配合：可能具有过盈，也有可能具有间隙的配合。此时，孔的公差带与轴的公差带相互重叠，如图 7-38 所示。

最大过盈 = 孔的最小极限尺寸 – 轴的最大极限尺寸

最大间隙 = 孔的最大极限尺寸 – 轴的最小极限尺寸

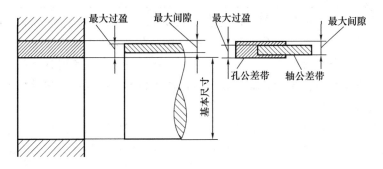

**图 7-38　过渡配合**

**3. 配合制**

要得到各种性质的配合，就必须在保证适当间隙或过盈的条件下，确定孔或轴的上、下偏差。为了便于设计和制造,国家标准对配合规定了基孔制与基轴制。

(1) **基孔制**:基本偏差为一定的孔的公差带,与不同基本偏差的轴的公差带形成的各种配合的一种制度,如图 7-39 所示。

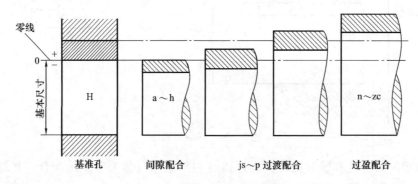

图 7-39　基孔制配合示意图

基孔制的孔为基准孔,基准孔的基本偏差代号为 H,其下偏差为零。

(2) **基轴制**:基本偏差为一定的轴的公差带,与不同的基本偏差的孔的公差带形成的各种配合的一种制度,如图 7-40 所示。

基轴制的轴为基准轴,基准轴的基本偏差代号为 h,其上偏差为零。

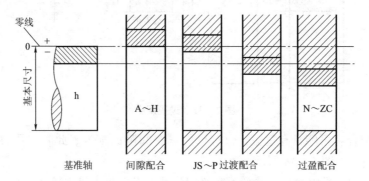

图 7-40　基轴制配合示意图

> **多了解一点**
> 
> 一般情况下优先采用基孔制,因为在一般情况下孔的加工、测量难度都比轴来得大,这样可以限制定值刀具、量具的规格和数量。基轴制通常仅用于有明显经济效果和结构设计要求不适合采用基孔制的场合。例如,使用一根冷拔的圆钢做轴,轴与几个具有不同公差带的孔配合,此时轴就不另外进行机械加工,一些标准滚动轴承的外环与孔的配合,也采用基轴制。
> 
> 另外,在保证使用要求的前提下,为减少加工工作量,应当使选用的公差为最大值,加工孔较困难,一般在配合中选用孔比轴低一级的公差等级,如 H8/h7。

### 四、极限与配合在图样上的标注

**1. 公差带代号**

孔、轴公差带代号由基本偏差代号和公差等级代号组成。基本偏差代号用拉丁字母表示，大写的为孔，小写的为轴；公差等级代号用阿拉伯数字表示；如 H8、K7、H9 等为孔的公差带代号，s7、h6、f9 等为轴的公差带代号。

2. 配合代号

配合代号由组成配合的孔、轴公差带代号表示，写成分数的形式，分子为孔的公差带代号，分母为轴的公差带代号，即"$\frac{孔公差带代号}{轴公差带代号}$"或"孔公差带代号/轴公差带代号"。若为基孔制配合，配合代号为$\frac{基准孔公差带代号}{轴公差带代号}$，如$\frac{H6}{k5}$、$\frac{H8}{e7}$或 H6/k5、H8/e7 等；若为基轴制配合，配合代号为$\frac{孔公差带代号}{基准轴公差带代号}$，如$\frac{K6}{h5}$、$\frac{E8}{h7}$或 K6/h5、E8/h7 等。

3. 在图样中的标注

（1）在装配图中的注法。在基本尺寸的右边标注配合代号，如图 7-41 所示。对于配合代号如 H7/h6，一般看作为基孔制，但也可以看作基轴制，它是一种最小间隙为 0 的间隙配合。

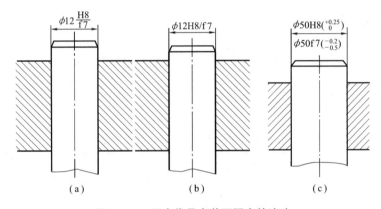

图 7-41 配合代号在装配图中的注法

（2）在零件图中的标注。在零件图中，线性尺寸的公差有三种注法：

① 在孔或轴的基本尺寸右边，只标注公差带代号，如图 7-42（a）所示。

② 在孔或轴的基本尺寸右边，标注上、下偏差，如图 7-42（b）所示。上偏差写在基本尺寸的右上方，下偏差应与基本尺寸注在同一底线上，偏差数值应比基本尺寸数值小一号。上、下偏差前面必须标出正、负号。上、下偏差的小数点对齐，小数点后的位数也必须相同。当上偏差或下偏差为"零"时，用数值"0"标出，并与上偏差或下偏差的小数点前的个位数对齐。

当公差带相对于基本尺寸对称配置，即两个偏差相同时，偏差只需注一次，并应在偏差与基本尺寸之间注出符号"±"，两者的数值高度应一样。例如"50±0.25"。必须注意，偏差数值表中所列的偏差单位为微米（μm），标注时，必须换算成毫米（mm）。

③ 在孔和轴的基本尺寸后面，同时标注公差带代号和上、下偏差。这时，上、下偏差必须加上括号，如图 7-42（c）所示。

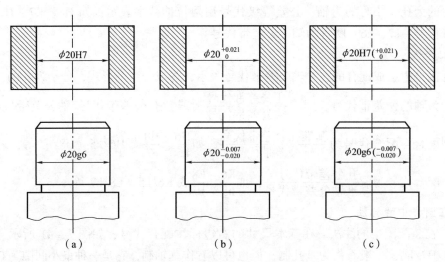

图 7-42 公差在零件图中的规定注法

###  任务实施

图 7-31（a）中 $\phi 28\dfrac{H6}{n5}$ 和 $\phi 18\dfrac{H7}{g6}$ 中的 H6 与 H7 为基准孔的公差带代号，n5 和 g6 为轴的公差带代号。零件图的尺寸偏差标注方法见表 7-6，具体的极限偏差值需查表获得（表 7-7~表 7-9）。

表 7-6 零件图的尺寸偏差标注方法

| 标注步骤及查表方法 | 图　例 | 说　明 |
|---|---|---|
| 1. $\phi 28H6$ 基准孔的极限偏差为 $\phi 28^{+0.013}_{\ 0}$ | $\phi 28^{+0.013}_{\ 0}$ | 由表 7-8，在由基本尺寸 18~30 mm 的列和公差带 H6 的行汇交处查得 $^{+13}_{\ 0}$ μm，换算写成 $^{+0.013}_{\ 0}$ mm，标注为 $\phi 28^{+0.013}_{\ 0}$，这就是孔的上下偏差 |
| 2. $\phi 28n5$ 轴的极限偏差为 $\phi 28^{+0.024}_{+0.015}$ | $\phi 28^{+0.024}_{+0.015}$ | 由表 7-9，在由基本尺寸 18~30 mm 的列和公差带 n5 的行汇交处查得 $^{+24}_{+15}$ μm，换算写成 $^{+0.024}_{+0.015}$ mm，标注为 $\phi 28^{+0.024}_{+0.015}$，这就是轴的上下偏差 |

试着查表查出 $\phi 18 \dfrac{H7}{g6}$ 的偏差数值，并在零件图中正确标注。

表 7-7　标准公差数值（基本尺寸大于 6~500 mm）

| 基本尺寸 /mm | | 公　差　等　级 | | | | | | | |
|---|---|---|---|---|---|---|---|---|---|
| | | IT5 | IT6 | IT7 | IT8 | IT9 | IT10 | IT11 | IT12 |
| 大于 | 至 | μm | | | | | | | |
| 6 | 10 | 6 | 9 | 15 | 22 | 36 | 50 | 90 | 150 |
| 10 | 18 | 8 | 11 | 18 | 27 | 43 | 70 | 110 | 180 |
| 18 | 30 | 9 | 13 | 21 | 33 | 52 | 84 | 130 | 210 |
| 30 | 50 | 11 | 16 | 25 | 39 | 62 | 100 | 160 | 250 |
| 50 | 80 | 13 | 19 | 30 | 46 | 74 | 120 | 190 | 300 |
| 80 | 120 | 15 | 22 | 35 | 54 | 87 | 140 | 220 | 350 |
| 120 | 180 | 18 | 25 | 40 | 63 | 100 | 160 | 250 | 400 |
| 180 | 250 | 20 | 29 | 46 | 72 | 115 | 185 | 290 | 460 |
| 250 | 315 | 23 | 32 | 52 | 81 | 130 | 210 | 320 | 520 |
| 315 | 400 | 25 | 36 | 57 | 89 | 140 | 230 | 360 | 570 |
| 400 | 500 | 27 | 40 | 63 | 97 | 155 | 250 | 400 | 630 |

表 7-8　孔的极限偏差（基本尺寸大于 10~315 mm）　　　　　　　　　　　　　μm

| 公差带 | 等级 | 基本尺寸 | | | | | | | |
|---|---|---|---|---|---|---|---|---|---|
| | | >10~18 /mm | >18~30 /mm | >30~50 /mm | >50~80 /mm | >80~120 /mm | >120~180 /mm | >180~250 /mm | >250~315 /mm |
| D | 8 | +77<br>+50 | +98<br>+65 | +119<br>+80 | +146<br>+100 | +174<br>+120 | +208<br>+145 | +242<br>+170 | +271<br>+190 |
| | ▼9 | +93<br>+50 | +117<br>+65 | +142<br>+80 | +174<br>+100 | +207<br>+120 | +245<br>+145 | +285<br>+170 | +320<br>+190 |
| | 10 | +120<br>+50 | +149<br>+65 | +180<br>+80 | +220<br>+100 | +260<br>+120 | +305<br>+145 | +355<br>+170 | +400<br>+190 |
| | 11 | +160<br>+50 | +195<br>+65 | +240<br>+80 | +290<br>+100 | +340<br>+120 | +395<br>+145 | +460<br>+170 | +510<br>+190 |

续表

| 公差带 | 等级 | 基本尺寸 | | | | | | | |
|---|---|---|---|---|---|---|---|---|---|
| | | >10~18 /mm | >18~30 /mm | >30~50 /mm | >50~80 /mm | >80~120 /mm | >120~180 /mm | >180~250 /mm | >250~315 /mm |
| E | 6 | +43<br>+32 | +53<br>+40 | +66<br>+50 | +79<br>+60 | +94<br>+72 | +110<br>+85 | +129<br>+100 | +142<br>+110 |
| | 7 | +50<br>+32 | +61<br>+40 | +75<br>+50 | +90<br>+60 | +107<br>+72 | +125<br>+85 | +146<br>+100 | +162<br>+110 |
| | 8 | +59<br>+32 | +73<br>+40 | +89<br>+50 | +106<br>+60 | +126<br>+72 | +148<br>+85 | +172<br>+100 | +191<br>+110 |
| | 9 | +75<br>+32 | +92<br>+40 | +112<br>+50 | +134<br>+60 | +159<br>+72 | +185<br>+85 | +215<br>+100 | +240<br>+110 |
| | 10 | +102<br>+32 | +124<br>+40 | +150<br>+50 | +180<br>+60 | +212<br>+72 | +245<br>+85 | +285<br>+100 | +320<br>+110 |
| F | 6 | +27<br>+16 | +33<br>+20 | +41<br>+25 | +49<br>+30 | +58<br>+36 | +68<br>+43 | +79<br>+50 | +88<br>+56 |
| | 7 | +34<br>+16 | +41<br>+20 | +50<br>+25 | +60<br>+30 | +71<br>+36 | +83<br>+43 | +96<br>+50 | +108<br>+56 |
| | ▼8 | +43<br>+16 | +53<br>+20 | +64<br>+25 | +76<br>+30 | +90<br>+36 | +106<br>+43 | +122<br>+50 | +137<br>+56 |
| | 9 | +59<br>+16 | +72<br>+20 | +87<br>+25 | +104<br>+30 | +123<br>+36 | +143<br>+43 | +165<br>+50 | +186<br>+56 |
| H | 6 | +11<br>0 | +13<br>0 | +16<br>0 | +19<br>0 | +22<br>0 | +25<br>0 | +29<br>0 | +32<br>0 |
| | ▼7 | +18<br>0 | +21<br>0 | +25<br>0 | +30<br>0 | +35<br>0 | +40<br>0 | +46<br>0 | +52<br>0 |
| | ▼8 | +27<br>0 | +33<br>0 | +39<br>0 | +46<br>0 | +54<br>0 | +63<br>0 | +72<br>0 | +81<br>0 |
| | ▼9 | +43<br>0 | +52<br>0 | +62<br>0 | +74<br>0 | +87<br>0 | +100<br>0 | +115<br>0 | +130<br>0 |
| | 10 | +70<br>0 | +84<br>0 | +100<br>0 | +120<br>0 | +140<br>0 | +160<br>0 | +185<br>0 | +210<br>0 |
| | ▼11 | +110<br>0 | +130<br>0 | +160<br>0 | +190<br>0 | +220<br>0 | +250<br>0 | +290<br>0 | +320<br>0 |
| K | 6 | +2<br>−9 | +2<br>−11 | +3<br>−13 | +4<br>−15 | +4<br>−18 | +4<br>−21 | +5<br>−24 | +5<br>−27 |
| | ▼7 | +6<br>−12 | +6<br>−15 | +7<br>−18 | +9<br>−21 | +10<br>−25 | +12<br>−28 | +13<br>−33 | +16<br>−36 |
| | 8 | +8<br>−19 | +10<br>−23 | +12<br>−27 | +14<br>−32 | +16<br>−38 | +20<br>−43 | +22<br>−50 | +25<br>−56 |

续表

| 公差带 | 等级 | 基本尺寸 | | | | | | | |
|---|---|---|---|---|---|---|---|---|---|
| | | >10~18 /mm | >18~30 /mm | >30~50 /mm | >50~80 /mm | >80~120 /mm | >120~180 /mm | >180~250 /mm | >250~315 /mm |
| N | 6 | -9<br>-20 | -11<br>-28 | -12<br>-24 | -14<br>-33 | -16<br>-38 | -20<br>-45 | -22<br>-51 | -25<br>-57 |
| | ▼7 | -5<br>-23 | -7<br>-28 | -8<br>-33 | -9<br>-39 | -10<br>-45 | -12<br>-52 | -14<br>-60 | -14<br>-66 |
| | 8 | -3<br>-30 | -3<br>-36 | -3<br>-42 | -4<br>-50 | -4<br>-58 | -4<br>-67 | -5<br>-77 | -5<br>-86 |
| P | 6 | -15<br>-26 | -18<br>-31 | -21<br>-37 | -26<br>-45 | -30<br>-52 | -36<br>-61 | -41<br>-70 | -47<br>-79 |
| | ▼7 | -11<br>-29 | -14<br>-35 | -17<br>-42 | -21<br>-51 | -24<br>-59 | -28<br>-68 | -33<br>-79 | -36<br>-88 |

表 7-9 轴的极限偏差（基本尺寸大于 10~315 mm） μm

| 公差带 | 等级 | 基本尺寸 | | | | | | | |
|---|---|---|---|---|---|---|---|---|---|
| | | >10~18 /mm | >18~30 /mm | >30~50 /mm | >50~80 /mm | >80~120 /mm | >120~180 /mm | >180~250 /mm | >250~315 /mm |
| d | 6 | -50<br>-61 | -65<br>-78 | -80<br>-96 | -100<br>-119 | -120<br>-142 | -145<br>-170 | -170<br>-199 | -190<br>-222 |
| | 7 | -50<br>-68 | -65<br>-86 | -80<br>-105 | -100<br>-130 | -120<br>-155 | -145<br>-185 | -170<br>-216 | -190<br>-242 |
| | 8 | -50<br>-77 | -65<br>-98 | -80<br>-119 | -100<br>-146 | -120<br>-174 | -145<br>-208 | -170<br>-242 | -190<br>-271 |
| | ▼9 | -50<br>-93 | -65<br>-117 | -80<br>-142 | -100<br>-174 | -120<br>-207 | -145<br>-245 | -170<br>-285 | -190<br>-320 |
| | 10 | -50<br>-120 | -65<br>-149 | -80<br>-180 | -100<br>-220 | -120<br>-260 | -145<br>-305 | -170<br>-355 | -190<br>-400 |
| f | ▼7 | -16<br>-34 | -20<br>-41 | -25<br>-50 | -30<br>-60 | -36<br>-71 | -43<br>-83 | -50<br>-96 | -56<br>-108 |
| | 8 | -16<br>-43 | -20<br>-53 | -25<br>-64 | -30<br>-76 | -36<br>-90 | -43<br>-106 | -50<br>-122 | -56<br>-137 |
| | 9 | -16<br>-59 | -20<br>-72 | -25<br>-87 | -30<br>-104 | -36<br>-123 | -43<br>-143 | -50<br>-165 | -56<br>-186 |

续表

| 公差带 | 等级 | 基本尺寸 | | | | | | | |
|---|---|---|---|---|---|---|---|---|---|
| | | >10~18 /mm | >18~30 /mm | >30~50 /mm | >50~80 /mm | >80~120 /mm | >120~180 /mm | >180~250 /mm | >250~315 /mm |
| g | 5 | −6<br>−14 | −7<br>−16 | −9<br>−20 | −10<br>−23 | −12<br>−27 | −14<br>−32 | −15<br>−35 | −17<br>−40 |
| | ▼6 | −6<br>−17 | −7<br>−20 | −9<br>−25 | −10<br>−29 | −12<br>−34 | −14<br>−39 | −15<br>−44 | −17<br>−49 |
| | 7 | −6<br>−24 | −7<br>−28 | −9<br>−34 | −10<br>−40 | −12<br>−47 | −14<br>−54 | −15<br>−61 | −17<br>−69 |
| h | 5 | 0<br>−8 | 0<br>−9 | 0<br>−11 | 0<br>−13 | 0<br>−15 | 0<br>−18 | 0<br>−20 | 0<br>−23 |
| | ▼6 | 0<br>−11 | 0<br>−13 | 0<br>−16 | 0<br>−19 | 0<br>−22 | 0<br>−25 | 0<br>−29 | 0<br>−32 |
| | ▼7 | 0<br>−18 | 0<br>−21 | 0<br>−25 | 0<br>−30 | 0<br>−35 | 0<br>−40 | 0<br>−46 | 0<br>−52 |
| | 8 | 0<br>−27 | 0<br>−33 | 0<br>−39 | 0<br>−46 | 0<br>−54 | 0<br>−63 | 0<br>−72 | 0<br>−81 |
| | ▼9 | 0<br>−43 | 0<br>−52 | 0<br>−62 | 0<br>−74 | 0<br>−87 | 0<br>−100 | 0<br>−115 | 0<br>−130 |
| k | 5 | +9<br>+1 | +11<br>+2 | +13<br>+2 | +15<br>+2 | +18<br>+3 | +21<br>+3 | +24<br>+4 | +27<br>+4 |
| | ▼6 | +12<br>+1 | +15<br>+2 | +18<br>+2 | +21<br>+2 | +25<br>+3 | +28<br>+3 | +33<br>+3 | +36<br>+4 |
| | 7 | +19<br>+1 | +23<br>+2 | +27<br>+2 | +32<br>+2 | +38<br>+3 | +43<br>+3 | +50<br>+4 | +56<br>+4 |
| m | 5 | +15<br>+7 | +17<br>+8 | +20<br>+9 | +24<br>+11 | +28<br>+13 | +33<br>+15 | +37<br>+17 | +43<br>+20 |
| | 6 | +18<br>+7 | +21<br>+8 | +25<br>+9 | +30<br>+11 | +35<br>+13 | +40<br>+15 | +46<br>+17 | +52<br>+20 |
| | 7 | +25<br>+7 | +29<br>+8 | +34<br>+9 | +41<br>+11 | +48<br>+13 | +55<br>+15 | +63<br>+17 | +72<br>+20 |
| n | 5 | +20<br>+12 | +24<br>+15 | +28<br>+17 | +33<br>+20 | +38<br>+23 | +45<br>+27 | +51<br>+31 | +57<br>+34 |
| | ▼6 | +23<br>+12 | +28<br>+15 | +33<br>+17 | +39<br>+20 | +45<br>+23 | +52<br>+27 | +60<br>+31 | +66<br>+34 |
| | 7 | +30<br>+12 | +36<br>+15 | +42<br>+17 | +50<br>+20 | +58<br>+23 | +67<br>+27 | +77<br>+31 | +86<br>+34 |

续表

| 公差带 | 等级 | 基本尺寸 | | | | | | | |
|---|---|---|---|---|---|---|---|---|---|
| | | >10~18 /mm | >18~30 /mm | >30~50 /mm | >50~80 /mm | >80~120 /mm | >120~180 /mm | >180~250 /mm | >250~315 /mm |
| p | 5 | +26<br>+18 | +31<br>+22 | +37<br>+26 | +45<br>+32 | +52<br>+37 | +61<br>+43 | +70<br>+50 | +79<br>+56 |
| | ▼6 | +29<br>+18 | +35<br>+22 | +42<br>+26 | +51<br>+32 | +59<br>+37 | +68<br>+43 | +79<br>+50 | +88<br>+56 |
| | 7 | +36<br>+18 | +43<br>+22 | +51<br>+26 | +62<br>+32 | +72<br>+37 | +83<br>+43 | +96<br>+50 | +108<br>+56 |

注：标注▼者为优先公差等级，应优先选用。

### 任务4　识读零件图的形状和位置公差

图7-43所示为柱塞套零件图，识读零件图中的几何公差代号。

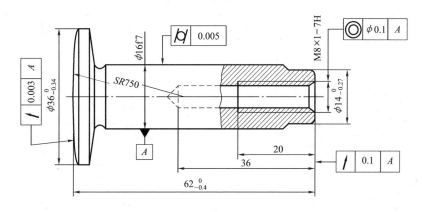

图7-43　柱塞套零件图

零件加工过程中，不仅会产生尺寸误差，也会出现几何误差。例如加工轴时可能会出现轴线弯曲或大小头的现象，这就是零件形状误差。如图7-43所示柱塞套零件图，除了注出尺寸公差外，还标注了形状公差代号。

由于几何公差的误差过大会影响机器的工作性能，因此对零件除应保证尺寸精度外，还应控制其几何误差。对几何误差的控制是通过几何公差来实现的。

相关知识

#### 一、几何公差

几何公差是指零件的实际形状、方向、位置和跳动相对于理想状态的允许变动量。为了保证加工零件的装配和使用要求，在图样上除了给出尺寸公差、表面结构要求外，还有必要给出几何公差（形状公差、方向公差、位置公差和跳动公差）要求。

零件上的要素是指工件上的特定部位，如点、线或面。这些要素可以是组成要素（如圆柱体的外表面），也可以是导出要素（如中心线或中心面）。

（1）被测要素：给出几何公差的要素。
（2）基准要素：用来确定被测要素的方向、位置或跳动的要素。
（3）单一要素：仅对本身给出形状公差的要素。
（4）关联要素：对其他要素有功能关系的要素。

零件的几何公差可具体分成以下四类。
（1）形状公差：指单一要素的形状所允许的变动全量。
（2）方向公差：关联实际要素对基准在方向上允许的变动全量。
（3）位置公差：关联实际要素对基准在位置上允许的变动全量。
（4）跳动公差：关联实际要素绕基准回转一周或连续回转时所允许的最大跳动量。

几何公差特征项目的分类及符号见表 7–10。

表 7–10  几何公差特征项目的分类及符号

| 公差类型 | 几何特征 | 符号 | 有无基准 | 公差类型 | 几何特征 | 符号 | 有无基准 |
| --- | --- | --- | --- | --- | --- | --- | --- |
| 形状公差 | 直线度 | — | 无 | 位置公差 | 位置度 | ⊕ | 有或无 |
| | 平面度 | ▱ | 无 | | 同心度（用于中心度） | ◎ | 有 |
| | 圆度 | ○ | 无 | | | | |
| | 圆柱度 | ⌭ | 无 | | 同轴度（用于轴线） | ◎ | 有 |
| | 线轮廓度 | ⌒ | 无 | | | | |
| | 面轮廓度 | ⌓ | 无 | | 对称度 | = | 有 |
| 方向公差 | 平行度 | ∥ | 有 | | 线轮廓度 | ⌒ | 有 |
| | 垂直度 | ⊥ | 有 | | 面轮廓度 | ⌓ | 有 |
| | 倾斜度 | ∠ | 有 | 跳动公差 | 圆跳动 | ↗ | 有 |
| | 线轮廓度 | ⌒ | 有 | | 全跳动 | ⌮ | 有 |
| | 面轮廓度 | ⌓ | 有 | | | | |

## 二、几何公差代号

几何公差代号包括几何特征符号、公差框格和指引线、几何公差数值和有关符号、基准代号和有关符号，基准符号由大写字母、方框、连线和一个涂黑的或空白的等边或等腰三角形组成，如图 7–44 所示。

GB/T 1182—2008 规定，禁用 E、F、I、J、L、M、O、P、R 9 个字母作基准字母，并且一般不允许与图样中任何向视图的字母相同，无论基准符号的方向如何，字母都应水平书写。

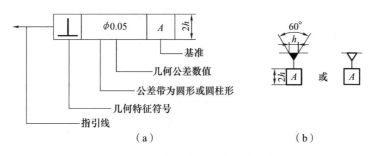

图 7-44 几何公差框格与基准符号

(a) 几何公差代号；(b) 基准符号

### 三、几何公差代号的标注

1. 对于被测要素

（1）当被测要素为轮廓线或轮廓面时，指引线箭头应指向该要素的轮廓线或其延长线，但必须与尺寸线明显错开，如图 7-45（a）和（b）所示。箭头也可指向引出线的水平线，引出线引自被测面，如图 7-45（c）所示。

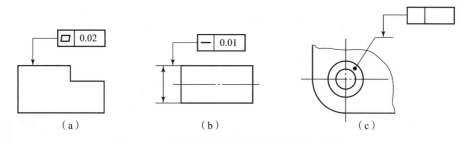

图 7-45 被测要素是轮廓线或轮廓面时的画法

（2）当被测要素为轴线（中心平面、中心点）时，应将指引线箭头与相应的尺寸线对齐，如图 7-46 所示。

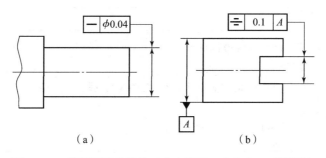

图 7-46 被测要素是轴线（中心平面、中心点）时的画法

2. 对于基准要素

（1）当基准要素为轮廓线或轮廓面时，应将基准符号连线指向该要素的轮廓线或其延长线，必须与尺寸线明显错开，如图 7-47（a）和（b）所示。基准三角形也可放置在该轮廓面引出线的水平线上，如图 7-47（c）所示。

（2）当基准要素是轴线、中心线或对称线时，应将基准符号连线与该要素的轮廓的尺

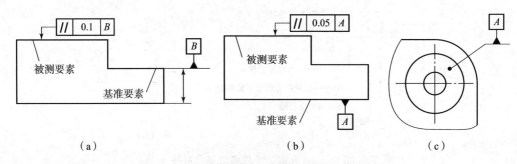

图 7–47 基准要素为轮廓线或轮廓面时的画法

寸线对齐。如图 7–48（a）所示。如果没有足够的位置标注基准要素尺寸的两个尺寸箭头，则其中一个箭头可用基准三角形代替，如图 7–48（b）所示。

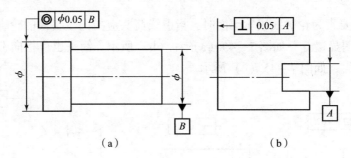

图 7–48 基准要素为轴线时的画法

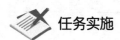 任务实施

对图 7–43 所示的柱塞套零件图上的尺寸及几何公差进行识读。具体识读内容见表 7–11。

识读形位公差

表 7–11 识读柱塞套零件图几何公差

| 几何公差 | 含义 |
| --- | --- |
| ↗ 0.003 A | 被测要素：SR750 的球面<br>基准要素：φ16f7 轴线<br>释义：SR750 的球面相对于 φ16f7 轴线的圆跳动公差为 0.003 |
| ⌭ 0.005 | 杆身圆柱度公差为 0.005 |
| ◎ φ0.1 A | 被测要素：M8×1 的螺纹孔轴线<br>基准要素：φ16f7 轴线<br>释义：M8×1–7H 的螺纹孔中心线相对于 φ16f7 轴线的同轴度公差为 φ0.1 |
| ↗ 0.1 A | 被测要素：柱塞套底部端面<br>基准要素：φ16f7 轴线<br>释义：柱塞套底部端面相对于 φ16f7 轴线的圆跳动公差为 0.1 |

## 课题三 识读零件图

零件图是制造和检验零件的依据,是反映零件结构、大小和技术要求的载体。读零件图的目的就是根据零件图想象零件的结构形状,了解零件的制造方法和技术要求。为了读懂零件图,最好能结合零件在机器或部件中的位置、功能及与其他零件的装配关系来读图。

**任务1 识读泵轴零件图**

识读图7-49所示的泵轴零件图。

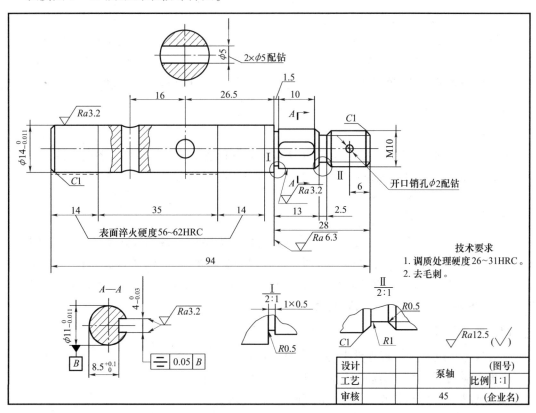

图7-49 泵轴零件图

看零件图时,应达到如下几点要求。
(1) 了解零件的名称、材料和用途。
(2) 了解组成零件各部分结构形状的特点、功用,以及它们之间的相对位置。
(3) 了解零件的制造方法和技术要求。

汽车上的半轴、变速器输入轴和输出轴、钢板销、凸轮轴、发动机曲轴、空气压缩机曲轴、柱塞泵柱塞、柱塞套等均属于轴套类零件。其主要作用是与传动件等结合传递动力。

识读泵轴零件图

## 任务实施

### 一、看标题栏

从标题栏中了解零件的名称（泵轴）、材料（45 钢），比例（1:1）等。

### 二、表达方案分析

一般可按下列顺序进行分析。

（1）找出主视图。
（2）有多少其他视图和剖视、断面等，找出它们的名称、相互位置和投影关系。
（3）凡有剖视、断面处要找到剖切平面位置。
（4）有局部视图和斜视图处，必须找到表示投影部位的字母和表示投影方向的箭头。
（5）有无局部放大图及简化画法。

分析图 7-48 可知：该泵轴零件图由主视图、两个移出断面图、两个局部放大图组成。其中以主视图为主表达主体结构，并用一处局部剖视表示出一个 $\phi5$ 孔为通孔结构；两个移出断面图分别表示了键槽的深度及另一处 $\phi5$ 孔（通孔）；两个局部放大图则清楚地表示出两处越程槽的结构。

### 三、读出零件结构

细读各个视图，这时可利用形体分析法或线面分析法识读具体零件上各部分的细节。

（1）先看大致轮廓，再分几个较大的独立部分进行形体分析，逐一看懂。
（2）对外部结构逐个分析。
（3）对内部结构逐个分析。

分析图 7-49 可知：该零件为一个很典型的轴套类零件，视图表达采用加工位置原则。其主体结构由左往右依次是：$\phi14_{-0.011}^{0}$ 圆柱（该段中有两个相互垂直的 $\phi5$ 通孔）、$\phi11$ 圆柱（该段中有一个键槽及台阶根部越程槽）、M10 粗牙螺纹（该段中有一个 $\phi2$ 的通孔及螺纹退刀槽），轴的两端面分别有 $1\times45°$ 倒角。

### 四、尺寸分析

结合尺寸可进一步了解零件上各结构的具体情况。

（1）形体分析和结构分析，了解定形尺寸和定位尺寸。
（2）据零件的结构特点，了解基准和尺寸标注形式。
（3）了解功能尺寸与非功能尺寸。
（4）了解零件总体尺寸。

分析图 7-49 可知：该零件的径向尺寸基准是整体轴线；轴向尺寸基准是 $\phi11$ 圆柱的左端面。

泵轴的轴向尺寸链分析如图 7-50 所示。从该图中可以看出，该零件的加工主要为车外圆及端面、钻孔及铣键槽，因此它的轴向尺寸是分上下两侧进行标注的，便于看图和测量。从 $\phi11$ 圆柱的左端面起第一链 94；第二链 28，13，2.5，6；第三链 14，35，14，16，26.5。每个链中均有一个开环结构。其中第三链中结合文字说明可知，$\phi14$ 圆柱上两侧需进行特殊的热处理。装开口销 $\phi2$ 的孔是要等该轴装配好后才进行钻孔的。

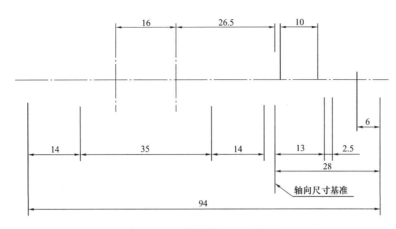

图 7-50 泵轴的轴向尺寸链分析

在一断面图中，$\phi 11$ 圆柱上键槽的宽度为 4，深度为 $11-8.5=2.5$，键槽长 10 则从主视图中查得。另一处的断面图则说明 $\phi 14_{-0.011}^{0}$ 圆柱上两处 $\phi 5$ 的通孔实际上是在装配好后才钻孔的。

另外，两处局部放大图很清楚地显示了键槽处的越程槽、开口销处的螺纹退刀槽的详细尺寸。注意，这两处结构均为标准结构。

## 五、技术要求分析

（1）表面粗糙度：要求高的是 $\phi 14_{-0.011}^{0}$ 圆柱面、键槽两侧面及 $\phi 11$ 圆柱面，$Ra3.2$，圆柱右端台阶面为 $Ra6.3$，其余所有表面的表面粗糙度都为 $Ra12.5$。

（2）尺寸公差：$\phi 11_{-0.011}^{0}$，查表可知其公差带代号为 h6。查键槽尺寸对比可知，该轴与键为较松键连接。

（3）几何公差：由 A—A 断面图可知，键槽宽度 4 的对称平面相对于 $\phi 11$ 圆柱轴线有一对称度要求，其公差值为 0.05。

（4）其他方面：该零件 $\phi 14$ 圆柱段要求有局部的表面淬火处理，其他部分需进行调质处理。

## 六、综合归纳

把零件的结构形状、尺寸标注、工艺和技术要求等内容综合起来，就能了解零件的全貌，也就看懂了零件图。图 7-51 所示为泵轴的三维造型。

图 7-51 泵轴的三维造型

> **多了解一点**
>
> 在零件图上标注尺寸时，除了选择合理的尺寸基准外，还要考虑尽量适合工艺流程的尺寸链方案，使所设计的零件既满足装配体运行又具有良好的工艺性能，一组互相联系且按一定顺序排列的封闭尺寸组合称为尺寸链，其中由加工过程中各有关工艺尺寸所组成的尺寸链称为工艺尺寸链，由零件装配过程中各有关装配尺寸所组成的尺寸链称为装配尺寸链。
>
> 在图 7-46 所示的泵轴的三个轴向尺寸链中，每个尺寸链中都有一个开口环，标注时应取该尺寸链中最次要的尺寸作为开口环尺寸，且该尺寸不标注。

**任务 2　识读端盖零件图**

识读图 7-52 所示的端盖零件图。

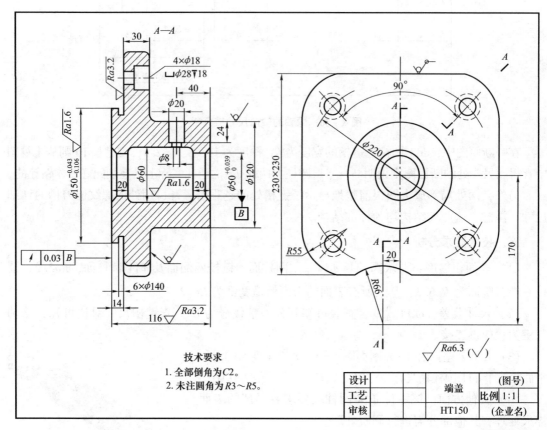

图 7-52　端盖零件图

识读端盖零件图

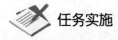

识读盘盖类零件图的要求与轴套类零件图相同，从一张零件图中需要了解零件的名称、设计者、审核者、制造厂家、零件所用的材料等。通过分析视图，想象零件各组成部分的结构形状和相对位置。通过分析图样中的尺寸和技术要求，了解零件的加工方法和精度等。

汽车上离合器中压盘、法兰盘、气泵带轮、气泵盖、端盖等均属于盘盖类零件。盘盖类零件主要起连接、支撑、轴向定位、密封及传递扭矩的作用。

**任务实施**

**一、浏览全图，看标题栏**

从图 7-52 中可看出该零件属盘盖类零件中的盖类零件，零件的名称为端盖，材料是

HT150 灰口铸铁。阅读标题栏还能知道零件的设计者、审核者、制造厂家，以及零件图的比例等内容。

## 二、分析表达方案

该零件图采用两个视图来表达内外结构，主视图采用全剖视图，反映出端盖的内部结构，而左视图则表达出其形状特征。从两个视图结合起来分析可知，端盖的剖切线路较复杂，有平面、柱面和斜面，为多个剖切面复合剖切的主视图。

## 三、结构分析

看图时先看主体部分，后看细节。按表达方案找出投影对应关系再分析形体，并兼顾零件的尺寸与功用，以便帮助想象零件的形状。

从外形上看，主体结构从左往右可分成圆柱筒、方盘、圆柱筒三部分。其中左边圆柱筒的径向尺寸大、轴向小，根部有砂轮越程槽；而右边圆柱筒的径向尺寸较小、轴向长，根部带圆角；方盘四周有较大的圆角，上面有 4 个柱形沉孔，在 $\phi220$ 圆周上呈 $45°$ 方向均匀分布，方盘下方另有弧形缺口，定位清晰。

从内形上分析，端盖的内腔为圆柱筒状结构，内孔为 $\phi50^{+0.039}_{0}$，中间空腔直径为 $\phi60$ 并带圆角，其作用是减少装配接触面和减轻零件重量。两端孔口倒角，上方有一组台阶孔，用以安装油板。

## 四、分析尺寸

端盖零件图的尺寸可分别从径向和轴向去进行分析：以整体轴线作为径向尺寸的设计基准，方盘的高度、宽度方向，弧形缺口也以此轴线为基准；在轴向则以最左端面为基准。

轴向尺寸链分解：主体结构 116, 14, 30（开环）；砂轮越程槽 140, 6（开环）；方盘上台阶孔 30, 18（开环）；内孔 116, 20, 20（开环）；油板孔定位尺寸 40。

## 五、分析技术要求

（1）表面粗糙度：要求最高的是 $\phi150$ 外圆及内孔 $\phi50$，$Ra$ 值为 1.6；其次为方盘左端面、$\phi150$ 外圆端面及 $\phi120$ 外圆端面 $Ra$ 值为 3.2；其余各加工表面 $Ra$ 值都是 6.3；其余均为毛坯面，不需要加工。

（2）尺寸公差：内孔 $\phi50$ 上偏差为 +0.039，下偏差为 0，查表得公差带代号为 H8，即 $\phi50$H8。$\phi150$ 上偏差为 -0.043，下偏差为 -0.106，查表得公差带代号为 f8，即 $\phi150$ f8。

（3）几何公差：位置公差项目——端面圆跳动，基准要素为 $\phi50$ 内孔的轴线，被测要素为零件左端面。

（4）材质：无特殊要求。

（5）其他：倒角、圆角要求。

## 六、综合归纳

把零件的结构形状、尺寸标注、工艺和技术要求等内容综合起来，就能想象出端盖零件的全貌，如图 7-53 所示为端盖的三维造型。

图 7-53 端盖的三维造型

**任务3　识读拨叉零件图**

**任务导入**

识读图7-54所示的拨叉零件图。

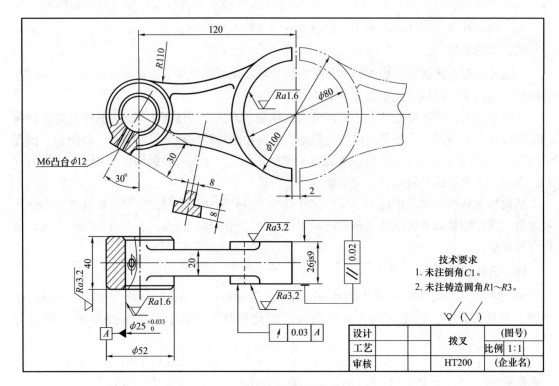

图7-54　拨叉零件图

**任务分析**

识读叉架类零件图的要求、方法、步骤与盘盖类零件相同。下面通过两个具体实例来进一步知晓、理解叉架类零件的构造、视图方案、尺寸及技术要求。

汽车上的拨叉、连杆、支架、支座等均属此类零件。叉架类零件通常起传动、连接、调节、制动、支承和连接等作用。

**任务实施**

图7-54所示为拨叉零件图，这是一个很典型的叉架类零件。

**一、了解零件图**

浏览全图，看标题栏，可以看出该零件属于叉架类零件中的叉类零件，零件的名称为拨叉，材料是HT200灰口铸铁。阅读标题栏还能知道零件的设计者、审核者、制造厂家，以及零件图的比例等内容。

## 二、分析视图表达方案

1. 零件放置

分析图 7-54 所示拨叉的视图表达方案,由于拨叉无法自然安放,因此采用了主要对称面平行于投影面的放置方法,即高度方向的对称面平行于水平投影面,宽度方向的对称面平行于正立投影面。

2. 视图方案

图 7-54 所示的拨叉零件共用了三个视图来表达零件的内外结构,其中主视图为局部剖视图,表达了零件整体特征;俯视图为局部剖视图,表达了各形体宽度方向的特征;而移出断面图则表示了连接板的结构。

## 三、细读各部分结构

先看主体部分,后看细节。按表达方案找出投影的对应关系,分析形体,并兼顾零件的尺寸与功用,以便帮助想象零件的形状。

根据叉架类零件的特点,主体结构可分成三部分,工作部分——叉口即右端部分,由近半个圆柱筒构成;支承(或安装)部分是该图的左端部分,为圆柱筒结构;连接及加强部分为该图中间的连接板,由移出断面图可看出为"工"字形结构。

另外,从主、俯视图中的局部剖视图可看出,在左端圆柱筒上叠加了圆柱筒凸台的小结构;内孔为 M6 螺纹通孔,外圆 φ12,台面距大圆柱筒轴线 30。

由以上分析可想象出拨叉的形体构成,如图 7-55 所示。

图 7-55 拨叉的三维造型

## 四、尺寸分析

图 7-53 所示的拨叉零件在长度方向的主要尺寸基准为左端圆柱轴线,因为左边圆柱筒与轴装配而使拨叉在部件中定位,所以常以此轴线作为基准;宽度方向以零件的前后对称面作为尺寸基准;高度方向则以零件的高度方向对称中心而作为尺寸基准。图中其他定位尺寸有 120、30、30°。

## 五、技术要求分析

(1) 表面粗糙度:表面粗糙度要求最高的是左端圆柱筒内孔表面、右端叉口内孔为 $Ra1.6$;其次为圆柱筒两侧面、叉口两侧面为 $Ra3.2$;其他加工面为 $Ra12.5$;其他为毛坯面。

(2) 尺寸公差:φ25 孔的上偏差为 +0.033,下偏差为 0,查得公差带代号为 H8。

(3) 几何公差:叉口两侧面有平行度要求,基准要素为叉口前端面,被测要素为叉口后端面,平行度公差值为 0.02。

(4) 材质:无特殊要求。

(5) 其他:倒角、圆角要求。

### 任务 4  识读固定钳身零件图

识读图 7-56 所示的固定钳身零件图。

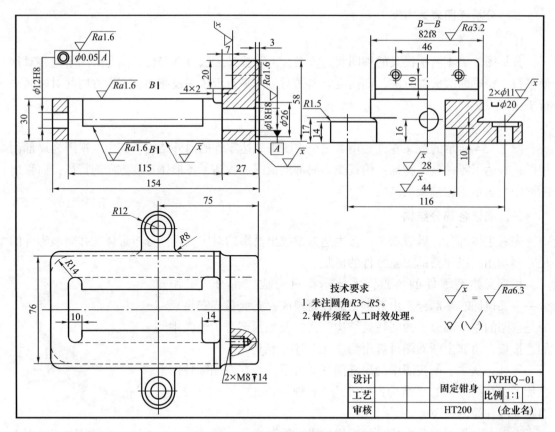

图7-56 固定钳身零件图

## 任务分析

读箱体类零件图的要求、步骤与读其他零件图相同。下面以读固定钳身零件图（图7-56）为例，来进一步熟悉箱体类零件图的识读方法和步骤。

汽车上的变速器壳体、转向器壳体、气缸体、气泵缸体、后桥壳等均属于箱体类零件。该类零件的主要作用是容纳、支撑传达件，也起定位、密封和保护等作用。

## 任务实施

### 一、初读，知其概貌

先看标题栏，可知零件名称为固定钳身，材料为HT200灰口铸铁，绘图比例为1:1等。再浏览一下全图，可知零件的大致结构为长方块。

### 二、细读，分析视图表达方案，详解各部分结构

1. 分析表达方案

主视图为全剖视图，反映零件内腔的具体结构；俯视图采用局部剖视，表达主体结构的形状特征、拱形块的形状特征；对右边叠加块作局部剖表达螺纹孔的详细结构；左视图采用半剖视图，表达右边叠加块的形状特征、拱形块的厚度，以及进一步表达整体结构和局部小结构。该零件各视图的表达方案如图7-57所示。

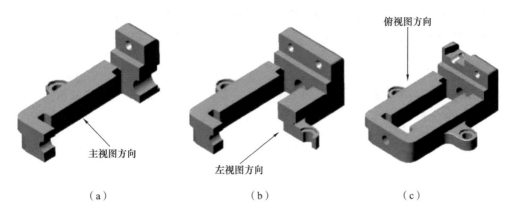

**图 7-57 固定钳身各视图的表达方案**
(a) 主视图方案；(b) 左视图方案；(c) 俯视图方案

### 2. 读出各部分结构

主体是带"工"形孔的长方块，上方大下方小；中部下方前后对称叠加拱形块，拱形块上有安装孔；右上方叠加块，有台阶、螺纹孔、圆角等结构，整个零件前后对称。综合归纳，固定钳身造型如图 7-58 (a) 所示，它是图 7-58 (b) 所示机用虎钳的支撑基件。

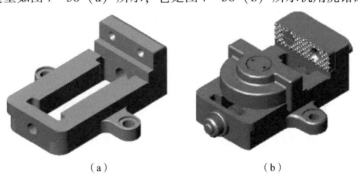

**图 7-58 零件与部件的三维造型**
(a) 固定钳身造型；(b) 机用虎钳造型

### 三、分析尺寸及技术要求

（1）尺寸基准：固定钳身在长度方向上选择右端面作为尺寸基准，在宽度方向选择前后对称面作为尺寸基准，在高度方向选择底面作为尺寸基准。

（2）尺寸分析：采用形体分析法标注尺寸，定位尺寸——长度方向75，宽度方向46、116，高度方向16、14；其余尺寸都是定形尺寸。

（3）尺寸公差：$\phi 12H8$、$\phi 18H8$、82f8。

（4）表面粗糙度：有 $Ra1.6$，$Ra3.2$、$Ra6.3$ 和"不加工"几个精度，其中表面粗糙度要求最高的是 $\phi 12$ 及 $\phi 18$ 两处孔的内表面。

（5）几何公差：同轴度公差，基准要素为右边 $\phi 18H8$ 孔的轴线，被测要素为左边 $\phi 12H8$ 孔的轴线，即 $\phi 12H8$ 孔的轴线相对于 $\phi 18H8$ 孔的轴线的同轴度公差值为 $\phi 0.05$。

（6）其他：人工时效处理、未注铸造圆角 $R3 \sim R5$。

总之，识读装配图时，应先全面分析、综合归纳、获得完整概念，得到对装配体的总的认识，然后根据装配图，分析其传动路线、工作原理与拆装顺序、装配与使用特点，以及安装使用中应注意的问题等。

在读图过程中为什么要从视图表达方案入手，而且要几个视图联系起来分析？

# 项目八
## 识读装配图

### 课题　识读装配图

表示机器（或部件）的图样称为装配图。表示一台完整机器的图样，称为总装配图；表示一个部件的图样，称为部件装配图。

装配图是表达机器（或部件）整体结构形状和装配连接关系的，用以指导机器的装配、检验、调试和维修。本模块将介绍装配图的表示法、识读装配图和拆画零件图的方法与步骤。

**任务1　识读活塞连杆组装配图**

**任务导入**

识读图8-1所示的活塞连杆组装配图，掌握装配图的识读方法。

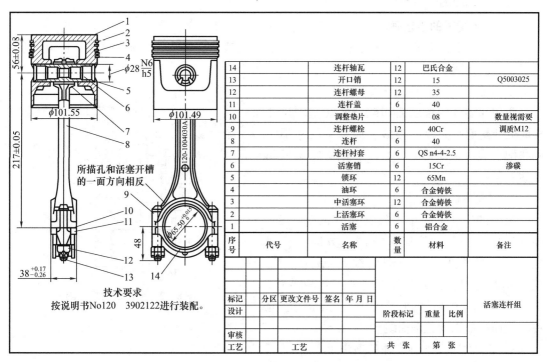

图8-1　活塞连杆组装配图

装配图是设计和拆画零件图的主要依据，也是装配生产中设备调试、维修、使用和进行技术交流的工具。识读装配图的目的是弄清装配图所表达机器或部件的性能、工作原理、装配关系、传动路线和各零件的主要结构、作用及拆装顺序等。

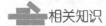

### 一、装配图的内容

由图 8-1 可以看出该装配图包括了以下几方面的内容。

1. 一组视图

采用各种表达方法，正确、清晰地表达机器或部件的工作原理与结构，以及各零件间的装配关系、连接方式、传动关系和零件的主要结构形状等内容。

2. 一组尺寸

表示机器或部件的性能、规格，以及装配、安装、检验等环节的必要的一组尺寸。

3. 技术要求

提出机器或部件性能、装配、调整、试验、验收等方面的要求。

4. 标题栏、序号及明细栏

注明装配体的名称、图号、绘图比例，以及设计、校核、审核等相关人员的签名等内容。在图样上对每种零件进行编号，并在明细栏中说明各组成零件的名称、数量、材料等相关信息。

### 二、装配图的表达方法

#### （一）装配图的规定画法

在装配图中，为了便于区分不同的零件，正确地表达出各零件之间的关系，在画法上有以下规定，如图 8-2 所示。

1. 接触面和配合面的画法

两相邻零件的接触面和配合面（基本尺寸相同的装配面）只画一条线，而基本尺寸不同的非配合表面，即使间隙很小，也必须画成两条线。

2. 剖面线的画法

装配图中，同一个零件在所有的剖视图、断面图中，其剖面线应保持同一方向，且间隔一致。相邻两零件的剖面线则必须不同，应使其方向相反，或间隔不同，或互相错开。

当装配图中零件的面厚度小于 2 mm 时，允许将剖面涂黑以代替剖面线。

3. 实心件和某些标准件的画法

在装配图的剖视图中，若剖切平面通过实心零件（如轴、杆等）和标准件（如螺栓、

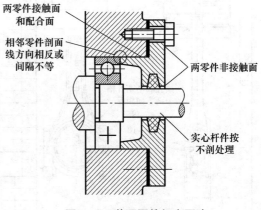

图 8-2 装配图的规定画法

螺母、销、键等）的基本轴线时，这些零件按不剖绘制。若需要特别表明零件的结构，如凹槽、键槽、销孔等，则可采用局部剖视图表示。当剖切平面垂直于其轴线剖切时，则需画出剖面线。

**（二）装配图的特殊画法**

1. 拆卸画法

在装配图的某个视图上，为了表示某些零件被遮盖的内部结构或其他零件的形状，可假想拆去一个或几个零件后绘制该视图，为了避免看图时产生误解，常在图上加注"拆去零件××等"，如图8-3所示。

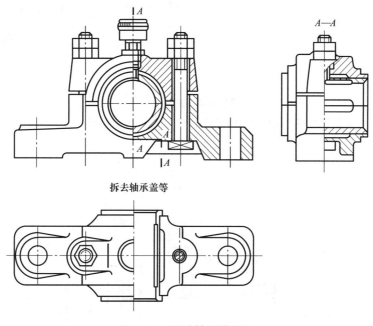

图8-3 滑动轴承装配图

2. 假想画法

（1）对于机器或部件中可动零件的极限位置，可用细双点画线画出其轮廓线。如图8-4（a）所示，用细双点画线画出了车床尾座上手柄的另一个极限位置。

（2）对于与本部件有关但不属于本部件的相邻辅助零部件，可用细双点画线表示其与本部件的连接关系，如图8-4（b）夹具中的工件。

3. 夸大画法

对薄片零件、细丝弹簧和微小间隙等，若按其实际尺寸在装配图上很难画出或难以明确表示时，可采用夸大画法，如图8-5中的垫片，即采用了夸大画法。

4. 简化画法

（1）在装配图中，对若干相同的零件组如螺栓、螺钉连接等，可以仅详细地画出一组或几组，其余只需用点画线表示其位置。图8-5中的两组螺钉连接只详细画出了一组。

（2）装配图中的滚动轴承允许采用简化画法，如图8-5所示。

（3）装配图中零件的工艺结构如圆角、倒角、退刀槽等允许不画出，如图8-5所示，图中省略了倒角等。

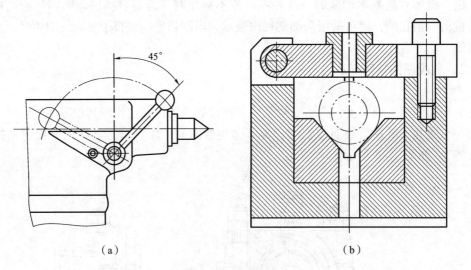

图 8-4 假想画法

(a) 可动零件的极限位置表示方法；(b) 夹具（相邻辅助零件的表示方法）

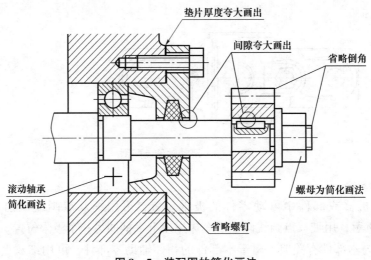

图 8-5 装配图的简化画法

5. 单独表达某零件的画法

在装配图中，当某个零件的形状未表达清楚，或对理解装配关系有影响时，可另外单独画出该零件的某一视图。

6. 展开画法

为了表示传动机构的传动路线和零件间的装配关系，可假想按传动顺序沿轴线剖切，然后依次展开，使剖切面摊平并与选定的投影面平行，再画出它的剖视图，如图 8-6 所示。

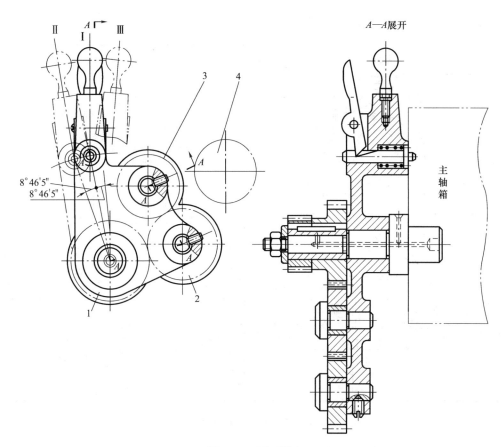

图 8-6 展开画法

### 三、装配图的尺寸标注和技术要求

1. 尺寸标注

装配图上不需要注出零件的全部尺寸,仅需标注以下几类与装配图作用相关的尺寸即可。

(1) 规格(性能)尺寸。表示机器、部件规格或性能的尺寸,是设计和选用部件的主要依据。图 8-7 所示滑动轴承的孔径 $\phi60H8$,它反映了该部件所支承的轴的直径大小。

(2) 装配尺寸。表示零件间装配关系和工作精度的尺寸,通常有配合尺寸和相对位置尺寸。

① 配合尺寸,用来表示两个零件之间配合性质的尺寸,如图 8-7 主视图中的 90H9/f9 和 $\phi10H8/s7$。

② 相对位置尺寸,如两齿轮的中心距、主要轴线到基准面的定位尺寸等。

(3) 安装尺寸。将装配体安装到地基或其他机器上时所需的尺寸,如图 8-7 中的安装孔尺寸 $2\times\phi17$ 和孔的定位尺寸 180 等。

(4) 外形尺寸。表示装配体的总长、总宽、总高尺寸,提供了装配体在包装、运输和安装过程中所占的空间大小。例如图 8-7 中的 240、80、160。

(5) 其他重要尺寸。在设计中经过计算或根据某种需要而确定的,但又不属于上述几类尺寸的一些重要尺寸，如图8-7中的85±0.3。

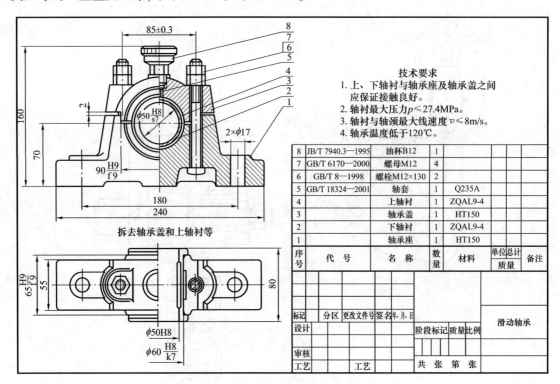

图8-7 滑动轴承装配图

上述五类尺寸之间并不是互相孤立无关的，实际上有的尺寸往往同时具有多种作用。此外，在一张装配图中，并不一定需要全部注出上述五类尺寸，而是要根据具体情况和要求来确定。

2. 技术要求的注写

装配不同性能的装配体，其技术要求也各不相同。拟定技术要求一般可从以下几个方面加以考虑。

(1) 装配要求：指装配方法和在装配过程中需注意的事项及装配后应达到的要求，如准确度、装配间隙、润滑要求等。

(2) 检验、调试要求：对装配体基本性能的检验、试验时的要求。

(3) 使用要求：装配体的规格、参数及维护、保养、使用时的注意事项及要求。

装配图上的技术要求应根据装配体的结构特点和使用性能适当填写，技术要求一般注写在标题栏的左侧。

**四、装配图零部件序号和明细栏**

1. 零部件序号

一般规则：装配图中所有的零部件都必须编写序号。规格相同的零件只编一个序号，标准化组件如油杯、滚动轴承、电动机等，都可看作一个整体编一个序号。同时，在明细栏中与图中序号一一对应地列出。

2. 序号的编排方法

(1) 在所指零、部件的可见轮廓内画一圆点，自圆点画指引线（细实线），指引线的另一端画出水平细实线或细实线圆,在水平线上或圆内注写序号,如图8-8所示。

(2) 若所指部分是很薄的零件或涂黑的剖面,不便于画圆点,则可用箭头代替圆点并指向该部分的轮廓,如图8-9所示。

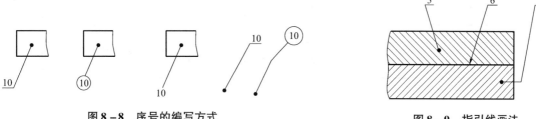

图8-8 序号的编写方式　　　　　　　　图8-9 指引线画法

**注意**:同一张装配图中编注序号的形式应一致,序号字号比装配图中所注尺寸数字的字号大一号或两号。

(3) 指引线相互不能相交,也不要与剖面线平行。必要时可画成折线,但只允许转折一次,如图8-9所示。

(4) 对于一组紧固件及装配关系清楚的零件组,可采用公共指引线,如图8-10所示。

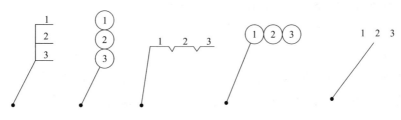

图8-10 公共指引线

(5) 序号应按顺时针或逆时针方向顺次排列整齐。如在整个图上无法连续排列,应尽量在每个水平或垂直方向顺次排列。

3. 明细栏

明细栏是全部零部件的详细目录,由序号、代号、名称、数量、材料、备注等组成。标题栏与明细栏如图8-11所示。

明细栏一般配置在装配图标题栏上方,当位置不够时,可在标题栏的左方接着画明细栏。序号应由下向上顺序填写,以便增加零件时方便填写。明细栏外框竖线为粗实线,横线和内格竖线为细实线。

 **任务实施**

读装配图的目的:

了解装配体的工作原理和使用性能,弄清零件间的装配关系、连接方式和各零件的主要结构、作用及拆装顺序等。

下面以活塞连杆组装配图为例,说明识读装配图的方法和步骤。

识读活塞
连杆装配图

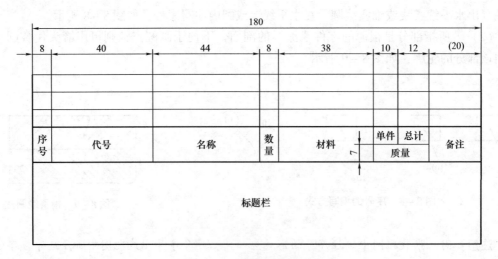

图 8-11 标题栏与明细栏

**一、概括了解**

由图 8-1 标题栏可知该装配体的名称是活塞连杆组。

由明细栏了解到组成该部件的零件有 14 种,在明细栏中还可了解到每种零件的名称、数量和材料,标准件的规格等,并大致了解装配体的复杂程度。

由总体尺寸了解装配体的大小和所占空间。

**二、分析视图**

(1) 对装配图的表达方案进行分析,弄清各视图、剖视图、断面图的数量,各自的表达意图和各图间相互关系,找出视图名称、剖切位置、投射方向,为下一步深入读图做准备。

(2) 该装配图采用了两个基本视图。主视图采用局部剖视图,表达了连杆、连杆衬套与活塞销、活塞之间的装配关系。左视图是整个总成的外形图,它突出了连杆的形状,并表达出连杆大端的连接情况。

**三、分析零件结构及形状**

从视图中分离出每个零件的范围和对应关系,利用剖面线的倾斜方向和间距、零件的编号、装配图的规定画法和特殊表达方法(如实心轴不剖的规定等),以及借助三角板和分规等查找其投影关系。

以主视图为中心,按照先易后难,先看懂连接件、通用件,再读一般零件。

**四、分析装配体的工作原理和装配关系**

该装配体上端活塞装入发动机气缸中,做往复直线运动。连杆上端小头通过活塞销与活塞相连,下端大头通过连杆轴承与曲轴相配合,做旋转运动。由此实现发动机在工作中力的传递与运动方式的转换,如图 8-12 所示。

由图 8-1 所示"活塞连杆组"装配图可以看出:活塞环装在活塞的凹槽内;活塞通过活塞销和连杆小头相连;活塞销端面以锁环定位,以防止活塞销轴向窜动;轴瓦装在连杆大头内;连杆盖与连杆大端用连杆螺栓连接。

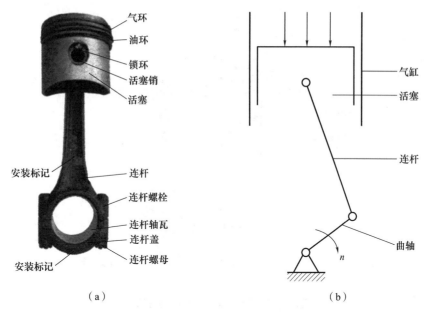

**图 8 – 12　活塞连杆组**

(a) 活塞连杆组的结构；(b) 活塞连杆组的运动

### 五、分析尺寸

分析装配图每一个尺寸的作用（即五类尺寸），搞清部件的尺寸规格、零件间的配合性质和外形大小等。

(1) 由图 8 – 1 可知，活塞下部呈椭圆状，其长轴直径为 101.55 mm、短轴直径为 101.49 mm，连杆大头轴瓦的内径为 $65.50^{+0.018}_{0}$ mm，是活塞的主要规格尺寸。

(2) $\phi 28 N6/h5$ 是活塞销与活塞的配合尺寸。其基本尺寸为 28 mm，轴的基本偏差代号是 h，公差等级为 5 级；孔的基本偏差代号为 N，公差等级是 6 级，为基轴制的过盈配合。

(3) 连杆大小端两孔的中心距为 (217 ± 0.05) mm，是保证连杆准确地安装在活塞和曲轴之间的主要尺寸。(56 ± 0.08) mm 是活塞顶部平面至销孔中心的距离，是保证气缸压缩比的关键尺寸。另外如 $38^{+0.17}_{-0.26}$ mm 等也是不可缺少的重要尺寸。

(4) 总体尺寸：装配体总长为 101.55 mm、总宽为 101.49 mm、总高为 56 + 217 + 48 = 321（mm）。

### 六、分析装配体的技术要求

本"活塞连杆组"的装配技术要求按 NO120—3902122 进行，其主要内容见说明书。

活塞连杆组的实物分解图如图 8 – 13 所示。

总之，在识读装配图时，应先全面分析、综合归纳、获得完整概念，得到对装配体的总体认识，然后根据装配图，分析其传动路线、工作原理与拆装顺序、装配与使用特点，以及安装使用中应注意的问题等。

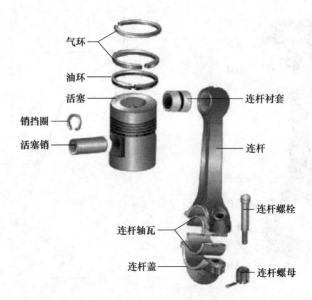

图8-13 活塞连杆组的实物分解图

### 任务2 根据尾架装配图拆画端盖零件图

在全面读懂尾架装配图8-14的基础上,按照零件图的内容和要求拆画4号件端盖的零件图。

由装配图拆画零件图实际上是设计零件的过程,是设计过程中的重要环节,也是检验看装配图和画零件图能力的一种方法。必须在全面看懂装配图的基础上,按照零件图的内容和要求拆画零件图。

拆画零件图的要求有以下两点。

(1) 经过阅读装配图,对装配体设计有了深刻理解后,才能绘制出充分体现装配图设计意图的零件图,拆画零件图的过程是对零件的详细设计过程。拆画的图样应包含零件图的完整内容,即视图、尺寸、技术要求、标题栏。

(2) 在画图时,要从设计上考虑零件的作用和要求,从工艺上考虑零件的制造和装配,使拆画出的零件图既符合原装配图的设计要求,又符合生产要求。

在图8-14所示的尾架装配图中,4号零件是端盖,通过螺栓连接在1号零件尾架体上,由B向局部视图可知其端面形状。尾架三维造型如图8-15所示。

相关知识

#### 一、零件的分类处理

拆画零件图前,要对装配图所示的机器或部件中的零件进行分类处理,以明确拆画对象零件可分为以下几类。

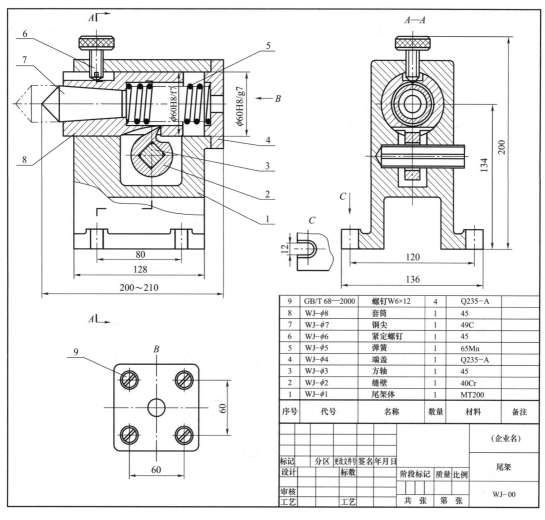

图 8-14 尾架装配图

1. 标准件

标准件大多数标准件属于外购件，故只需列出汇总表，填写标准件的规定标记、材料及数量即可，不拆画零件图。

2. 借用零件

借用零件是指借用定型产品中的零件，利用已有的零件图，不必另行拆画其零件图。

3. 特殊零件

特殊零件是设计时经过特殊考虑和计算所确定的重要零件，如汽轮机的叶片、喷嘴等。这类零件应按给出的图样或数据资料拆画零件图。

图 8-15 尾架的三维造型

4. 一般零件

一般零件是拆画的主要对象，应按照在装配图中所表达的形状、大小和有关技术要求来拆画零件图。

## 二、常见的装配结构

为保证机器或部件能顺利装配，并达到设计规定的性能要求，而且拆装方便，必须使零件间的装配结构满足装配工艺要求，同时兼顾装配结构的合理性。

1. 接触面与配合面的结构

（1）两零件接触时，在同一方向上只能有一组接触表面（图 8-16）。

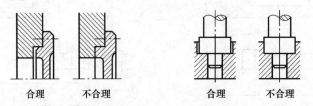

图 8-16 同一方向上接触面的画法

（2）轴与孔的端面相接触时，孔边要倒角或轴边要切槽，以保证端面紧密接触（图 8-17）。

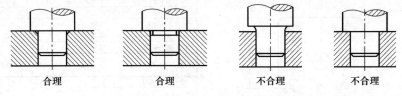

图 8-17 轴肩与孔的结构画法

2. 便于装拆的合理结构

（1）滚动轴承如以轴肩或阶梯孔定位，要考虑维修时拆装方便（图 8-18）。

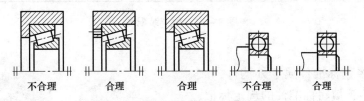

图 8-18 滚动轴承轴肩或孔肩定位结构

（2）当零件用螺纹紧固件连接时，应考虑到螺纹紧固件装拆的方便，如图 8-19 和图 8-20 所示。

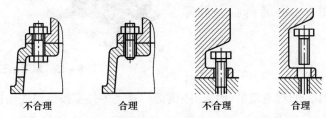

图 8-19 螺纹紧固件结构合理性（一）

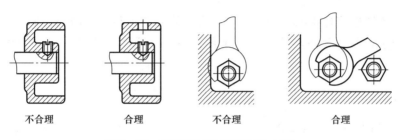

图 8-20　螺纹紧固件结构合理（二）

3. 密封装置和防松装置

在一些部件或机器中常需要有密封装置，以防止液体外流或灰尘进入。图 8-21 所示的密封装置是用在泵和阀上的常见结构。通常用浸油的石棉绳或橡胶作填料，拧紧压盖螺母，通过填料压盖可将填料压紧，起到密封作用。填料压盖与阀体端面之间必须留有一定间隙，才能保证将填料压紧，而轴与填料之间应有一定的间隙，以免转动时产生摩擦。

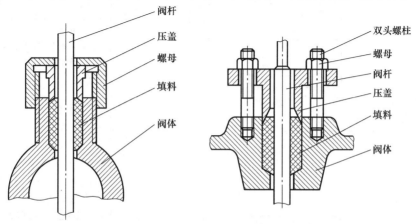

图 8-21　密封装置

为防止机器因工作震动而致使螺纹紧固件松开，常采用双螺母、弹簧垫圈、止动垫圈、开口销等防松装置，如图 8-22 所示。

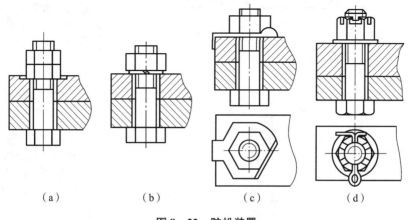

图 8-22　防松装置
(a) 双螺母防松；(b) 弹簧垫圈防松；(c) 止动垫圈防松；(d) 开口销防松

螺纹连接的防松按防松的原理不同,可分为摩擦防松与机械防松,如采用双螺母、弹簧垫圈的防松装置属于摩擦防松装置;采用开口销、止动垫圈的防松装置属于机械防松装置。

**任务实施**

拆除图 8–14 所示尾架装配图中的端盖,并绘制零件图。拆画端盖零件图步骤见表 8–1。

拆画
零件图

表 8–1 拆画端盖零件图步骤

| 步骤 | 图 例 | 说 明 |
|---|---|---|
| 1. 从装配图中分离出零件 | | 装配图主要表达零件之间的装配关系,且零件之间的视图会有重叠。因此首先要从装配图的一组视图中把拆画对象有关的投影找出来,分离出拆画对象 |
| 2. 构思零件的完整结构 | | 绘制装配图时只需表达零件的大致或主要结构,且零件之间投影重叠,这使得分离出的图形往往是不完整的,所以要对图样进行补充完善,这就是零件的继续设计。这时可依据零件的功能及与相邻零件的关系,来判断和构思出零件的完整结构。如左图所示为从尾架装配图中分离出的端盖零件的投影 |
| 3. 补全工艺结构 | | 在装配图上,常常省略一些工艺结构,如倒角、倒圆、退刀槽、砂轮越程槽等,在拆画零件图时要补全这些结构 |

续表

| 步骤 | 图 例 | 说 明 |
|---|---|---|
| 4. 重新选择表达方案 | 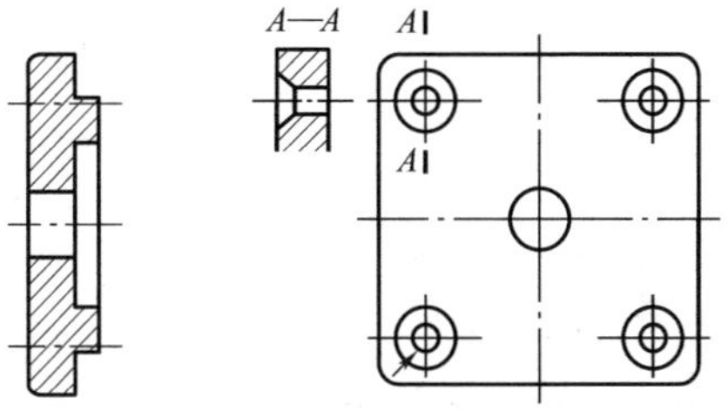 | 零件图的视图表达最重要的一点是表达对象的安放位置。零件在装配图中的位置是绘制装配图时从装配图的表达角度考虑而决定的，不一定符合零件图的表达特点。结合前面单元中学习零件图的有关内容可知，端盖属盘盖类零件，一般是按加工位置原则放置的，因此本例中的端盖表达方案为：主视图采用剖视图反映其内部结构，左视图采用视图反映形状特征。<br>进一步分析，端盖的形体结构为方盘和短圆筒两部分结构，方盘外形不需要进行机加工，而其回转体部分应车削加工，按照加工的安装位置考虑，应把位置摆放成方盘在左、圆柱在右的位置，如左图所示，该图为最后完成的端盖零件图 |
| 5. 标注尺寸 | 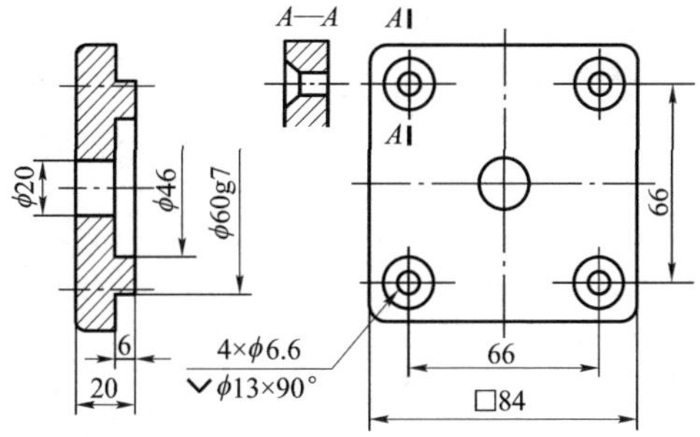 | 拆画零件时应按零件图的要求注全尺寸。<br>(1) 抄注尺寸：装配图已注的尺寸，在有关的零件图上应直接注出。<br>(2) 查表标注尺寸：对于一些工艺结构，如圆角、倒角、退刀槽、砂轮越程槽等，应尽量选用标准结构，应查找有关标准核对后再进行标注。对于与标准件相连接的有关结构尺寸，如螺孔、销孔等的直径，要从相应的标准中查取后注入图中。<br>(3) 计算标注尺寸：有的零件的某些尺寸需要根据装配图所给的数据进行计算才能得到（如齿轮分度圆、齿顶圆直径等），应进行计算后注入图中。<br>(4) 测量标注尺寸：一般尺寸可从装配图中直接量取，再按绘图比例折算并圆整后注出 |

项目八 识读装配图

续表

| 步骤 | 图 例 | 说 明 |
|---|---|---|
| 6. 零件图上技术要求的确定 | 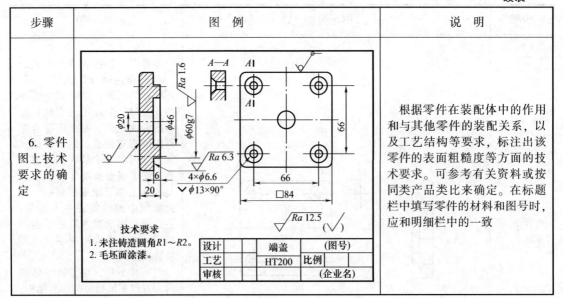 | 根据零件在装配体中的作用和与其他零件的装配关系，以及工艺结构等要求，标注出该零件的表面粗糙度等方面的技术要求。可参考有关资料或按同类产品类比来确定。在标题栏中填写零件的材料和图号时，应和明细栏中的一致 |

1. 为什么由装配图拆画零件图的过程是对零件的详细设计过程？
2. 数一数表 8-1 的第 6 步零件图中哪些尺寸是从装配图上抄注的？哪些是查表确定的？哪些尺寸是测量后按比例核算的？

# 附　录

**附表 1　普通螺纹牙型、直径与螺距（摘自 GB/T 192—2003、GB/T 193—2003）**　mm

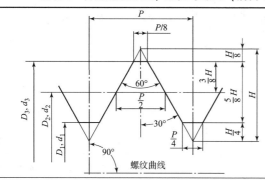

- $D$—内螺纹基本大径（公称直径）
- $d$—外螺纹基本大径（公称直径）
- $D_2$—螺纹基本中径
- $d_2$—外螺纹基本中径
- $D_1$—内螺纹基本小径
- $d_1$—外螺纹基本小径
- $P$—螺距
- $H$—原始三角形高度

标记示例：
M10（粗牙普通外螺纹、公称直径 $d = 10$ mm、中径及大径公差带均为 6g、中等旋合长度、右旋）
M10×1–LH（细牙普通内螺纹、公称直径 $D = 10$ mm、螺距 $P = 1$ mm、中径及大径公差带均为 6H、中等旋合长度、左旋）

| 公称直径 $D$、$d$ | | | 螺距 $P$ | |
|---|---|---|---|---|
| 第一系列 | 第二系列 | 第三系列 | 粗牙 | 细牙 |
| 4 | 3.5 | | 0.7 | 0.5 |
| 5 | | | 0.8 | 0.5 |
| 6 | | 5.5 | 1 | 0.75 |
| 8 | 7 | 9 | 1<br>1.25<br>1.25 | 0.75<br>1、0.75<br>1、0.75 |
| 10<br>12 | | 11 | 1.5<br>1.5<br>1.75 | 1.25、1、0.75<br>1.5、1、0.75<br>1.25、1 |
| 16 | 14 | 15 | 2<br>2 | 1.5、1.25、1<br>1.5、1<br>1.5、1 |
| 20 | 18 | 17 | 2.5<br>2.5 | 1.5、1<br>2、1.5、1<br>2、1.5、1 |
| 24 | 22 | 25 | 2.5<br>3 | 2、1.5、1 |
| | 27 | 26<br>28 | 3 | 1.5<br>2、1.5、1<br>2、1.5、1 |
| 30 | 33 | 32 | 3.5<br>3.5 | (3)、2、1.5、1<br>2、1.5<br>(3)、2、1.5 |
| 36 | 39 | 35<br>38 | 4 | 1.5<br>3、2、1.5<br>1.5<br>3、2、1.5 |

注：M14×1.25 仅用于火花塞；M35×1.5 仅用于滚动轴承锁紧螺母。

附表 2　梯形螺纹直径与螺距系列（摘自 GB/T 5796.3—2005）　　　mm

标记示例：Tr36×12（6）-LH
梯形螺纹，公称直径 $d=36$ mm，导程 12，螺距为 6，双线左旋。

| 公称直径 $d$ | | 螺距 $P$ | 中径 $d_2=D_2$ | 大径 $D_4$ | 小径 | | 公称直径 $d$ | | 螺距 $P$ | 中径 $d_2=D_2$ | 大径 $D_4$ | 小径 | |
| --- | --- | --- | --- | --- | --- | --- | --- | --- | --- | --- | --- | --- | --- |
| 第一系列 | 第二系列 | | | | $d_3$ | $D_1$ | 第一系列 | 第二系列 | | | | $d_3$ | $D_1$ |
| 8 | | 1.5 | 7.25 | 8.30 | 6.20 | 6.50 | | | 3 | 24.5 | 26.5 | 22.5 | 23.0 |
| | 9 | 1.5 | 8.25 | 9.30 | 7.20 | 7.50 | | 26 | 5 | 23.5 | 26.5 | 20.5 | 21.0 |
| | | 2 | 8.00 | 9.50 | 6.50 | 7.00 | | | 8 | 22.0 | 27.0 | 17.0 | 18.0 |
| 10 | | 1.5 | 9.25 | 10.30 | 8.20 | 8.50 | | | 3 | 26.5 | 28.5 | 24.5 | 25.0 |
| | | 2 | 9.00 | 10.50 | 7.50 | 8.00 | 28 | | 5 | 25.5 | 28.5 | 22.5 | 23.0 |
| | 11 | 2 | 10.00 | 11.5 | 8.50 | 9.00 | | | 8 | 24.0 | 29.0 | 19.0 | 20.0 |
| | | 3 | 9.50 | 11.50 | 7.50 | 8.00 | | | 3 | 28.5 | 30.5 | 26.5 | 29.0 |
| 12 | | 2 | 11.00 | 12.50 | 9.50 | 10.0 | 30 | | 6 | 27.0 | 31.0 | 23.0 | 24.0 |
| | | 3 | 10.50 | 12.50 | 8.50 | 9.00 | | | 10 | 25.0 | 31.0 | 19.0 | 20.0 |
| | 14 | 2 | 13.00 | 14.50 | 11.50 | 12.0 | | | 3 | 30.5 | 32.5 | 28.5 | 29.0 |
| | | 3 | 12.50 | 14.50 | 10.50 | 11.0 | 32 | | 6 | 29.0 | 33.0 | 25.0 | 26.0 |
| 16 | | 2 | 15.00 | 16.50 | 13.50 | 14.0 | | | 10 | 27.0 | 33.0 | 21.0 | 22.0 |
| | | 4 | 14.00 | 16.50 | 11.50 | 12.0 | | | 3 | 32.5 | 34.5 | 30.5 | 31.0 |
| | 18 | 2 | 19.00 | 18.50 | 15.50 | 16.0 | | 34 | 6 | 31.0 | 35.0 | 27.0 | 28.0 |
| | | 4 | 16.00 | 18.50 | 13.50 | 14.0 | | | 10 | 29.0 | 35.0 | 23.0 | 24.0 |
| 20 | | 2 | 19.00 | 20.50 | 17.50 | 18.0 | | | 3 | 34.0 | 36.5 | 32.0 | 33.0 |
| | | 4 | 18.00 | 20.50 | 15.50 | 16.0 | 36 | | 6 | 33.0 | 37.0 | 29.0 | 30.0 |
| | | 3 | 20.50 | 20.50 | 18.50 | 19.0 | | | 10 | 31.0 | 37.0 | 25.0 | 26.0 |
| | 22 | 5 | 19.00 | 20.50 | 16.50 | 17.0 | | | 3 | 36.5 | 38.5 | 34.5 | 35.0 |
| | | 8 | 18.00 | 23.00 | 13.00 | 14.0 | | 38 | 7 | 34.5 | 39.0 | 30.0 | 31.0 |
| 24 | | 3 | 22.50 | 24.50 | 20.50 | 21.0 | | | 10 | 33.0 | 39.0 | 27.0 | 28.0 |
| | | 5 | 21.50 | 24.50 | 18.50 | 19.0 | 40 | | 3 | 38.5 | 40.5 | 36.5 | 37.0 |
| | | 8 | 20.00 | 25.00 | 15.00 | 16.0 | | | 7 | 31.0 | 41.0 | 32.0 | 33.0 |

### 附表3 用螺纹密封的管螺纹（摘自 GB/T 7306.1—2000）　　　　　　mm

标记示例：

$1\frac{1}{2}$ 圆锥内螺纹：$R_c 1\frac{1}{2}$；　　　　　　圆锥内螺纹与圆锥外螺纹的配合：$R_c 1\frac{1}{2}$ / $R 1\frac{1}{2}$；

$1\frac{1}{2}$ 圆柱内螺纹：$R_p 1\frac{1}{2}$；　　　　　　圆柱内螺纹与圆锥外螺纹的配合：$R_p 1\frac{1}{2}$ / $R 1\frac{1}{2}$；

$1\frac{1}{2}$ 圆锥外螺纹：$R 1\frac{1}{2}$；

$1\frac{1}{2}$ 圆锥外螺纹，左旋：$R 1\frac{1}{2}$ – LH。

| 尺寸代码 | 每25.4 mm 内的牙数 $n$ | 螺距 $P$ | 牙高 | 圆弧半径 $r \approx$ | 基本上的基本直径 ||| 基准距离 | 有效螺纹长度 |
|---|---|---|---|---|---|---|---|---|---|
| | | | | | 大径（基准直径）$d=D$ | 中径 $d_2=D_1$ | 小径 $d_1=D_1$ | | |
| 1/16 | 28 | 0.907 | 0.851 | 0.125 | 7.723 | 7.142 | 6.561 | 4.0 | 6.5 |
| 1/8 | 28 | 0.907 | 0.851 | 0.125 | 9.728 | 9.147 | 8.566 | 4.0 | 6.5 |
| 1/4 | 19 | 1.337 | 0.856 | 0.184 | 13.157 | 12.301 | 11.445 | 6.0 | 9.7 |
| 3/8 | 19 | 1.337 | 0.856 | 0.184 | 16.662 | 15.806 | 14.950 | 6.4 | 10.1 |
| 1/2 | 14 | 1.814 | 1.162 | 0.249 | 20.955 | 19.793 | 18.631 | 8.2 | 13.2 |
| 4/3 | 14 | 1.814 | 1.162 | 0.269 | 26.441 | 25.279 | 24.117 | 9.5 | 14.5 |
| 1 | 11 | 2.309 | 1.479 | 0.317 | 33.249 | 31.770 | 30.291 | 10.4 | 16.8 |
| $1\frac{1}{4}$ | 11 | 2.309 | 1.479 | 0.317 | 41.910 | 40.431 | 38.952 | 12.7 | 19.1 |
| $1\frac{1}{2}$ | 11 | 2.309 | 1.479 | 0.317 | 47.803 | 48.324 | 44.845 | 12.7 | 19.1 |
| 2 | 11 | 2.309 | 1.479 | 0.317 | 59.614 | 58.135 | 56.656 | 15.9 | 23.4 |
| $2\frac{1}{2}$ | 11 | 2.309 | 1.479 | 0.317 | 75.184 | 73.705 | 72.226 | 17.5 | 26.7 |
| 3 | 11 | 2.309 | 1.479 | 0.317 | 87.884 | 86.405 | 84.926 | 24.6 | 29.8 |
| $3\frac{1}{2}$ | 11 | 2.309 | 1.479 | 0.317 | 100.330 | 98.351 | 97.372 | 22.2 | 31.4 |
| 4 | 11 | 2.309 | 1.479 | 0.317 | 113.030 | 111.531 | 110.072 | 25.4 | 35.8 |
| 5 | 11 | 2.309 | 1.479 | 0.317 | 138.430 | 135.951 | 136.472 | 28.6 | 40.1 |

## 附表4  非螺纹密封的管螺纹（摘自 GB/T 7307—2001）    mm

标记示例：　　　　　　　　内外螺纹的装配标记：G $1\frac{1}{2}$ / G $1\frac{1}{2}$A；

$1\frac{1}{2}$内螺纹：G $1\frac{1}{2}$；

$1\frac{1}{2}$A级外螺纹：G $1\frac{1}{2}$A；

$1\frac{1}{2}$B级外螺纹，左旋：G $1\frac{1}{2}$B - LH。

| 尺寸代号 | 每25.4 mm内的牙数 $n$ | 螺距 $P$ | 牙高 $h$ | 圆弧半径 $r\approx$ | 基面上的基本直径 | | |
|---|---|---|---|---|---|---|---|
| | | | | | 大径 $d=D$ | 中径 $d_2=D_2$ | 小径 $d_1=D_1$ |
| $\frac{1}{16}$ | 28 | 0.907 | 0.851 | 0.125 | 7.323 | 7.142 | 6.561 |
| $\frac{1}{8}$ | 28 | 0.907 | 0.851 | 0.125 | 9.728 | 9.147 | 8.566 |
| $\frac{1}{4}$ | 19 | 1.337 | 0.856 | 0.184 | 13.157 | 12.301 | 11.445 |
| $\frac{3}{8}$ | 19 | 1.337 | 0.856 | 0.184 | 16.662 | 15.806 | 14.950 |
| $\frac{1}{2}$ | 14 | 1.814 | 1.162 | 0.249 | 20.955 | 19.793 | 18.631 |
| $\frac{5}{8}$ | 14 | 1.814 | 1.162 | 0.249 | 22.911 | 21.749 | 20.587 |
| $\frac{3}{4}$ | 14 | 1.814 | 1.162 | 0.249 | 26.441 | 25.279 | 24.117 |
| $\frac{7}{8}$ | 14 | 1.814 | 1.162 | 0.249 | 30.201 | 29.039 | 27.877 |
| 1 | 11 | 2.309 | 1.479 | 0.317 | 33.249 | 31.770 | 30.291 |
| $1\frac{1}{8}$ | 11 | 2.309 | 1.479 | 0.317 | 37.897 | 36.418 | 34.939 |
| $1\frac{1}{4}$ | 11 | 2.309 | 1.479 | 0.317 | 41.910 | 40.431 | 38.952 |
| $1\frac{1}{2}$ | 11 | 2.309 | 1.479 | 0.317 | 47.803 | 48.324 | 44.845 |
| $1\frac{3}{4}$ | 11 | 2.309 | 1.479 | 0.317 | 53.746 | 52.267 | 50.788 |
| 2 | 11 | 2.309 | 1.479 | 0.317 | 59.614 | 58.135 | 56.656 |
| $2\frac{1}{4}$ | 11 | 2.309 | 1.479 | 0.317 | 65.710 | 64.231 | 62.752 |
| $2\frac{1}{2}$ | 11 | 2.309 | 1.479 | 0.317 | 75.184 | 73.705 | 72.226 |
| $2\frac{3}{4}$ | 11 | 2.309 | 1.479 | 0.317 | 81.534 | 80.055 | 78.576 |
| 3 | 11 | 2.309 | 1.479 | 0.317 | 87.884 | 86.405 | 84.926 |
| $3\frac{1}{2}$ | 11 | 2.309 | 1.479 | 0.317 | 100.330 | 98.351 | 97.372 |
| 4 | 11 | 2.309 | 1.479 | 0.317 | 113.030 | 111.531 | 110.072 |
| $4\frac{1}{2}$ | 11 | 2.309 | 1.479 | 0.317 | 138.430 | 135.951 | 136.472 |

## 附表5 六角头螺栓                                                mm

六角头螺栓——C级（摘自 GB/T 5780—2000）

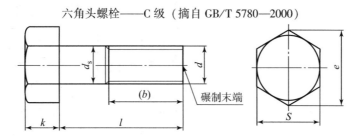

标记示例：

螺栓 GB/T 5780 M20×100

（螺纹规格 $d=12$ mm、公称长度 $l=100$ mm 右旋、性能等级为4.8级、不经表面处理、杆身半螺纹、C级的六角头螺栓）

六角头螺栓——全螺纹——C级（摘自 GB/T 5781—2000）

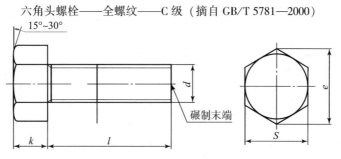

标记示例：

螺栓 GB/T 5781 M12×80

（螺纹规格 $d=12$ mm、公称长度 $l=80$ mm 右旋、性能等级为4.8级、不经表面处理、全螺纹、C级的六角头螺栓）

| 螺纹规格 $d$ | | M5 | M6 | M8 | M10 | M12 | M16 | M20 | M24 | M30 | M36 | M42 | M48 |
|---|---|---|---|---|---|---|---|---|---|---|---|---|---|
| $b_{参考}$ | $l \leqslant 125$ | 16 | 18 | 22 | 26 | 30 | 38 | 40 | 54 | 66 | 78 | — | — |
| | $125 < l \leqslant 200$ | — | — | 28 | 32 | 36 | 44 | 52 | 60 | 72 | 84 | 96 | 108 |
| | $l > 200$ | — | — | — | — | — | 57 | 65 | 73 | 85 | 97 | 109 | 121 |
| $k_{公称}$ | | 3.5 | 4.0 | 5.3 | 6.4 | 7.5 | 10 | 12.5 | 15 | 18.7 | 22.5 | 26 | 30 |
| $s_{max}$ | | 8 | 10 | 13 | 16 | 18 | 24 | 30 | 36 | 46 | 55 | 65 | 75 |
| $e_{max}$ | | 8.63 | 10.9 | 14.2 | 17.6 | 19.9 | 26.2 | 33.0 | 39.6 | 50.9 | 60.9 | 72.0 | 82.6 |
| $d_{smax}$ | | 5.48 | 6.48 | 8.58 | 10.6 | 12.7 | 16.7 | 20.8 | 24.8 | 30.8 | 37.0 | 45.0 | 49.0 |
| $l_{范围}$ | GB/T 5780—2000 | 25~50 | 30~60 | 35~80 | 40~100 | 45~120 | 55~160 | 65~200 | 80~240 | 90~300 | 110~300 | 160~420 | 180~480 |
| | GB/T 5781—2000 | 10~40 | 12~50 | 16~65 | 20~80 | 25~100 | 30~100 | 40~100 | 50~100 | 60~100 | 70~100 | 80~420 | 90~480 |
| $l_{系列}$ | | 10、12、16、20~50（5进位）、(55)、60 (65)、70~160（10进位）、180、220~500（20进位） | | | | | | | | | | | |

注：1. 括号内的规格尽可能不用。末端按 GB/T 2—2001 规定。

2. 螺纹公差：8 g（GB/T 5780—2000）；6 g（GB/T 5781—2000）；机械性能等级：4.6、4.8；产品等级：C。

附表 6　I 型六角螺母

mm

I 型六角螺母 – A 和 B 级（摘自 GB/T 6170—2000）
I 型六角螺母 – 细牙 – A 和 B 级（摘自 GB/T 6171—2000）
I 型六角螺母 – C 级（摘自 GB/T 41—2000）

标记示例：

螺母 GB/T 41 M12（螺母规格 $D=12$ mm，性能等级为 5 级，不经表面处理，C 级的 I 型六角螺母）

螺母 GB/T 6170 M12（螺纹规格 $D=12$ mm，公称长度 2 mm，不经表面处理，性能等级为 10，不经表面处理，B 级的 I 型六角螺母）

螺母 GB/T 6171 M24×2（螺纹规格 $D=24$ mm，允许制造的型式）

| 螺纹规格 $D$ | M4 | M5 | M6 | M8 | M10 | M12 | M16 | M20 | M24 | M30 | M36 | M42 | M48 |
|---|---|---|---|---|---|---|---|---|---|---|---|---|---|
| $D \times P$ | — | — | — | M8×1 | M10×1 | M12×1.5 | M16×1.5 | M20×2 | M24×2 | M30×2 | M36×3 | M42×3 | M48×3 |
| $C$ | 0.4 | 0.5 | | | 0.6 | | | 0.8 | | | | 1 | |
| $s_{max}$ A、B 级 | 7 | 8 | 10 | 13 | 16 | 18 | 24 | 30 | 36 | 46 | 55 | 65 | 75 |
| $s_{max}$ C 级 | 7.66 | 8.79 | 11.05 | 14.38 | 17.77 | 20.03 | 26.75 | 32.95 | 39.95 | 50.85 | 60.79 | 72.02 | 82.6 |
| $e_{min}$ A、B 级 | — | 8.63 | 10.89 | 14.2 | 17.59 | 19.85 | 26.17 | | | | | | |
| $e_{min}$ C 级 | 3.2 | 4.7 | 5.2 | 6.5 | 5.4 | 10.8 | 14.8 | 18 | 21.54 | 25.6 | 31 | 34 | 38 |
| $m_{max}$ A、B 级 | — | 5.6 | 6.1 | 7.9 | 9.5 | 12.5 | 15.9 | 18.7 | 22.3 | 26.4 | 31.5 | 34.9 | 38.9 |
| $m_{max}$ C 级 | 5.9 | 6.9 | 8.9 | 11.6 | 14.6 | 16.6 | 22.5 | 27.7 | 33.2 | 42.7 | 51.1 | 60.6 | 69.4 |
| $d_{wmin}$ A、B 级 | — | 6.9 | 8.7 | 11.5 | 14.5 | 16.5 | 22 | | | | | | |

注：1. $P$—螺距。
2. A 级用于 $D \leqslant 16$ 的螺母；B 级用于 $D > 16$ 的螺母；C 级用于 $D \geqslant 5$ 的螺母。
3. 螺纹公差：A、B 级为 6H，C 级为 7H；机械性能等级：A、B 级为 6、8、10 级，C 级为 4、5 级。

## 附表 7  双头螺柱（摘自 GB/T 987～900—1998）    mm

$b_m = 1d$（GB/T 879—1998）；$b_m = 1.25d$（GB/T 898—1998）；$b_m = 1.5d$（GB/T 899—1998）；$b_m = 2d$（GB/T 900—1998）

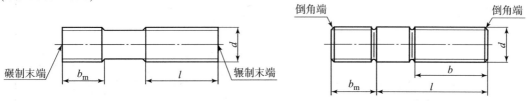

标记示例：螺柱 GB/T 900 M10×50（两端均为粗牙普通螺纹、$d = 10$ mm、$l = 50$ mm、性能等级为 4.8 级、不经表面处理、B 型、$b_m = 2d$ 的双头螺柱）

螺柱 GB/T 900 AM10-10×1×50（旋入机体一端为粗牙普通螺纹、旋螺母端为螺距 $P = 1$ mm 的细牙普通、$d = 10$ mm、$l = 50$ mm、性能等级为 4.8 级、不经表面处理、A 型、$b_m = 2d$ 的双头螺柱）

| 螺纹规格 $d$ | $b_m$（旋入机体端长度） | | | | $l/b$（螺柱长度/旋入螺母端长度） | | | |
|---|---|---|---|---|---|---|---|---|
| | GB/T 897 | GB/T 898 | GB/T 899 | GB/T 900 | | | | |
| M4 | — | — | 6 | 8 | $\dfrac{16\sim22}{8}$ | $\dfrac{25\sim40}{14}$ | | |
| M5 | 5 | 6 | 8 | 10 | $\dfrac{16\sim22}{8}$ | $\dfrac{25\sim50}{16}$ | | |
| M6 | 6 | 8 | 10 | 12 | $\dfrac{20\sim22}{10}$ | $\dfrac{25\sim30}{14}$ | $\dfrac{32\sim75}{18}$ | |
| M8 | 8 | 10 | 12 | 16 | $\dfrac{20\sim22}{12}$ | $\dfrac{25\sim30}{16}$ | $\dfrac{32\sim90}{22}$ | |
| M10 | 10 | 12 | 15 | 20 | $\dfrac{25\sim28}{14}$ | $\dfrac{30\sim38}{16}$ | $\dfrac{40\sim120}{26}$ | $\dfrac{130\sim180}{32}$ |
| M12 | 12 | 15 | 18 | 24 | $\dfrac{25\sim30}{14}$ | $\dfrac{32\sim40}{26}$ | $\dfrac{45\sim120}{26}$ | $\dfrac{130\sim180}{32}$ |
| M16 | 16 | 20 | 24 | 32 | $\dfrac{30\sim38}{16}$ | $\dfrac{40\sim55}{20}$ | $\dfrac{60\sim120}{30}$ | $\dfrac{130\sim200}{36}$ |
| M20 | 20 | 25 | 30 | 40 | $\dfrac{35\sim40}{20}$ | $\dfrac{45\sim65}{30}$ | $\dfrac{70\sim120}{38}$ | $\dfrac{130\sim200}{44}$ |
| (M24) | 24 | 30 | 36 | 48 | $\dfrac{45\sim50}{25}$ | $\dfrac{55\sim75}{35}$ | $\dfrac{80\sim120}{46}$ | $\dfrac{130\sim200}{52}$ |
| (M30) | 30 | 38 | 45 | 60 | $\dfrac{60\sim65}{40}$ $\dfrac{210\sim250}{85}$ | $\dfrac{70\sim90}{50}$ | $\dfrac{95\sim120}{66}$ | $\dfrac{130\sim200}{72}$ |
| M36 | 36 | 45 | 54 | 72 | $\dfrac{65\sim75}{45}$ | $\dfrac{80\sim110}{60}$ | $\dfrac{120}{78}$ | $\dfrac{130\sim200}{84}$ $\dfrac{210\sim300}{97}$ |
| M42 | 42 | 52 | 63 | 84 | $\dfrac{70\sim80}{50}$ | $\dfrac{85\sim110}{70}$ | $\dfrac{120}{90}$ | $\dfrac{130\sim200}{96}$ $\dfrac{210\sim300}{109}$ |
| M48 | 48 | 60 | 72 | 96 | $\dfrac{80\sim90}{60}$ | $\dfrac{95\sim110}{80}$ | $\dfrac{120}{102}$ | $\dfrac{130\sim200}{108}$ $\dfrac{210\sim300}{121}$ |
| L 系列 | 12、(14)、16、(18)、20、(22)、25、(28)、30、(32)、35、(38)、40、45、50、55、60、(65)、70、75、80、(85)、90、(950)、100～260（10 进位）、280、300 | | | | | | | |

注：1. 尽可能不采用括号内的规格。末端按 GB/T 2—2001 规定。

2. $b_m = 1d$，一般用于钢对钢；$b_m = (1.25\sim1.50)d$，一般用于钢对铸铁；$b_m = 2d$，一般用于钢对铝合金。

## 附表 8 螺钉（一）

开槽盘头螺钉（摘自 GB/T 67—2016）

开槽沉头螺钉（摘自 GB/T 68—2016）

开槽半沉头螺钉（摘自 GB/T 69—2000）

（无螺纹部分分析径≈中径=螺纹大径）

标记示例：

螺钉 GB/T 67 M5×60（螺纹规格 $d=5$ mm，$l=60$，性能等级为 4.8 级，不经表面处理的开槽盘头螺钉）

| 螺纹规格 $d$ | $P$ | $b_{min}$ | $n_{公称}$ | $f$ | | $r_f$ | | $k_{max}$ | | | $d_{kmax}$ | | | $t_{min}$ | | | 全螺纹时最大长度 | | $l$范围 | | |
|---|---|---|---|---|---|---|---|---|---|---|---|---|---|---|---|---|---|---|---|---|---|
| | | | | GB/T 69 | | GB/T 69 | | GB/T 67 | GB/T 68 | GB/T 69 | GB/T 67 | GB/T 68 | GB/T 69 | GB/T 67 | GB/T 68 | GB/T 69 | GB/T 67 | GB/T 68 GB/T 69 | GB/T 67 | GB/T 68 | GB/T 69 |
| M2 | 0.4 | 25 | 0.5 | 4 | | 0.5 | | 1.3 | 1.2 | | 4 | 3.8 | | 0.5 | 0.4 | | | | 2.5～20 | 3～20 | |
| M3 | 0.5 | | 0.8 | 6 | | 0.7 | | 1.8 | 1.6 | | 5.6 | 5.5 | | 0.7 | 0.6 | | | 30 | 4～30 | 5～30 | |
| M4 | 0.7 | | 1.2 | 9.5 | | 1 | | 2.4 | 2.7 | | 8 | 8.4 | | 1 | 1 | | | | 5～40 | 6～40 | |
| M5 | 0.8 | | | | | 1.2 | | 3 | | | 9.5 | 9.3 | | 1.2 | 1.1 | | 40 | | 6～50 | 8～50 | |
| M6 | 1 | 38 | 1.2 | 12 | | 1.4 | | 3.6 | 3.3 | | 12 | 12 | | 1.4 | 1.2 | | | | 8～60 | 8～60 | |
| M8 | 1.25 | | 2 | 16.5 | | 2 | | 4.8 | 4.65 | | 16 | 16 | | 1.9 | 1.8 | | | 45 | 10～80 | | |
| M10 | 1.5 | | 2.5 | 19.5 | | 2.3 | | 6 | 5 | | 20 | 20 | | 2.4 | 3.2 3.8 | | | | | | |

$l$系列 | 2、2.5、3、4、5、6、8、10、12、(14)、16、20～50（5 进位）、(55)、60、(65)、70、(75)、80

注：螺纹公差：6g；机械性能等级：4.8、5.8；产品等级：A。

## 附表 9　螺钉（二）　　mm

开槽锥端紧定螺钉（摘自 GB/T 67—2016）

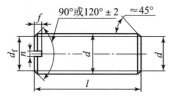

开槽平端紧定螺钉（摘自 GB/T 68—2016）

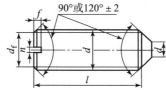

开槽长圆柱端紧定螺钉（摘自 GB/T 69—2000）

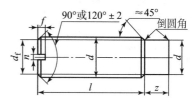

标记示例：

螺钉 GB/T 71　M5×20（螺纹规格 $d$ = 5 mm、$l$ = 20 mm、性能等级为 14H 级、表面氧化的开槽锥端紧定螺钉）

| 螺纹规格 $d$ | $P$ | $d_f$ | $d_{max}$ | $d_{p\,max}$ | $n_{公称}$ | $t_{max}$ | $z_{max}$ | $l_{范围}$ GB/T 71 | $l_{范围}$ GB/T 73 | $l_{范围}$ GB/T 75 |
|---|---|---|---|---|---|---|---|---|---|---|
| M2 | 0.4 | 螺纹小径 | 0.2 | 1 | 0.25 | 0.84 | 1.25 | 3~10 | 2~10 | 3~10 |
| M3 | 0.5 | | 0.3 | 2 | 0.4 | 1.05 | 1.75 | 4~16 | 3~16 | 5~16 |
| M4 | 0.7 | | 0.4 | 2.5 | 0.6 | 1.42 | 2.25 | 6~20 | 4~20 | 6~20 |
| M5 | 0.8 | | 0.5 | 3.5 | 0.8 | 1.63 | 2.75 | 8~26 | 5~25 | 8~25 |
| M6 | 1 | | 1.5 | 4 | 1 | 2 | 3.25 | 8~30 | 6~30 | 8~30 |
| M8 | 1.25 | | 2 | 5.5 | 1.2 | 2.5 | 4.3 | 10~40 | 8~40 | 10~40 |
| M10 | 1.5 | | 2.5 | 7 | 1.6 | 3 | 5.3 | 12~50 | 10~50 | 12~50 |
| M12 | 1.75 | | 3 | 8.5 | 2 | 3.6 | 6.3 | 14~60 | 12~60 | 14~60 |
| $l$ 系列 | 2、2.5、3、4、5、6、8、10、12、(14)、16、20~50（5 进位）、(55)、60、(65)、70、(75)、80 ||||||||||

注：螺纹公差：6 g；机械性能等级：14H、22H；产品等级：A。

## 附表 10　内六角圆柱头螺钉（二）　　mm

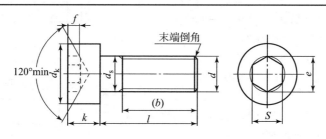

标记示例：

螺钉 GB/T 70.1　M5×20（螺纹规格 $d$ = 5 mm、$l$ = 20 mm、性能等级为 8.8 级、表面氧化的内六角圆柱头螺钉）

续表

| 螺纹规格 $d$ | | M5 | M5 | M6 | M8 | M10 | M12 | M(14) | M16 | M20 | M24 | M30 | M36 |
|---|---|---|---|---|---|---|---|---|---|---|---|---|---|
| 螺距 $P$ | | 0.7 | 0.8 | 1 | 1.25 | 1.5 | 1.75 | 2 | 2 | 2.5 | 3 | 3.5 | 4 |
| $b_{参考}$ | | 20 | 22 | 24 | 28 | 32 | 36 | 40 | 44 | 52 | 60 | 72 | 84 |
| $d_{k\,max}$ | 光滑头部 | 7 | 8.5 | 10 | 13 | 16 | 18 | 21 | 24 | 30 | 36 | 45 | 54 |
| | 滚花头部 | 7.22 | 8.72 | 10.22 | 13.27 | 16.27 | 18.27 | 21.33 | 24.33 | 30.33 | 36.39 | 45.39 | 54.46 |
| $k_{max}$ | | 4 | 5 | 6 | 8 | 10 | 12 | 14 | 16 | 20 | 24 | 30 | 36 |
| $l_{min}$ | | 2 | 2.5 | 3 | 4 | 5 | 6 | 7 | 8 | 10 | 12 | 15.5 | 19 |
| $s_{公称}$ | | 3 | 4 | 5 | 6 | 8 | 10 | 12 | 14 | 17 | 19 | 22 | 27 |
| $e_{min}$ | | 3.44 | 4.58 | 5.72 | 6.86 | 9.15 | 11.43 | 13.72 | 16 | 19.44 | 21.73 | 25.15 | 30.35 |
| $d_{s\,max}$ | | 4 | 5 | 6 | 8 | 10 | 12 | 14 | 16 | 20 | 24 | 30 | 36 |
| $l_{范围}$ | | 6~40 | 8~50 | 10~60 | 12~80 | 16~100 | 20~120 | 25~140 | 25~160 | 30~200 | 40~200 | 45~200 | 55~200 |
| 全螺纹时最大长度 | | 25 | 25 | 30 | 35 | 40 | 45 | 55 | 55 | 65 | 80 | 90 | 100 |
| $l_{系列}$ | | 6、8、10、12、(14)、(16)、20~50（5进位）、(55)、60、(65)、70~160（10进位）180、200 ||||||||||||

注：1. 尽可能不采用括号内的规格。末端按 GB/T 2—2001 规定。
2. 机械性能等级：8.8、12.9。
3. 螺纹公差：机械性能等级 8.8 级时为 6 g，12.9 时为 5 g、6 g。
4. 产品等级：A。

附表 11　垫圈　　　　　　　　　　　　mm

小垫圈—A 级（摘自 GB/T 848—2002）
平垫圈—A 级（摘自 GB/T 97.1—2002）
平垫圈—倒角型—A 级（摘自 GB/T 97.2—20020）
平垫圈—C 级（摘自 GB/T 95—2002）
大垫圈—A 级（摘自 GB/T 96.1—2002）
特大垫圈—C 级（摘自 GB/T 5287—2002）
标记示例：
垫圈 GB/T 95 8（标准系列、公称尺寸 $d$ = 8 mm、性能等级为 100 HV 级、不经表面处理的平垫圈）
垫圈 GB/T 97.2 8（标准系列、公称尺寸 $d$ = 8 mm、性能等级为 A140 级、倒角型、不经表面处理的平垫圈）

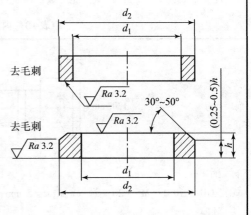

续表

| 公称尺寸(螺纹规格)d | 标准系列 GB/T 95 (C级) | | | 标准系列 GB/T 97.1 (A级) | | | 标准系列 GB/T 97.2 (A级) | | | 特大系列 GB/T 5287 (C级) | | | 大系列 GB/T 96.1 (A级) | | | 小系列 GB/T 848 (A级) | | |
|---|---|---|---|---|---|---|---|---|---|---|---|---|---|---|---|---|---|---|
| | $d_{1min}$ | $d_{2min}$ | $h$ | $d_{1min}$ | $d_{2min}$ | $h$ | $d_{1min}$ | $d_{2min}$ | $h$ | $d_{1min}$ | $d_{2min}$ | $h$ | $d_{1min}$ | $d_{2min}$ | $h$ | $d_{1min}$ | $d_{2min}$ | $h$ |
| 4 | — | — | — | 4.3 | 9 | 0.8 | — | — | — | — | — | — | 74.3 | 12 | 1 | 4.3 | 8 | 0.5 |
| 5 | 5.5 | 10 | 1 | 5.3 | 10 | 1 | 5.3 | 10 | 1 | 5.5 | 18 | 2 | 5.3 | 15 | 1.2 | 5.3 | 9 | 1 |
| 6 | 6.6 | 12 | 1.6 | 6.4 | 12 | 1.6 | 6.4 | 12 | 1.6 | 6.6 | 22 | 2 | 6.4 | 18 | 1.6 | 6.4 | 11 | 1.6 |
| 8 | 9 | 16 | 1.6 | 8.4 | 16 | 1.6 | 8.4 | 16 | 1.6 | 9 | 28 | 3 | 8.4 | 24 | 2 | 8.4 | 15 | 1.6 |
| 10 | 11 | 20 | 2 | 10.5 | 20 | 2 | 10.5 | 20 | 2 | 11 | 34 | 3 | 10.5 | 30 | 2.5 | 10.5 | 18 | 1.6 |
| 12 | 13.5 | 24 | 2.5 | 13 | 24 | 2.5 | 13 | 24 | 2.5 | 13.5 | 44 | 4 | 13 | 37 | 3 | 13 | 20 | 2 |
| 14 | 15.5 | 28 | 2.5 | 15 | 28 | 2.5 | 15 | 28 | 2.5 | 15.5 | 50 | 4 | 15 | 44 | 3 | 15 | 24 | 2.5 |
| 16 | 17.5 | 30 | 3 | 17 | 30 | 3 | 17 | 30 | 3 | 17.5 | 56 | 5 | 17 | 50 | 3 | 17 | 28 | 2.5 |
| 20 | 22 | 37 | 3 | 21 | 37 | 3 | 21 | 37 | 3 | 22 | 72 | 5 | 22 | 60 | 4 | 21 | 34 | 3 |
| 24 | 26 | 44 | 4 | 25 | 44 | 4 | 25 | 44 | 4 | 26 | 85 | 6 | 26 | 72 | 5 | 25 | 39 | 4 |
| 30 | 33 | 56 | 4 | 31 | 56 | 4 | 31 | 56 | 4 | 33 | 105 | 6 | 33 | 92 | 6 | 31 | 50 | 4 |
| 36 | 39 | 66 | 5 | 37 | 66 | 5 | 37 | 66 | 5 | 39 | 125 | 8 | 39 | 110 | 8 | 37 | 60 | 5 |
| 42① | 45 | 78 | 8 | — | — | — | — | — | — | — | — | — | 45 | 125 | 10 | — | — | — |
| 481② | 52 | 92 | 8 | — | — | — | — | — | — | — | — | — | 52 | 145 | 10 | — | — | — |

注：1. A级适用于精装配系列，C级适用于中等装配系列。

2. C级垫圈没有 $Ra3.2$ 和去毛刺的要求。

3. GB/T 848—2002 主要用于圆柱头螺钉，其他用于标准的六角螺栓、螺母和螺钉。

①表示尚未列入相应产品标准的规格。

**附表 12　标准型弹簧垫圈（摘自 GB/T 93—1987）**　　　mm

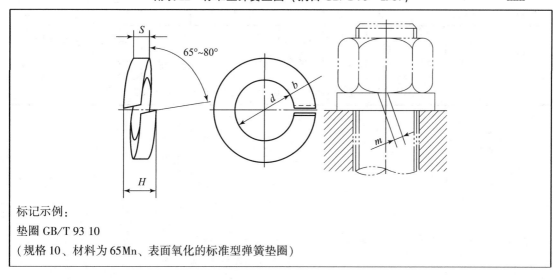

标记示例：

垫圈 GB/T 93 10

（规格10、材料为65Mn、表面氧化的标准型弹簧垫圈）

续表

| 规格（螺纹大径） | 4 | 5 | 6 | 8 | 10 | 12 | 16 | 20 | 24 | 30 | 36 | 42 | 48 |
|---|---|---|---|---|---|---|---|---|---|---|---|---|---|
| $d_{1\min}$ | 4.1 | 5.1 | 6.1 | 8.1 | 4.2 | 12.2 | 16.2 | 20.2 | 24.5 | 30.5 | 36.5 | 42.5 | 48.5 |
| $S=b_{公称}$ | 1.1 | 1.3 | 1.6 | 2.1 | 2.6 | 3.1 | 4.1 | 5 | 6 | 7.5 | 9 | 10.5 | 12 |
| $m\leqslant$ | 0.55 | 0.65 | 0.8 | 1.05 | 1.3 | 1.55 | 2.05 | 2.5 | 3 | 3.75 | 4.5 | 5.25 | 6 |
| $H_{\max}$ | 2.75 | 3.25 | 4 | 5.25 | 6.5 | 7.75 | 10.25 | 12.5 | 15 | 18.75 | 22.5 | 26.25 | 30 |

注：m 应大于零。

### 附表13　圆柱销（不淬硬钢和奥氏体不锈钢）（摘自 GB/T 191.1—2000）　　mm

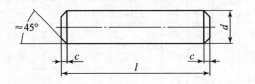 

标记示例：

销 GB/T 119.16M6×30

（公称直径 $d=6$ mm，公差为 M6、公称长度 $l=30$ mm、不经表面处理的圆柱销）

标记示例：

销 GB/T 119.110M6×30 – A1

（公称直径 $d=10$ mm，公差为 M6、公称长度 $l=30$ mm、材料为 A1 组奥氏体不锈钢、表面简单处理的圆柱销）

| $d$（公称）m6/h8 | 2 | 3 | 4 | 5 | 6 | 8 | 10 | 12 | 16 | 20 | 25 |
|---|---|---|---|---|---|---|---|---|---|---|---|
| $c\approx$ | 0.35 | 0.5 | 0.65 | 0.8 | 1.2 | 1.6 | 2 | 2.5 | 3 | 3.5 | 4 |
| $l_{范围}$ | 6~20 | 8~30 | 8~40 | 10~50 | 12~60 | 14~80 | 18~95 | 22~140 | 26~180 | 35~200 | 50~200 |
| $l_{系列}$ | 2、3、4、5、6~32（2 进位）、35~100（5 进位）、120~200（按 20 递增） | | | | | | | | | | |

附表 14　圆锥销（摘自 GB/T 117—2000）　　　　　　　　　　　　　　mm

A 型（磨削）　　　　　　　　　　　B 型（切削或冷镦）

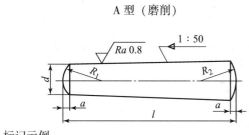
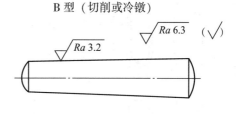

标记示例：

销 GB/T 117 10×60

（公称直径 $d$ = 10 mm、长度 $l$ = 60 mm、材料为 35 钢、热处理硬度 28～38 HRC、表面氧化处理的圆锥销）

| $d_{公称}$ | 2 | 2.5 | 3 | 4 | 5 | 6 | 8 | 10 | 12 | 16 | 20 | 25 |
|---|---|---|---|---|---|---|---|---|---|---|---|---|
| $a≈$ | 0.25 | 0.3 | 0.4 | 0.5 | 0.63 | 0.8 | 1.0 | 1.2 | 1.6 | 2.0 | 2.5 | 3.0 |
| $l_{范围}$ | 10～35 | 10～35 | 12～45 | 14～55 | 18～60 | 22～90 | 22～120 | 26～160 | 32～180 | 40～200 | 45～200 | 50～200 |
| $l_{系列}$ | 2、3、4、5、6～32（2 进位）、35～100（5 进位）、120～200（20 进位） | | | | | | | | | | | |

附表 15　开口销（摘自 GB/T 91—2000）　　　　　　　　　　　　　　mm

允许制造的形式

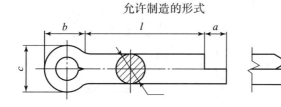

标记示例：

销　GB/T 91　5×50

（公称直径 $d$ = 5 mm、公称长度 $l$ = 50 mm、材料为低碳钢、不经表面处理的开口销）

| $d$ | 公称 | 0.8 | 1 | 1.2 | 1.6 | 2 | 2.5 | 3.2 | 4 | 5 | 6.3 | 8 | 10 | 12 |
|---|---|---|---|---|---|---|---|---|---|---|---|---|---|---|
| | max | 0.7 | 0.9 | 1 | 1.4 | 1.8 | 2.3 | 2.9 | 3.7 | 4.6 | 5.9 | 7.5 | 9.5 | 11.4 |
| | min | 0.6 | 0.8 | 0.9 | 1.3 | 1.7 | 2.1 | 2.7 | 3.5 | 4.4 | 5.7 | 7.3 | 9.3 | 11.1 |
| $c_{max}$ | | 1.4 | 1.8 | 2 | 2.8 | 3.6 | 4.6 | 5.8 | 7.4 | 9.2 | 11.8 | 15 | 19 | 24.8 |
| $b$ | | 2.4 | 3 | 3 | 3.2 | 4 | 5 | 6.4 | 8 | 10 | 12.6 | 16 | 20 | 26 |
| $a_{max}$ | | 1.6 | | | 2.5 | | | 3.2 | 4 | | | | 6.3 | |
| $l_{范围}$ | | 5～16 | 6～20 | 8～26 | 8～32 | 10～40 | 12～50 | 14～65 | 18～80 | 22～100 | 30～120 | 40～160 | 45～200 | 70～200 |
| $l_{系列}$ | | 4、5、6～32（2 进位）、36、40～100（5 进位）、120～200（20 进位） | | | | | | | | | | | | |

注：销孔的公称直径等于 $d_{公称}$，$d_{min}$ ≤（销的直径）≤ $d_{max}$。

## 附表 16  普通平键及键槽各部分尺寸（摘自 GB/T 1095—2003、GB/T 1096—2003）  mm

普通平键、键槽的尺寸与公差（GB/T 1095—2003）  普通平键的形式与尺寸（GB/T 1096—2003）

标记示例：键 16×10×100 GB/T 1096（圆头普通平键，$b=16$ mm，$h=10$ mm，$L=100$ mm）
键 B16×10×100 GB/T 1096（平头普通平键，$b=16$ mm，$h=10$ mm，$L=100$ mm）
键 C16×10×100 GB/T 1096（单元头普通平键，$b=16$ mm，$h=10$ mm，$L=100$ mm）

| 轴 | 键 | | 键槽 | | | | | | | |
|---|---|---|---|---|---|---|---|---|---|---|
| 公称直径 $d$ | 键尺寸 $b \times h$ (h8)(h11) | 长度 $L$ (h14) | 基本尺寸 $b$ | 宽度 $b$ 极限偏差 | | | | 深度 | | 半径 $r$ |
| | | | | 松连接 轴 H9 | 松连接 毂 D10 | 正常连接 轴 N9 | 正常连接 毂 JS9 | 紧密连接 轴和毂 P9 | 轴 $t_1$ 基本尺寸 / 极限偏差 | 毂 $t_2$ 基本尺寸 / 极限偏差 | min | max |
| >10~12 | 4×4 | 8~45 | 4 | +0.030 / 0 | +0.078 / +0.030 | 0 / −0.030 | ±0.015 | −0.012 / −0.042 | 2.5 / +0.10 | 1.8 / +0.10 | 0.08 | 0.16 |
| >12~17 | 5×5 | 10~56 | 5 | | | | | | 3.0 | 2.3 | 0.16 | 0.25 |
| >17~22 | 6×6 | 14~70 | 6 | | | | | | 3.5 | | | |
| >22~30 | 8×7 | 18~90 | 8 | +0.036 / 0 | +0.098 / +0.040 | 0 / −0.036 | ±0.018 | −0.015 / −0.051 | 4.0 | | | |
| >30~38 | 10×8 | 22~110 | 10 | | | | | | 5.0 / +0.20 | | | |
| >38~44 | 12×8 | 28~140 | 12 | +0.043 / 0 | +0.120 / +0.050 | 0 / −0.043 | ±0.0215 | −0.018 / −0.061 | 5.0 | 3.3 / +0.20 | 0.25 | 0.40 |
| >44~50 | 14×9 | 36~160 | 14 | | | | | | 5.5 | | | |
| >50~58 | 16×10 | 45~180 | 16 | | | | | | 6.0 | | | |
| >58~65 | 18×11 | 50~200 | 18 | | | | | | 7.0 | | | |
| >65~75 | 20×12 | 56~220 | 20 | +0.052 / 0 | +0.149 / +0.065 | 0 / −0.052 | ±0.026 | −0.022 / −0.074 | 7.5 | | 0.40 | 0.60 |
| >75~85 | 22×14 | 63~250 | 22 | | | | | | 9.0 | | | |
| >85~95 | 25×14 | 70~280 | 25 | | | | | | 9.0 | | | |
| >95~110 | 16×10 | 80~320 | 28 | | | | | | 10 | | | |

注：1. L 系列：6~22（2 进位）、25、28、32、36、40、45、50、56、63、70、80、90、100、125、140、160、180、200、220、250、280、320、360、400、450、500。
2. GB/T 1095—2003、GB/T 1096—2003 中无轴的公称直径一列，现列出仅供参考。

附表17 滚动轴承（摘自 GB/T 91—2000）  mm

| 深沟球轴承（摘自 GB/T 276—1994） | | | 圆锥滚子轴承（摘自 GB/T 297—1994） | | | | | 推力球轴承（摘自 GB/T 301—1995） | | | | |
|---|---|---|---|---|---|---|---|---|---|---|---|---|

标记示例：深沟球轴承 6310 GB/T 276

标记示例：滚动轴承 30212 GB/T 297

标记示例：滚动轴承 51305 GB/T 301

| 轴承型号 | 尺寸/mm | | | 轴承型号 | 尺寸/mm | | | | | 轴承型号 | 尺寸/mm | | | |
|---|---|---|---|---|---|---|---|---|---|---|---|---|---|---|
| | $d$ | $D$ | $B$ | | $d$ | $D$ | $B$ | $C$ | $T$ | | $d$ | $D$ | $T$ | $d_1$ |
| 尺寸系列[(0)2] | | | | 尺寸系列[02] | | | | | | 尺寸系列[12] | | | | |
| 6202 | 15 | 35 | 11 | 30203 | 17 | 40 | 12 | 11 | 13.25 | 51202 | 15 | 32 | 12 | 17 |
| 6203 | 17 | 40 | 12 | 30204 | 20 | 47 | 14 | 12 | 15.25 | 51203 | 17 | 35 | 12 | 19 |
| 6204 | 20 | 47 | 14 | 30205 | 25 | 52 | 15 | 13 | 16.25 | 51204 | 20 | 40 | 14 | 22 |
| 6205 | 25 | 52 | 15 | 30206 | 30 | 62 | 16 | 14 | 17.25 | 51205 | 25 | 47 | 15 | 27 |
| 6206 | 30 | 62 | 16 | 30207 | 35 | 72 | 17 | 15 | 18.25 | 51206 | 30 | 52 | 16 | 32 |
| 6207 | 35 | 72 | 17 | 30208 | 40 | 80 | 18 | 16 | 19.75 | 51207 | 35 | 62 | 18 | 37 |
| 6208 | 40 | 80 | 18 | 30209 | 45 | 85 | 19 | 16 | 20.75 | 51208 | 40 | 68 | 19 | 42 |
| 6209 | 45 | 85 | 19 | 30210 | 50 | 90 | 20 | 17 | 21.75 | 51209 | 45 | 73 | 20 | 47 |
| 6210 | 50 | 90 | 20 | 30211 | 55 | 100 | 21 | 18 | 22.75 | 51210 | 50 | 78 | 22 | 52 |
| 6211 | 55 | 100 | 21 | 30212 | 60 | 110 | 22 | 19 | 23.75 | 512115 | 55 | 90 | 25 | 57 |
| 6212 | 60 | 110 | 22 | 30213 | 65 | 120 | 23 | 20 | 24.75 | 1212 | 60 | 95 | 26 | 62 |
| 尺寸系列[(0)3] | | | | 尺寸系列[03] | | | | | | 尺寸系列[13] | | | | |
| 6302 | 15 | 42 | 13 | 30302 | 15 | 42 | 13 | 11 | 14.25 | 51304 | 20 | 47 | 18 | 22 |
| 6303 | 17 | 47 | 14 | 30303 | 17 | 47 | 14 | 12 | 15.25 | 51305 | 25 | 52 | 18 | 27 |
| 6304 | 20 | 52 | 15 | 30304 | 20 | 52 | 15 | 13 | 16.25 | 51306 | 30 | 60 | 21 | 32 |
| 6305 | 25 | 62 | 17 | 30305 | 25 | 62 | 17 | 15 | 18.25 | 51307 | 35 | 68 | 24 | 37 |
| 6306 | 30 | 72 | 19 | 30306 | 30 | 72 | 19 | 16 | 20.75 | 51308 | 40 | 78 | 26 | 42 |
| 6307 | 35 | 80 | 21 | 30307 | 35 | 80 | 21 | 18 | 22.75 | 51309 | 45 | 85 | 28 | 47 |
| 6308 | 40 | 90 | 23 | 30308 | 40 | 90 | 23 | 20 | 25.25 | 51310 | 50 | 95 | 31 | 52 |
| 6309 | 45 | 100 | 25 | 30309 | 45 | 100 | 25 | 22 | 27.25 | 51311 | 55 | 105 | 35 | 57 |
| 6310 | 50 | 110 | 27 | 30310 | 50 | 110 | 27 | 23 | 29.25 | 51312 | 60 | 110 | 35 | 62 |
| 6311 | 55 | 120 | 29 | 30311 | 55 | 120 | 29 | 25 | 31.50 | 51313 | 65 | 115 | 36 | 67 |
| 6312 | 60 | 130 | 31 | 30312 | 60 | 130 | 31 | 26 | 33.50 | 51314 | 70 | 125 | 40 | 72 |

注：圆括号中的尺寸系列代号在轴承代号中省略。

附表18 轴的常用公差带及其极限偏差 摘自 GB/T 1800.2—2009 (μm)

| 公称尺寸/mm 大于 | 至 | a 11 | b 11 | c 11 | d 9 | e 8 | f 7 | g 6 | h 5 | h 6 | h 7 | h 8 | h 9 | h 10 | h 11 | h 12 | js 6 | k 6 | m 6 | n 6 | p 6 | r 6 | s 6 | t 6 | u 6 | v 6 | x 6 | y 6 | z 6 |
|---|---|---|---|---|---|---|---|---|---|---|---|---|---|---|---|---|---|---|---|---|---|---|---|---|---|---|---|---|---|
| — | 3 | −270/−330 | −140/−200 | −60/−120 | −20/−45 | −14/−28 | −6/−16 | −2/−8 | 0/−4 | 0/−6 | 0/−10 | 0/−14 | 0/−25 | 0/−40 | 0/−60 | 0/−100 | ±3 | +6/0 | +8/+2 | +10/+4 | +12/+6 | +16/+10 | +20/+14 | — | +24/+18 | — | +26/+20 | — | +32/+26 |
| 3 | 6 | −270/−345 | −140/−215 | −70/−145 | −30/−60 | −20/−38 | −10/−22 | −4/−12 | 0/−5 | 0/−8 | 0/−12 | 0/−18 | 0/−30 | 0/−48 | 0/−75 | 0/−120 | ±4 | +9/+1 | +12/+4 | +16/+8 | +20/+12 | +23/+15 | +27/+19 | — | +31/+23 | — | +36/+28 | — | +43/+35 |
| 6 | 10 | −280/−370 | −150/−240 | −80/−170 | −40/−76 | −25/−47 | −13/−28 | −5/−14 | 0/−6 | 0/−9 | 0/−15 | 0/−22 | 0/−36 | 0/−58 | 0/−90 | 0/−150 | ±4.5 | +10/+1 | +15/+6 | +19/+10 | +24/+15 | +28/+19 | +32/+23 | — | +37/+28 | — | +43/+34 | — | +51/+42 |
| 10 | 14 | −290/−400 | −150/−260 | −95/−205 | −50/−93 | −32/−59 | −16/−34 | −6/−17 | 0/−8 | 0/−11 | 0/−18 | 0/−27 | 0/−43 | 0/−70 | 0/−110 | 0/−180 | ±5.5 | +12/+1 | +18/+7 | +23/+12 | +29/+18 | +34/+23 | +39/+28 | — | +44/+33 | — | +51/+40 | — | +61/+50 |
| 14 | 18 | | | | | | | | | | | | | | | | | | | | | | | | | +50/+39 | +56/+45 | — | +71/+60 |
| 18 | 24 | −300/−430 | −160/−290 | −110/−240 | −65/−117 | −40/−73 | −20/−41 | −7/−20 | 0/−9 | 0/−13 | 0/−21 | 0/−33 | 0/−52 | 0/−84 | 0/−130 | 0/−210 | ±6.5 | +15/+2 | +21/+8 | +28/+15 | +35/+22 | +41/+28 | +48/+35 | +54/+41 | +61/+48 | +60/+47 | +67/+54 | +76/+63 | +86/+73 |
| 24 | 30 | | | | | | | | | | | | | | | | | | | | | | | +64/+48 | +70/+54 | +68/+55 | +77/+64 | +88/+75 | +101/+88 |
| 30 | 40 | −310/−470 | −170/−330 | −120/−280 | −80/−142 | −50/−89 | −25/−50 | −9/−25 | 0/−11 | 0/−16 | 0/−25 | 0/−39 | 0/−62 | 0/−100 | 0/−160 | 0/−250 | ±8 | +18/+2 | +25/+9 | +33/+17 | +42/+26 | +50/+34 | +59/+43 | +70/+54 | +86/+70 | +81/+68 | +96/+80 | +110/+94 | +128/+112 |
| 40 | 50 | −320/−480 | −180/−340 | −130/−290 | | | | | | | | | | | | | | | | | | | | +54/+48 | +70/+54 | +97/+81 | +113/+97 | +130/+114 | +152/+136 |
| 50 | 65 | −340/−530 | −190/−380 | −140/−330 | −100/−174 | −60/−106 | −30/−60 | −10/−29 | 0/−13 | 0/−19 | 0/−30 | 0/−46 | 0/−74 | 0/−120 | 0/−190 | 0/−300 | ±9.5 | +21/+2 | +30/+11 | +39/+20 | +51/+32 | +60/+41 | +72/+53 | +85/+66 | +106/+87 | +121/+102 | +141/+122 | +163/+144 | +191/+172 |
| 65 | 80 | −360/−550 | −200/−390 | −150/−340 | | | | | | | | | | | | | | | | | | +62/+43 | +78/+59 | +94/+75 | +121/+102 | +139/+120 | +165/+146 | +193/+174 | +229/+210 |
| 80 | 100 | −380/−600 | −220/−440 | −170/−390 | −120/−207 | −72/−126 | −36/−71 | −12/−34 | 0/−15 | 0/−22 | 0/−35 | 0/−54 | 0/−87 | 0/−140 | 0/−220 | 0/−350 | ±11 | +25/+3 | +35/+13 | +45/+23 | +59/+37 | +73/+51 | +93/+71 | +113/+91 | +146/+124 | +168/+146 | +200/+178 | +236/+214 | +280/+258 |
| 100 | 120 | −410/−630 | −240/−460 | −180/−400 | | | | | | | | | | | | | | | | | | +76/+54 | +101/+79 | +126/+104 | +166/+144 | +194/+172 | +232/+210 | +276/+254 | +332/+310 |

续表

| 代号 | a | b | c | d | e | f | g | h | | | | | | | | | js | k | | m | | n | | p | | r | | s | | t | | u | | v | | x | | y | z |
|---|---|---|---|---|---|---|---|---|---|---|---|---|---|---|---|---|---|---|---|---|---|---|---|---|---|---|---|---|---|---|---|---|---|---|---|---|---|---|---|
| 公称尺寸/mm | | | | | | | | | | | | | | | | | | | | | | | | | | | | | | | | | | | | | | | | |
| 大于 至 | 11 | 11 | 11 | 9 | 8 | 7 | 6 | 5 | 6 | 7 | 8 | 9 | 10 | 11 | 12 | 6 | 6 | | 6 | | 6 | | 6 | | 6 | | 6 | | 6 | | 6 | | 6 | | 6 | | 6 | 6 |
| 120 140 | -460 -710 | -260 -510 | -200 -450 | -145 -245 | -85 -148 | -43 -83 | -14 -39 | 0 -18 | 0 -25 | 0 -40 | 0 -63 | 0 -100 | 0 -160 | 0 -250 | 0 -400 | ±12.5 | +28 +3 | | +40 +15 | | +52 +27 | | +68 +43 | | +88 +63 | +90 +65 | +117 +92 | +125 +100 | +147 +122 | +159 +134 | +195 +170 | +215 +190 | +227 +202 | +253 +228 | +273 +248 | +305 +280 | +325 +300 | +365 +340 | +390 +365 +440 +415 |
| 140 160 | -520 -770 | -280 -530 | -210 -460 | | | | | | | | | | | | | | | | | | | | | | | | | | | | | | | | | | | | |
| 160 180 | -580 -830 | -310 -560 | -230 -480 | -170 -285 | -100 -172 | -50 -96 | -15 -44 | 0 -20 | 0 -29 | 0 -46 | 0 -72 | 0 -115 | 0 -185 | 0 -290 | 0 -460 | ±14.5 | +33 +4 | | +46 +17 | | +60 +31 | | +79 +50 | | +106 +77 | +109 +80 | +151 +122 | +159 +130 | +195 +166 | +209 +180 | +265 +236 | +287 +258 | +313 +281 | +339 +310 | +379 +350 | +414 +385 | +454 +425 | +499 +470 | +459 +520 +604 +575 |
| 180 200 | -660 -950 | -340 -630 | -240 -530 | | | | | | | | | | | | | | | | | | | | | | | | | | | | | | | | | | | | |
| 200 225 | -740 -1030 | -380 -670 | -260 -550 | -190 -320 | -110 -191 | -56 -108 | -17 -49 | 0 -23 | 0 -32 | 0 -52 | 0 -81 | 0 -130 | 0 -210 | 0 -320 | 0 -520 | ±16 | +36 +4 | | +52 +20 | | +66 +34 | | +88 +56 | | +126 +94 | +150 +114 | +190 +158 | +244 +208 | +250 +218 | +330 +294 | +347 +315 | +471 +435 | +417 +385 | +566 +530 | +507 +475 | +696 +660 | +612 +580 | +856 +820 +669 +710 +742 +640 |
| 225 250 | -820 -1110 | -420 -710 | -280 -570 | | | | | | | | | | | | | | | | | | | | | | | | | | | | | | | | | | | | |
| 250 280 | -920 -1240 | -480 -800 | -300 -620 | -210 -350 | -125 -214 | -62 -119 | -18 -54 | 0 -25 | 0 -36 | 0 -57 | 0 -89 | 0 -140 | 0 -230 | 0 -360 | 0 -570 | ±18 | +40 +4 | | +57 +21 | | +73 +37 | | +98 +62 | | +144 +108 | +150 +114 | +226 +190 | +244 +208 | +304 +268 | +330 +294 | +426 +390 | +471 +435 | +511 +475 | +566 +530 | +626 +590 | +696 +660 | +766 +730 | +856 +820 +936 +900 +1036 +1000 |
| 280 315 | -1050 -1370 | -540 -860 | -330 -650 | | | | | | | | | | | | | | | | | | | | | | | | | | | | | | | | | | | | |
| 315 355 | -1200 -1560 | -600 -960 | -360 -720 | -230 -385 | -135 -232 | -68 -131 | -20 -60 | 0 -27 | 0 -40 | 0 -63 | 0 -97 | 0 -155 | 0 -250 | 0 -400 | 0 -630 | ±20 | +45 +5 | | +63 +23 | | +80 +40 | | +108 +68 | | +166 +126 | +172 +132 | +272 +232 | +292 +252 | +370 +330 | +400 +360 | +530 +490 | +580 +540 | +635 +595 | +700 +660 | +780 +740 | +860 +820 | +960 +920 | +1040 +1000 +1140 +1100 +290 +1250 |
| 335 400 | -1350 -1710 | -680 -1040 | -400 -760 | | | | | | | | | | | | | | | | | | | | | | | | | | | | | | | | | | | | |
| 400 450 | -1500 -1900 | -760 -1160 | -440 -840 | | | | | | | | | | | | | | | | | | | | | | | | | | | | | | | | | | | | |
| 450 500 | -1650 -2050 | -840 -1240 | -480 -880 | | | | | | | | | | | | | | | | | | | | | | | | | | | | | | | | | | | | |

附表19 孔的常用公差带及其极限偏差 摘自 GB/T 1800.2—2009 (μm)

| 代号 公称尺寸/mm | | A | B | C | D | | E | F | | G | | H | | | | | | | JS | | | K | | | M | | | N | | P | | R | | S | | T | | U |
|---|---|---|---|---|---|---|---|---|---|---|---|---|---|---|---|---|---|---|---|---|---|---|---|---|---|---|---|---|---|---|---|---|---|---|---|---|---|---|
| 大于 | 至 | 11 | 11 | 11 | 9 | 8 | 8 | 8 | 7 | 7 | 6 | 6 | 7 | 8 | 9 | 10 | 11 | 12 | 6 | 7 | 6 | 7 | 8 | 7 | 8 | 6 | 7 | 8 | 7 | 6 | 7 | 6 | 7 | 6 | 7 | 6 | 7 | 7 |
| — | 3 | +330/+270 | +200/+140 | +120/+60 | +45/+20 | +28/+14 | +20/+6 | +12/+2 | +10/+4 | +6/0 | +10/0 | +14/0 | +25/0 | +40/0 | +60/0 | +100/0 | ±3 | ±5 | 0/−6 | 0/−10 | −2/−8 | 0/−10 | +5/−13 | −2/−12 | 0/−14 | −4/−10 | −4/−14 | −6/−12 | −6/−16 | −10/−18 |
| 3 | 6 | +345/+270 | +215/+140 | +145/+70 | +60/+30 | +38/+20 | +28/+10 | +16/+4 | +12/0 | +8/0 | +12/0 | +18/0 | +30/0 | +48/0 | +75/0 | +120/0 | ±4 | ±6 | +2/−6 | +3/−9 | +5/−13 | 0/−12 | −5/−13 | −4/−16 | −9/−17 | −8/−20 | −11/−20 |
| 6 | 10 | +370/+280 | +240/+150 | +170/+80 | +76/+40 | +47/+25 | +35/+13 | +20/+5 | +15/0 | +9/0 | +15/0 | +22/0 | +36/0 | +58/0 | +90/0 | +150/0 | ±4.5 | ±7 | +2/−7 | +5/−10 | +6/−16 | 0/−15 | −7/−16 | −4/−19 | −12/−21 | −9/−24 | −13/−28 |
| 10 | 14 | +400/+290 | +260/+150 | +205/+95 | +93/+50 | +59/+32 | +43/+16 | +24/+6 | +18/0 | +11/0 | +18/0 | +27/0 | +43/0 | +70/0 | +110/0 | +180/0 | ±5.5 | ±9 | +2/−9 | +6/−12 | +10/−19 | 0/−18 | −9/−20 | −5/−23 | −15/−26 | −11/−29 | −16/−34 |
| 14 | 18 | | | | | | | | | | | | | | | | | | | | | | | | | | | | | | | −17/−32 |
| 18 | 24 | +430/+300 | +290/+160 | +240/+110 | +117/+65 | +73/+40 | +53/+20 | +28/+7 | +21/0 | +13/0 | +21/0 | +33/0 | +52/0 | +84/0 | +130/0 | +210/0 | ±6.5 | ±10 | +2/−11 | +6/−15 | +12/−23 | 0/−21 | −11/−24 | −7/−28 | −18/−31 | −14/−35 | −20/−41 |
| 18 | 24 | | | | | | | | | | | | | | | | | | | | | | | | | | | | | | | −33/−54 | | | | | | | | −22/−37 |
| 24 | 30 | | | | | | | | | | | | | | | | | | | | | | | | | | | | | | | | | | | | | −26/−44 |
| 30 | 40 | +470/+310 | +330/+170 | +280/+120 | +142/+80 | +89/+50 | +64/+25 | +34/+9 | +25/0 | +16/0 | +25/0 | +39/0 | +62/0 | +100/0 | +160/0 | +250/0 | ±8 | ±12 | +3/−13 | +7/−18 | +14/−27 | 0/−25 | −12/−28 | −8/−33 | −21/−37 | −18/−33 | −33/−54 |
| 40 | 50 | +480/+320 | +340/+180 | +290/+130 | | | | | | | | | | | | | | | | | | | | | | | | | | | −20/−45 | −34/−59 |
| 50 | 65 | +550/+340 | +380/+190 | +330/+140 | +174/+100 | +106/+60 | +76/+30 | +40/+10 | +30/0 | +19/0 | +30/0 | +46/0 | +74/0 | +120/0 | +190/0 | +300/0 | ±9.5 | ±15 | +4/−15 | +9/−21 | +16/−32 | 0/−30 | −14/−33 | −9/−39 | −26/−45 | −25/−50 | −40/−61 |
| 65 | 80 | +550/+360 | +390/+200 | +340/+150 | | | | | | | | | | | | | | | | | | | | | | | | | | | −30/−52 | −42/−76 |
| 80 | 100 | +600/+380 | +440/+220 | +390/+170 | +207/+120 | +125/+72 | +90/+36 | +47/+12 | +35/0 | +22/0 | +35/0 | +54/0 | +87/0 | +140/0 | +220/0 | +350/0 | ±11 | ±17 | +4/−18 | +10/−25 | +16/−38 | 0/−35 | −16/−38 | −10/−45 | −30/−52 | −38/−73 | −58/−93 |
| 100 | 120 | +650/+410 | +460/+240 | +400/+180 | | | | | | | | | | | | | | | | | | | | | | | | | | | −24/−59 | −41/−76 |

续表

| 代号 | A | B | C | D | E | F | G | H | | | | | | | JS | K | | M | | N | P | R | | S | T | | U |
|---|---|---|---|---|---|---|---|---|---|---|---|---|---|---|---|---|---|---|---|---|---|---|---|---|---|---|---|
| 公称尺寸 /mm | | | | | | | | 公 差 等 级 | | | | | | | | | | | | | | | | | | |
| 大于 - 至 | 11 | 11 | 11 | 9 | 8 | 8 | 7 | 6 | 7 | 8 | 9 | 10 | 11 | 12 | 6 | 7 | 6 | 7 | 7 | 8 | 7 | 6 | 7 | 7 | 6 | 7 | 7 |
| 120 - 140 | +710 +460 | +510 +260 | +450 +200 | +245 +145 | +148 +85 | +106 +43 | +54 +14 | +25 0 | +40 0 | +63 0 | +100 0 | +160 0 | +250 0 | +400 0 | ±12.5 | ±20 | +4 −21 | +12 −28 | | +20 −43 | 0 −40 | −20 −45 | −12 −52 | −36 −61 | −28 −68 | −48 −88 | −155 −195 |
| | | | | | | | | | | | | | | | | | | | | | | | | | | −77 −117 | −107 −147 |
| 140 - 160 | +770 +520 | +530 +280 | +460 +210 | | | | | | | | | | | | | | | | | | | | | | | −50 −90 | −175 −215 |
| | | | | | | | | | | | | | | | | | | | | | | | | | | −85 −125 | −119 −159 |
| 160 - 180 | +830 +580 | +560 +310 | +480 +230 | | | | | | | | | | | | | | | | | | | | | | | −53 −93 | −195 −235 |
| | | | | | | | | | | | | | | | | | | | | | | | | | | −93 −133 | −131 −171 |
| 180 - 200 | +950 +660 | +630 +340 | +530 +240 | +285 +170 | +172 +100 | +122 +50 | +61 +15 | +29 0 | +46 0 | +72 0 | +115 0 | +185 0 | +290 0 | +460 0 | ±14.5 | ±23 | +5 −25 | +13 −33 | | +22 −50 | 0 −46 | −22 −51 | −14 −60 | −41 −70 | −33 −79 | −60 −106 | −219 −265 |
| | | | | | | | | | | | | | | | | | | | | | | | | | | −105 −151 | −149 −195 |
| 200 - 225 | +1030 +740 | +670 +380 | +550 +260 | | | | | | | | | | | | | | | | | | | | | | | −63 −109 | −241 −287 |
| | | | | | | | | | | | | | | | | | | | | | | | | | | −113 −159 | −163 −209 |
| 225 - 250 | +1110 +820 | +710 +420 | +570 +280 | | | | | | | | | | | | | | | | | | | | | | | −67 −113 | −267 −313 |
| | | | | | | | | | | | | | | | | | | | | | | | | | | −123 −169 | −179 −225 |
| 250 - 280 | +1240 +920 | +800 +480 | +620 +300 | +320 +190 | +191 +110 | +137 +56 | +69 +17 | +32 0 | +52 0 | +81 0 | +130 0 | +210 0 | +320 0 | +520 0 | ±16 | ±26 | +5 −27 | +16 −36 | | +25 −56 | 0 −52 | −25 −57 | −14 −66 | −47 −79 | −36 −88 | −74 −126 | −295 −347 |
| | | | | | | | | | | | | | | | | | | | | | | | | | | −138 −190 | −198 −250 |
| 280 - 315 | +1370 +1050 | +860 +540 | +650 +330 | | | | | | | | | | | | | | | | | | | | | | | −78 −130 | −330 −382 |
| | | | | | | | | | | | | | | | | | | | | | | | | | | −150 −202 | −220 −272 |
| 315 - 355 | +1560 +1200 | +960 +600 | +720 +360 | +350 +210 | +214 +125 | +151 +62 | +75 +18 | +36 0 | +57 0 | +89 0 | +140 0 | +230 0 | +360 0 | +570 0 | ±18 | ±28 | +7 −29 | +17 −40 | − | +28 −61 | 0 −57 | −26 −62 | −16 −73 | −51 −87 | −41 −98 | −87 −144 | −369 −426 |
| | | | | | | | | | | | | | | | | | | | | | | | | | | −169 −226 | −247 −304 |
| 355 - 400 | +1710 +1350 | +1040 +680 | +760 +400 | | | | | | | | | | | | | | | | | | | | | | | −93 −150 | −414 −471 |
| | | | | | | | | | | | | | | | | | | | | | | | | | | −187 −244 | −273 −330 |
| 400 - 450 | +1900 +1500 | +1160 +760 | +840 +440 | +385 +230 | +232 +135 | +165 +68 | +83 +20 | +40 0 | +63 0 | +97 0 | +155 0 | +250 0 | +400 0 | +630 0 | ±20 | ±31 | +8 −32 | +18 −45 | | +29 −68 | 0 −63 | −27 −67 | −17 −80 | −55 −93 | −45 −108 | −103 −166 | −467 −530 |
| | | | | | | | | | | | | | | | | | | | | | | | | | | −209 −272 | −307 −370 |
| 450 - 500 | +2050 +1650 | +1240 +840 | +880 +480 | | | | | | | | | | | | | | | | | | | | | | | −109 −172 | −517 −580 |
| | | | | | | | | | | | | | | | | | | | | | | | | | | −229 −292 | −337 −400 |

附表20 基孔制常用、优先配合    mm

| 基准孔 | 轴 | | | | | | | | | | | | | | | | | | | | |
|---|---|---|---|---|---|---|---|---|---|---|---|---|---|---|---|---|---|---|---|---|---|
| | a | b | c | d | e | f | g | h | js | k | m | n | p | r | s | t | u | v | x | y | z |
| | 间隙配合 | | | | | | | | 过渡配合 | | | | 过盈配合 | | | | | | | | |
| H6 | | | | | | $\frac{H6}{f5}$ | $\frac{H6}{g5}$ | $\frac{H6}{h5}$ | $\frac{H6}{js5}$ | $\frac{H6}{k5}$ | $\frac{H6}{m5}$ | $\frac{H6}{n5}$ | $\frac{H6}{p5}$ | $\frac{H6}{r5}$ | $\frac{H6}{s5}$ | $\frac{H6}{t5}$ | | | | | |
| H7 | | | | | | $\frac{H7}{f6}$ | $\frac{H7}{g6}$ | $\frac{H7}{h6}$ | $\frac{H7}{js6}$ | $\frac{H7}{k6}$ | $\frac{H7}{m6}$ | $\frac{H7}{n6}$ | $\frac{H7}{p6}$ | $\frac{H7}{r6}$ | $\frac{H7}{s6}$ | $\frac{H7}{t6}$ | $\frac{H7}{u6}$ | $\frac{H7}{v6}$ | $\frac{H7}{x6}$ | $\frac{H7}{y6}$ | $\frac{H7}{z6}$ |
| H8 | | | | | $\frac{H8}{e7}$ | $\frac{H8}{f7}$ | $\frac{H8}{g7}$ | $\frac{H8}{h7}$ | $\frac{H8}{js7}$ | $\frac{H8}{k7}$ | $\frac{H8}{m7}$ | $\frac{H8}{n7}$ | $\frac{H8}{p7}$ | $\frac{H8}{r7}$ | $\frac{H8}{s7}$ | $\frac{H8}{t7}$ | $\frac{H8}{u7}$ | | | | |
| H8 | | | | $\frac{H8}{d8}$ | $\frac{H8}{e8}$ | $\frac{H8}{f8}$ | | $\frac{H8}{h8}$ | | | | | | | | | | | | | |
| H9 | | | $\frac{H9}{c9}$ | $\frac{H9}{d9}$ | $\frac{H9}{e9}$ | $\frac{H9}{f9}$ | | $\frac{H9}{h9}$ | | | | | | | | | | | | | |
| H10 | | | $\frac{H10}{c10}$ | $\frac{H10}{d10}$ | | | | $\frac{H10}{h10}$ | | | | | | | | | | | | | |
| H11 | $\frac{H11}{a11}$ | $\frac{H11}{b11}$ | $\frac{H11}{c11}$ | $\frac{H11}{d11}$ | | | | $\frac{H11}{h11}$ | | | | | | | | | | | | | |
| H12 | | $\frac{H12}{b12}$ | | | | | | $\frac{H12}{h12}$ | | | | | | | | | | | | | |

① $\frac{H6}{n5}$、$\frac{H7}{p6}$ 在 ≤3 mm 和 $\frac{H8}{r7}$ ≤100 mm 时为过渡配合。

② 方框中的配合符号为优先配合。

附表21 基轴制常用、优先配合    mm

| 基准轴 | 孔 | | | | | | | | | | | | | | | | | | | | |
|---|---|---|---|---|---|---|---|---|---|---|---|---|---|---|---|---|---|---|---|---|---|
| | A | B | C | D | E | F | G | H | JS | K | M | N | P | R | S | T | U | V | X | Y | Z |
| | 间隙配合 | | | | | | | | 过渡配合 | | | | 过盈配合 | | | | | | | | |
| h5 | | | | | | $\frac{F6}{h5}$ | $\frac{G6}{h5}$ | $\frac{H6}{h5}$ | $\frac{JS6}{h5}$ | $\frac{K6}{h5}$ | $\frac{M6}{h5}$ | $\frac{N6}{h5}$ | $\frac{P6}{h5}$ | $\frac{R6}{h5}$ | $\frac{S6}{h5}$ | $\frac{T6}{h5}$ | | | | | |
| h6 | | | | | | $\frac{F7}{h6}$ | $\frac{G7}{h6}$ | $\frac{H7}{h6}$ | $\frac{JS7}{h6}$ | $\frac{K7}{h6}$ | $\frac{M7}{h6}$ | $\frac{N7}{h6}$ | $\frac{P7}{h6}$ | $\frac{R7}{h6}$ | $\frac{S7}{h6}$ | $\frac{T7}{h6}$ | $\frac{U7}{h6}$ | $\frac{V7}{h6}$ | $\frac{X7}{h6}$ | $\frac{Y7}{h6}$ | $\frac{Z7}{h6}$ |
| h7 | | | | | $\frac{E8}{h7}$ | $\frac{F8}{h7}$ | $\frac{G8}{h7}$ | $\frac{H8}{h7}$ | $\frac{JS8}{h7}$ | $\frac{K8}{h7}$ | $\frac{M8}{h7}$ | $\frac{N8}{h7}$ | $\frac{P8}{h7}$ | $\frac{R8}{h7}$ | $\frac{S8}{h7}$ | $\frac{T8}{h7}$ | $\frac{U8}{h7}$ | | | | |
| h8 | | | | $\frac{D8}{h8}$ | $\frac{E8}{h8}$ | $\frac{F8}{h8}$ | | $\frac{H8}{h8}$ | | | | | | | | | | | | | |
| h9 | | | $\frac{C9}{h9}$ | $\frac{D9}{h9}$ | $\frac{E9}{h9}$ | $\frac{F9}{h9}$ | | $\frac{H9}{h9}$ | | | | | | | | | | | | | |
| h10 | | | $\frac{C10}{h10}$ | $\frac{D10}{h10}$ | | | | $\frac{H10}{h10}$ | | | | | | | | | | | | | |
| h11 | $\frac{A11}{h11}$ | $\frac{B11}{h11}$ | $\frac{C11}{h11}$ | $\frac{D11}{h11}$ | | | | $\frac{H10}{h11}$ | | | | | | | | | | | | | |
| h12 | | $\frac{B12}{h12}$ | | | | | | $\frac{H12}{h12}$ | | | | | | | | | | | | | |

# 参 考 文 献

[1] 孙开元,李长娜. 机械制图新标准解读及画法示例[M]. 2版. 北京:化学工业出版社,2010.
[2] 钱克强. 机械制图[M]. 3版. 北京:高等教育出版社,2013.
[3] 人力资源和社会保障部教材办公室组织编写. 机械制图及计算机绘图[M]. 北京:中国劳动社会保障出版社,2009.
[4] 胡勇,董继明. 汽车机械识图[M]. 北京:化学工业出版社,2012.

# 汽车机械识图（第2版）习题集

主　编　吕虹莱
副主编　陈晓云　王玉凤　宋燕　施爱娟
　　　　何凤麟　姜振华　牟春华　钟少函

北京理工大学出版社
BEIJING INSTITUTE OF TECHNOLOGY PRESS

# 前 言

本习题集紧密围绕高等职业教育人才培养目标确定教材内容。根据汽车等近机械类专业特点和近年来课程体系改革趋势，结合多年教学经验编写，与同时出版的《汽车机械识图（第2版）》教材配套使用。

本习题集编写时注重知识应用性和培养能力素质，内容选择简练，基础理论浅显，以够用为度，加强识图练习，努力拓展空间想象能力。

本书在编写过程中，根据高职高专教育改革和发展对制图教学的新要求及岗位需要，培训及教学改革成果融入本书，突出职教特点，内容上考虑了就业实际需要和中级技术工人等级考核标准的要求，注重基础知识的讲解和识图能力的培养。

本书共分八个模块，授课教师可根据不同专业特点和教学要求对本书内容和顺序适当调整。

全书其主要包括：制图基本知识与基本技能、绘制基本体的三视图、绘制组合体轴测图、绘制识读组合体三视图，用不同方法表达机件的结构、绘制识读标准件与常用件、识读零件图、识读装配图等内容。

参加本书编写的有烟台汽车工程职业学院的吕虹霖、陈晓云、王玉凤、宋燕、施爱娟、何凤麟、姜振华、牟春华、钟少蓓，其中，吕虹霖为主编，陈晓云、王玉凤、宋燕、施爱娟、何凤麟、姜振华、牟春华、钟少蓓为副主编。

本书在编写中，曾得到许多同行的热情支持，并参阅了许多国内外公开出版和发表的文献，在此一并表示感谢。

由于编者水平有限，书中难免存在不妥与疏漏之处，恳请读者批评指正。

编 者

# 目 录

项目一 制图基本知识与基本技能 ……………………………………………………… (1)

项目二 绘制基本体的三视图 …………………………………………………………… (10)

项目三 绘制组合体轴测图 ……………………………………………………………… (33)

项目四 绘制识读组合体三视图 ………………………………………………………… (36)

项目五 用不同方法表达机件的结构 …………………………………………………… (50)

项目六 绘制识读标准件与常用件 ……………………………………………………… (76)

项目七 识读零件图 ……………………………………………………………………… (88)

项目八 识读装配图 ……………………………………………………………………… (102)

部分答案 …………………………………………………………………………………… (108)

# 项目一　制图基本知识与基本技能

1-1　字体练习。

字体工整笔画清楚间隔均匀排列整齐横平竖直注意起落

结构匀称填满方格机械制图标准名称技术审核日期轴

1-2 数字练习。

1234567890Ro

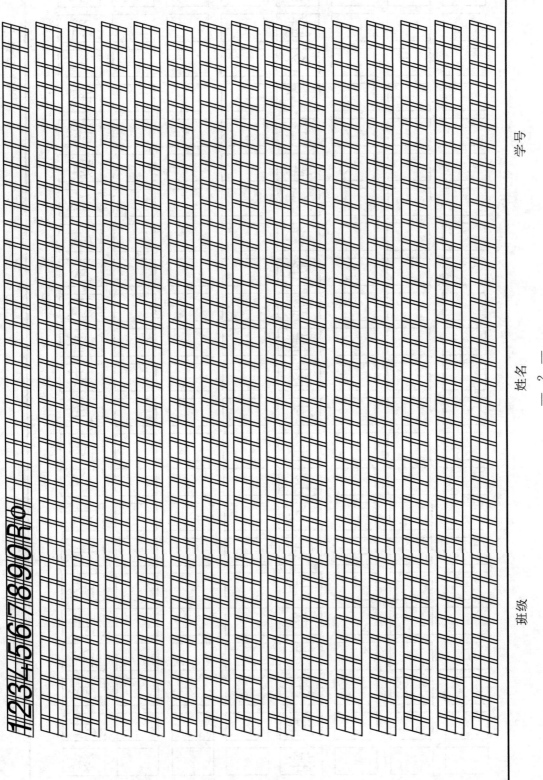

班级　　　　　姓名　　　　　学号

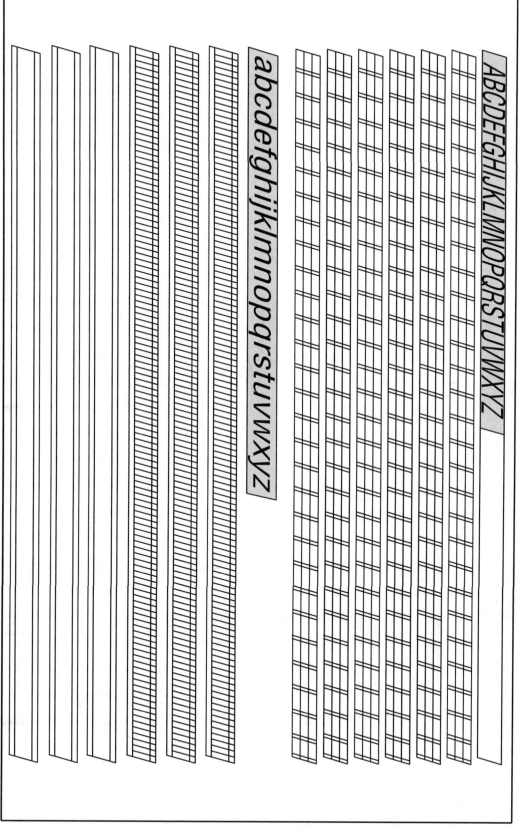

1-4 图线练习。

在指定位置处，照样画出并补全各种图线和图形。

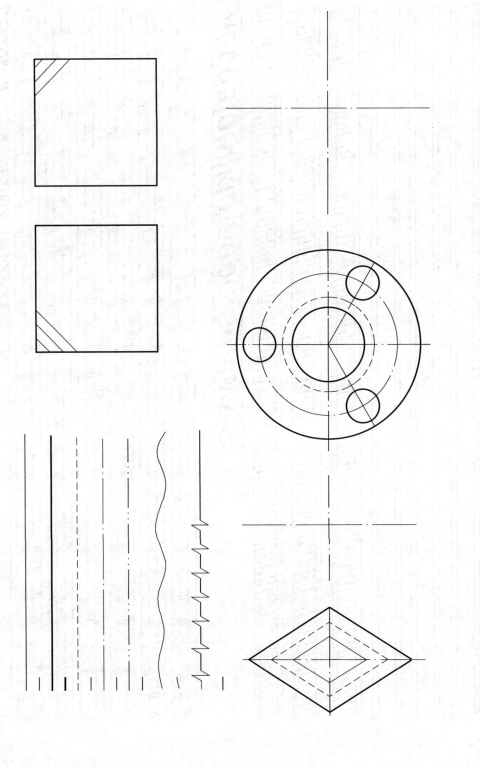

班级　　　　　　姓名　　　　　　学号

## 1-5 尺寸注法（一）

1. 对比阅读下列两图，以便初学者避免标注尺寸时常犯的错误。

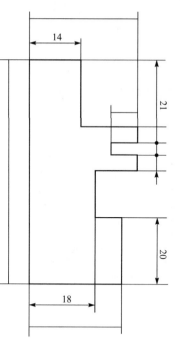
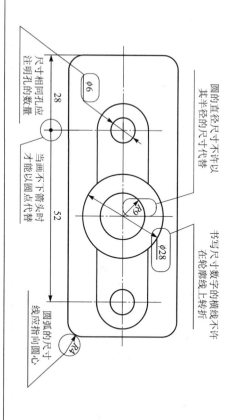

2. 在下列图形中填写未注的尺寸数字和补画遗漏的箭头，其数字的大小和箭头形状大小以图中注出的为准，尺寸数字按1:1量取，取整数。

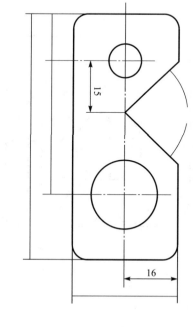
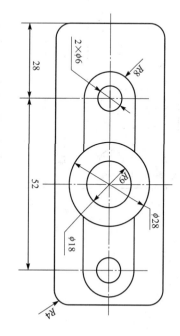

# 1-5 尺寸注法（二）。

1. 在下列图形中标注尺寸数值（从图中直接量取尺寸数值，并取整数）。

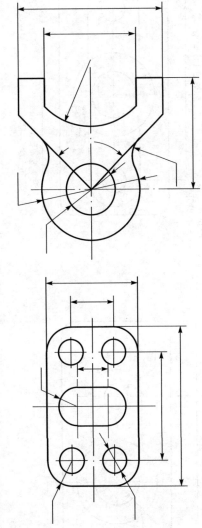

2. 分析左图中尺寸注法的错误，然后在右图中标注出正确的尺寸。

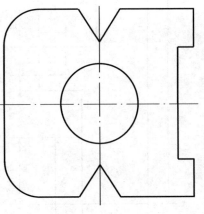

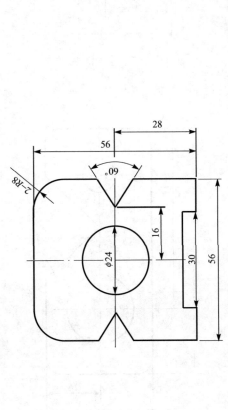

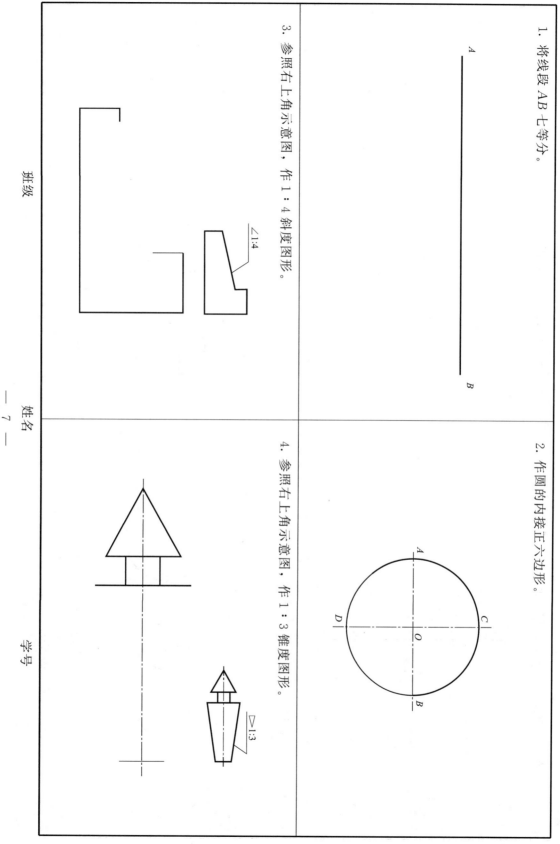

# 1-6 几何作图（二）

5. 已知椭圆长轴 70，短轴 45，用近似画法作椭圆。

6. 用图中所给半径 $R$，作圆弧光滑连接两已知线段。

7. 用图中所给半径 $R$，光滑连接两圆弧。

内切

外切

1-7 圆弧连接（根据图中的尺寸，按 1:1 抄画图形）。

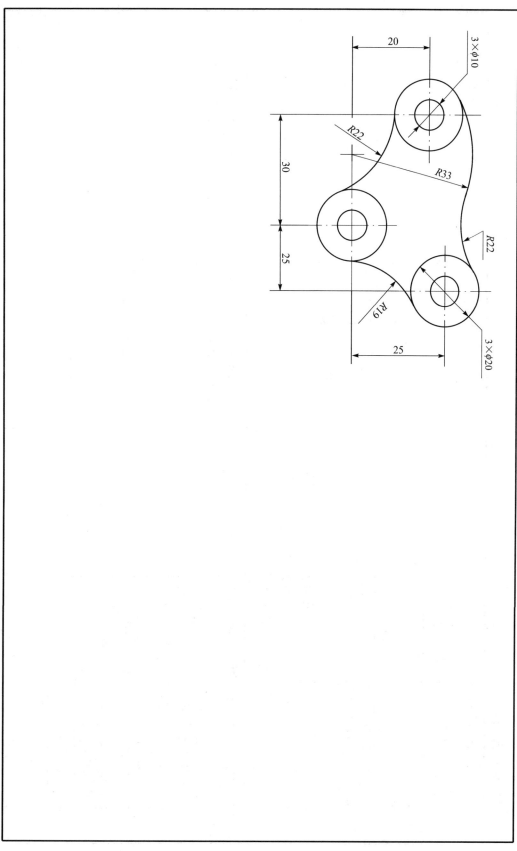

# 项目二 绘制基本体的三视图

## 2-1 点的投影。

1. 判断 A、B 两点的方位。

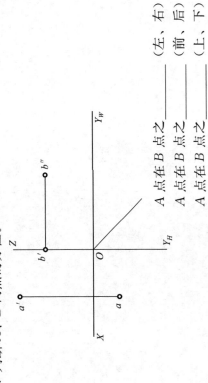

A 点在 B 点之 _____ （左、右）
A 点在 B 点之 _____ （前、后）
A 点在 B 点之 _____ （上、下）

2. 已知 A、B 两点投影，试确定它们的坐标值（数值由图中直接量取）。

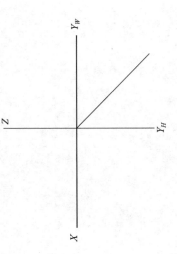

A ( , , )
B ( , , )

3. 已知各点对投影面的距离，画出各点的三面投影。

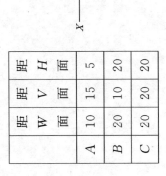

| | 距 W 面 | 距 V 面 | 距 H 面 |
|---|---|---|---|
| A | 10 | 15 | 5 |
| B | 20 | 10 | 20 |
| C | 20 | 20 | 20 |

4. 已知点 A 坐标 (25、5、15)，点 B 在点 A 右方 12、上方 5、前方 10，点 C 在点 A 的正后方 8，求作点 A、B、C 的三面投影。

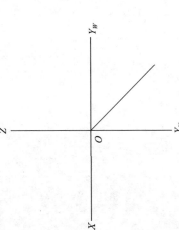

# 2-2 直线的投影（一）

1. 补画出下列各直线的第三面投影，并说明它们各是什么位置直线。

(1) AB 是 _____

(2) CD 是 _____

(3) EF 是 _____

(4) MN 是 _____

2. 根据立体图，在物体的投影图中标出 AB、BC、CD、DE 线段的三面投影，并说明它们各是什么位置直线。

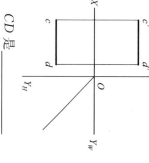

AB 是 _____
BC 是 _____
CD 是 _____
DE 是 _____

## 2-2 直线的投影（二）。

1. 已知点 $A$ (30, 20, 20)，$AB$ 实长为 20 mm，求作正平线 $AB$ ($\alpha = 30°$) 及 $AB$ 与 $W$ 面的倾角 $\gamma$。

2. 过 $A$ 的正垂线 $AB$，实长为 12 mm，求作 $AB$ 的三面投影。

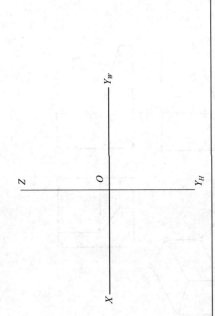

3. 求作 $ab$，判断 $AB$ 的空间位置，并在图上标出它与 $V$ 面夹角。

直线 $AB$ 是 _____ 线。

4. 求侧垂线 $EF$ 的三面投影。已知 $EF$ 长为 30 mm，距 $V$ 面 18 mm，距 $H$ 面 15 mm，端点 $E$ 距 $W$ 面 40 mm。

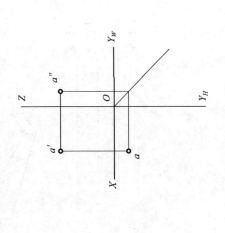

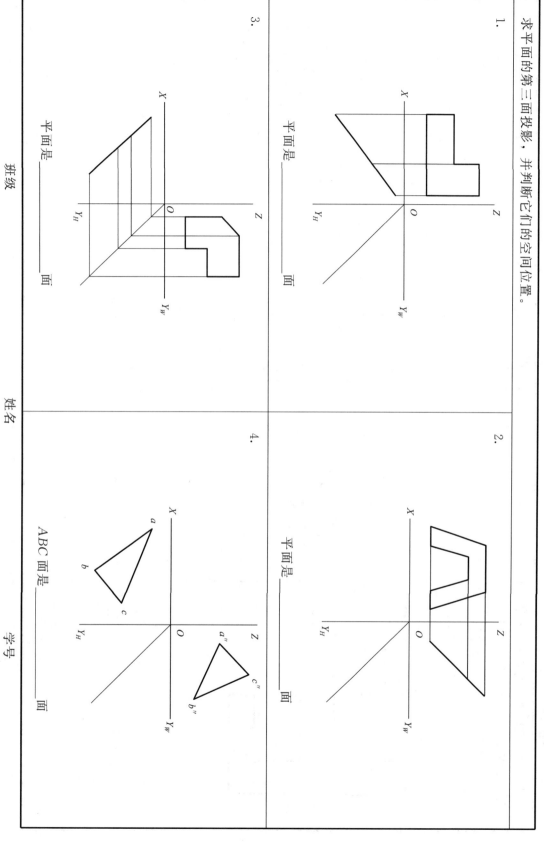

## 2-3 平面的投影(二)。

从视图中给出的平面的积聚性投影"1"出发，在另两视图中找出平面对应投影和轴测图中的相应表面涂色（将其三面投影和轴测图中的相应表面涂色），并说明其空间位置。

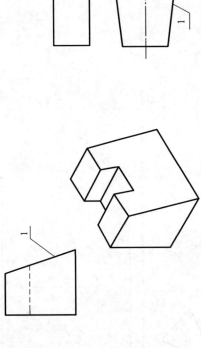

1.

该平面是_____面

2.

该平面是_____面

## 2-3 平面的投影（三）

在立体图和投影图上将 P、Q 平面标注完整，并填写它们对各投影面的相对位置。

1.

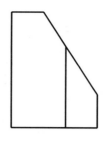

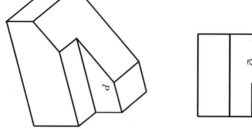

P: ___ V, ___ H, ___ W
Q: ___ V, ___ H, ___ W

2.

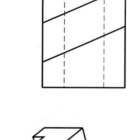

P: ___ V, ___ H, ___ W
Q: ___ V, ___ H, ___ W

**2-4** 由立体图找出对应的三视图，并在括号内注出对应的图号。

2-5 在视图下方圆圈内填上对应的立体图的编号。

2-6 根据立体图与三视图的对应关系，选择正确的答案在括号内。

2-7 根据平面立体的两个视图，画第三视图。

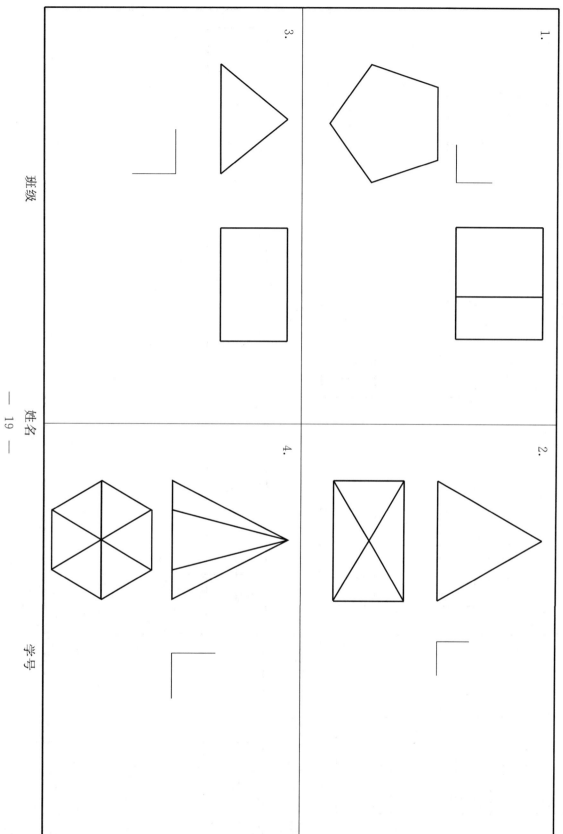

2-8 已知棱柱体的两视图，补画第三视图。

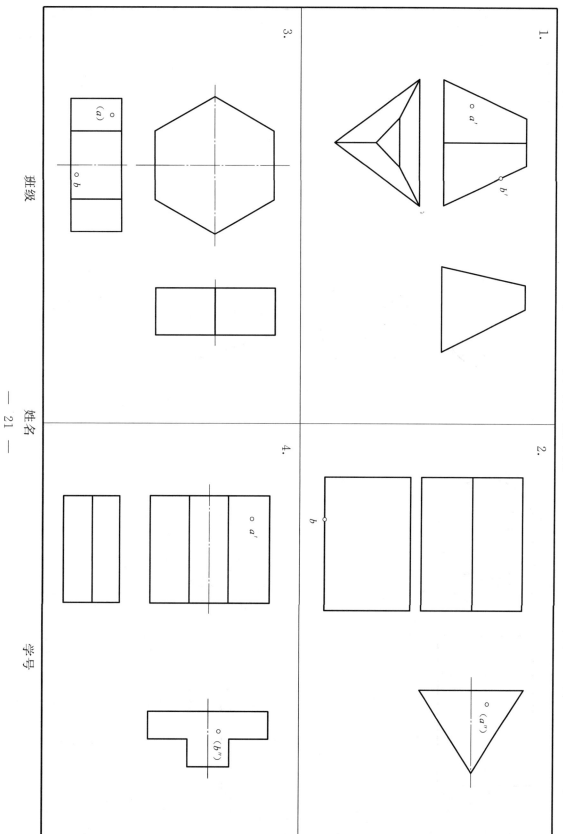

2－10 完成立体的三视图，并补全其表面上点的三面投影。

2-11 根据立体图，补全三视图。

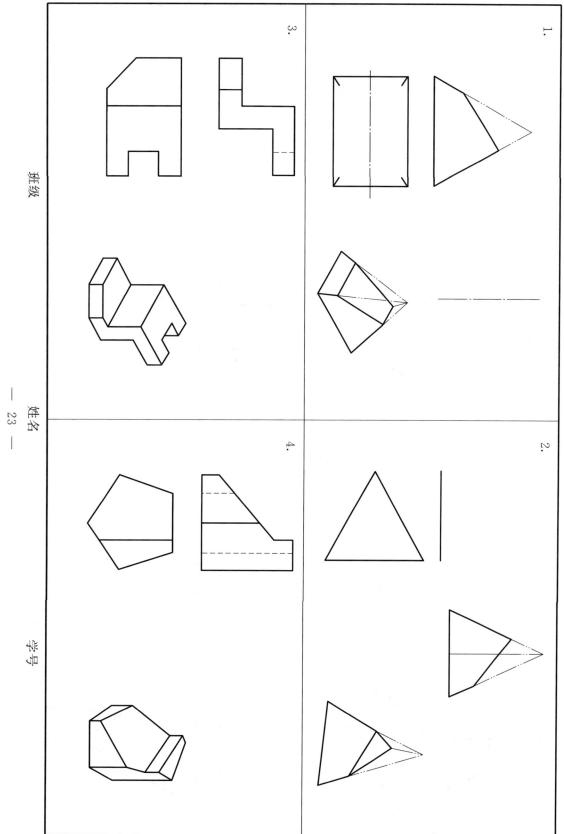

2-12 补画截交线，并完成三视图。

1.

2.

3.

4.

2-13 根据已知视图，完成三视图。

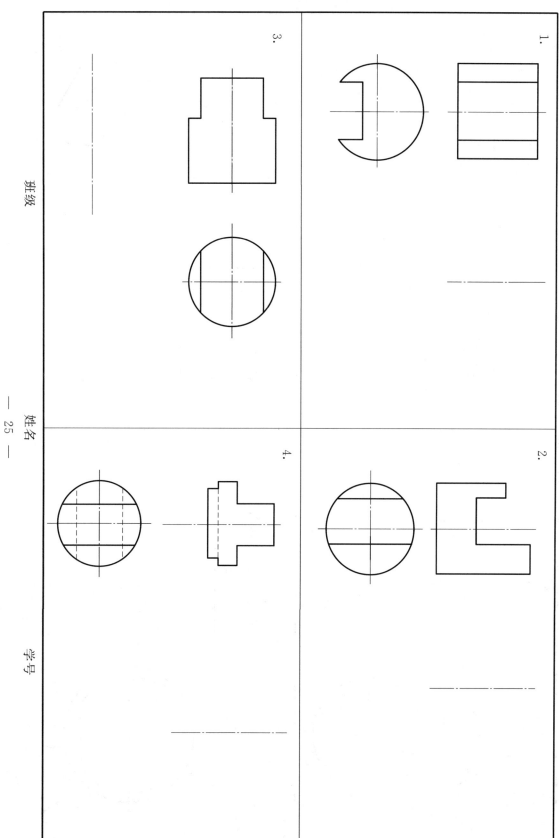

2—14 根据形体已知视图，完成其三视图。

1.

2.

3.

4.

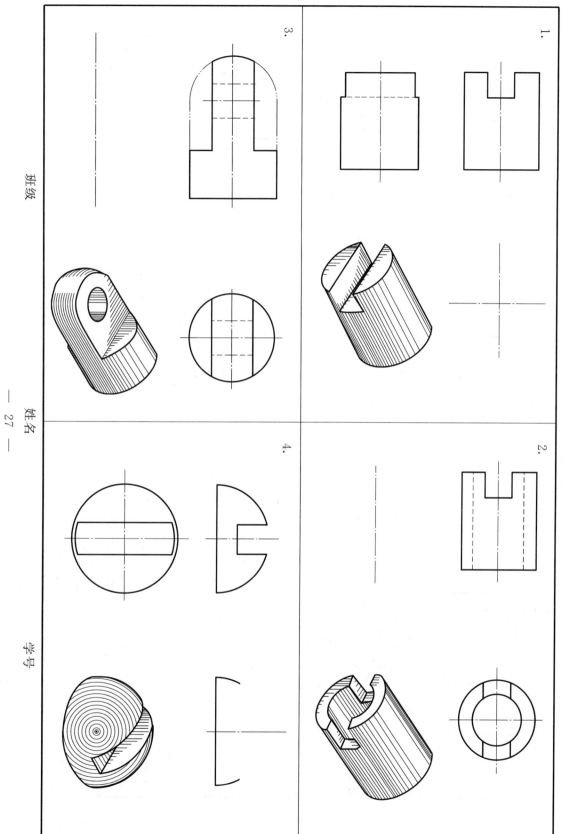

2-16 参照立体图和已知视图，补画出下列视图中的缺线。

2-17 补画相贯线，完成三视图。

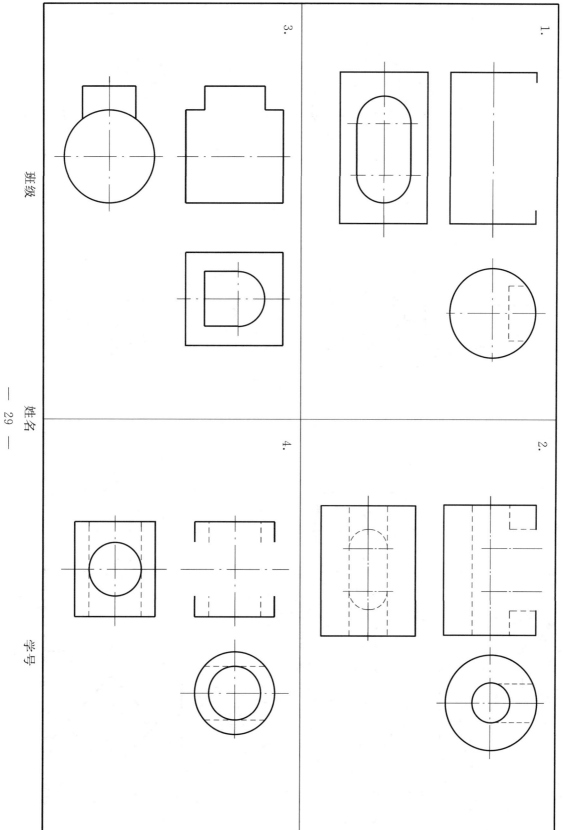

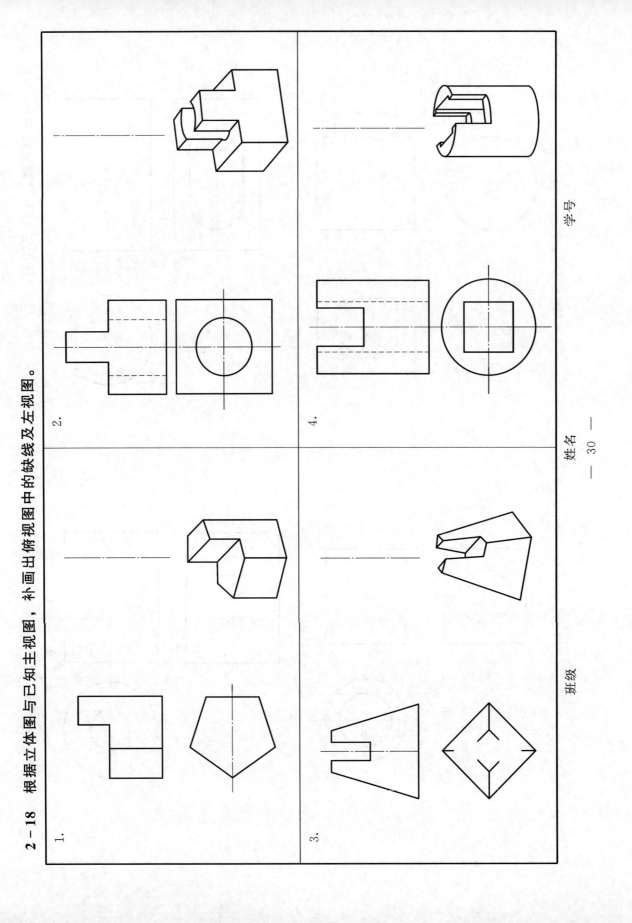

2-19 已知两视图,找出与其对应的第三视图(在正确的第三视图编号处打"√")。

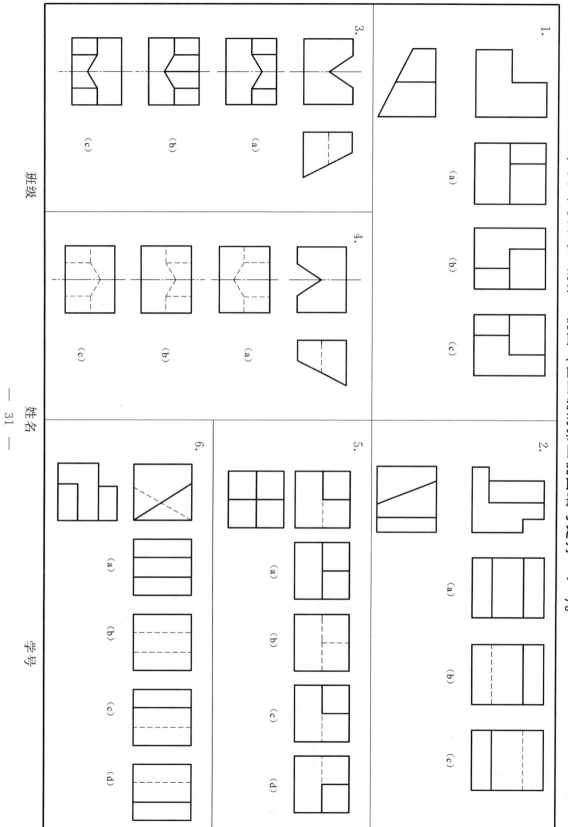

2-20 已知物体的主视图，选择正确的左视图（有多选，也有单选，在正确的左视图下打"√"）。

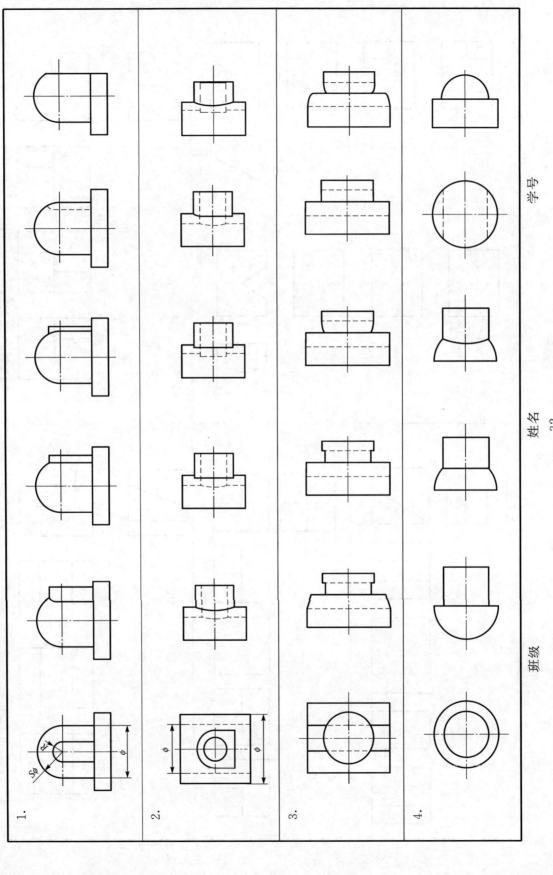

# 项目三 绘制组合体轴测图

**3-1** 根据已给的视图，画出正等轴测图，尺寸按 1∶1 量取。

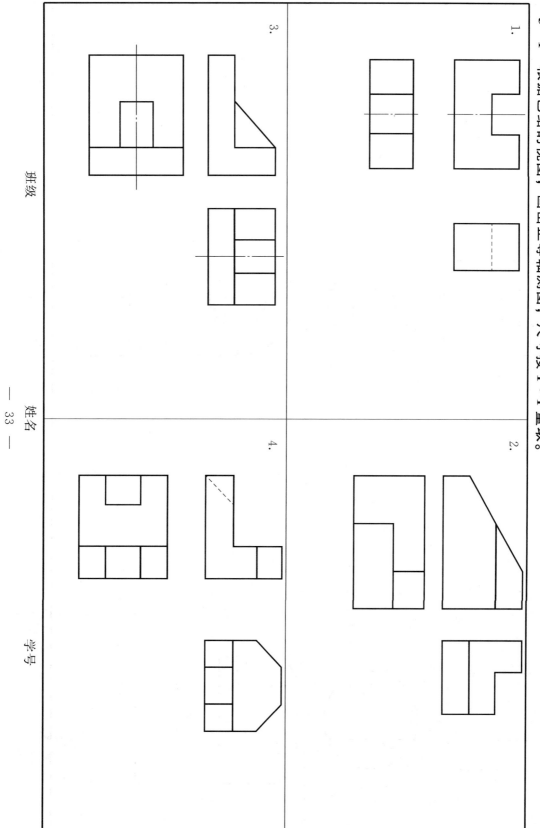

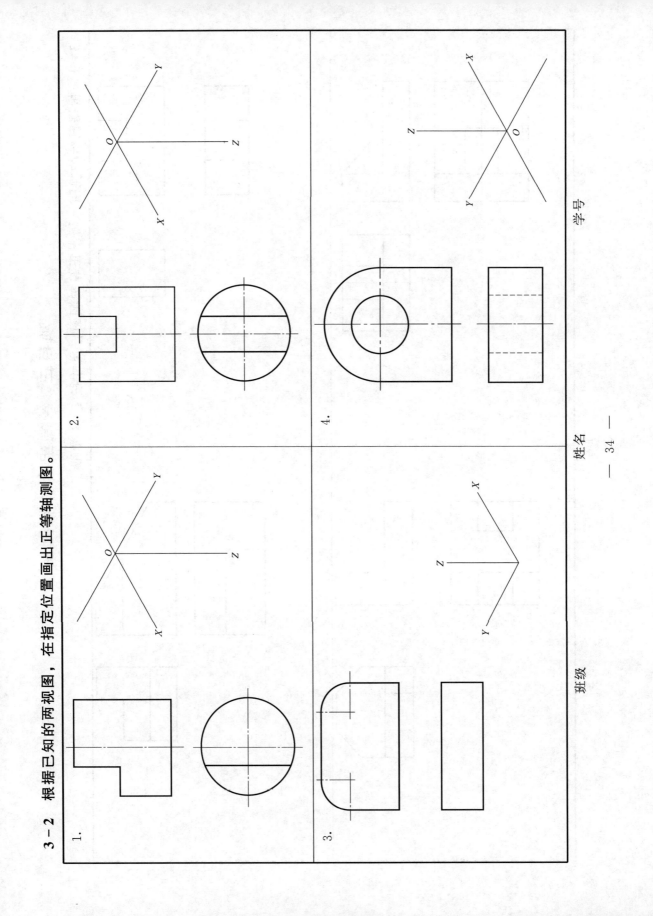

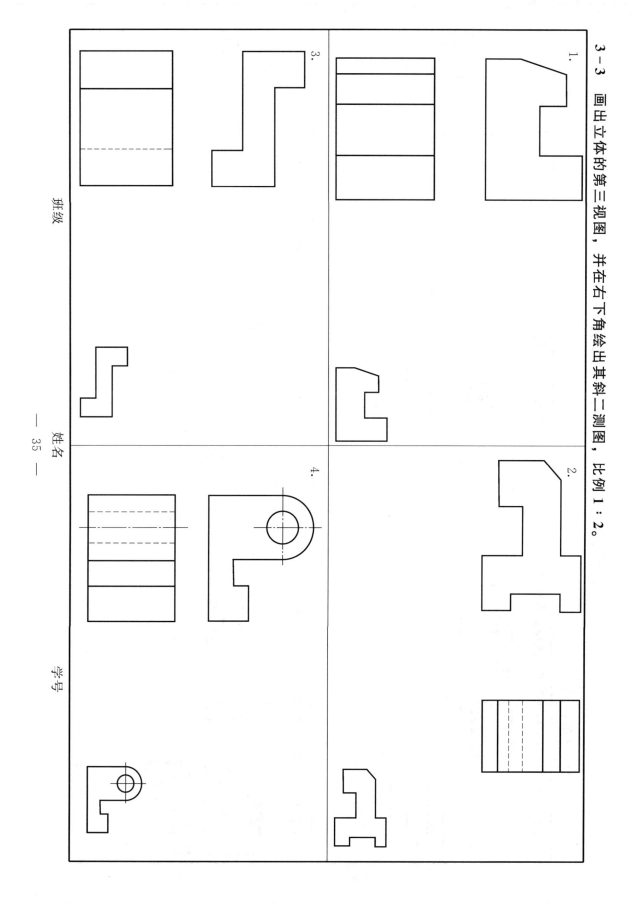

3-3 画出立体的第三视图，并在右下角绘出其斜二测图，比例 1:2。

# 项目四 绘制识读组合体三视图

## 4-1 选择填空题。

1. 根据物体的主、俯两视图，选择正确的左视图。

2. 根据物体的主、俯两视图，选择正确的左视图。

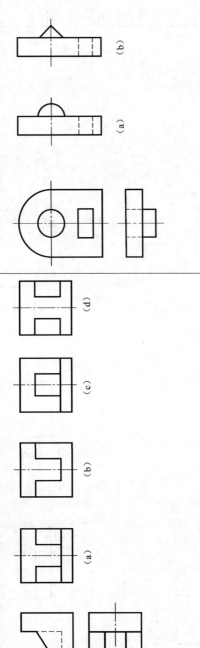

3. 根据物体的主、俯两视图，选择正确的左视图。

4. 根据物体的俯视图，选择其相应的主视图。

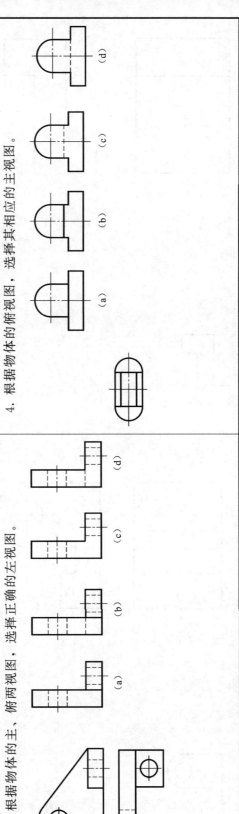

4-2 根据所给的视图，想出物体的形状，并补画视图中所缺的图线。

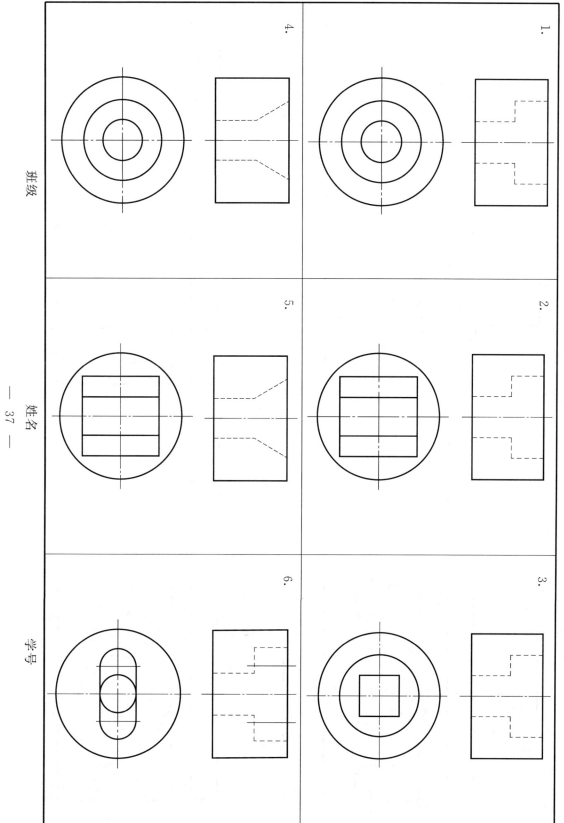

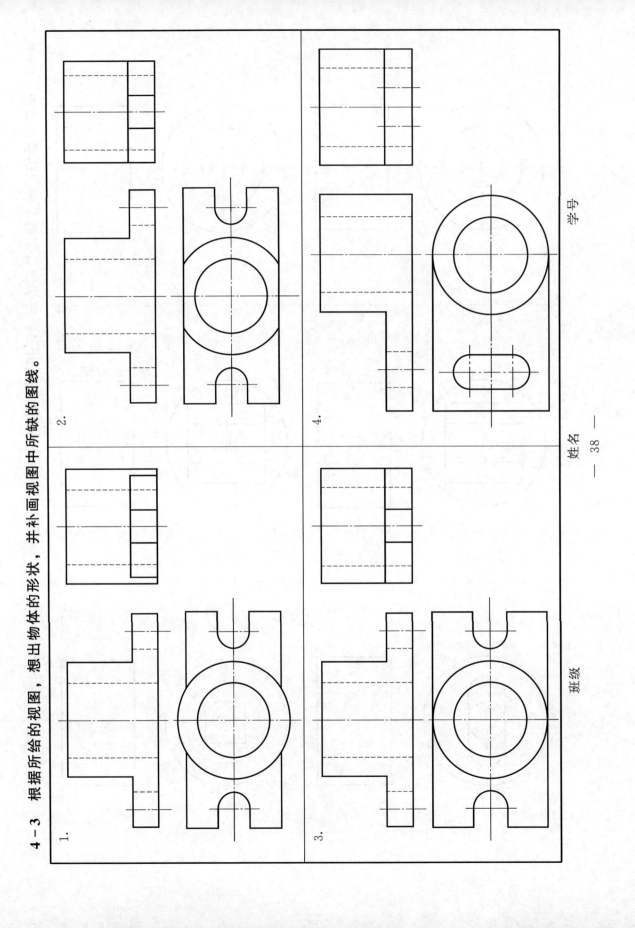

4－4 根据所给的视图，想出物体的形状，并补画视图中所缺的图线。

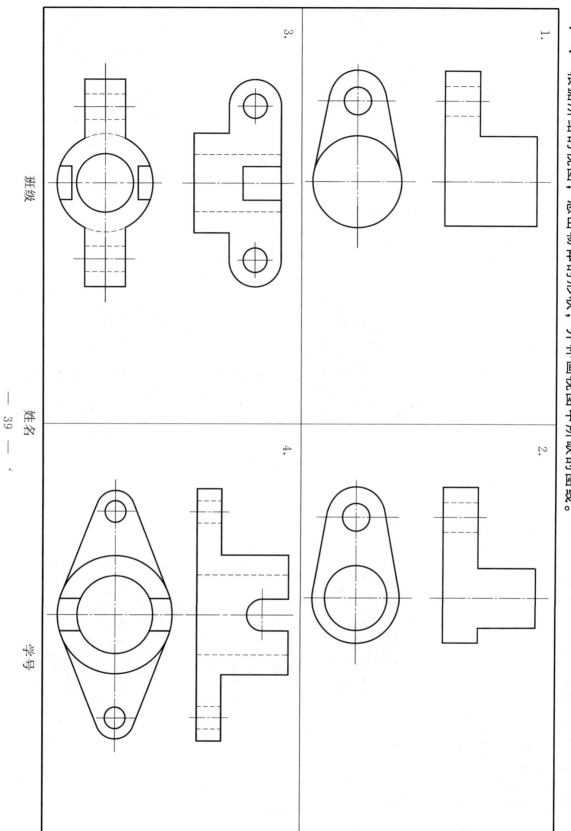

4－5 根据组合体的两视图，补画第三视图。

4-6 根据立体图对照三视图，分析物体的组合方式，补画出视图中所缺的图线（一）。

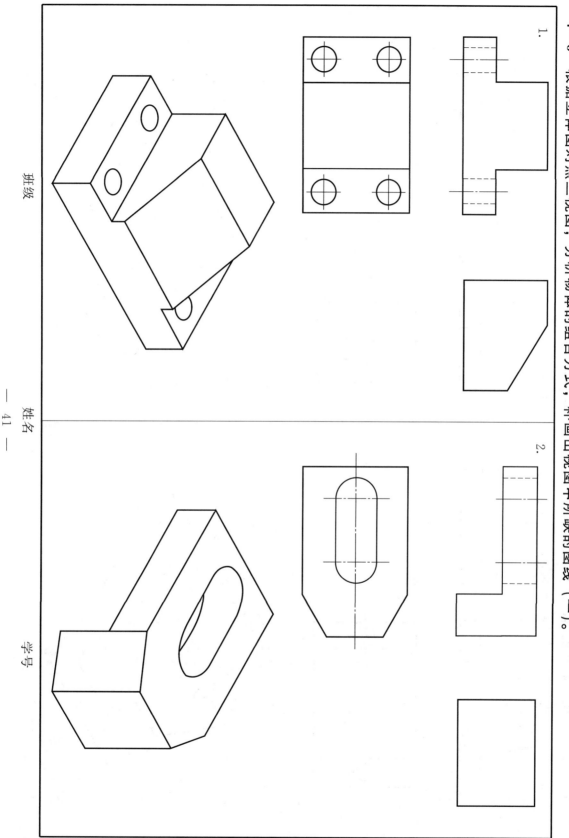

4-6 根据立体图对照三视图，分析物体的组合方式，补画出视图中所缺的图线（二）。

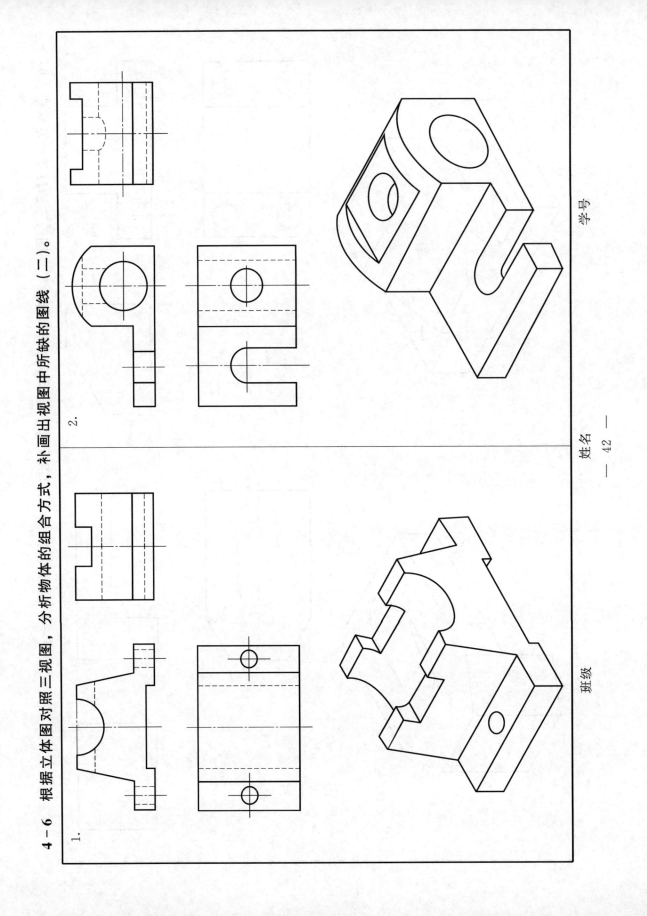

4-7 根据立体图绘制三视图。(尺寸从立体图中 1：1 量取整数)

1.

2.

3.

4.

4-8 补画视图中所缺的图线。

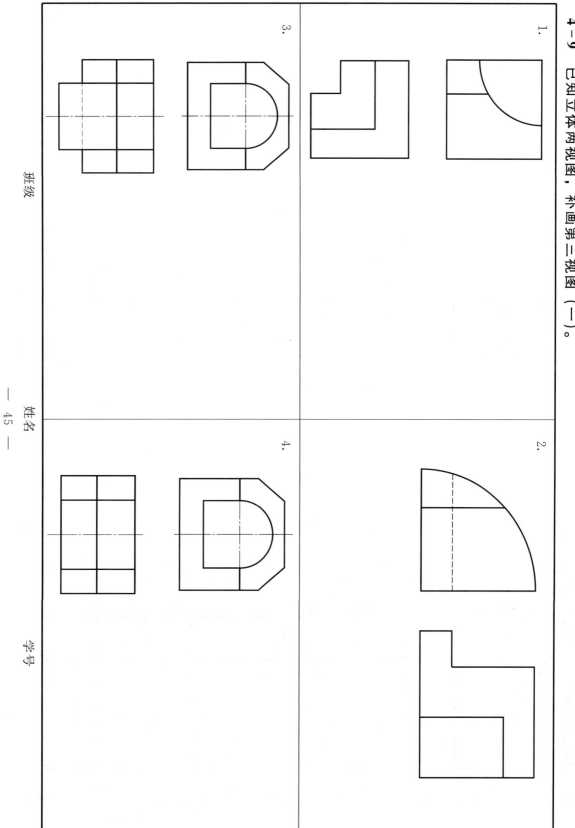

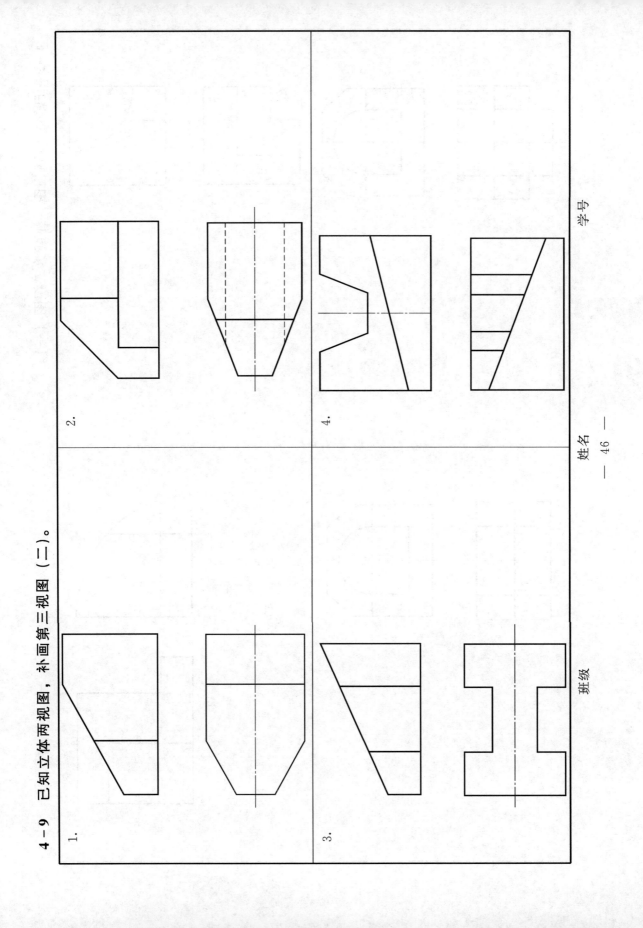

4-10 指出图中尺寸标注上的错误，给出正确的尺寸标注。

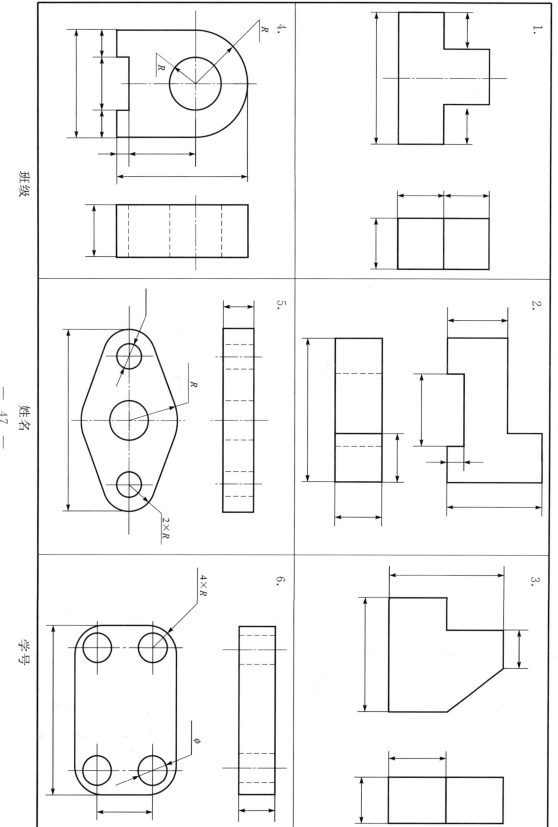

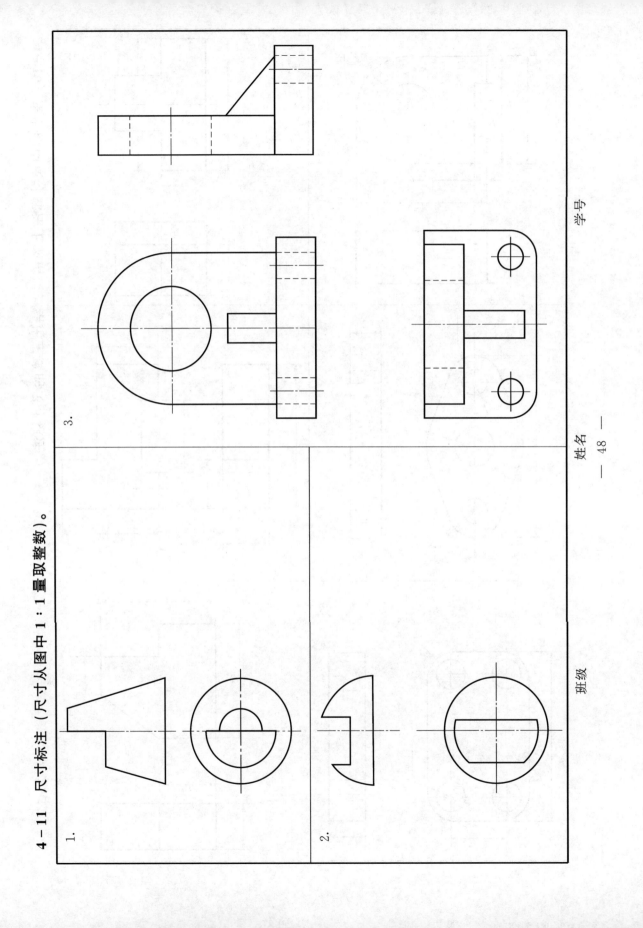

# 4-12 绘图大作业：根据立体图画组合体的三视图，并标注尺寸。

## 作业指导

### 1. 作业目的
（1）初步掌握由立体图画组合体三视图的方法。
（2）练习组合体的尺寸标注。

### 2. 内容与要求
（1）根据立体图画三视图，并标注尺寸。
（2）自己确定图纸及绘图比例。

### 3. 作图步骤
（1）运用形体分析法分析立体的结构。
（2）确定主视图的投射方向。
（3）布置视图位置，画底稿。
（4）检查底稿，修正错误。
（5）用形体分析法标注尺寸，填写标题栏。
（6）描深粗实线。

### 4. 注意事项
（1）布置视图时要注意留有标注尺寸的位置。
（2）要按步骤进行标注三类尺寸，布置要清晰。
（3）用标准字体标注尺寸数字，填写标题栏。

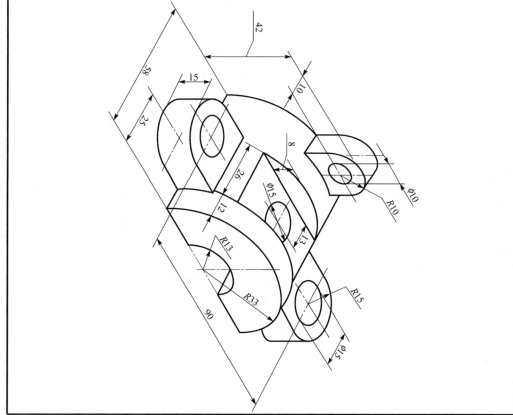

## 项目五　用不同方法表达机件的结构

**5-1** 根据主、俯、左三视图，补画右、后、仰三视图。

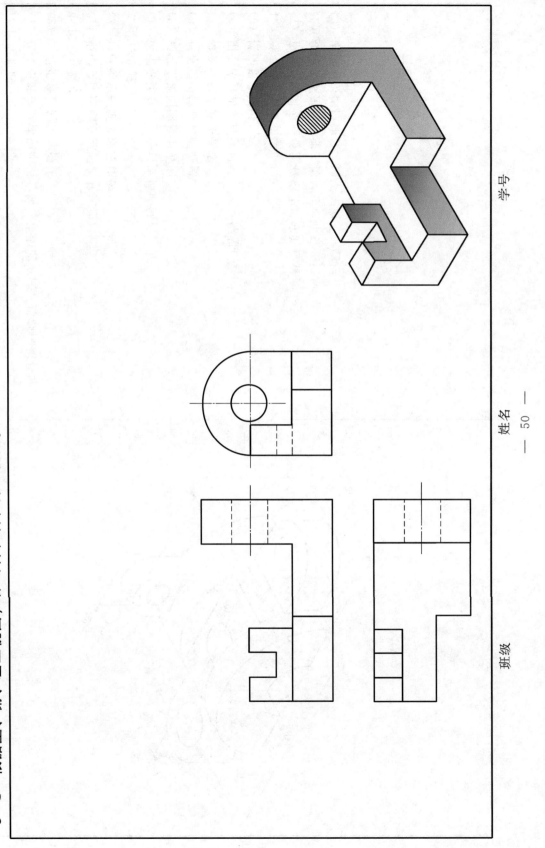

## 5-2 局部视图、斜视图练习。

1. 根据机件的主、俯视图，在指定位置画出机件的 B 向局部视图及 C 向局部视图。

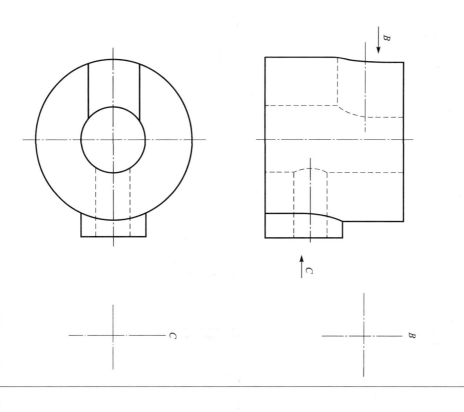

2. 根据机件的主视图和轴测图，补画其局部视图和斜视图（缺少的尺寸按 1:1 从轴测图上量取）。

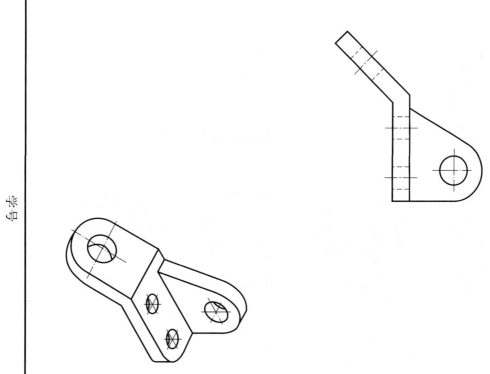

5-3 已知立体的主视图和俯视图，它的四个左视图画得正确的是（　　）。

1.

2.

5-4 补画剖视图中所缺的图线（一）。

1.

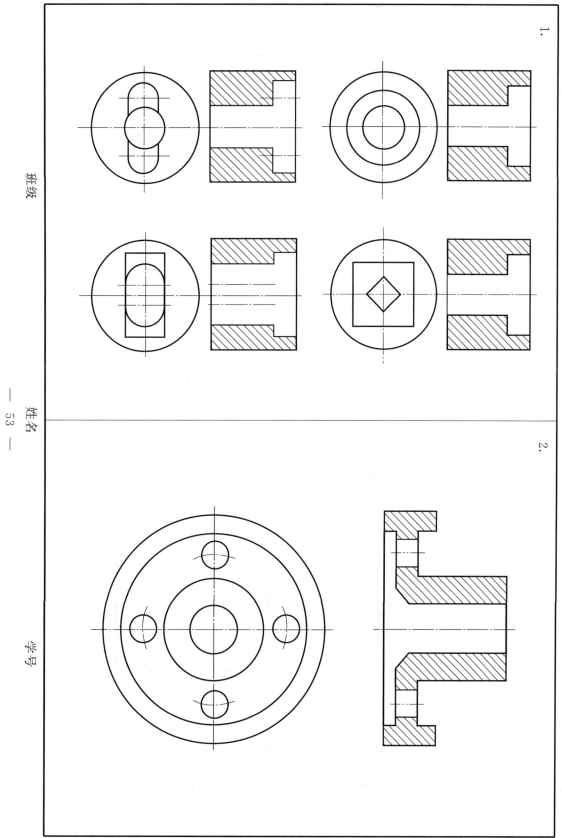

2.

5-4 补画剖视图中所缺的图线（二）。

1.

2.

班级　　姓名　　学号

5-5 将主视图画成全剖视图(一)。

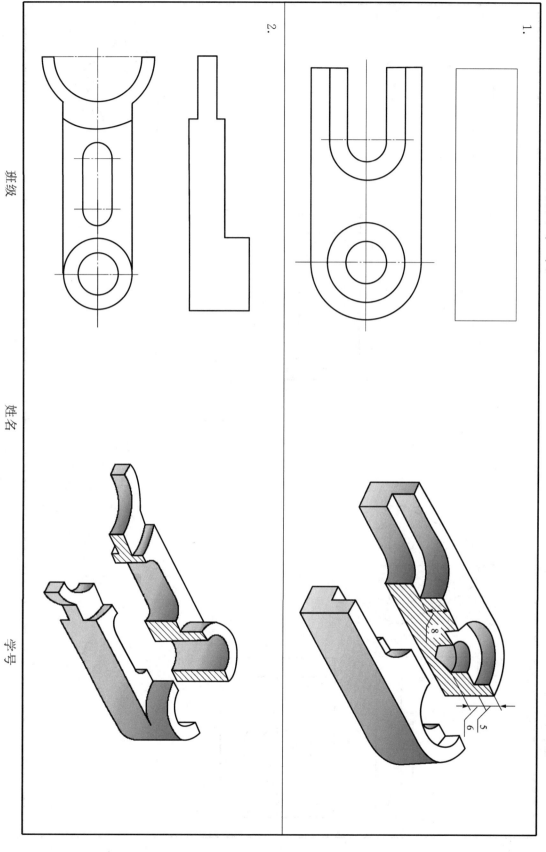

5-5 将主视图画成全剖视图（二）。

1.

2.

5-6 将主视图画成半剖视图。

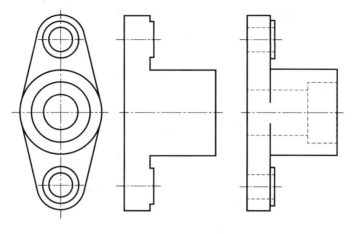

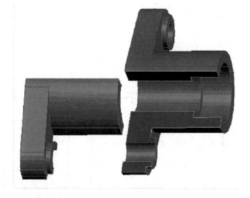

**5-7** 将主视图改为半剖视图。

1.

2.

# 5-8 将视图改画成合适的剖视图

1. 将主视图画成全剖视图，左视图画成半剖视图。

5-9 根据形体的两视图，补画其全剖的左视图。

1.

2.

5-10 根据图1所给的主、俯视图，判断图2、3、4的表达是否正确。

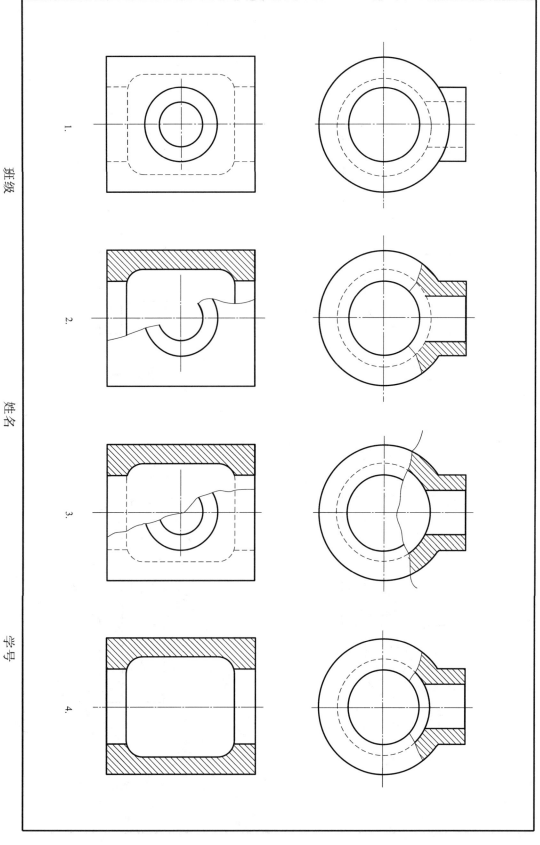

1.　　　　　2.　　　　　3.　　　　　4.

班级　　　　　姓名　　　　　学号

5–11 将视图改画成局部剖视图。

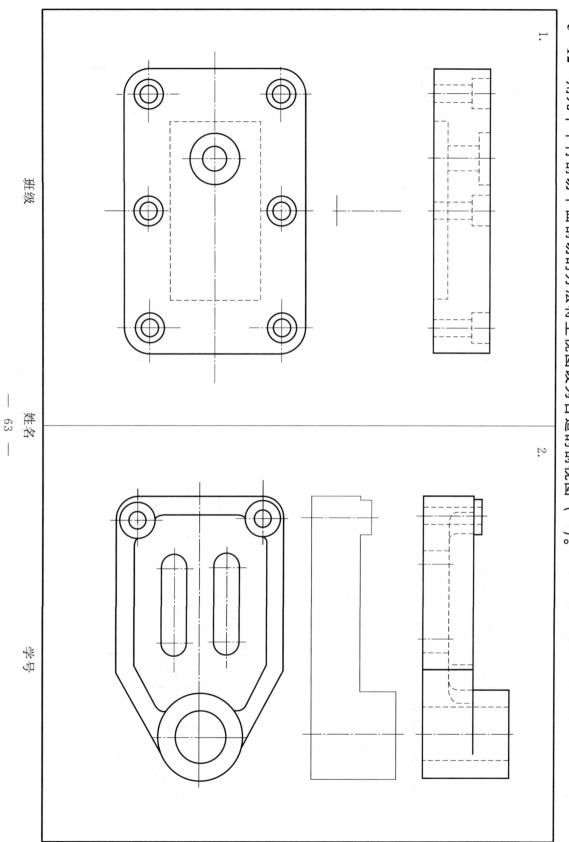

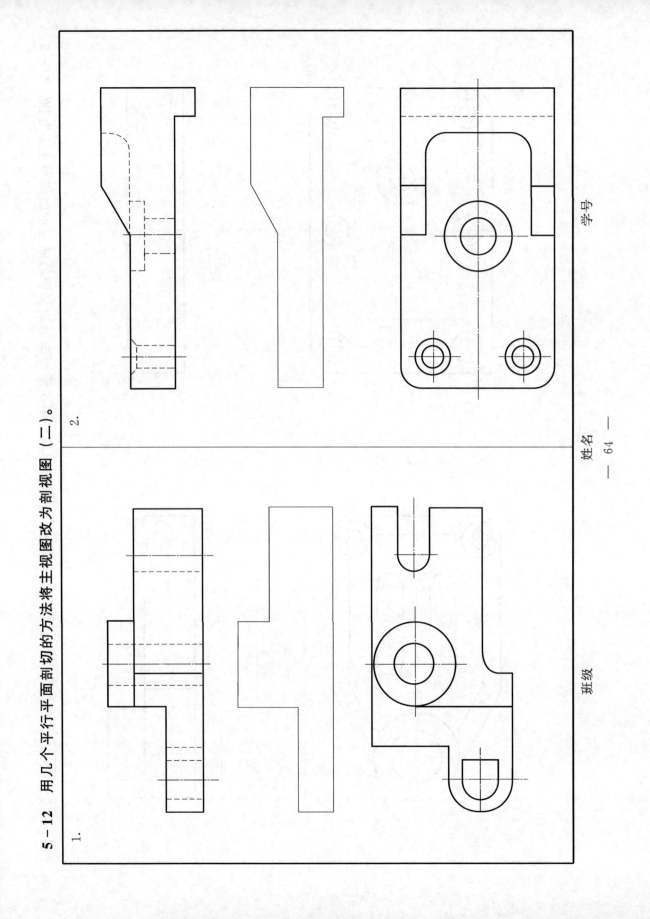

5-13 用几个相交平面剖切的方法将主视图改为剖视图。

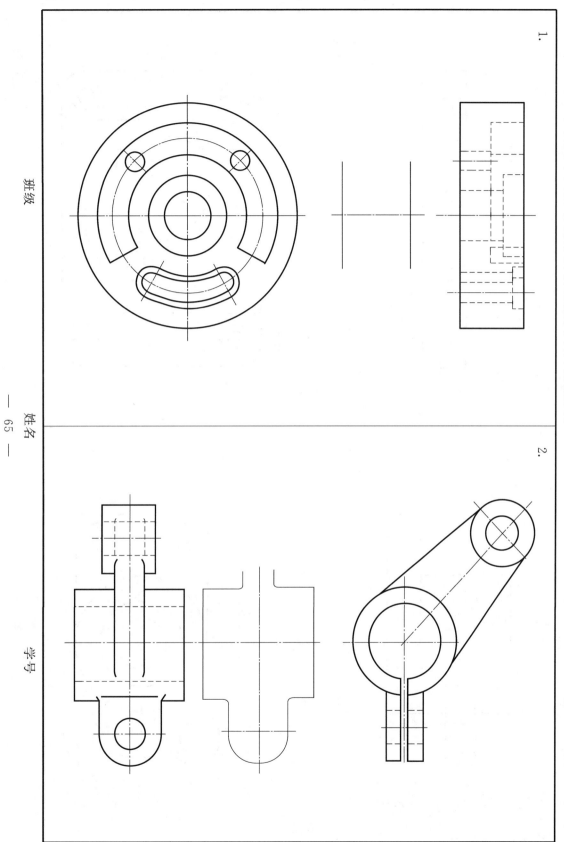

5-14 在指定位置，将主视图画成全剖视图。

1.

2.

5-15 选择题（一）。

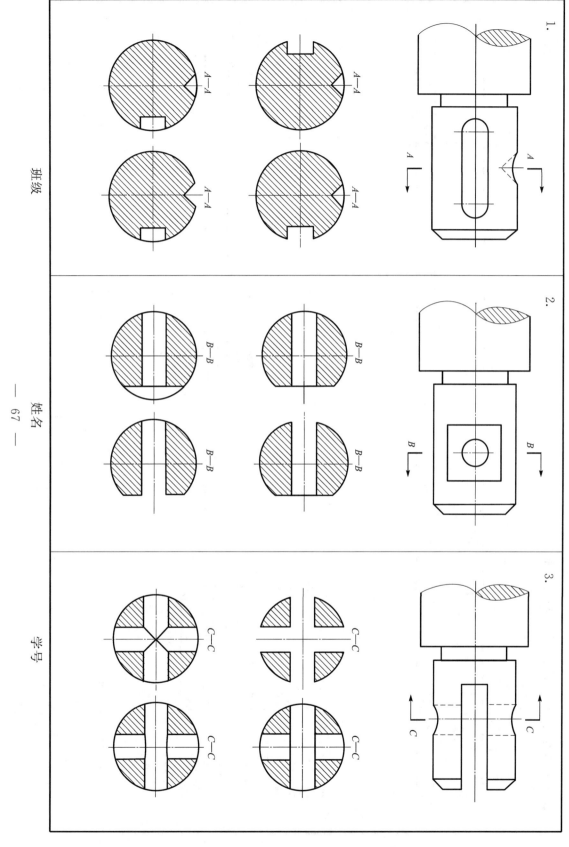

## 5-15 选择题（二）。

1. 下列四组重合断面图中，哪一组是正确的（　　）。

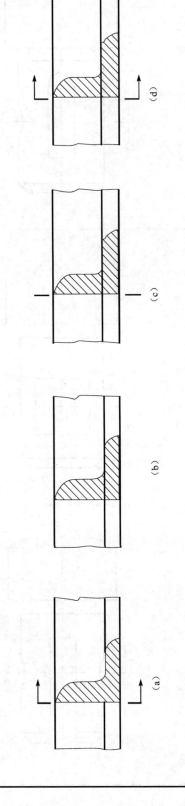

2. 四种不同的 A—A 移出断面图，（　　）是正确的。

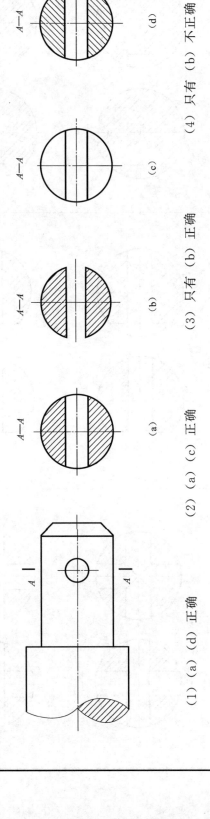

(1) (a) (d) 正确　　(2) (a) (c) 正确　　(3) 只有 (b) 正确　　(4) 只有 (b) 不正确

5-16 在指定位置画出断面图（左键槽深 4，右键槽深 3）。

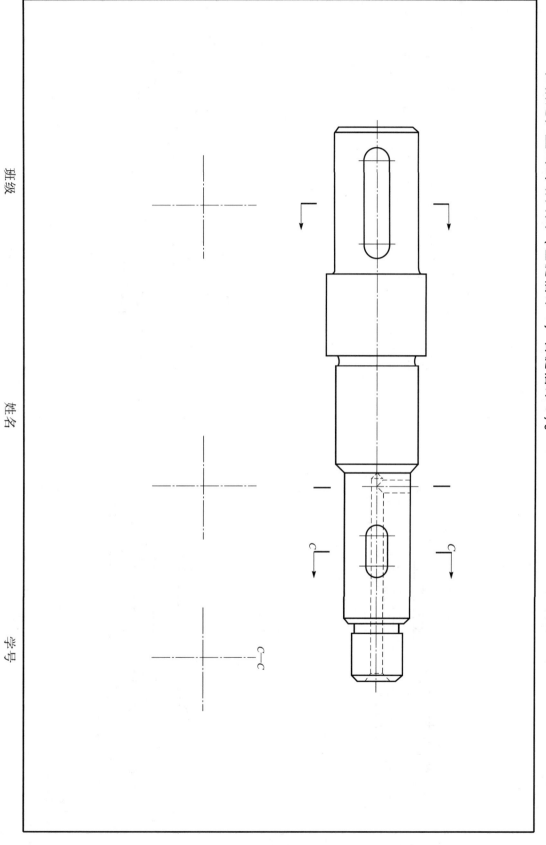

5-17 已知剖切面位置，作移出断面图。

1.

2.

5-18 将指定部位按 2∶1 比例放大画出。

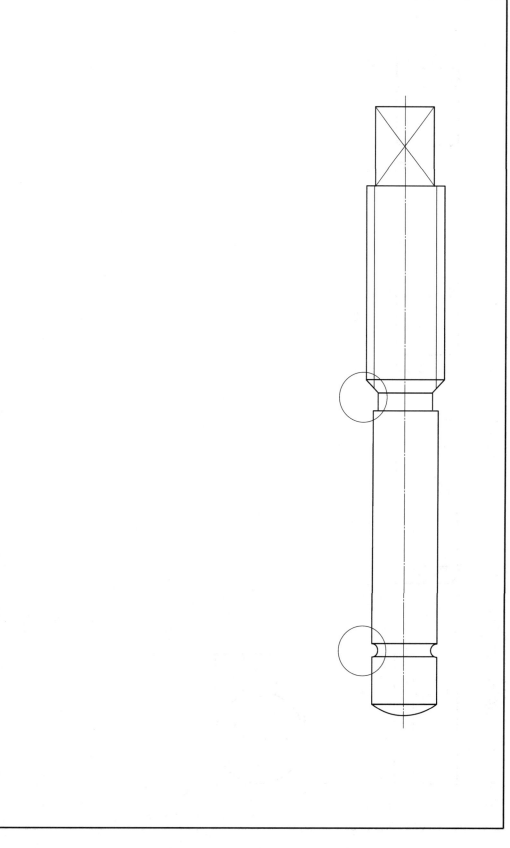

5-19 选择题。

已知立体的主视图和俯视图，下列三种全剖的主视图，正确的是（　　）。

5-20 将机件的主视图改画成全剖视图。

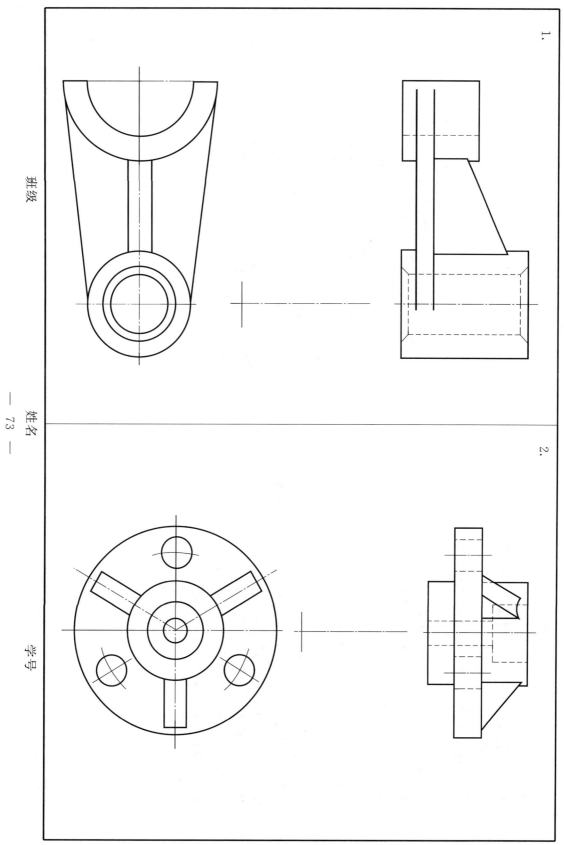

1.

2.

# 5-21 机件的表达方法大作业（一）：根据立体的轴测图选择合适的方法表达机件并标注尺寸。

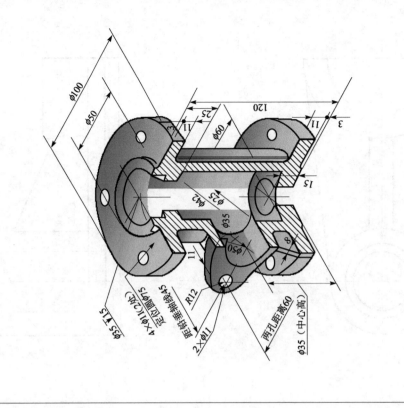

## 作业指导

1. 作业目的：
(1) 熟悉和掌握综合选用视图、剖视图、断面图等各种表达方法来表达机件；
(2) 进一步练习较复杂形体的尺寸标注方法。

2. 内容与要求：
(1) 根据机件的轴测图或给定的视图，选择合适的表达方法，运用形体分析法标注尺寸，使表达清楚，图形明清晰；
(2) 用 A3 图纸，比例自定。

3. 注意事项：
(1) 视图、剖视图、断面图等选用得恰当，且简明清晰；
(2) 图形准确，符合投影关系，各种画法合理；
(3) 尺寸标注完整、清楚，且基本合理；
(4) 首先考虑主视图，然后考虑俯、左视图是否需要，最后考虑还需要增添哪些基本视图和辅助视图；
(5) 选择每个剖视图的剖切位置和尺寸时，应将各个视图配合起来整体考虑，一定要用形体分析法，以保证各部分形状都表达清楚和尺寸标注的完整。

班级　　　　　姓名　　　　　学号

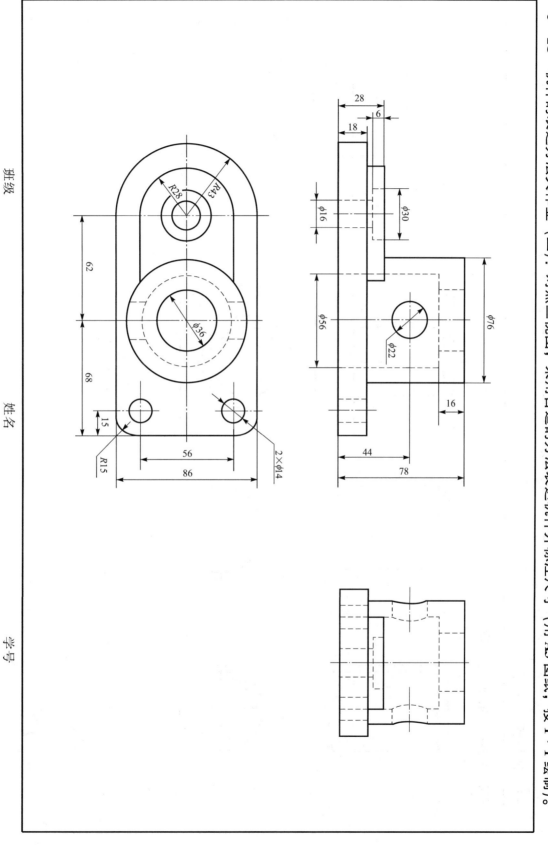

# 项目六 绘制识读标准件与常用件

## 6-1 选择题（一）。

下列四个图中，正确的说法是（　　）。

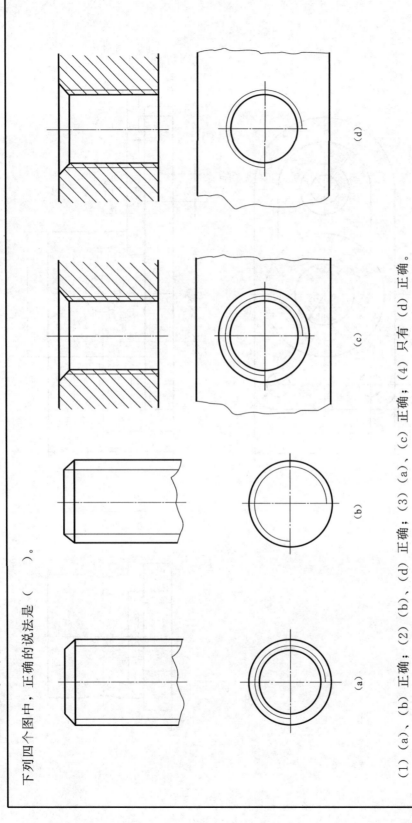

(1) (a)、(b) 正确；(2) (b)、(d) 正确；(3) (a)、(c) 正确；(4) 只有 (d) 正确。

# 6-1 选择题（二）

关于螺纹的画法，正确的说法是（　　）。

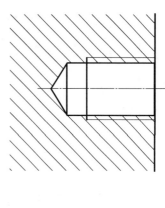

(a)

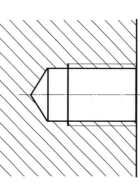

(b)

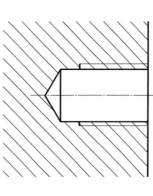

(c)

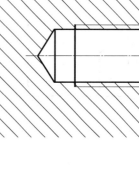

(d)

(1) (a)、(b) 正确；(2) (b)、(d) 正确；(3) (a) 正确；(4) (c) 正确。

# 6-1 选择题（三）。

1. 关于螺杆与螺孔旋合的画法，哪一种判断是正确？（　　）

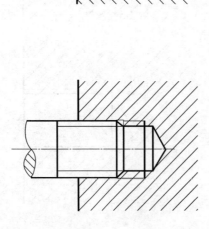

(1) 两个图都正确；
(2) 两个图都错；
(3) (a) 正确 (b) 错；
(4) (a) 错 (b) 正确。

2. 关于螺孔与圆孔相贯的画法，正确的是（　　）。

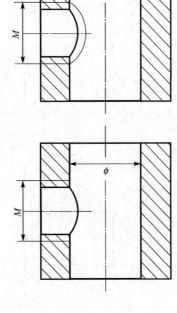

(1) 两个图都正确；
(2) 两个图都错；
(3) (a) 正确 (b) 错；
(4) (a) 错 (b) 正确。

6-2 改正下列螺纹和螺纹连接画法上的错误,将正确的画在下方。

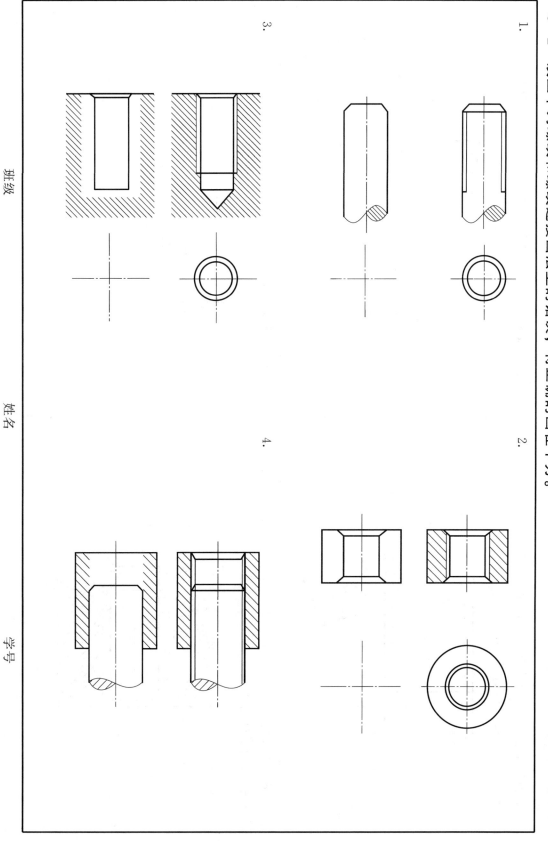

## 6-3 标注螺纹的代号。

1. 粗牙普通螺纹，公称直径20，螺距2.5，右旋，中、顶径公差带代号6g，旋入长度代号为L。

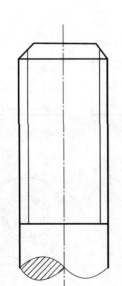

2. 细牙普通螺纹，$D=20$，$P=1.5$，左旋，中、顶径公差带代号6H，旋合长度代号为N。

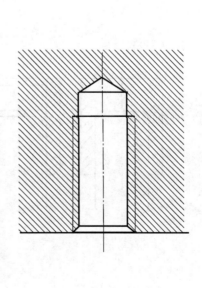

3. 梯形螺纹，公称直径32，导程12，线数2，左旋。

4. 圆柱管螺纹，尺寸代号3/4″。

6-4 查表填写下列标准件的尺寸数值，并写出其规定标记。

1. 双头螺柱，GB/T 897—1988，螺纹规格 $d=$ M16，公称长度 $l=45$。

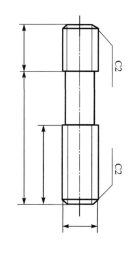

标记 _____

2. 六角螺母，B级，GB/T 6170—2000，螺纹规格 $d=$ M20。

标记 _____

3. 六角螺栓，A级，GB/T 5782—2000，螺纹规格 $d=$ M12。

标记 _____

4. 垫圈A级，GB/T 97.1—2002，公称尺寸为12。

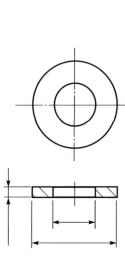

标记 _____

班级　　　　　　姓名　　　　　　学号

## 6-5 键连接。

已知齿轮和轴用 A 型普通平键连接，轴孔直径为 40 mm，键长度为 40 mm。(1) 写出键的规定标记；(2) 查表确定键和键槽的尺寸，用 1:2 的比例画全下列各视图和断面图，并标注键槽的尺寸。

键的规定标记 _____。

1. 轴　　2. 齿轮　　3. 齿轮和轴间的键连接。

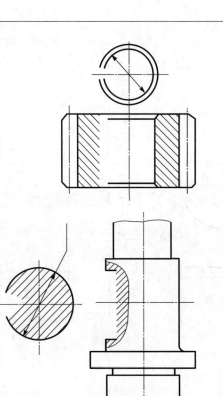

6-6 已知齿轮和轴用 B 型圆柱销连接，销的长度为 40 mm，1. 写出销的规定标记；2. 查表确定销孔的尺寸；3. 用 1:1 的比例补全齿轮与轴的装配图，并标出销孔的尺寸。

销的标记：

1.

2.

3. 齿轮和轴

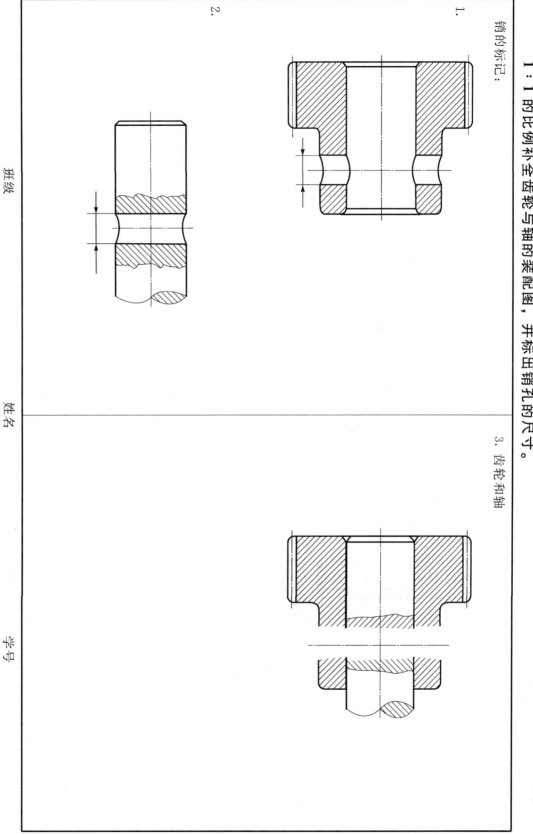

6-7 已知直齿圆柱齿轮的 $m=2.5$，$z=24$，$\alpha=20°$ 以及轴孔的尺寸，试完成齿轮的两个视图并标注尺寸。

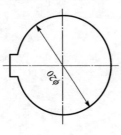

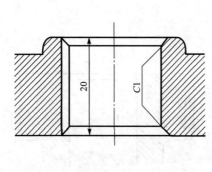

6-8 已知一对直齿圆柱齿轮啮合，模数 $m=2$，大齿轮的齿数 $Z_2=36$，试计算两齿轮的主要尺寸，并完成其啮合图。

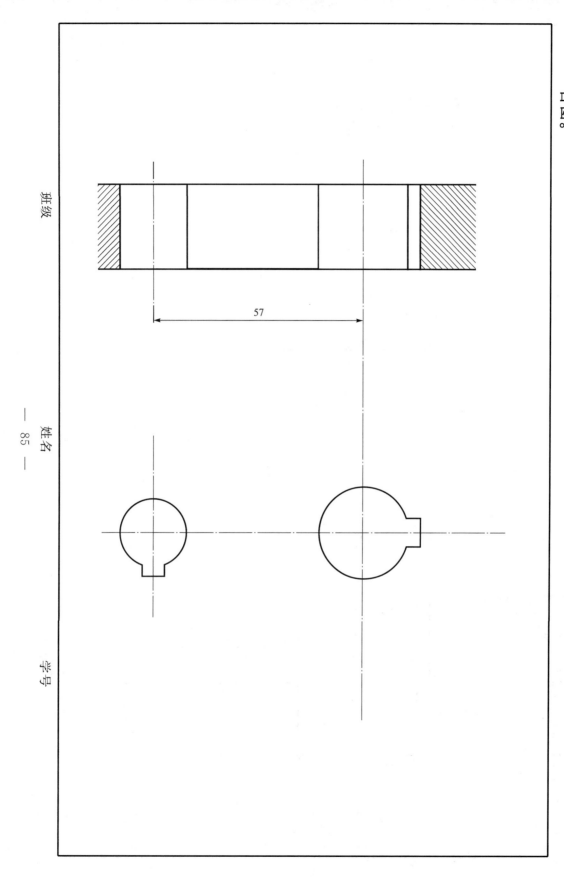

6-9 查表确定滚动轴承的尺寸，用规定画法在轴端画出轴承与轴的装配图。

1. 滚动轴承 6205 GB/T 276—1994

2. 滚动轴承 30306 GB/T 297—1994

## 6-10 弹簧练习

1. 已知圆柱螺旋压缩弹簧的簧丝直径为 5 mm，弹簧中径 40 mm，节距 10 mm，弹簧自由长度为 76 mm，支承圈数为 2.5，右旋。试画出弹簧的全部剖视图，并标注尺寸。

2. 指出下图中哪一个是右旋弹簧，哪一个是左旋弹簧。

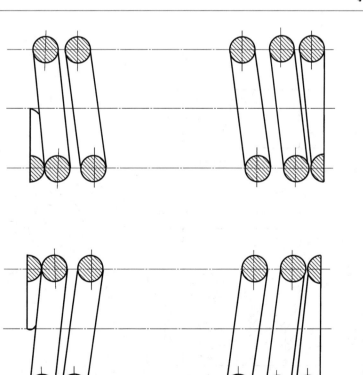

_____旋弹簧　　　　　　_____旋弹簧

# 项目七 识读零件图

## 7-1 尺寸练习。

1. 指出零件长、宽、高三个方向的主要尺寸基准。

2. 分析两零件的结合尺寸 D，在两种方案中选择正确的。

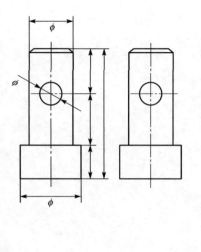

3. 分析下图中尺寸标注的错误。

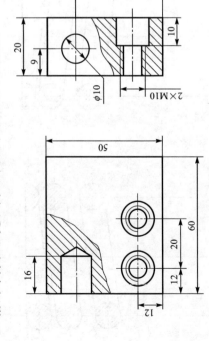

4. 分析图中尺寸标注的错误，并在下方作正确标注。

7-2 确定轴承盖的尺寸基准，并注出图中所缺的尺寸。

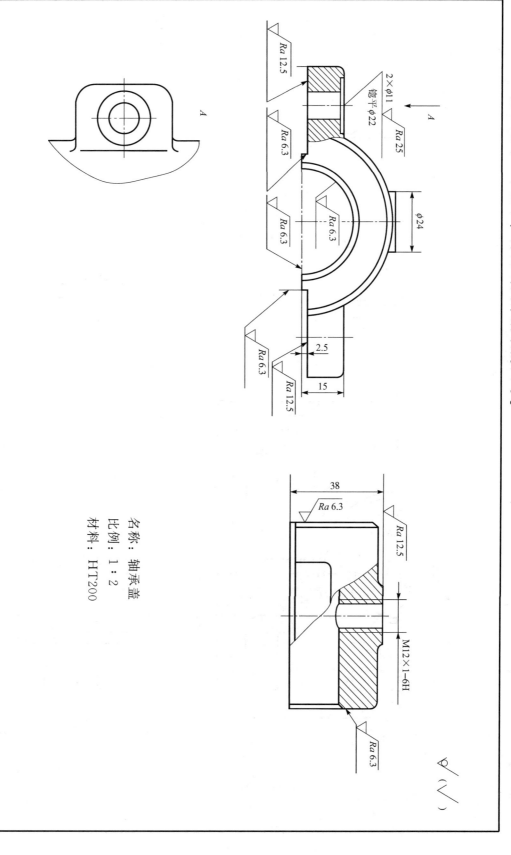

名称：轴承盖
比例：1:2
材料：HT200

7-3 确定轴承座的尺寸基准，并注出图中所缺的尺寸。

名称：轴承座
比例：1∶2
材料：HT200

7-4 表面粗糙度标注练习。

指出表面粗糙度标注中的错误,并将正确的标注在右图中。

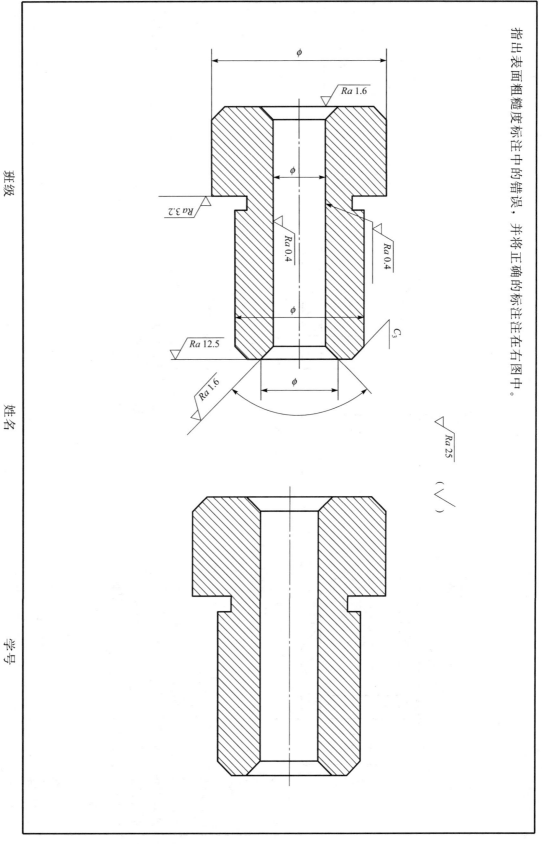

7-5 解释配合代号的含义，查表得到偏差值后标注在零件图上。

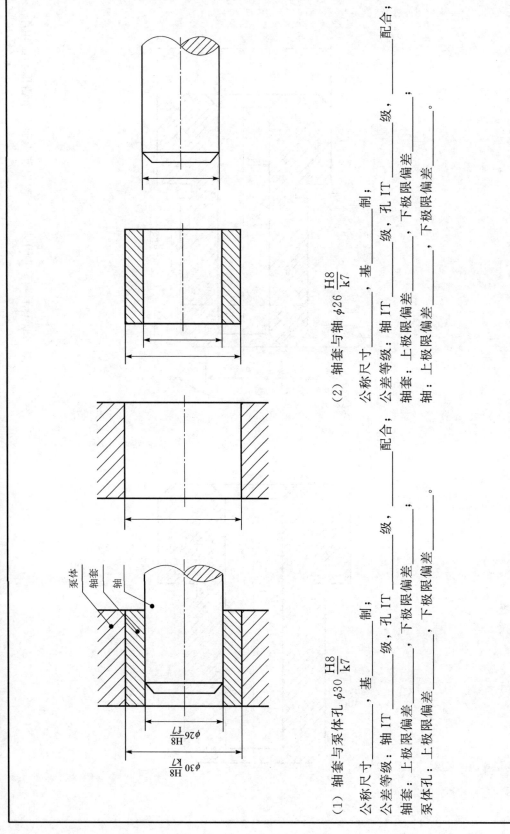

(1) 轴套与泵体孔 $\phi 30 \dfrac{H8}{k7}$

公称尺寸_____，基_____制，_____配合；
公差等级：轴 IT_____级，孔 IT_____级，
轴套：上极限偏差_____，下极限偏差_____；
泵体孔：上极限偏差_____，下极限偏差_____。

(2) 轴套与轴 $\phi 26 \dfrac{H8}{k7}$

公称尺寸_____，基_____制，_____配合；
公差等级：轴 IT_____级，孔 IT_____级，
轴套：上极限偏差_____，下极限偏差_____；
轴：上极限偏差_____，下极限偏差_____。

班级　　　　　姓名　　　　　学号

7-6 根据装配图中的配合代号，在零件图上分别标出孔和轴的尺寸及公差带代号，查出偏差数值并填空。

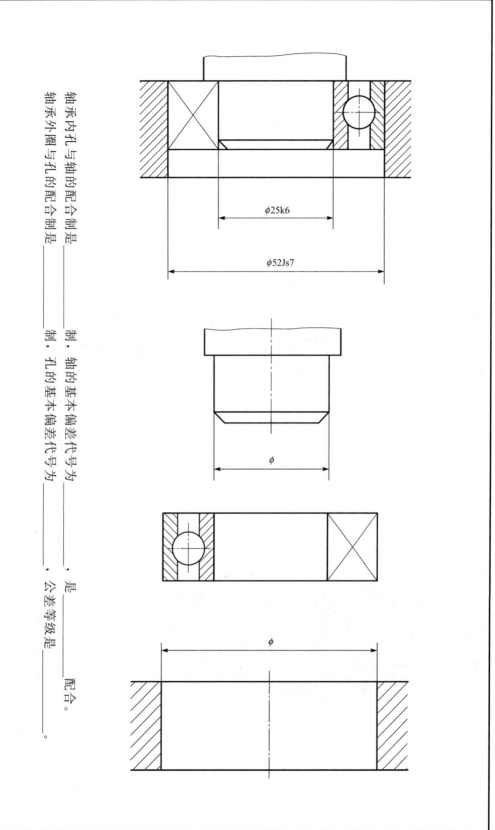

轴承内孔与轴的配合制是_____制，轴的基本偏差代号为_____，孔的基本偏差代号为_____，公差等级是_____配合。

轴承外圈与孔的配合制是_____制，孔的基本偏差代号为_____，公差等级是_____。

## 7-7 形状和位置公差练习。

1. 说明图中形位公差的含义。

2. 将用文字说明的形位公差标注在图中。

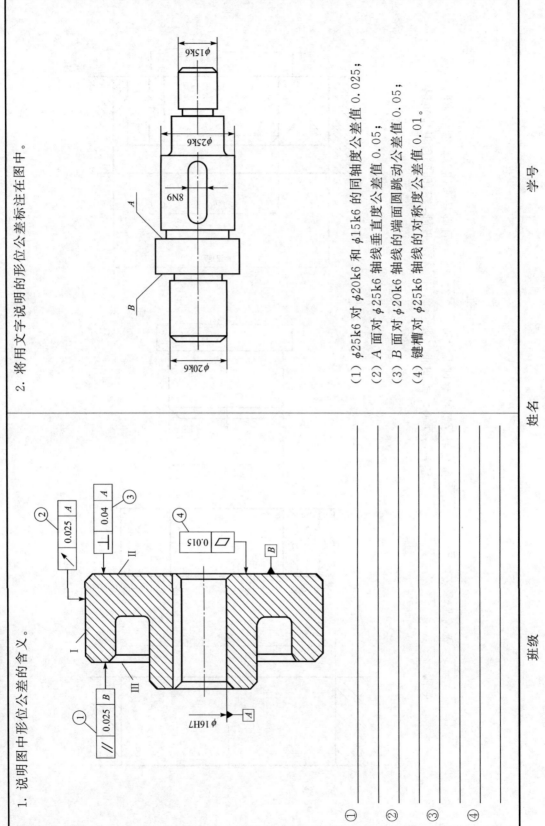

(1) φ25k6 对 φ20k6 和 φ15k6 的同轴度公差值 0.025；

(2) A 面对 φ25k6 轴线垂直度公差值 0.05；

(3) B 面对 φ20k6 轴线的端面圆跳动公差值 0.05；

(4) 键槽对 φ25k6 轴线的对称度公差值 0.01。

① _____
② _____
③ _____
④ _____

班级　　　　　姓名　　　　　学号

— 94 —

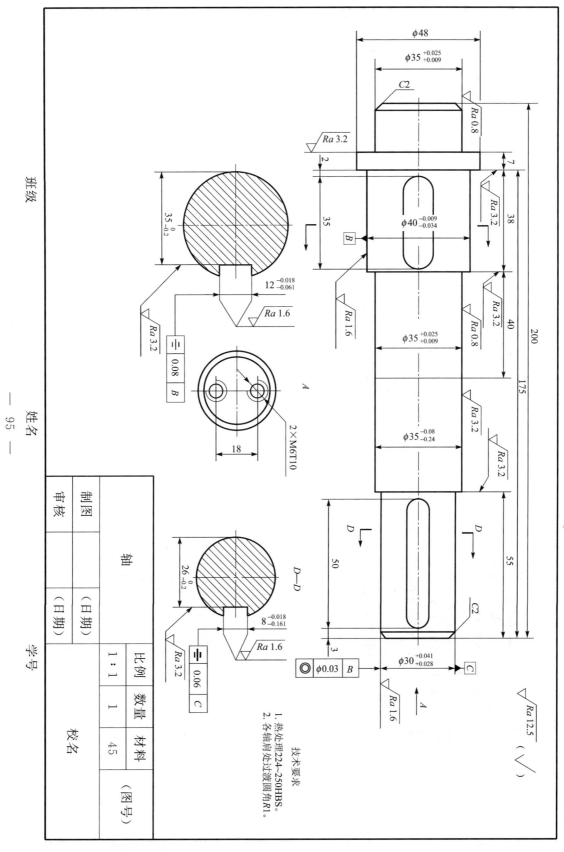

7-8 读零件图，回答问题（二）。

(1) 该零件的名称是_____，材料是_____，比例是_____。
(2) 该零件用_____个视图表示，各视图的名称是_____。
(3) 该零件上两个键槽的宽度分别为_____和_____，长度方向的定位尺寸分别为_____和_____，深度分别为_____和_____。
(4) 尺寸 $\phi 35^{+0.025}_{+0.009}$ 的上极限尺寸为_____，下极限尺寸为_____，公差为_____。
(5) 在该零件的加工表面中，要求最光洁的表面粗糙度代号为_____，这种表面有_____处。
(6) 图中有_____处形位公差代号，解释框格 | ⌒ | 0.08 | B | 的含义：被测要素是_____，公差项目是_____，公差值是_____，基准要素是_____。

7-9 读零件图，回答问题（一）。

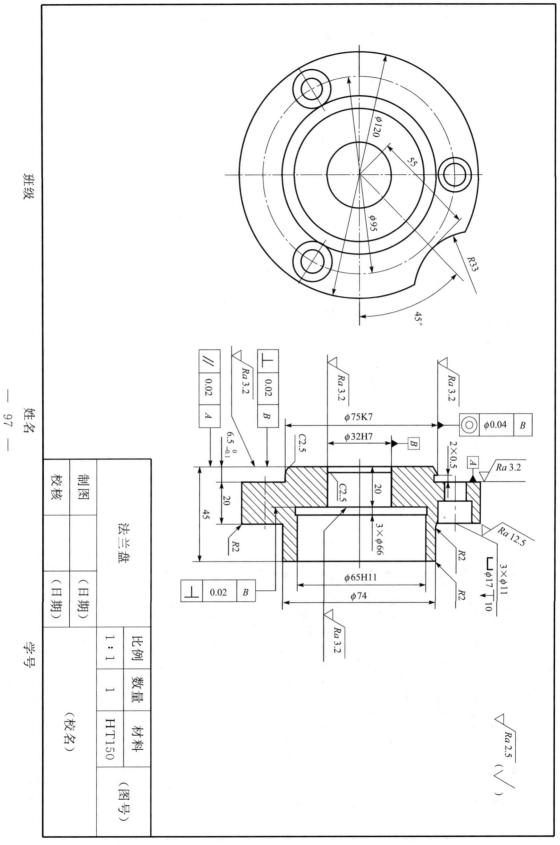

## 7-9 读零件图，回答问题（二）。

(1) 该零件的名称是 _____，材料是 _____，比例是 _____。

(2) 该零件用 _____ 个视图表示，哪一个是主视图？为什么？ _____。

(3) 在图上用指引线指出零件的长度和高度方向的主要基准。

(4) 图中尺寸 3×φ11 ⌴φ17▽10 表示 _____，φ17 ⌴10 表示 _____沉孔的定位尺寸为 _____。

(5) 图中有 _____ 处公差带代号，φ32H17 的含义为 _____。

(6) 该零件左端面的表面粗糙度代号为 _____，右端面的表面粗糙度代号为 _____，要求最不光洁的表面粗糙度代号为 _____。

(7) 图中有 _____ 处形位公差代号，解释框格 | ◎ | φ0.04 | B | 的含义：被测要素是 _____，公差项目是 _____，公差值是 _____，基准要素是 _____。

(8) 请在下方画出右视图（尺寸直接从图中量取）。

7-10 读零件图,回答问题(一)。

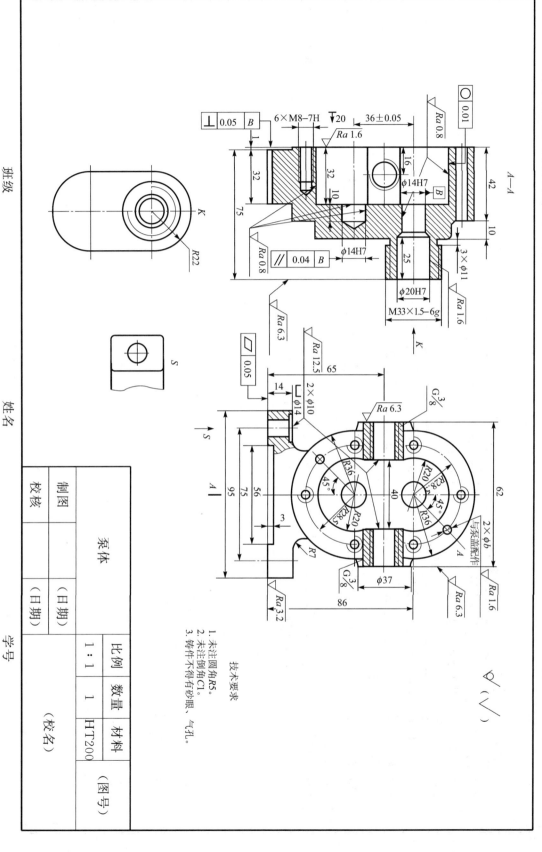

7-10 读零件图，回答问题（二）。

(1) 该零件的名称是 _____，材料是 _____，比例是 _____。
(2) 该零件用 _____ 个视图表示，各视图的名称及剖切方法是 _____。
(3) 在图上用指引线指出零件的长、宽、高方向的主要基准。
(4) G 3/8 是 _____ 螺纹，3/8 是螺纹的 _____，螺纹的旋向为 _____。
(5) 该零件的加工表面中，要求最光洁的表面的粗糙度代号为 _____。
(6) φ14H7 的含义是 _____。
(7) 销孔 2×φ6 的定位尺寸是 _____。
(8) 螺钉尺寸"6×M8—7H▼20"中的6表示 _____，M8 表示 _____，7H 表示 _____，▼20 表示 _____。
(9) 图中有 _____ 处形位公差代号，解释框格 | // | 0.04 | B | 的含义：被测要素是 _____，基准要素是 _____，公差项目是 _____，公差值是 _____。

7-11 零件图大作业：根据轴测图画出零件图。

2.

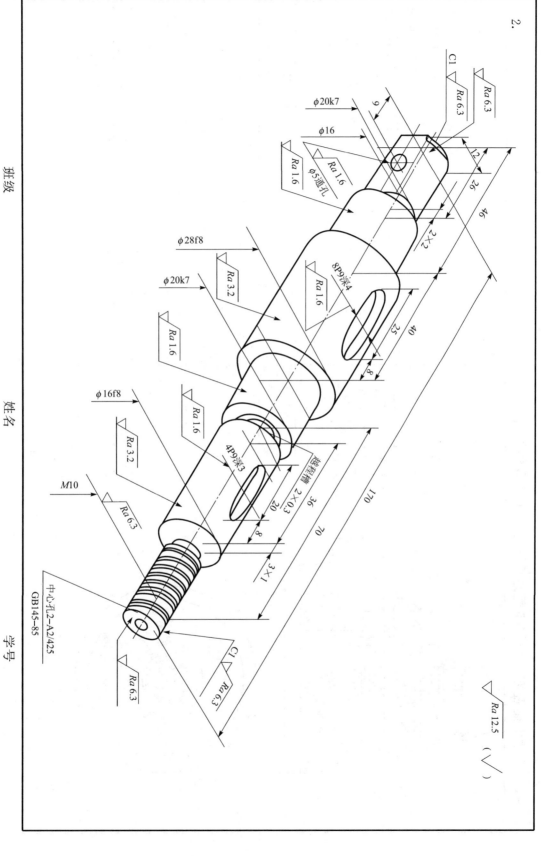

# 项目八 识读装配图

## 8-1 读钻模装配图，回答问题并拆画件4轴的零件图（一）。

### 工作原理

钻模是用于加工工件（图中用双点画线所示座，装上件2钻模板，钻模板通过件8圆柱销定位后，再放置件5开口垫圈，并用件6特制螺母压紧。钻头通过件3钻套的内孔，准确地在工件上钻孔。

| 9 | 螺母 M16 | 1 |  | GB/T 6710—1986 |
| --- | --- | --- | --- | --- |
| 8 | 销 5×30 | 1 |  | GB/T 119.1—2000 |
| 7 | 衬套 | 1 | 45 |  |
| 6 | 特制螺母 | 1 | 35 |  |
| 5 | 开口垫圈 | 1 | 45 |  |
| 4 | 轴 | 1 | 45 |  |
| 3 | 钻套 | 3 | T8 |  |
| 2 | 钻模板 | 1 | 45 |  |
| 1 | 底座 | 1 | HT150 |  |
| 序号 | 名 称 | 数量 | 材 料 | 备 注 |
| 钻 模 |  | 比例 |  | 7—01 |
|  |  | 质量 | 共10张 第1张 |  |
| 制图 |  |  |  |  |
| 设计 |  |  |  |  |
| 审核 |  |  |  |  |

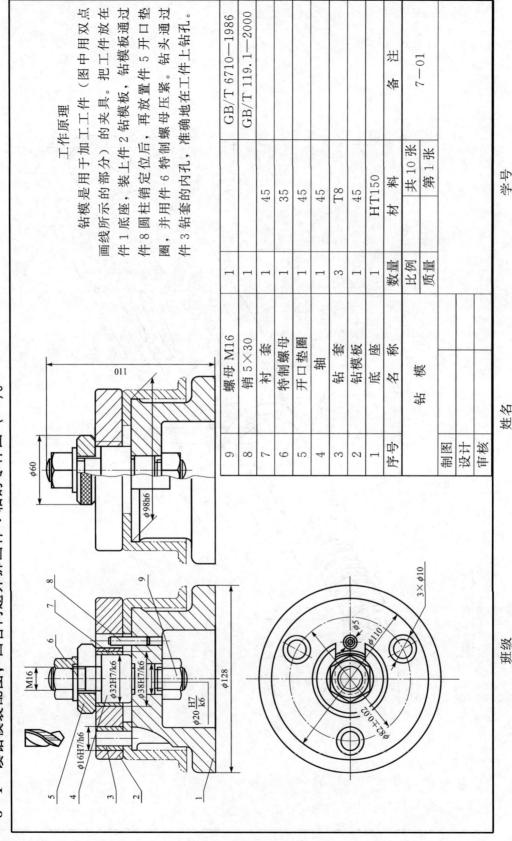

8-1 读钻模装配图，回答问题并拆画件 4 轴的零件图（二）。

解答问题：
1. 该钻模是由_____种共_____个零件组成；
2. 主视图采用了_____剖，_____剖，切平面与俯视图中的_____重合，故省略了标注，左视图采用了_____剖视；
3. 零件 1 底座的侧面有_____个弧形槽，与被钻孔工件定位的尺寸为_____；
4. 钻模板 2 上有_____个 φ16H7/h6 孔，件号 3 的主要作用是_____，图中双点画线表示_____画法；
5. φ32H7/k6 是件号_____和件号_____的配合尺寸，属于_____制的配合，H7 表示_____的公差带代号，k 表示件号_____的_____，7 和 6 代表_____；
6. 三个孔钻完后，先松开_____，再取出_____，工件便可以拆下；
7. 与件号 1 相邻的零件有_____（只写出件号）；
8. 钻模板的外形尺寸：长_____，宽_____，高_____；
9. 拆画件号 4（轴）的零件图。

轴的零件图：

8-2 读齿轮泵装配图，回答问题并拆画件9泵盖的零件图（一）。

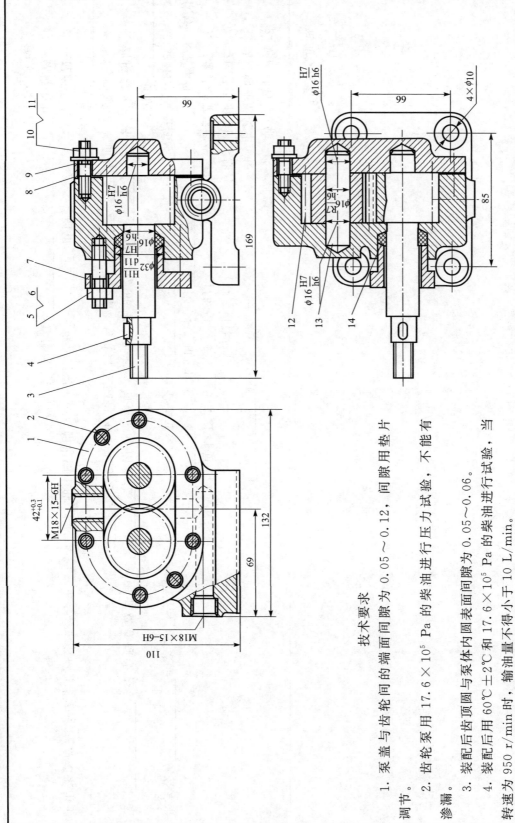

技术要求

1. 泵盖与齿轮间的端面间隙为 0.05~0.12，间隙用垫片调节。
2. 齿轮泵用 $17.6 \times 10^5$ Pa 的柴油进行压力试验，不能有渗漏。
3. 装配后齿顶圆与泵体内圆表面间隙为 0.05~0.06。
4. 装配后用 60℃±2℃ 和 $17.6 \times 10^5$ Pa 的柴油进行试验，当转速为 950 r/min 时，输油量不得小于 10 L/min。

班级　　　　姓名　　　　学号

8-2 读齿轮泵装配图，回答问题并拆画泵盖 9 的零件图（二）。

齿轮泵工作原理

泵体中一对相互啮合的齿轮在高速运转过程中，吸入从上部油孔进入的油液。在大气压作用下，油液随齿轮旋转形成高压油膜，从下部出油孔压出。

一、回答问题

1. 该装配体采用的表达方法有 _____；其中主视图表示的重点是 _____，右视图表示的重点是 _____。

2. 该装配体规格尺寸（性能尺寸）是 _____；M18×15—6H 的含义是 _____。

3. 零件 2 的作用是 _____。

4. 零件 8 涂黑是 _____ 画法。

5. 该装配体的拆卸顺序是 _____。

6. φ16H7/h6 的含义是 _____。

7. 拆画泵盖的零件图。

二、

| 序号 | 名称 | 代号 | 数量 | 材料 | 单件重量 | 总计 | 备注 |
|------|------|------|------|------|---------|------|------|
| 14 | 填料 | | | 浸油石棉 | | | |
| 13 | 小轴 | | 1 | 45 | | | |
| 12 | 从动齿轮 | | 1 | 45 | | | $m=3, z=14$ |
| 11 | 整圈 8 | GB/T 97.1—1985 | 6 | | | | |
| 10 | 螺柱 m8×32 | GB/T 898—1988 | 6 | | | | |
| 9 | 泵盖 | | 1 | HT200 | | | |
| 8 | 垫片 | GB/T 365 | 1 | 软钢纸板 | | | |
| 7 | 压盖 | | 1 | HT150 | | | |
| 6 | 螺柱 M8×40 | GB/T 898—1988 | 2 | | | | |
| 5 | 螺母 M8 | GB/T 41—2000 | 8 | | | | |
| 4 | 键 5×10 | GB/T 1096—1979 | 1 | 45 | | | |
| 3 | 主动齿轮轴 | | 1 | 45 | | | |
| 2 | 销 6×20 | GB/T 117—2000 | 2 | | | | |
| 1 | 泵体 | | 1 | HT200 | | | |

齿轮泵

比例 | 第 张 | 共 张

制图

审核

班级　　　　　　姓名　　　　　　学号

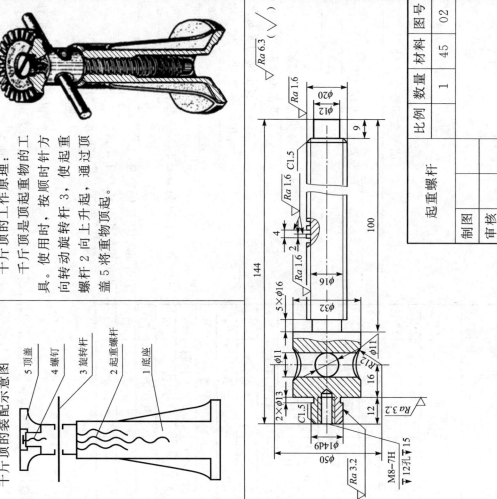

千斤顶的工作原理：
千斤顶是顶起重物的工具。使用时，按顺时针方向转动旋转杆 3，使起重螺杆 2 向上升起，通过顶盖 5 将重物顶起。

千斤顶的装配示意图

5 顶盖
4 螺钉
3 旋转杆
2 起重螺杆
1 底座

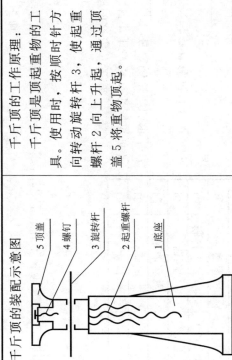

| 起重螺杆 | 比例 | 数量 | 材料 | 图号 |
|---|---|---|---|---|
| | 1 | | 45 | 02 |
| 制图 | | | | |
| 审核 | | | | |

班级　　　　　　姓名　　　　　　学号

— 106 —

8–3　根据千斤顶的装配示意图和零件图，拼画装配图（一）。

1. 作业目的：
(1) 熟悉和掌握装配图的内容和表达方法。
(2) 了解绘制装配图的方法。

2. 内容与要求：
(1) 按教师指定的题目，根据零件图绘制 1～2 张装配图。
(2) 图幅和比例由教师指定。

3. 注意事项（画图步骤）：
(1) 初步了解：根据名称和装配示意图，对装配体的功能进行初步分析，并将其与相应的零件号对照，区分一般零件与标准件，并确定其数量，分析装配图的复杂程度及大小。
(2) 详读零件图：根据装配示意图详读零件图，进而分析装配顺序，零件之间的装配关系，连接方法，搞清传动路线，工作原理。
(3) 确定表达方案：选择主视图和其他各个视图。
(4) 合理布图：先画出各视图的画图基准线（主要装配干线、对称线等）。
(5) 注意相邻零件面画法。标注尺寸，填写技术要求，编写零件序号。

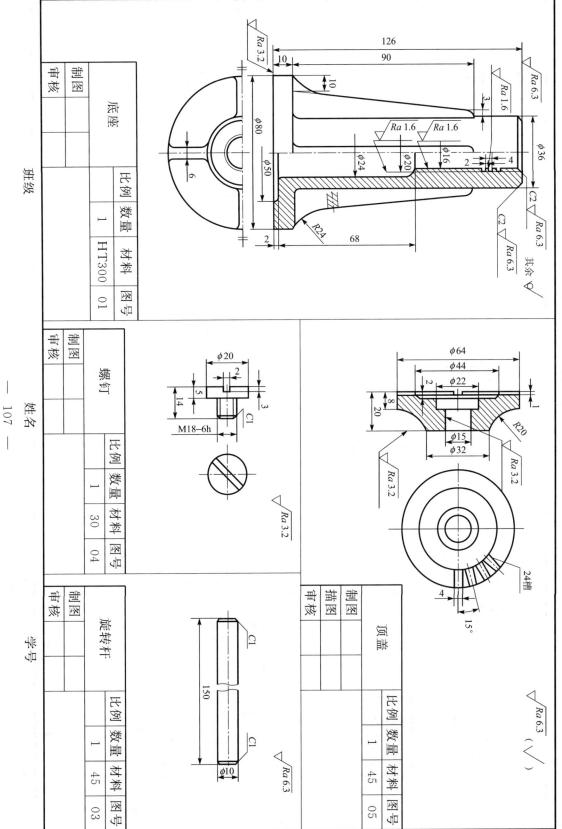

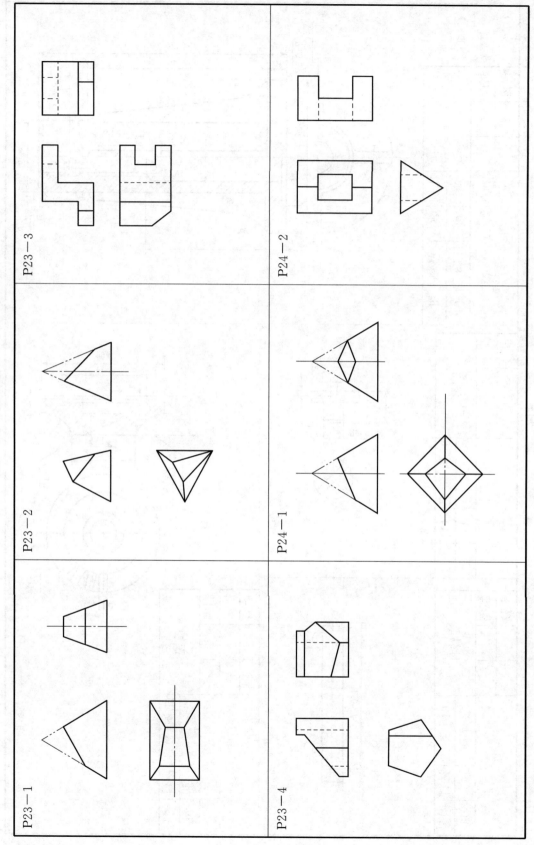

P24—3

P24—4

P25—1

P25—2

P25—3

P25—4

P26-3

P26-2

P26-1

P27-2

P27-1

P26-4

P27—3

P27—4

P28—1

P28—2

P28—3

P28—4

P29-2

P30-1

P29-1

P29-4

P28-5

P29-3

P30-2

P30-3

P30-4

P33-1

P33-2

P33-3

P33-4

P34-1

P34-2

P34-3

P34-4

P35-1

P35—2

P35—3

P35—4

P38—1

P38—2

P38—3

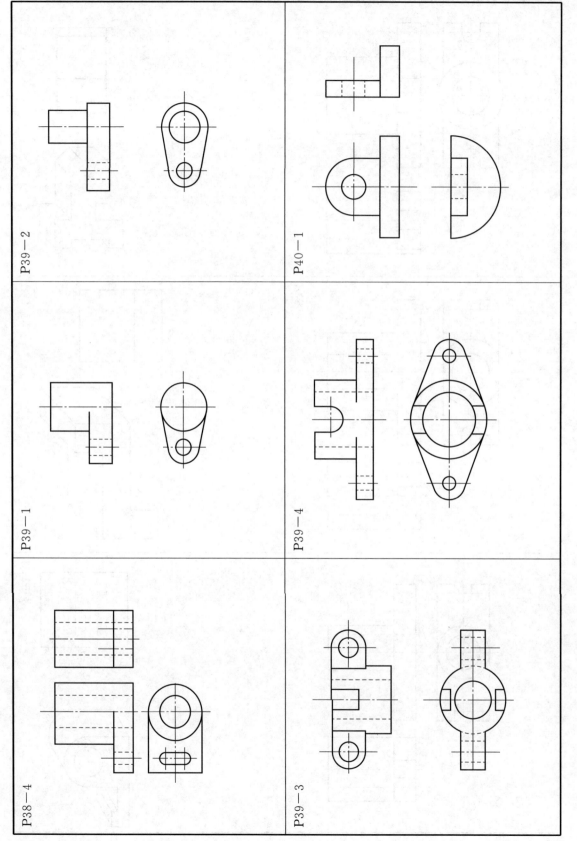

P40—2

P40—3

P40—4

P40—5

P40—6

P41—1

P41-2

P42-1

P42-2

P44-1

P44-2

P44-3

P44—4

P45—1

P45—2

P45—3

P45—4

P46—1

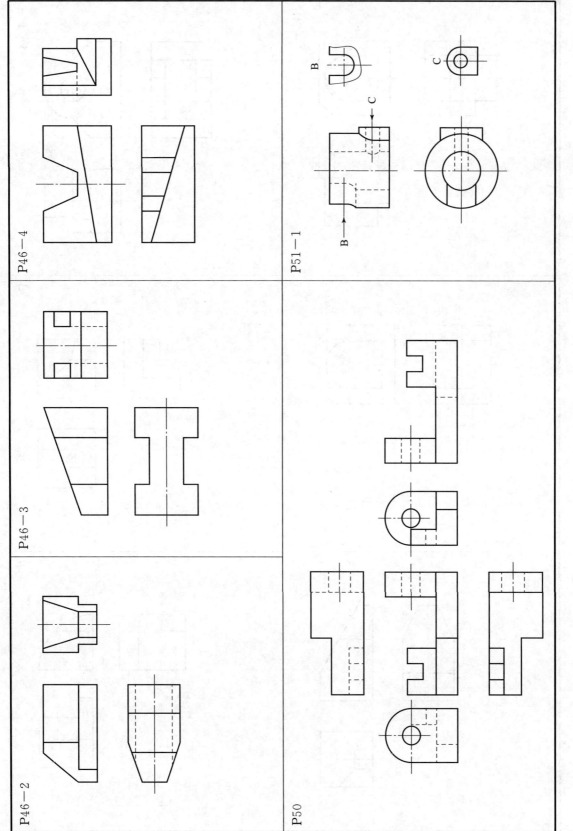

P51-2

P53-1

P53-2

P54-1

P54-2

P55-1

P55-2

P56-1

P56-2

P57

P58-1

P58-2

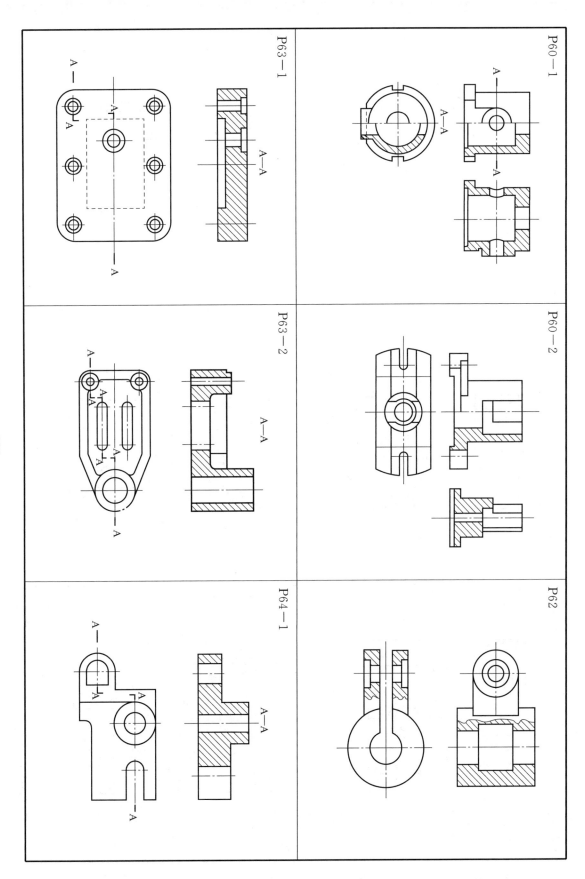

P65—2

P73—1

P65—1

P66—2

P64—2

P66—1

— 124 —

P73-2